叢書主編：蕭新煌教授

叢書策劃：社團法人台灣第三部門學會

本書由社團法人台灣第三部門學會、
財團法人臺灣亞洲交流基金會及
巨流圖書股份有限公司共同策劃出版

3S
TATSR
臺灣第三部門
研究叢書

1980年以來是台灣社會的大轉型時代，
要完整看三十多年來台灣的社會變遷發展全史，
就絕不可遺漏第三部門發展史！

書寫台灣
第三部門史 III

蕭新煌、陸宛蘋、王俊秀　主編

巨流圖書公司印行

王仕圖
王舒芸
范雲
徐世榮

（依姓氏筆劃排列）

聯合推薦

國家圖書館出版品預行編目（CIP）資料

書寫台灣第三部門史. III/蕭新煌, 陸宛蘋, 王俊秀主編. -- 初版. -- 高雄市：巨流圖書股份有限公司, 2023.08
　面；　公分. -- (臺灣第三部門研究叢書)
ISBN 978-957-732-691-1(平裝)
1.CST: 非營利組織 2.CST: 歷史 3.CST: 文集 4.CST: 臺灣
　546.70933　　　　　　　　　　　　　　112007060

書寫台灣第三部門史 III

主　　　編　蕭新煌、陸宛蘋、王俊秀
作　　　者　蕭新煌、陸宛蘋、王俊秀、張宏林、張卉君、李根政、邱花妹、財團法人慈林教育基金會、陳景寧、張筱嬋、蘇國禎、楊琇雁、羅淑霞、顏鴻吉、胡玉芳、王韋中、邱靖惠、賴惠珍、張明真、顏瓊玉、楊蔚齡、曾昭雄、周克任、柳詩盈、廖嘉展、財團法人大二結文化基金會、吳哲生
發 行 人　楊曉華
編　　　輯　林瑜璇
封 面 設 計　毛湘萍
封 面 藝 術　李宇香（Yu-Hyang Lee）
內 文 排 版　徐慶鐘

出 版 者　巨流圖書股份有限公司
　　　　　802019 高雄市苓雅區五福一路 57 號 2 樓之 2
　　　　　電話：07-2265267
　　　　　傳真：07-2233073
　　　　　購書專線：07-2265267 轉 236
　　　　　E-mail：order@liwen.com.tw
　　　　　LINE ID：@sxs1780d
　　　　　線上購書：https://www.chuliu.com.tw/
臺北分公司　100003 臺北市中正區重慶南路一段 57 號 10 樓之 12
　　　　　電話：02-29222396
　　　　　傳真：02-29220464
法 律 顧 問　林廷隆律師
　　　　　電話：02-29658212

刷　　　次　初版一刷‧2023 年 8 月
定　　　價　580 元
Ｉ Ｓ Ｂ Ｎ　978-957-732-691-1（平裝）

編者序

　　長期觀察和研究台灣的社會運動及其組織和非政府組織運作的我們，一直很想有系統地讀到不同類型 NPO、NGO 或統稱第三部門組織的發展歷史。只是苦苦等不到一本充實的第三部門史，確實有點失望。

　　於是，在三位主編之一的蕭新煌創立和擔任台灣第三部門學會理事長（2009）以後，就很想以學會的力量去推動編寫台灣第三部門史的計畫。終於在 2012 年的學年會上以「書寫台灣第三部門歷史」為主題召開一個圓桌討論會，接著又在當年底正式執行編著相關專書的出版計畫。

　　本書為第三冊，身為主編，我們首先要感謝這十五章的作者群，沒有他們的熱心響應和支持，本書不可能在第一冊和第二冊出版八年後問世。其次我們要特別感謝財團法人台灣亞洲交流基金會參與出版策劃，並慷慨贊助本書稿費和部分印刷費；沒有該基金會的支助，本書恐怕也不容易順利竟其功。最後，我們也要謝謝顏睿小姐和黃伊婷小姐，因為她們協助了催稿、校稿和部分編輯的工作，對本書的出版確有貢獻。

　　本書得以列為巨流與台灣第三部門學會共同策劃出版的台灣第三部門叢書第 13 號，巨流圖書股份有限公司的全心配合也是功不可沒。

　　最後，我們誠心期待本書的出版可以有助於各界讀者多認識台灣第三部門組織的精采歷史，從而能多支持臺灣第三部門的未來發展。

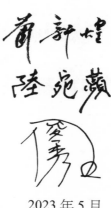

2023 年 5 月

作者簡介

導論
蕭新煌

1971年國立台灣大學社會學系畢業，1976年和1979年分別取得美國紐約州立大學（水牛城）社會學碩士和博士學位，現任國立中央大學客家學院講座教授、財團法人台灣亞洲交流基金會董事長、總統府資政、中央研究院社會學研究所兼任研究員。研究專長：公民社會與亞洲新民主、亞太中產階級、環境運動、地方永續發展以及客家族群比較研究。

陸宛蘋

1976年實踐家專第一屆社會工作科畢業，2006年同時獲得國立政治大學EMBA非營利組碩士學位、澳門科技大學工商管理博士學位，畢業後即從事基層社會工作，歷經政府社會工作及督導、中華社會福利聯合勸募協會祕書長、海棠文教基金會執行長等工作，現任國立台北大學公共行政暨政策學系兼任副教授、輔仁大學非營利管理學程兼任副教授、海棠文教基金會顧問、見賢思琪社會福利慈善公益基金會董事。研究專長：非營利組織管理、第三部門友善環境、災害服務等。

王俊秀

1974年輔大社會學系畢業，1979年和1987年分獲日本筑波大學環境科學碩士與美國德州理工大學建築學院環境管理與設計博士，現任清華大學榮譽教授、人社中心客座研究員兼永續長、台灣社造學會常務理事、通識教育學會常務理事、台灣第三部門學會常務理事、台灣SD4SD學校校長、民間永續發展促進會召集人。研究專長：近年來致力於SD4SD（為共善型永續發展而社會設計）的論述與實踐。

第 1 章
張宏林

現任公民監督國會聯盟執行長、廣播與網路節目主持人、政治評論員、大學兼任講師。曾任荒野保護協會祕書長、主婦聯盟環境保護基金會祕書長、台灣公益團體自律聯盟祕書長。世新大學公關暨廣告研究所碩士、國立台灣大學國家發展研究所碩士。投入非營利組織工作二十多年，長期致力於環境保護、社會與政治改革。

第 2 章
張卉君

國立成功大學台灣文學碩士，現為作家、黑潮海洋文教基金會董事、海上鯨豚解說員。曾任黑潮海洋文教基金會執行長，擔任基金會的組織經營及海洋廢棄物、海哺動物圈養、漁村文化及海岸開發等議題倡議工作，為海洋公共議題發聲，並獲行政院農業委員會林務局 108 年林業及自然保育有功人士獎章。著有《女子山海》（劉崇鳳合著）、《黑潮島航》（吳明益等合著）、《黑潮洶湧》、《台灣不是孤單的存在》、《記憶重建：莫拉克新開災誌》等書。

第 3 章
李根政

財團法人地球公民基金會董事長。環保運動者、組織經營者、藝術創作者。1968 年出生成長於金門古寧頭，新竹師範學院美勞教育系學士、靜宜大學生態學碩士。任國小教師 17 年後，辭教職，創辦地球公民協會（基金會），現任董事長。曾任環保署環評委員、綠黨召集人、代表綠社盟參選不分區立委、公共電視台《有話好說》、《南部開講》節目主持人，著有《台灣山林百年紀》。曾獲選為中央通訊社十大潛力人物、《天下雜誌》陽光世代之「共生世界守護者」代表人物。

邱花妹

國立中山大學社會學系副教授，英國艾賽克斯大學（University of Essex）社會學博士以及環境、科學與社會碩士、國立清華大學社會學碩士。專長為環境社會學，教學、研究結合社會實踐，關心國家、資本與社會如何互動角力，從環境正義、能源民主、

永續與公正轉型等取向探討台灣科技電子業、石化業、能源轉型與再生能源的環境爭議、發展與轉型挑戰。目前也擔任地球公民基金會董事、核三廠核安監督委員會委員、高雄市社區大學審議委員會委員。

第 4 章
財團法人慈林教育基金會　彙編

為了拓展國民的心靈視野，活化思辯體驗的空間，培養實踐崇高理想的能力，林義雄、方素敏夫婦於 1991 年 3 月，邀集至親好友成立「慈林基金會」。期盼以此匯聚眾多心力，為台灣民族的生機與遠景，提供一份渺小但意義長存的奉獻。

第 5 章
陳景寧

中華民國家庭照顧者關懷總會祕書長。國立政治大學社會研究所碩士。曾任國會助理、公關公司總經理、非營利組織顧問、大學兼任講師。相關經歷：衛生福利部長期照顧諮詢委員會委員、新北市長期照顧推動委員會委員、新北市長期照顧爭議處理委員會委員、台北市家庭暴力暨性侵害防治委員會委員、醫策會醫病共享決策推動委員會委員。

張筱嬋

中華民國家庭照顧者關懷總會副主任。私立玄奘大學應用心理學系暨外國語文學系雙主修畢業。相關經歷：新北市婦女及中高齡續航中心企業輔導顧問、臺北市政府公民參與委員會委員、臺北市政府青年事務委員會委員、臺北市政府社區發展協會評鑑委員、南投縣政府身心障礙者臨時及短期照顧服務方案輔導委員、台灣醫療品質促進聯盟公關委員、新頭殼《幸福報報》節目企劃兼主持人、新北市家庭照顧者關懷協會社工員等。

第 6 章
蘇國禎

喜憨兒社會福利基金會執行董事及創辦人。國立台灣大學化工系學士，美國馬里蘭州立大學化工所碩士。

楊琇雁

喜憨兒社會福利基金會副執行長。東海大學哲學系及社會工作學系雙學士，美國聖路易市華盛頓大學社會工作所碩士，國立台灣大學健康政策與管理所碩士。

羅淑霞

喜憨兒社會福利基金會副執行長。東吳大學社會學系社會工作組學士，高雄醫學大學醫學社會學與社會工作學系碩士。

顏鴻吉

喜憨兒社會福利基金會副執行長。國立中正大學社福系學士，國立高雄科技大學人力資源發展所碩士。

胡玉芳

喜憨兒社會福利基金會公益行銷部總監。淡江大學大眾傳播學系學士。

第 7 章
王韋中

台灣世界展望會傳播部組長。天主教輔仁大學企業管理學系學士，天主教輔仁大學歷史研究所碩士。

第 8 章
邱靖惠

財團法人兒童福利聯盟文教基金會研發組督導。國立台北大學社會工作學系學士、國立中正大學社福系碩士。

第 9 章
賴惠珍

加拿大卡加利大學教育碩士，國立政治大學非營利組織經營管理碩士。前台灣早產兒基金會執行長，現任大同大學及台北海洋大學兼任講師、台灣婦女全國聯合會常務理事暨社工督導、台北市婦女新知協會理事。

張明真

國立台北護理學院醫護管理碩士，銘傳大學法律碩士。現任台灣早產兒基金會執行長、國立台北護理健康大學兼任講師、台灣台北及新北地方法院勞動調解員、《領導護理》雜誌執行編輯、台灣金融研訓院菁英講座（2022-2023）。

第 10 章

顏瓊玉

財團法人至善社會福利基金會前公共溝通部主任。國立政治大學新聞學系學士，國立政治大學科技管理研究所碩士。

第 11 章

楊蔚齡

中華民國知風草文教服務協會祕書長。實踐專校社會工作科學士，國立東華大學創作與英語文學研究所碩士，國立暨南國際大學東南亞學系社會科學博士。長期投入台灣119 救護醫療志工及海外難民救助，見證且深入執行柬埔寨戰後社會救助工程，以文學創作報導戰地悲涼，喚起人們的悲憫與關懷，主動參與救助服務。著有《烽火重生之歌》、《在椰糖樹的平原上》、《切夢刀》、《希望的河水》、《知風草之歌》、《邊陲的燈火》。

第 12 章

曾昭雄

現任屏東縣屏北社區大學講師、國立屏北高中原住民專班講師、第十一屆、第十二屆台灣藍色東港溪保育協會理事長、社團法人屏東縣深耕永續發展協會理事長、屏東縣屏北社區大學內埔分班主任、屏東縣政府客庄導覽解說課程講師、屏東縣樂齡、長青課程講師。專長領域為生物生態調查、農業生態與教育、環境保護與教育、社區營造與六星規劃、生態旅遊遊程規劃、休閒農場規劃、人文環境生態導覽解說。

周克任

現任台灣藍色東港溪保育協會理事，1993 年國立台灣大學大氣科學系畢業，國立高

雄應用科技大學 EMBA 碩士，專長領域為水資源管理政策、社區營造、社區避災設計與操作、民眾參與機制設計、公私協力平台機制設計與操作、說故事旅遊設計、老屋重生、畜牧廢水資源化、地方史調查與研究、排灣族文化與歷史研究。

柳詩盈

現任台灣藍色東港溪保育協會祕書長，國立屏東教育大學（今國立屏東大學）社會發展學系學士，專長領域為公民參與、質性研究，長期關注水資源相關議題，運用公私協力或跨域媒合之策略，致力於東港溪水質改善行動及探究流域相關人文歷史。

第 13 章
廖嘉展

財團法人新故鄉文教基金會董事長。廖嘉展，1962 年在雲林虎尾出生。

1986 年進入《人間》雜誌擔任記者，1989 年與妻子顏新珠遷居埔里。

1994 年任新港文教基金會執行長，1999 年創立新故鄉文教基金會，任董事長迄今。

1999 年發生九二一大地震，投入災後重建事務。以區域蹲點的模式，建構「桃米青蛙村‧埔里蝴蝶鎮」的生態城鎮願景發展，開啟 NGO 協立社群，參與地方共同治理的重要經驗。2013 年與一群朋友共同創立「埔里 Butterfly 交響樂團」，擔任團長，推動 El Sistema Puli 音樂培力計畫。2018 年與農委會林務局合作，推動「埔里蝴蝶森林公園」計畫，開啟蝴蝶保育，再現台灣蝴蝶王國可持續發展的鄉村振興模式。2018 年獲頒第二屆「育璘台灣奉獻獎之鼓勵獎」。2022 年新故鄉文教基金會獲頒第一屆文化部社造獎之社造貢獻獎。廖嘉展是台灣社區總體營造的先行者，他能將理論與實務落實，其溫潤的人文情懷，常讓與其互動的人與社區備感溫暖，並從中得到繼續努力的勇氣與力量。曾出版《月亮的小孩》，獲第十五屆時報文學獎推薦獎、時報年度十大好書；《老鎮新生——新港的故事》，獲時報十大好書；《水產養殖先鋒——廖一久的故事》，遠哲科學教育基金會出版。

第 14 章
財團法人大二結文化基金會

結合一群有共同理想及目標的熱心居民而組成的協會組織，於 1995 年成立大二結文

教促進會，至 2011 年轉型捐助成立基金會。從促進會到基金會，這一群社區居民用近 30 年的時光，一起營造社區及保存文化資產，訴說著二結圳保存、千人移廟、老穀倉新生命、再生紙文化、傳習傳統藝術、祈冬慶典凝聚、排除政治條款等豐富的社造故事，點點滴滴為保存、承傳及活化地方文化資產而延續社造新生命的行動。

第 15 章
吳哲生

吳哲生，1980 年國立台灣大學商學系國際貿易組畢業，1982 年國立台灣大學商學研究所碩士，2016 年中華企業研究院實踐經營管理博士（DBA in Practices）。現任社團法人中華民國企業經理協進會副理事長、中華公司治理協會祕書長、財團法人中華企業研究院學術教育基金會董事暨執行長、中華民國退休基金協會監事會召集人、金融科技產業促進會常務監事、中華奉元學會理事、社會企業創新創業學會理事，曾任台北市八頭里仁協會理事長。研究領域包括：董事會高階經略治理（orchestrating governance）、領導治理（leadership governance）、策略治理（strategic governance）、企業經學（business canonology）、志業經略（syndicate orchestration）、整合夏學（integrated Xia Xiue）、科際整合（interdisciplinary integration）、集團企業發展（conglomerate development）、全般系統理論（General Systems Theory, GST）等。

目　次

社區型

導論：書寫台灣第三部門史 III

蕭新煌、陸宛蘋、王俊秀

一、前言

　　一如《書寫台灣第三部門史》I、II，與本書所收錄的三類第三部門組織（或稱非政府組織 NGO，非營利組織 NPO）都是在台灣社會用心營運、認真追求組織成長達至少 15 年以上的本土公民社會組織。本書再次收集 15 個台灣第三部門的發展實錄。

　　這三類第三部門組織分別是倡議型、服務型和社區型。用最淺顯的話來說，倡議型組織是勇於挑戰不當既有社會體制，尋找理想的改變目標；服務型組織是發揮慈善心，修補不完善的社會體制，促成良善的穩定社會目的；社區型組織則是善用在地和開發資源，以改變或修補社區現有體質，期以此培力社區改造力量。

二、倡議型第三部門

　　本書共收錄的倡議型第三部門組織共 5 個，分別是以監督國會為主旨的公民監督國會聯盟；以保衛海洋生態為標的的黑潮海洋文教基金會；以捍衛台灣環保生態保育而成立的地球公民基金會；以培養公民民主意識為宗旨的慈林教育基金會；以及聯合家庭照顧者自助而集結的家庭照顧者關懷總會。

　　號稱是匯集社運好漢力量催生出來的國會監督團體，公民監督國會聯盟（簡稱公督盟）的確是一個典型因不滿國會惡質生態而起而行的集體抗爭和行動的組織。成立於 2007 年，迄今 16 年的公督盟可說是台灣唯一現存也最有規模的國會監督專職公民團體聯盟組織。

在經費年年有困難、年年能幸賴有識之士捐助解圍的狀況下，公督盟的監督國會機制從消極的立委問政分析到積極的立委評鑑是一大步進展。此外，激進的「落選立委運動」，發行第一本監督國會專刊，成功推動立法院即時播放的國會頻道，深入校園和社區推廣公民教育，成立 12 個地方縣市議會監督組織，倡議相關陽光法案，培訓 NGO 國會聯絡人等。以上這些制度性的努力，無非是要改變台灣的立法院生態，使它成為「文明」、「效率」、「公益」、「陽光」的國會。

以溫暖、清澈、堅定守望海洋為宗旨的黑潮海洋文教基金會成立於 1988 年，源於東海岸的鯨豚調查記錄和保護。它也是第一個民間自發的台灣尋鯨團體。目前它是台灣設於花蓮唯一的海洋生態環境關懷財團法人，主事者一半是相關領域的學界人士，一半則是在地的文化生態關懷人士，草根性很強。推廣海洋生態保護的生活體驗教育是黑潮的一項主要倡議作法，它也很努力地出版相關科普書籍，增加全民有關海洋的知識瞭解。此外，它對海洋廢棄物問題和海哺動物圈養議題，倡議相關法條的修正。黑潮在台灣的環境保護和生態保育圈的確有它很獨特的角色。

地球公民基金會則是號召從南方出發守護台灣環境生態的第三部門組織，它在 2010 年從 2007 年的「地球公民協會」脫胎轉變為一個基金會。目前它有高雄、台北和花蓮 3 個辦公室，可見它關心的環境課題可說是包括北、東、南 3 個區域。它也強調以「專業化」去倡議和推廣環境生態的保護，包括反公害、反核、能源轉型、森林、水資源、海洋景觀、農地、濕地等。它可以說是一個全方位的台灣環境倡議團體。

比較不為人知的社會影響力當中，地球公民基金會曾結合網路科技，迫使政府整頓農地違章工廠，揭露礦業黑洞，推動礦業改革，也在過去 15 年來處理過 140 件個案、法令或政策。

標榜以慈悲、希望為愛作為倡導、淨化和推動台灣民主教育，陶冶人心，保存台灣民主運動史料，培訓政治社運工作者的慈林教育基金會，由台灣民主運動者林義雄在 1991 年設立。30 年來，慈林，尤其是林義雄感動了為數不少的年輕社運和政治工作者，這也是慈林基金會較不為人知的社會影響力。慈林基金會下設社會運動史料中心、台灣民主運動館、和社會發展學院。它辦了以下重要的研修班和活動：政治家研修班、社會發展

研修班、國際青年台灣文化營、青少年民主教育營隊、慈林講座、慈林音樂會、兒童音樂夏令營和各項獎學金等。它可以說是一個「硬軟兼施」的社會文化改造運動團體，猶如日治時代台灣文化協會心繫台灣社會民生改造的當代版。

相對於前述 4 個以整體宏觀改革為職志的國會監督、海洋保護、全島環保和民主教育，第五個倡議公民社會組織則是「家庭照顧者」的自我支持和自我聯盟團體。它倡議以女性為大宗的家庭照顧者，應受到社會和政府的制度性支持和相關政策的保護，力主「照顧是選擇，不是義務」。成立於 1990 年的「家庭照顧者關懷總會」（家總），以社運工作者、立法委員和專家學者為組織分子，宗旨就定為「爭取家庭照顧者權益」，主張有 8 項「家庭照顧者權利」，也在成立 10 週年時提出 10 項對政策改革的要求。家總是全亞洲第一個為家庭照顧者權益發聲的民間組織，而台灣也是全亞洲第一個以法律保障家庭照顧者權益，並提供支持性服務的國家。家總帶領風氣之先，功不可沒。

歷經奠基期（1996-2007）、發展期（2008-2017）和轉型期（2017 迄今）的家總，為了政府推出的「長照 2.0」設計了幫助有需要的民眾瞭解政府補助項目，也設計「家庭照顧協議」線上指引工具。家總讓台灣社會和政府終於看到家庭照顧者的「政策地位」，建立政策主體性論述，也讓家庭照顧者權益與服務入法，建置家庭照顧者支持網絡，更讓政府在推動「長照 2.0」良善政策時，獲得民間力量的「照顧共力圈」和助力。家總的願景是打造一個免於長照恐懼的「友善照顧環境」，在社會人口老化日益「嚴重」的台灣，更顯得重要。

三、服務型第三部門

本書收錄了服務型的第三部門 6 個組織的事蹟，包括以商業模式實踐社會目標的喜憨兒社會福利基金會；倡議與服務並行的台灣早產兒基金會和兒童福利聯盟文教基金會；服務跨國於柬埔寨、越南等地的至善社會福利基金會和知風草文教服務協會；以及源自國際組織世界展望會的台灣世

界展望會,如今已是世界展望會重要的夥伴之一。

喜憨兒社會福利基金會成立於 1995 年,至今「喜憨兒」已成為身心障礙者的服務品牌,基金會一直期許身心障礙者能在社區中獨立、自主、自在的生活,因此基金會以「終生教育、終生照顧」為願景,「創造心智障礙者生命的尊嚴與喜悅」為使命,並且以「身心障礙者用自力更生的方式來創造價值」作為服務的目標,是台灣少數首創以商業模式實踐社會目標的非營利組織之一。

台灣早產兒基金會成立至今已 30 年,從初始推動早產防治,一路以來為提升醫療照護品質、出院後社區照顧服務到出院後追蹤檢查服務,建立全方位的早產兒健康保護網而努力;除此之外,基金會也從督責及合作的角度,期待政府能在醫療政策及制度上以宏觀的角度全盤評估與改善,期盼民眾可以提升對於早產問題的重視,齊心守護小腳丫跨出大人生。

世界展望會成立於 1950 年,台灣世界展望會成立於 1964 年,迄今已有近 60 年的服務歷程,一路陪伴台灣走過戰後的篳路藍縷、經濟起飛,直到如今的社會繁榮。服務內容從最初的捐助支持育幼院、兒童之家、痲瘋病院、山地醫療診所等機構開始,再到以社區化服務模式關懷台灣弱勢兒童及其家庭的需要,進而到如今以個案服務為主、社區工作為輔的工作模式,在不同階段全方面關懷弱勢兒童在成長過程中所可能遭遇的各項缺乏或家庭與社會問題。90 年代以後,台灣世界展望會透過「飢餓三十人道救援行動」、「兒童資助計畫」等各項國際救援工作及倡導行動,從救援 1985 年的非洲飢荒開始,已是世界展望會重要的夥伴之一。

至善社會福利基金會是一位德國籍越南裔的出家人善山師父,1994 年來到台灣學習中文,並借道台灣返回越南,遇見了悲涼之地——廣治省,位於越南中部,是越戰主戰場,大量的橘劑(戴奧辛)摧毀了土地,數以萬計的孩子一出生就是畸形兒,加上年年氾濫的洪水沖走了人們的作物,不留一丁點生命的氣息。1995 年,一群來自各國、各界的至善創會成員設立了「中華至善社會服務協會」,展開行動向國內民眾募款,透過與越南當地佛教寺院合作,排除萬難,跨海捐助藥品、物資給越南的孤兒院、收容機構。今年至善 28 歲了,歷經了一段長達二十餘年的「重生之旅」,中間歷經改制為基金會,大小挑戰不少,如今年服務經費大約 1 億

元，其中約 8 成收入來自民間小額捐款，海內外四地員工約 80-85 人。整體來講，至善是一個體質健全的中型非營利組織。

　　兒童福利聯盟文教基金會（以下簡稱兒盟）於 1980 年代從一個行動聯盟「兒童福利聯盟」，致力於推動台灣兒少法律與制度，完成階段性修法任務後，各方均認為應成立一永久性組織，以長期致力於兒童福利工作推展，兒盟於 1991 年 12 月誕生。成立至今兒盟秉持倡議與服務並行，隨著社會多元化的發展，單一育兒價值顯然已不合時宜發展預防性家庭服務。累積多年倡議與實務服務經驗的兒盟，期許未來更擴大自己的影響力，擬定未來倡議的願景——「建構跨專業服務模式」、「發展社區化服務」、「增進兒少參與」。

　　知風草文教服務協會成立至今已經將近 30 年，秉持「教育扶貧、文化播種」信念，自 1993 年於柬埔寨展開華裔助學方案，並長期於泰柬邊境的荒涼村落，協助貧童就學、偏鄉興學、急難救助、開鑿水井，環保並維護生命尊嚴等人道救助項目，服務地區涵蓋了柬埔寨的 17 個省分。充滿了艱難的過程與感人故事，志工與團隊的共同協力，知風草執行的，是一種真實、與身處苦痛、折磨的人為伴的服務。有時，最難的不是不救助，而是救不了；最苦的不是救多少，而是明知救不了卻還執意要救。雖然，志工與團隊從工作中接觸到的，都是貧病、困苦、麻煩、瑣碎的人和事，卻因為彼此相處，更加深刻理解人性美善的珍貴。

四、社區型第三部門

　　第三部門的社區型組織是以特定空間為對象，且遇到危機，而號召居民起而進行各種抗議（反對運動）、倡議及培力等環境、文化、生活等社造行動。本書收錄了 4 個社區型組織的故事。

　　大二結文化基金會（前身為大二結文教促進會）由社團法人到財團法人，而組織定位上為非政府組織（NGO）。大二結社區遇二結王公廟拆除之危機而集結在地社會力，萌發社區公共事務的意識。因此由千人移廟到二結圳生活步道、二結圳保存、王公盃籃球賽、老穀倉新生命（二結穀

倉稻農文化館)、再生紙文化(大二結紙文化館)、傳習傳統藝術、祈冬慶典、搶救興中國中、排除政治條款等豐富的社造故事。而基金會正透過各種社會設計,企圖創造一個「當代的傳統」給下一代,例如將二結王公廟的過火儀式,轉變成社區成年禮。

八頭里仁協會為社團法人,組織定位上為非政府組織(NGO)。其行動空間為八頭(平埔族語 PATAUW):北投地區,其社區志業之目標則為「里仁為美」。協會成立的緣起來自一群國小學童寫陳情信爭取保留「北投公共浴場」(現溫泉博物館,協會共同經營),一路走來,推動EQ 教育、鄉土教育、社區安全家庭整合、設置「植穗營」關愛弱勢學童、「女巫劇團」啟動流轉生命故事、發行《北投社》雜誌、抗議北投纜車、迎回新北投車站等社區行動,並繼續進行北投水道、三石合一等倡議行動,正努力成為社區志業的典範。

台灣藍色東港溪保育協會為社團法人,組織定位上為非政府組織(NGO)。其行動空間為東港溪流域,雖號稱屏東的母親河,當年卻是滿布垃圾的大水溝。面對母親河的污染危機,該協會決定以改善東港溪水質、恢復清澈為目標。曾和反美濃水庫聯盟結盟,成為守護山林水資源的社會運動對抗舞台。除了反對運動如反美濃水庫、反瑪家水庫、反隘寮堰越域引水、反南橫國道、反濱南工業區、反對砍伐平地森林改種太陽能外,也進行治本的倡議行動如地下水補注區、打造公私協力平台等。最後並以社區服務:水資源保護、自然農法、觀光發展硬軟體等打造或增能培訓等,致力於居民培力,例如培力全國第一代森林解說志工、萬巒客家夥房活化等。而流域管理型的社區營造乃成為其特色。

新故鄉文教基金會為財團法人,組織定位為先非政府組織(NGO)、後非營利組織(NPO):社會企業,行動空間為埔里地區(號稱全國NGO/NPO 首都),九二一地震後,基金會參與南投縣諸多社區重建工作,並協助桃米村邁向生態村重建之路,2005 年並成立「社區見學中心」,促成紙教堂園區的設置,成為觀光與見學景點,並培力 44 家桃米民宿。接著啟動「再現埔里蝴蝶王國」(埔里生態城鎮)的跨域社造行動,包括成立 Butterfly 交響樂團、推動在地的音樂教育(「蛹之聲」計畫)、發展「埔里生活生態博物館網絡」。基金會正透過社區、組織與社會三合一

的典範轉移機制進行質變，除了經濟資本外，更是生態、生計與生活資本的共同體現。

五、結語

　　本書的 15 個第三部門組織，分別見證台灣六十多年來社會變遷的不同階段性特色，也分別以服務求善、倡議求變和社區培力三大訴求，促成台灣社會和政治品質的求全。一如前面兩本《書寫第三部門史》所呈現的，本書也再次驗證非政府、非營利組織等第三部門既是制衡、改變第一部門的政府和第二部門的企業的另一組織力量，也是追求三部門相互平衡的一個標竿力量。我們無法想像，沒有第三部門的台灣，將會是一個怎麼樣失衡和不完美的社會政治經濟體質。

　　台灣奇蹟不只是台灣經濟得到發展和政治獲得民主，更是社會達到多元平衡，第三部門就是這背後的功臣。《書寫台灣第三部門史》前後三本書所訴說的 40 個故事，就是歷史見證。

倡議型

PART

立法委員評鑑大會

主辦單位：社團法人公民監督國會聯盟

◎ 財政

◎ 內政

◎ 交通

CHAPTER **1**

人民越監督，台灣越民主：
公民監督國會聯盟

張宏林

▌一、「民主，從投票後開始！」

　　台灣歷經幾次修憲後，成為「單一國會」的國家。《憲法》賦予立法委員具有議案審議、處理覆議案、不信任案、審查行政命令、請願文書、聽取總統國情報告、行政院報告、質詢、行使同意權、提出彈劾案等職權等，責任非常重大。如果把國家想像成一個沙漏，面對國事如麻下，國會與113位立委，恰巧就像是沙漏中間最細的瓶頸，只要守住立法院，就可以以逸待勞地監督整個國家，所以我們才說「有正常的國會，就有正常的國家」。

　　自1987年開始，由於產生了增額立委，「新時代基金會」即在蕭新煌教授主持下，進行過對於增額選出之立法委員的問政評鑑工作，後如「國會觀察基金會」、「澄社」和「社會立法運動聯盟」，皆有嘗試過各種監督立法院的活動，其中又以澄社雖不定期舉行立委評鑑，但還是引起社會關注。

　　特別在修憲之後，立委人數從225席減少為113席，每一位立委對於國家政策的影響都至關重要。民間社團在因緣際會的時機點，達成重新啟動國會監督工作的共識，多個原本參與「社會立法運動聯盟」（簡稱社法聯）的社運團體，便在2006年年底組成籌備小組，於2007年1月23日宣佈成立「公民監督國會聯盟」（簡稱公督盟）。公督盟在運作上，具備了台灣非營利組織的彈性、靈活等特色，但在各種決策程序方面，又遵循民主原則，儘量經由會議討論尋求共識。譬如公督盟自籌備開始，便廣泛徵詢盟員意見，訂出了「文明、陽光、公益、透明、效能」五大訴求，希望能以此5項標準檢驗台灣的國會。

（一）文明國會

　　國會議員為最高民意代表，必須講道理、有禮貌、相互容忍、彼此尊重。至少要作到不罵人、不動粗、不作秀的文明人起碼條件，而不是鎮日上演野蠻戲碼。

（二）陽光國會

國會不能夠成為利益輸送的分贓管道，要有完整配套的陽光規則來掃除貪腐。國會更應該制訂嚴格的法律規範，促使台灣走向清廉的國度。

（三）公益國會

國會對於國家資源的分配，應秉持社會公平正義及弱勢優先原則，拒絕通過不公不義法案。國會議員必須自律自清，不假公濟私、圖利自肥。

（四）透明國會

國會是全民的國會，應該攤在陽光下，接受全民檢驗，議事程序與內容應即時轉播給全民收視，讓全國民眾共同監督自己所選出來的民意代表，遏阻私心自用、為所欲為。

（五）國會效能

國會效能一直為社會所詬病，在政黨惡鬥的政治氛圍之下，國會運作的停擺及功能的失靈，更讓民主法案屢屢擱淺，嚴重辜負人民付託。成熟的國會應建立明確的規範及效能指標，深化、提升台灣的民主。

由於國會長期以來政黨惡鬥、作秀文化，以及資訊不夠透明，加上利益分贓、傾斜財團、打架作秀、會議黑箱、荒廢議事、只重選服、專業不足、助理操守等問題嚴重，導致國家發展延遲。公督盟因此於立法院每會期結束後，提出兼具質化與量化的立委評鑑報告，公布優秀與待觀察立委，並將立委表現的各項統計資訊，上網揭露讓民眾參考。在每屆改選時，列出常態待觀察立委，舉辦「落選運動」，汰除不適任的立委，以改善國會生態，提升民主品質。公督盟期盼台灣國會能夠在公民監督之下，展現新的面貌，更盼望各界響應此訴求，在理念與資源上共襄盛舉，真正行使一位自由公民完整的政治權利。

在公督盟章程中，明訂的主要工作任務有 6 點，分別為：

1. 建立社會公益團體的聯繫、合作關係，及提供國會監督之資訊與服務。
2. 監督國會預算資源的分配。
3. 培養公民監督國會之專業人才。
4. 從事與國會監督與立委評鑑相關的研究。
5. 舉辦公民國會監督之研究、座談、出版、研討會、講座、國際交流等相關計畫與活動。
6. 其他與監督國會相關活動。

公督盟成立初期由台灣 40 個民間團體所促成，部分會員團體本身即為聯盟形式，所以公督盟延伸的個別組織，多達 495 個社團。

由於公督盟對於立委監督，要刮別人鬍子之前也要先把自己的刮乾淨。在成員部分，尤其是擔任理監事者，章程明訂現任立法委員、曾任立法委員卸任未滿 5 年者、現任立法院具有席次之政黨黨職者、現任立法委員之三親等內親屬或與其具有職務上從屬關係者都不得參選。理事、監事被政黨正式提名為立委候選人者、有任何參選立法委員之宣告或行動者、現任立法院具有席次之政黨黨職者、現任立法委員之三親等內親屬或與其具有職務上從屬關係者，應即解任。

擔任公督盟初審與複審的評鑑委員，也必須自律簽署聲明，未擔任立法院具有席次之政黨黨職，亦非現任立法委員三等親屬與從屬關係。願意遵守評鑑倫理，評鑑過程遵守公督盟評鑑作業辦法暨規範，並秉持公平公正原則，進行評鑑工作。

上述這些都是公督盟自律的重要條件，也自許成為台灣社會的「公共財」，雖然不一定知道組織成員有誰，但卻認同台灣能有這樣一個專責監督國會的團體很重要。

▋二、匯集社運好漢，催生台灣第一個專責「國會監督」團體

　　2006 年年底，一場意外的餐會催生了台灣第一個專責監督國會的組織：公民監督國會聯盟的成立。時任中研院社會學研究所研究員的蕭新煌教授宴請來台參加「台日公民社會論壇」活動的多年日籍好友，早稻田教授西川潤，並邀集社運團體一起坐陪，包含顧忠華、施信民、高成炎、曹愛蘭。

　　在這場餐會裡，席間大家對於台灣政治的環境充滿了無奈與感慨，民眾普遍對政黨惡鬥都很失望，立法院又被認為是利益分配的溫床，是社會的亂源之一，深覺台灣需要制衡國會的力量，在座者熱烈回應這個公民參與話題，倡議恢復這股民間對立法院的監督力量，「公督盟」已在大家的腦海悄然成形。

　　為了積極催生公督盟，蕭新煌教授積極邀請大家聚餐討論。餐會名稱訂為：「國會監督公民聯盟（草）籌備會——個人意見交流餐會」。當天很快就有共識，而且將組織名稱訂為「公民監督國會聯盟」，隔週馬上在 2007 年 1 月召開第一次籌備會議。當時參與第一次會議者為蕭新煌（中央研究院研究員）、顧忠華（前澄社社長）、施信民（台灣環境保護聯盟創會會長）、曹愛蘭（守望文教基金會董事長）、高成炎（社會立法運動聯盟前召集人）、紀惠容（勵馨社會福利基金會執行長）、陳曼麗（台灣婦女團體全國聯合會理事長）、林峯正（民司改革會執行長）、高茹萍（社區大學全國促進會辦公室主任）、何宗勳（台灣環境保護聯盟祕書長），並推舉顧忠華教授為聯盟籌備召集人。

　　而後「社會立法運動聯盟」在 2007 年第五屆會員大會中，正式提出聯盟名稱與章程修改，並於 2007 年 4 月 18 日選出公督盟第一任（第三屆）的理事，分別是紀念殷海光先生學術基金會顧忠華（當選創會理事長）、台灣婦女團體全國聯合會陳曼麗（常務理事）、人權、和平、發展教育聯盟陳建甫（常務理事）、伊甸社會福利基金會黃琢嵩、台灣環境保護聯盟施信民、核四公投促進會高成炎、勵馨社會福利事業基金會紀惠容、民間

司法改革基金會林峯正、社區大學全國促進會張捷隆。監事則由澄社黃秀端（常務監事）、21世紀憲改聯盟高涌誠、台灣勞工陣線協會孫友聯擔任。這些理監事原本就在自己的專業領域及社會運動中有極高的影響力，加上公督盟是以會員團體為運作基礎，不僅是這些代表人，等於背後還有代表團體本身的支援，累加起來像是具有幾百年的社運功力。

還有近40位具有威望的學者同意擔任公督盟顧問，再加上2位名譽顧問：李遠哲院長與蕭新煌教授的鼎力相助及社會名望加持，使得公督盟的公信力更能迅速提升，並獲得資源，發揮影響力。第一任執行長何宗勳被稱為社運過動兒，長期參與社會運動，善於整合資源籌劃活動。在初期推出各項有創意活動，吸引社會關注與討論，奠定公督盟各項基礎運作的重要關鍵。而後張宏林自2011年接手執行長一職至今。過去他曾經擔任過荒野保護協會祕書長、主婦聯盟環境保護基金會祕書長、台灣公益團體自律聯盟祕書長等二十多年社運工作，加上公關、傳播的專業背景，擴大組織的知名度及影響，並強化自有媒體與對外溝通能力，穩定了祕書處的分工與穩定運作，建構組織的策略方向與方案，同時讓募款工作成為常設任務。

而後每屆理監事都是組織持續運作的重要角色，他們都代表不同團體的資源與專業，引導公督盟的願景規劃及目標，協助募集經費，帶領祕書處完成任務，都是公督盟不可或缺的一員。

第四屆理事：顧忠華理事長（紀念殷海光先生學術基金會）、林峯正常務理事（民間司法改革基金會）、顏美娟常務理事（台灣電磁輻射公害防治協會）、陳建甫（台灣和平草根聯盟）、鐘丁茂（台灣生態學會）、施信民（台北市綠台文教基金會）、張捷隆（宜蘭社區大學教育基金會）、高成炎（台灣21世紀議程協會）、蔡素貞（社區大學全國促進會）。監事：黃秀端常務監事（澄社）、陳曼麗（台灣婦女團體全國聯合會）、高嘉君（台中市醫界聯盟）。祕書處何宗勳執行長。

第五屆理事：施信民理事長（台灣21世紀議程協會）、顧忠華（紀念殷海光先生學術基金會）、陳建甫（台灣和平草根聯盟）、謝東儒（中華民國殘障聯盟）、王俊秀（台灣環境保護聯盟）、陳耀祥（台灣法學會）、蔡素貞（社區大學全國促進會）、高成炎（台北市綠台文教基金會）、何

碧珍（台灣婦女團體全國聯合會）。監事：黃秀端常務監事（澄社）、陳曼麗（台灣婦女團體全國聯合會）、吳麗慧（台灣教師聯盟）。祕書處張宏林執行長。

第六屆理事：施信民理事長（台北市綠台文教基金會）、顧忠華常務理事（華人民主文化協會）、王俊秀常務理事（台灣環境保護聯盟）、陳耀祥（台灣法學會）、陳曼麗（主婦聯盟環境保護基金會）、蔡素貞（社區大學全國促進會）、高成炎（台灣21世紀議程協會）、何宗勳（中華民國關懷生命協會）、莊豐嘉（台灣和平草根聯盟）。監事：黃秀端常務監事（澄社）、高涌誠（台灣永社）。祕書處張宏林執行長。

第七屆理事：黃秀端理事長（澄社）、顧忠華常務理事（紀念殷海光先生學術基金會）、陳建甫常務理事（台灣自由選舉觀察協會）、施信民（台北市綠台文教基金會）、林佳和（台灣法學會）、王俊秀（台灣環境保護聯盟）、莊豐嘉（台灣和平草根聯盟）、許主峯（新北市愛鄉協會）、曾建元（華人民主文化協會）。監事：楊聰榮常務監事（台灣永社）、陳俐甫（台灣教授協會）、陳瑞賓（台灣環境資訊協會）。祕書處張宏林執行長。

第八屆理事：黃秀端理事長（澄社）、莊豐嘉常務理事（台灣和平草根聯盟）、陳俐甫常務理事（台灣教授協會）、施信民（台北市綠台文教基金會）、顧忠華（紀念殷海光先生學術基金會）、曾建元（亞洲公共文化協會）、王俊秀（台灣環境保護聯盟）、許主峯（新北市愛鄉協會）、楊聰榮（台灣永社）。監事：謝東儒常務監事（台灣社區居住與獨立生活聯盟）、陳瑞賓（台灣環境資訊協會）、游建峰（宜蘭縣公民監督聯盟）。祕書處張宏林執行長。

第九屆理事：吳鯤魯理事長（紀念殷海光先生學術基金會）、曾建元常務理事（亞洲公共文化協會）、楊聰榮常務理事（台灣永社）、施信民（台北市綠台文教基金會）、顧忠華（台灣和平草根聯盟）、楊國禎（台灣生態學會）、吳芸嫻（台灣教授協會）、馮智能（台灣永續關懷協會）、蕭督圜（台灣自由選舉觀察協會）。監事：謝東儒常務監事（台灣社區居住與獨立生活聯盟）、陳瑞賓（台灣環境資訊協會）、何宗勳（台灣陪審團協會）。祕書處張宏林執行長。

第十屆理事：曾建元理事長（亞洲公共文化協會）、吳鯤魯常務理事（紀念殷海光先生學術基金會）、蕭督圜常務理事（台灣自由選舉觀察協會）、施信民（台北市綠台文教基金會）、洪德仁（台北市北投文化基金會）、馮智能（台灣永續關懷協會）、彭睿仁（社團法人台灣教授協會）、潘威佑（台灣北社）、顧忠華（台灣和平草根聯盟）。監事：何宗勳常務監事（台灣陪審團協會）、陳瑞賓（台灣環境資訊協會）、謝東儒（台灣社區居住與獨立生活聯盟）。祕書處張宏林執行長。

▌三、我因你而來，卻因大家而留下！

非營利組織主要都是由一群有共同理想與志業的夥伴所發起組成，公督盟也不例外。理監事、顧問、財委、評委、志工團等，都是無給職，全憑自己的熱心參與，所以社團中對於相互之尊重非常重要。許多決策也盡量以合議制為主，擴大決策圈與智慧領域。歷任理事長還是最為辛苦，公督盟祕書處也每週都會召開會議。隨著事務增加，歷任理事長幾乎每週都會一同參與祕書處會議，方便直接能夠議決重要決策，對於組織運作的效能有極大幫助。雖然理事長為志工，且還有自己所屬參與的組織與個人本職工作；能投入這麼多時間給公督盟，參與無數會議、記者會、座談等，猶如專職，確實讓人敬佩，這也是公督盟在短短時間，能夠有所成就的重要原因。

章程中明訂理事為 9 人，包含理事長與常務理事 2 人。監事則為 3 人，設有常務監事 1 人，任期為 2 年。參選資格，必須是各會員團體所指定的會員代表才有參選資格。

祕書處設置專職執行長 1 人，負責綜理組織交付之各項工作，祕書處負責擬定年度計畫與預算，執行各項任務。專職人員從初期 1 人，至今維持 8-11 人編制。也隨著任務的增加，祕書處更需負擔起任務規劃、執行與募款、尋找資源等工作。十多年來，也有不少專職人員進到體制，成為立法院的助理，這更方便了公督盟與委員辦公室之聯繫，同時能更深入瞭

解委員與助理對於國會改革、立委評鑑等看法，讓我們可以加強溝通或盡快修正策略（參閱圖 1.1、圖 1.2）。

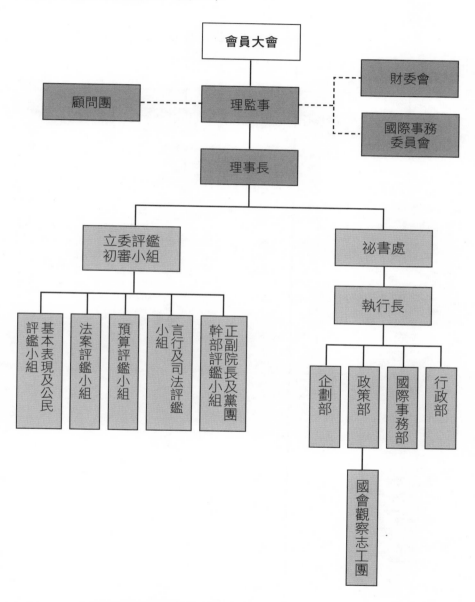

| 圖 1.1　公民監督國會聯盟組織架構圖

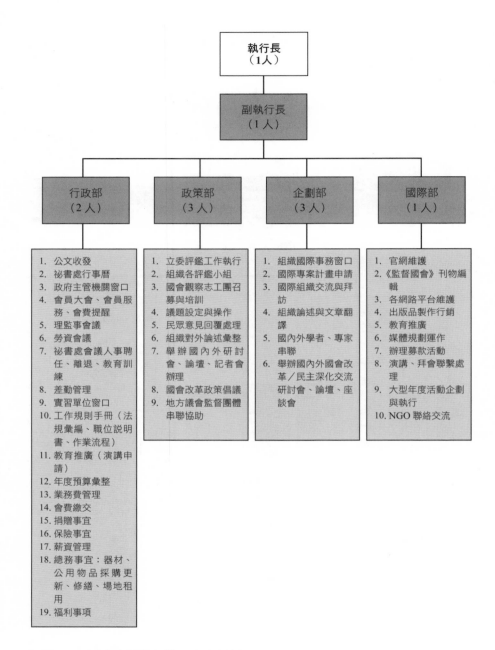

執行長 （1人）			
副執行長 （1人）			
行政部 （2人）	政策部 （3人）	企劃部 （3人）	國際部 （1人）

行政部	政策部	企劃部	國際部
1. 公文收發 2. 祕書處行事曆 3. 政府主管機關窗口 4. 會員大會、會員服務、會費提醒 5. 理監事會議 6. 勞資會議 7. 祕書處會議人事聘任、離退、教育訓練 8. 差勤管理 9. 實習單位窗口 10. 工作規則手冊（法規彙編、職位說明書、作業流程） 11. 教育推廣（演講申請） 12. 年度預算彙整 13. 業務費管理 14. 會費繳交 15. 捐贈事宜 16. 保險事宜 17. 薪資管理 18. 總務事宜：器材、公用物品採購更新、修繕、場地租用 19. 福利事項	1. 立委評鑑工作執行 2. 組織各評鑑小組 3. 國會觀察志工團召募與培訓 4. 議題設定與操作 5. 民眾意見回覆處理 6. 組織對外論述彙整 7. 舉辦國內外研討會、論壇、記者會辦理 8. 國會改革政策倡議 9. 地方議會監督團體串聯協助	1. 組織國際事務窗口 2. 國際專案計畫申請 3. 國際組織交流與拜訪 4. 組織論述與文章翻譯 5. 國內外學者、專家串聯 6. 舉辦國內外國會改革／民主深化交流研討會、論壇、座談會	1. 官網維護 2. 《監督國會》刊物編輯 3. 各網路平台維護 4. 出版品製作行銷 5. 教育推廣 6. 媒體規劃運作 7. 辦理募款活動 8. 演講、拜會聯繫處理 9. 大型年度活動企劃與執行 10. NGO 聯絡交流

圖 1.2　祕書處組織架構暨人事編制

　　另外依據組織目標與任務，設置專責委員會與任務小組，如財務委員會、國際事務委員會、顧問團、國會觀察志工團、志工服務團、國會透明化推動小組、評鑑小組、企劃部、行政部志工等，帶領及協助組織之運作。

　　公督盟雖為許多民間團體加入的會員團體制，但站在相互支援的角度，同時也加入其他團體成為會員，如台灣再生能源推動聯盟、台灣公益團體自律聯盟，特別是主動加入自律聯盟，自主揭露每年活動計畫、預算與活動成果及決算，並且每月上網公布募款徵信。另外，也有加入特定任務平台，如參與環保團體所舉辦的「台灣 NGO 環境會議」、動保優秀立委評鑑、司法正義政策評鑑活動等。

▌四、募集 1 萬名「監督者聯盟」成員，每年捐 1 千元

　　由於監督國會，加上評鑑立法委員的關係，為了避免有對價關係，公督盟對於捐款對象，設有幾個重要的基本原則，就是不收受立委與立法院有席次政黨的捐款，以保有獨立自主性，也避免評鑑成績被懷疑有對價性。

　　公督盟成立初期，每年的經費約莫在 200 萬左右，近年則維持在 900 萬上下，全職人員從初期 3 至 4 位，到目前維持 8 至 10 位左右的編制。百分之九十為企業、社團與個人捐款。少部分為團體會員會費與其他收入，近年嘗試販售國會議事桌遊，開發義賣商品，舉辦訓練課程，也在思考其他財源募集的可行方式。

　　經費募集從最初至今，要特別感謝公督盟的榮譽顧問李遠哲院長。李院長對於台灣政治民主發展一直非常關心，所以他對於公督盟的成立給予許多的幫助。不論是引薦對於台灣民主深化認同的企業家支持，每年募款餐會也都提供他收藏的藝術品，在公督盟的感恩餐會上義賣，只要他人在台灣，必定出席，並上台擔任拍賣官。

　　創會理事長顧忠華也提到，成立之初，曾有某企業老闆邀請數十位旗下協力公司負責人聚會，在聽完顧老師簡報後，馬上承諾願意以集資方式，捐募 500 萬費用給公督盟。這解決了公督盟第一年的財務危機，也得以順利進行第七屆第一會期，也就是公督盟第一次的立委評鑑活動。但大筆金額雖讓人振奮，卻仍非穩定的資金來源。

　　為了讓募款工作可以順暢持續，公督盟設立了「財務委員會」（簡稱財委會），設有召集人與財委。首任由理事長顧忠華老師擔任。第二任財委召集人為鄭文龍律師，接續為就諦學堂李三財執行長、許文南董事長擔任。並且在 2010 年開始以年度感恩餐會的形式進行募款，一直持續至今，每年餐會約有近 400 人與會，募款資金約為 400 萬左右。它成為公督盟每年重要的第一桶金。至於餐會舉辦時間，則維持沒錢就提早幾個月舉辦。財委會成員有許多來自建成扶輪社謝明義、陳宗智及千禧扶輪社李儀娉、馮智能，還有旭東網路社簡郁峰等熱心社友，另外方慶榮董事長、黃仁安董事長、李伸一律師及全國家長團體聯盟的成員如詹宗雄、陳重典、賴連宗等都大力無私支持，最近還有幾位新進財委張清董事長、徐志明律師、林昭呈會計師、蔡慧玲董事長加入，財委會成為公督盟穩定與安心運作的重要功臣。

　　另外，我們也致力於小額及定期定額的募款，目前每月約有 8 萬定期定額左右捐款，將來目標是至少達到組織經費的三分之一。組織運作費用若需要 1,000 萬，到底是要找 1 個人捐 1,000 萬或找 1 萬人捐 1,000 元？我們還是會選擇後者。畢竟公督盟還是想喚起大家，要自己作的自己監督；想要享受「民主」就必須自己擔任主人負起義務。也才會呼籲大家，如果你有捐助政黨與候選人習慣，下次不妨留下捐款 1 成，轉捐公督盟，用來監督他們不要變質。

　　近年來許多民間組織都在思考，如何將自己的服務內容能夠永續運作，而非僅寄望捐款。公督盟同樣在嘗試，比如，公督盟每會期都會出版評鑑報告，如何讓我們的評鑑報告工作與《監督國會》專刊成為一項商品，透過執行這項民眾認為重要的工作，讓民眾願意捐款或購買支持。

▌五、強化台灣民主韌性，成為社會公共財

公督盟自 2007 年成立以來，雖成立僅有 15 年時間，但對於國會改革與民主深化卻有很大的貢獻。特別在公民覺醒的年代，如何讓國會成為人民的國會，讓國會不再成為「橡皮圖章」。為此公督盟企劃出許多重要的活動，不論是直球對決的議題倡議，或者是鴨子划水的教育推廣，還是打個人賽與團體戰，確立無數不論失敗或成功經驗案例，不僅整理出書或舉辦座談，分享給國內團體參考，近年也將台灣民主推展經驗，分享給國外組織。因為公督盟的工作，其實就是在深化台灣的民主，強化台灣的民主韌性。特別是中國近年的威脅不斷，台灣的防堵機制，恰好也是世界追求民主自由的人們急於獲取的方法及經驗。學習公督盟如何透過監督國會的手段，揭露不適任與提出危害國家安全法規之政治人物。以下就介紹公督盟的幾項重要工作。

（一）評鑑立委、揭露「政治足跡」，推行「政治消費者運動」

公督盟自 2008 年公布第七屆第一會期立委評鑑成績以來，總是會面臨許多的質疑與挑戰，甚至還被提告（法院判公督盟勝訴），但我們都虛心受教的檢討與改進，不僅拜訪委員與助理、也徵詢各界建議，至 2022 年 9 月，公督盟已經跨越 4 屆，執行了 29 個會期的立委評鑑成績。每半年一次的評鑑過程，不論指標與權重，都作過多次修改；努力讓評鑑呈現委員更真實的表現。目前立委評鑑指標已經擴大至 24 大項檢核項目（延伸檢核細項達 51 項指標），是目前台灣最完整揭露立委政治足跡的評鑑辦法。檢核內容（持續增加中），評鑑成績與數據也都上網公開供查詢。

評鑑初審小組分為 5 個，分別是法案評鑑小組（召集人謝東儒）、預算評鑑小組（召集人李宗黎）、言行及官司評鑑小組（召集人陳明里）、基本表現及公民評鑑小組（召集人魏澤民）、正副院長及黨團幹部評鑑小組（召集人曾建元理事長）。成員由各領域專家學者組成，針對法案、預算、言行官司等不同評鑑項目進行評議；最終召集複審大會決定優秀及待觀察委員名單。公督盟的評鑑採實名制，所有參與評鑑的委員都會公開接

受徵信。

　　公督盟評鑑主要分成兩大部分。第一部分總分為 100 分，包含基本表現指標（80 分）與民眾評鑑立委質詢表現（20 分）。基本指標指標包含出席（院會 3 分、委員會 7 分）、委員會表現（質詢 15 分、法案與預算審查 15 分）、提案（法律主提案 20 分、預算審查提案 5 分、預算合理增刪成案 15 分）、公民評鑑立委質詢 20 分。此部分除了公民評鑑立委質詢外，有 80 分為量化分數，這些資料經在公督盟多年推動國會透明的成果下，都可以在立法院網站上找到。委員既然已經「被動」被評鑑，無法用不繳交資料來模糊與規避被評鑑。第一部分目的也在列舉「待觀察立委」，因為是以量化為主，會被列為待觀察，肯定就是不出席開會、不參與會議討論、不進行質詢監督、不提法案、不刪減把關預算等，自然無從狡辯不佳表現。

　　第二部分為加分與減分項目，這對於想爭取優秀立委肯定的委員影響較大，加分項目中有些資料則需要立委願意繳交配合，資訊揭露（營利、非營組織職務兼任揭露及公費助理聘用、遊說登記等），以及特殊事蹟（有舉辦公聽會、記者會、協調會等符合立委職務角色之活動），以及該會期提案與三讀通過案子是否有陽光、公益（義）法案與預算。扣分指標則含是否有侵害基本人權或違反重大公益（義）法案或預算案，另外還有司法案件與院內院外的脫序表現、助理是否藉職務涉及違法等，是國內最嚴謹、最專業、檢視面向最廣的立委評鑑報告，甚至已經有外國團體前來拜訪交換經驗。

　　因為兼具質化與量化，公督盟的立委評鑑就像是十項全能的評鑑，不僅是對立委，也是對立委辦公室助理專業與績效的檢視，看看委員有沒有善用每個月近 40 萬元的公費助理聘用經費。代表不會因一個項目或一件事情的表現不好就定勝負，更不會因為委員不同的「意識形態」及「價值」而將他扣分列為觀察！

圖 1.3　立法院第七屆第一會期立法委員評鑑大會

圖 1.4　提高立法委員自主揭露

（二）不適任委員的「落選運動」

政治消費者運動的最終目的，自然就是淘汰政治黑心商品，讓國會新陳代謝。畢竟要罷免一個立委還是有難度，最好方法還是別讓劣質立委當選。

公督盟會在選前統計當屆一到七會期（第八會期成績選前無法完成），超過 4 次「待觀察」者，建議各政黨不要提名或自行放棄參選，如果堅持提名，就會作為「落選運動」對象。在 2012 年第八屆立委選舉，我們共列出 21 位落選運動對象，最後繼續連任者有 9 位，淘汰率 5 成 8。2016 年第九屆立委選舉，共有 17 位，最後僅有 6 人繼續連任，汰換率達 6 成 5，顯見公民監督的力量已不容忽視。

至於第十屆立委選舉則未再舉辦落選運動，原因是已經沒有 7 個會期中超過 4 次「待觀察」的立委。所以立委評鑑，已促使立委從「兼職」變「專職」，當然「專職」不代表「專業」，如何讓立委專業問政，這是公督盟接下來的重要目標。

（三）發行台灣第一本監督國會專刊

另外，為了建構自己發聲能力，公督盟成立時，設立了官網、臉書等宣傳，並於 2008 年 3 月 5 日，首度發行 A4 單面《國會監督週報》創刊號，擴大影響力，同時也累積成果及增加公信。此後監督資訊逐漸豐富，加上宜蘭人文基金會陳錫南董事長慷慨贊助印製費用，自 100 期開始轉為全彩《監督國會》雙週刊，頁數也增加至 17 頁，贊助印製也持續至 137 期。而後再改為季刊，自 2020 年 5 月第 164 期又改為每半年發行以立委評鑑成績公布為主的專刊。每期都發送給各國會辦公室、央圖、國會圖書館、各地主要圖書館、相關系所等。近期也希望透過每年捐款 1,000 元，就可以收到 2 本立委評鑑專刊模式，其他出版品包括《監督國會實錄 [第一輯] 》、《國會防腐計 ACTION》、《第一次監督國會就上手》、《監督力翻轉國會新政治》等。

同時為了迎合網路及影像時代，公督盟也在 2011 年開始與新頭殼合作，製作了《公民看國會》網路論壇節目，節目持續數年，搭上流行的網

路媒介。同時為了讓民眾瞭解立法院每週開會的內容為何，方便大家能追蹤自己關心議案，2012 年 1 月 1 日也推出《監督國會》電子報，直至 2019 年 10 月 21 日，共發行 352 期。2021 年則推出影像版《國會週報》，於議事期間的每週一發布影片，解說每週立法院的議案內容，提醒大家關注。

（四）開放國會，讓陽光照進政治

陽光是最好的殺菌劑，當國會不透明，自然就容易產生各種弊端，更無從監督。因此，公督盟成立後首推動國會透明。公督盟在 2008 年推出「第七屆國會改革承諾書」送交各政黨立委候選人簽署，並召開記者會對外公布供選民投票參考。公督盟藉此促成立法院在 2009 年 2 月 20 日（第七屆第三會期），設立了立法院議事轉播網際網路多媒體隨選系統（IVOD），實施初期議事轉播，讓委員會的質詢畫面得以首度公開。而後每屆選前都持續推出「國會改革承諾書」，逐一敲開立法院的黑箱。如常設委員會議事討論、「黨團協商」直播、「國會頻道」設立等。

圖 1.5　拒絕黑箱政治，黨團協商透明化！

（五）公民教育最重要，政客也是人民選的！

柏拉圖曾說，「拒絕參與政治的懲罰之一，是被糟糕的人統治。」民選制度，原本期待選賢與能，但因政治亂象，人民對於政治更加冷漠，有問題者更易當選。為了鼓勵民眾關注自己選區立委，所以公督盟在評鑑項目，也納入公民參與的元素，邀請大家幫立委質詢影片打分數，目前已累積近 3 萬筆成績與評論。公督盟也是推動國會教育的第一品牌，每年都有數十場至高中、大學、社區大學、社團等演講，已完成近 400 場的校園演講，超過 3 萬位學子認識國會相關知識與國會監督的重要，提升台灣年輕人公民素養的同時，也讓下一代領悟公民權及公民身分的重要性。

（六）台灣第一套國會議事攻防桌遊《中山南路一號——法案現場》

公督盟與東吳大學國會研究中心、台灣科技大學應用科技研究所之迷你教育遊戲設計團隊一起協助，在 2021 年推出以法案審查程序為基礎，結合學習理論的立法三讀桌遊，讓玩家透過鬥智對決，愉快地在遊戲中，熟悉立院運作，未來也將導入高中公民課程及大學相關科系教學。

（七）成立「全國議會監督聯盟」中央地方齊監督

公督盟複製推動國會透明成功經驗，自 2013、2016、2018、2020 年公布 4 次全國各地方議會透明度調查結果，讓透明度不佳議會承受社會輿論壓力而改善。之後更促成內政部修改《地方立法機關組織準則》，直接要求自 2020 年起，地方議會必須全面轉播議事過程。有感於地方政治與中央政治的緊密連動，加上 73 個區域立委分布各地，便開始結合在地或催生地方監督團體，待組織數量接近 10 個後，便於 2017 年成立「全國議會監督聯盟」（簡稱全督盟），目前成員有公民監督國會聯盟、首都監督聯盟、新北市在地深蹲協會、全民監督桃園議會大聯盟、大台中市政監督聯盟、南投公啥喀、嘉義桃山人文館、台南議會觀察聯盟、高雄市公民監督公僕聯盟、宜蘭縣公民監督聯盟、台東公民監督聯盟、花蓮議會觀察聯盟、澎湖縣探索未來發展協會，並由公督盟兼任全督盟祕書處工作，讓監督的力量遍地開花。同時 2014、2018、2022 年也參考公督盟國會改革承

諾書策略，擬定了「議會改革承諾書」，呼籲所有候選人簽署支持，並將簽署結果公布給選民作為投票參考。

| 圖 1.6　2020 年全國議會透明度調查

（八）奧議員，Out！

雖想仿效立委落選運動，但因為僅有少數地方團體有進行議員評鑑，推動上有難度，但為了促使社會大眾謹慎思考後投票，公督盟與全督盟各地夥伴，在 2018 年九合一選舉前，特別正面與負面表列了「奧議員與好議員」指標，全督盟公布好壞議員指標，好議員包括公開兼職狀況、簽署議會改革承諾書、揭發市府弊案、刪除浮編預算、公開助理聘用狀況等等；奧議員則比如涉及司法案件、言行脫序、違反政治獻金、關說、濫用公款、不到議會開會等。2022 年則更為精進，列出 9 項奧議員與 10 項好議員指標，提供民眾投票參考。

（九）將台灣民主深化經驗分享國際

公督盟除了專注於國內的監督，同時積極與世界各國監督國會團體開展實質交流，引進最新觀念，進行議題倡導，透過美國在臺協會（AIT）的促成，與美國國會監督團體舉行台美視訊會議，多次邀請韓國落選運動

團體、監督歐洲議會團體執行長來台訪問，並加入成為亞洲自由選舉網絡（ANFREL）會員，多次赴尼泊爾、印尼、柬埔寨、馬來西亞、菲律賓與斯里蘭卡等國家進行選舉觀察，並將選舉觀察技術引進國內。

　　2015 年更舉辦「國會改革與監督國際會議」與 2017 年「亞太監督國會國際論壇」，邀集國內外專家、學者、立委、民間團體等共同參與。2021 年並成立國際事務部，進行國際交流及串聯，將台灣民主深化的寶貴經驗帶向全世界，增加國際的影響與曝光度。外交部向國際社會介紹台灣 NGO 的簡介中，公督盟也名列其中。

（十）推動多項監督與陽光法案，讓搞怪容易現形

　　要政治人物自律很難，合宜的他律機制就顯得重要。公督盟成立以來，針對《公職人員選舉罷免法》、《政治獻金法》、《遊說法》、《政黨法》、《公職人員財產申報法》等防弊法案，舉辦座談，進行修法倡議，讓犯罪門檻墊高。

　　以《公職人員財產申報法修正案》推動修法為例，過往僅規定，總統、副總統、五院正副院長、政務人員、立委、直轄市長、縣市長等人員的財產申報資料，應定期刊登政府公報並上網公告；而直轄市議員、縣市議員的財產申報資料並未公開上網，民眾只能親赴監察院查閱，且有諸多限制，公督盟揭發制度中的種種不合理，公督盟最終都促成立法院修法三讀。

（十一）民主「宅」革命，用手機佔領立法院

　　公督盟在 2012 年 12 月推出台灣第一個國會監督 APP「國會 Online」，讓民眾透過手機就可以直接查看正在開哪些會議與直播影像、審查哪些預算或法案，並提供所有立委的通訊資料，讓大家都可以近用國會。由於收到好評，於是在 2014 年推出改版「國會 Online 2」，增加立法院最新消息、議事預報、立法院資訊、法案與即時直播，讓國會民眾零距離，想對委員表達意見更為方便。後因經費拮据，加上重心改為經營公督盟 LINE 官方群組，已在 2022 年年中下架。

（十二）NGO 國會聯絡人培訓

公督盟長期監督立法院，與國會的聯繫相當頻繁，在 2019 年年底開始試辦了第一場「NGO 國會聯絡人工作坊」，獲得超過 40 個大小團體的響應，2020 年 9 月及 11 月也再舉辦 2 個梯次，授課內容升級再擴充，藉由 2 天時間精華傳授國會監督、議題管理、立法實務、政策研擬等必學 Know-how；將公督盟在國會監督的實戰經驗傳授，培養出更多具有國會監督以及倡議能量的 NGO 戰友。2021 與 2022 年則因為疫情原因暫停舉辦，待疫情過去，將會再次舉辦。

（十三）與民視合辦 2016、2020 政黨辯論會

2008 年第一次施行單一選區兩票制，1 票投區域立委、1 票投政黨不分區，但官方卻沒有讓各政黨可以公開進行辯論機會，公督盟因此與民視新聞台合作，感謝新聞部胡婉玲副總的大力促成，我們在 2016 與 2020 年大選前，舉辦了政黨辯論會，讓民眾可以更清楚瞭解每個政黨對幾個重要議題的態度，每次都引起極高的收視關注。美中不足是後來參選政黨已經達到 19 個，在 3 小時節目設計上極為不易，所以也不斷呼籲中選會應負起辦理官方政黨辯論會責任。

▎六、如何讓流氓進到立法院都變成紳士？

某年公督盟舉辦國會改革論壇，會中有人分享議事運作經驗，他提到自己曾到英國議會參觀時，英國議會的工作人員很驕傲的分享其百年成熟的議事運作規範，表示能讓每個流氓進到議事殿堂都會變成紳士。台灣的參訪者只能相視尷尬而笑，說台灣是所有的紳士進到立法院都會變流氓。議事運作程序如何改善？如何讓「真理越辯越明」？如何讓立委發揮應有職權？都必須朝野一起努力設下基準，而不是換了位置就換了腦袋。

且議事攻防過程不該簡化用「空轉」來看待，畢竟如果要解釋「民主」這兩個字，應該不會有人把它等號成效率。民主談公平正義，談程序，談

以民為主，各式不同價值的辯證過程漫長而且曲折迂迴，有時歷經數十年都沒辦法凝聚共識，即便透過公投獲勝也只是取得一時領先，2年後又可以重新表決。但若事情一旦成為多數人民共識與價值，就會成為國家穩定的重要基石，也能建立外國人眼中的台灣好形象。

（一）國民黨無理抵制評鑑，扣帽卸責不認真

第十屆第四會期結束後，國民黨黨團作出抵制公督盟評鑑的決定。但這已不是國民黨的第一次，在第八屆任期中段時，他們也曾經作過同樣決議，又是故技重施，不認真的國民黨委員，藉由抵制，來規避被監督，還將認真問政表現的同黨立委拉下水，過去國民黨不是沒有被我們多次評為優秀立委，而挑戰縣市首長成功的案例，難怪有人說國民黨有「螃蟹文化」。

要質疑公督盟的立委評鑑當然可以，但應該理性對話。第一個層次要先談「你支不支持立委該被監督評鑑？」第二個層次談的是「公督盟的評鑑指標與權重是否合宜？是否需要增減調整？」最後是「我同意上述2點，但公督盟評鑑過程有無造假竄改？」所以我們質疑抵制的原因。公督盟將立委評鑑成績及數據，完全公開上網接受檢驗，覺得哪項成績有色彩？一個專業負責的政黨，該明確指出問題，而不是胡亂扣帽。

其實，公督盟一直都努力將評鑑指標「法制化」公開，直接要求立委依法在立法院網站揭露。立法院游院長上任後也願意積極促成，在民間與立委組成的「開放國會小組」中，願意呼應公督盟並作出決議，提出「立法院立法委員之利益衝突資訊揭露表」、「立法院黨團辦公室成員（公費助理）之利益衝突資訊揭露表」官方版本。但是，為何到現在還未通過實施？請問是哪個政黨又在抵制這些措施？

國民黨也許沒有搞懂，他們是公僕，領人民的薪水，卻抵制揭露每月國庫提供40萬的公費助理聘用資訊，內容包含是否有三等親，與營利與非營利兼職狀況的利益迴避資料、被遊說紀錄、出國考察費之使用等。這些資料公督盟目前無法從立法院網站獲得，想獲得加分成為優秀立委，就必須自律揭露。所以一個號稱民主政黨，居然「正式」作成決議，還驕傲

的開記者會，說他們不想要自我揭露陽光透明資訊，這相當諷刺。

（二）獨立機關人事審查不獨立，民主撕裂不會停！

　　民主政治的運作，一定會有政黨算計考量，許多公共事務也會有價值立場的拉拔，這些都是民主常態及人性。也因為相信政黨及政治人物「絕對」無法自律，所以我們才需要把國家的權力分散擺置，避免一個政黨、一個家族、一群人壟斷掌握國家，並設計讓行政、立法、司法、考試、監察五權分立，相互合作也相互監督制衡。

　　無奈過去國、民兩大黨提名人選的審議經驗，常常爭鬥不斷，始終無法讓獨立機關的獨立角色被認同。一些高度爭議的人選，不僅導致朝野對立，更會間接造成人民對於獨立機關的不信任，這才是最嚴重的後遺症，因為當台灣沒有說公道話與被信任的機構，所有爭議將永無休止，人民的撕裂只會擴大，因為沒有正義與真相。如同人們還是不信任司法能公正獨立不受政治干擾一樣，現在連負責釋憲的大法官都開始被質疑挑戰。

　　所以應該修正立院人事審議的遊戲規則，像是賦予立法院充分人事審議時間，規定審查期間不得少於 1 個月，並課予舉行公聽會之義務，廣納各界意見等條文，被提名人之學歷、經歷、財產、稅務、刑案紀錄表及其他審查所需之相關資料，也必須在提名後 7 日內提供全院委員會參考，這些都有助於導正人事審查亂象的重要修法。抗議霸佔主席台、阻礙投票，畢竟還是最糟糕的手段，在野黨並不會因此加分太多。如何透過合宜的審查機制，來磨刀霍霍的嚴苛檢視，才是人民要看到的最好方式。透過公開透明的審議過程來檢視候選人的適任與否，大家也才會心服口服，萬一執政黨要違背民意強幹，那麼就必須擔負選票流失的風險。

（三）是帶職？怠職？還是帶資參選？

　　能否帶職參選另一個公職，對熱情的政黨及候選人支持者，想必認為能選上並拉下討厭陣營人選是最重要，其他都是其次，作大事就要不拘小節。因此，兩大政黨歷年的各項公職選舉，都有任期未滿，卻帶職參選另一個公職狀況，各自的支持選民，都以勝選為最大考量，不願去思考，這

樣的狀況對於民主政治的發展到底好還是不好？特別在現有法規並未明文禁止時，常呈現民眾反對他黨帶職參選，卻同意自己支持政黨候選人能夠這樣。

　　帶職參選最嚴重問題之一，就是資源公私不分。將國家提供現有職位的人力、物力與公款等資源運用在選舉，把公職或公費助理去當助選員使用，拿公帑補助去支付選舉花用、或公家場地作私人競選會議使用，這些事實上都有違法問題，更嚴重是干擾行政中立，將公務體系納為選舉佈局。不論是爭取連任或者帶職參選另一個公職者都應該嚴禁帶「公資」參選，這該是所有台灣選民必須形成的共識。

（四）拚經濟，先從國家預算不延宕！

　　依照《預算法》第51條規定，「總預算案應於會計年度開始一個月前由立法院議決，並於會計年度開始十五日前由總統公布之。」也就是今年中央政府總預算早該在去年11月底前，立法院就該三讀通過，所以其實是延宕了51天，但這還不是最嚴重的問題。立法院對我國5兆左右的國營事業與非營業基金等預算審查，自民國86年（1997）以來，不僅同樣沒有準時審查完成，拖延狀況更是日益嚴重！以最近8年來看，102年（2013）國營事業預算最離譜，至今未過，已經延宕三千多天（且永遠不會過，紀錄會不斷累加），103年（2014）則是在104年（2015）1月13日通過，延宕409天（該年度都已經過完才通過預算），104年（2015）則是在104年（2015）6月15日通過，延宕197天。105年（2016）則是在105年（2016）12月30日通過，延宕396天（給1天執行預算）。106年（2017）則是在104年（2017）11月21日通過，延宕356天，107年（2018）則是在107年（2018）12月7日通過，延宕372天，108年（2019）則是在108年（2019）11月8日通過，延宕343天，109年（2020）則當年在5月22日通過。110年（2021）則延至當年12月10日通過，國會怠惰審查，莫此為甚。

　　國家預算審議的延宕，有許多的原因，除了行政部門與國會自己不重視與認真思考預算審查改進外，國會立委減半，常設委員會縮減成8個，委員審議的預算變多，加上雙召委制度，預算審查時程難以協調，在野召

委也容易不積極排審。當然，人民期待國會準時通過預算審議，不代表就可以接受為了交差而草率敷衍的通過預算。拚經濟，先從準時通過預算開始吧。

其他如立委的選制是否應該調整？如何給予聽證調查權利器、國會助理的法制化問題、國會改建或遷建，甚至是否要重新檢視立委減半是否合宜？立委席次是否該合理增加？都是我們未來會持續關注的重點。

▎七、選擇一條困難，卻重要的路！

台灣政治壁壘分明，歷次大選國、民兩大黨含括了約 7 成選票，從行銷的角度，鎖定這兩群其中之一來募款，其實最是容易，機會也最大，畢竟在台灣壁壘分明的政治氛圍，要捐款前都要先確認你是不是自己人？但當公督盟傻傻的一直對外說組織超越藍綠，並時常客觀公正的指正兩大黨問題，認為重點不是消滅哪個政黨，而是促使每個政黨都能推出最好的人，鼓勵大家更要監督自己支持的政黨，讓政黨之間理性相互制衡，卻反而使募款更加困難！

但當台灣沒有持平說公道話的媒體、說公道話的意見領袖、說公道話的學者、說公道話的民間組織，這會是怎樣的情景？台灣現在已經逐漸變成這樣，只要自己陣營被批評與檢討，就馬上會出征辱罵，如果你對兩邊陣營都監督，那你就更慘了，因為你或你的組織就會是藍綠兩邊都不討喜的團體，但這真是我們期待的民主台灣樣貌？

選民會選擇投票支持這個政黨，肯定是政黨與候選人有選民欣賞的特質及所信奉的價值，所以選他們作為代議者。但這個黨或政策到底好在哪裡？優點與缺點是什麼？都沒問題嗎？該如何改進？願景目標、施政能力、品格操守、危機處理、風險管控、自律等能力，都該是重要檢視。我們理性檢視哪個政策黨常前後不一？常有政策錯誤與失言？常有人操守出問題？黨的自律機制好不好？這些應該都是可以理性思辯的。有人說，要害一個人最好的方法，就是不斷原諒他，對於自己支持的政黨何嘗不是？

▌八、結語：巧婦難為無米之炊，運作經費總是告急！

公督盟成立短短十多年時間，能有這些成果，還是要感謝所有會員團體、榮譽顧問、顧問、歷任理事長及理監事、財委、評鑑委員、志工、專職等群策群力。試想公督盟每年募集社會大眾 900 萬的善款，監督每年編有 34 億預算的立法院，促使 113 位立委認真審議 7 兆的國家預算，過往願意繳交資料的委員約有 80 位，代表他們每年會努力糾舉出不當預算。若 1 個委員每年多抓 1,000 萬的不當預算，1 年至少可以減少 8 億公帑浪費，投資公督盟監督國會的報酬率應該很高，更別說提升立法品質，促進陽光、公益法案三讀，還有其他國會改革與防弊功能。

但近年因為疫情關係，公督盟經費募集更加不易，存款一度只剩十多萬，面臨發不出薪水與房租窘境，但對台灣重要的事情不能放棄，台灣正面臨中國的嚴重威脅，民主體制雖好，卻不是全然堅固，敵人不斷藉著台灣的民主制度，打擊破壞我們的民主，所以唯有強化公民教育，建立強固的人民憂患與敵我意識，才能夠讓台灣民主持續不滅，成為民主國家的典範。

｜參｜考｜文｜獻｜

社團法人公民監督國會聯盟網站，http://www.ccw.org.tw

社團法人公民監督國會聯盟。〈監督國會專刊 1-168 期〉

顧忠華等，2009，社團法人公民監督國會聯盟《2007-2009 監督國會實錄》。社團法人公民監督國會聯盟。

陳香蘭、申慧媛、紀麗君、陳映慈，2011，公民監督國會聯盟《國會訪腐劑，ACTION!》。台北：開學文化事業股份有限公司。

黃秀端、顧忠華等，2015，公民監督國會聯盟《監督力:翻轉國會新政治》。台北：開學文化事業股份有限公司。

張宏林，2023，《非營利組織議題管理研究，以公民監督國會聯盟推動國會透明化為例》。國立台灣大學國家發展研究所碩士論文。

CHAPTER **2**

溫暖、清澈、堅定守望海洋：
黑潮海洋文教基金會

張卉君

▍一、成為一道陸地上的黑潮

　　20 世紀以來，全球因過度開發、自然資源耗竭產生的公害威脅，引發了環境運動的反思浪潮。如同歐美先進國家，台灣環境運動於 1980 年代興起，反公害、反污染工廠興建等行動和政治運動，逐漸朝向社會和文化運動邁進（鄭先祐，2010）[1]。依《台灣環境運動史料》彙編指出，台灣環境運動主要可分為 5 項：反核運動、反公害運動、反污染工廠興建運動、生態保育運動，以及環境立法和環境教育運動（施信民，2006）。台灣地狹人稠，隨著 1970 年代後期經濟起飛帶來的環境破壞，主要戰場聚焦在西部地區，山林濫伐、核災、河川污染、工業毒害等環境議題狼煙四起。相對位於較晚開發的後山花蓮，則是在 1980 年代國家「產業東移」政策的主張下，引進了水泥業、火力發電廠、紙漿廠、石材及寶石加工等工業，在經濟掛帥的發展迷思之下，亦引起在地環保團體的環境保護行動。

　　回顧前路，台灣在 90 年代以前，環境運動的版圖尚未擴張至海洋，更鮮見海洋動物保育的相關論述。也許是深受明鄭時期以來海禁政策的影響，即便臺灣全島 1,140 公里海岸線為海洋所包圍，無論從生態、環境、人文或歷史的觀點來看，台灣島上的每一種生物、每一個人，都和海洋有著密切的淵源關係，無疑是個海島國家。然而，台灣大多數民眾並不親海，甚至畏懼海洋，我們和海洋的關係長久以來是疏遠且充滿隔閡的，但是對於豐富的海洋資源則是極盡利用之能事。

　　台灣從日治時期開始引進了新的漁業捕撈技術，更曾經成為日本發展「捕鯨業」的東洋前哨基地。海洋裡生態鏈最高階的鯨豚，過去是漁民捕撈的目標漁獲。直至 1990 年 4 月 22 日，一段記錄了澎湖漁民在海上獵捕海豚，以小刀活生生地切割海豚肉的影片，從美國播向全世界，血腥的畫面震撼了世人。澎湖沙港的漁民一時之間成為全世界指責的焦點，外國新

1　鄭先祐，〈台灣環境運動的動力、困境與願景〉，回顧台灣社運二十年（1990-2010）研討會，2010 年 5 月 http://home.nutn.edu.tw/hycheng/speech2/AyoTaiwan EnvMovements.pdf

聞記者並且以「殺港」來形容這個捕殺海豚的純樸小鎮。在殺豚事件曝光
4 個月之後，國際壓力由四面八方而來，台灣在國際保育團體的壓力下，
終於正式立法，將鯨豚類動物列入「保育類動物」[2]。「沙港事件」喚起
了國內保育界人士的省思與關懷，並引發學術界投入保育研究的工作，自
此之後鯨豚在台灣的地位獲得重大改變。1997 年花蓮石梯港開始發展賞
鯨，本土的賞鯨休閒漁業蓬勃[3]，也促成人與鯨豚關係轉變的開始。

　　有感於當時台灣社會興起的環境關懷及生態意識風潮，並未踏出海岸
線和普及到海域，對於周遭的海洋，甚至連認識的機會都極為缺乏，創辦
人廖鴻基於《東海岸評論》中寫到：「身為海洋國家、海洋子民，我們沒
有道理再讓我們的海洋默默哭泣──如何讓我們的視野擴及海洋？如何喚
回我們血液裡沉埋已久的海洋因子？如何讓我們的思維不再侷限於陸地島
嶼？如何恢復及合理的永續使用我們的海洋資源？這是黑潮的觀點，亦是
黑潮的心情。」

（一）民間自發的台灣尋鯨小組

　　1996 年夏天，一個由民間自籌經費的海上工作團隊「台灣尋鯨小
組」，與台大動物系教授周蓮香合作，以最陽春簡單的裝備進入熟悉又陌
生的太平洋海域。選擇海洋裡最耀眼、也是最具海洋生態指標意義的高階
消費者──鯨類──作為保育與研究工作目標。台灣尋鯨小組自 1996 年
起，開始在台灣東岸黑潮流域從事鯨類生態的調查與記錄。1997 年與台
大動物系合作發表《1996 台灣東部中段海域鯨類生態調查研究報告》、
出版《發現台灣鯨靈》錄影帶以及書籍《鯨生鯨世》。

　　1997 年年底，當時的工作團隊思考，對海洋的關懷面不能僅聚焦於
「鯨類」，相對於海洋的寬廣，組織的工作面不能淪為重點式的偏狹。核
心工作成員幾經討論，以過去台灣尋鯨小組累積的工作成績作為基礎，擴
大關懷面及參與面，向民間四處募集基金，並邀請喜歡海洋、關心海洋的
專家及朋友們共同籌備設立一個基金會。

2　劉楷南撰稿，公共電視《我們的島》，1998。https://ourisland.pts.org.tw/content/1939
3　二卜，〈賞鯨熱門，保育應加把勁〉，《東海岸評論》132 期，1999 年 7 月。

　　黑潮海洋文教基金會（後簡稱黑潮）於 1998 年 4 月，在溫暖的黑潮海域裡誕生。臨摹黑潮這道洋流之名及其對台灣默默付出的精神，期許組織如陸上黑潮，帶著永不止息的生命勁力，成為台灣視野延伸向海的一座橋梁。同年，與多羅滿海上娛樂股份有限公司合作，藉由海洋生態體驗活動作為海洋環境教育的窗口。多羅滿亦長期支持船舶資源讓黑潮的海洋觀察記錄能夠不斷的持續下去；並合作海洋營隊活動，吸引更多社會大眾與學子學習觀察瞭解記錄海洋，成為看守台灣海洋的種子。

（二）目標

　　黑潮海洋文教基金會以從事海上鯨豚調查及記錄工作為開端，進而關懷台灣海洋環境、生態與海洋文化；並盼匯集台灣愛好海洋民眾的心力，如同一股陸地上的黑潮洋流，以穩定、溫暖、堅持的態度，宣揚與實踐海洋環境保護意識及海洋生態保育理念，以非營利方式落實研究教育工作，期待讓大家親近、認識而珍惜海洋。

▌二、初心：黑潮洶湧之所在

　　黑潮海洋文教基金會前身為「台灣尋鯨小組」，當時的工作目標為：持續海洋資源調查、舉辦親近海洋各項活動、推廣海洋環境保護及海洋生態保育意識、培訓海洋生態觀察工作人員[4]。從「台灣尋鯨小組」到 1998 年正式立案成立基金會，如同一支海上的前鋒部隊獲得豐碩的成果，進而建立屬於自己的軍隊，草創時期的主要推動者為廖鴻基先生。

　　1957 年生於花蓮，廖鴻基自述[5]「29 歲出海，34 歲成為職業討海人，39 歲籌組尋鯨小組從事海上鯨類生態調查，41 歲發起黑潮海洋文教基金

4　廖鴻基，「七月黑潮海洋之夢」專題，〈黑潮海洋基金會〉，《東海岸評論》，1998 年 7 月。

5　編輯室，「七月黑潮海洋之夢」專題，〈海岸點將錄〉，《東海岸評論》，1998 年 7 月。

會，持續海洋生態研究工作。」他 33 歲開始寫作，出海及討海背景的生命經驗成了他創作的主題，海洋與鯨豚是他的靈感來源，也奠定其日後在文壇中「海洋文學作家」的地位。

海上航行最重要的是經驗老道的船長。最初「台灣尋鯨小組」是向漁民租借船隻「漁津六號」進行海上鯨豚搜尋記錄工作；而在「成立基金會」的念想啟動之後，除了學術調查工作要持續進行之外，當時亦參考國外賞鯨產業發展的經驗，透過娛樂漁船作為載具，可以帶更多大眾親臨海洋教室。因此，黑潮海洋文教基金會 1998 年立案後，同年 7 月多羅滿海上娛樂股份有限公司打造了一艘新船「多羅滿號」，並推出「花蓮海洋生態之旅」。操舵的船長是人稱「黑龍船長」的潘進龍。出生於花蓮鳥踏石漁村的黑龍船長從小討海捕魚，對於海洋生物的習性、出沒海域的熟悉度自然不在話下，在當時「台灣尋鯨小組」扮演著領航的重要角色。

鯨類調查工作需要學者專業協助，以生物學系統化的調查方式進行。台大動物系周蓮香教授是台灣學界最早以海洋哺乳動物為研究對象的學者之一，在台灣尋鯨小組東部中段海域鯨類生態調查計畫中，亦有數次產學合作經驗，啟動黑潮日後與學術界在專業領域上合作調查的模式，吸引了日後從事海洋哺乳類研究的學界人士積極的參與。其中如擔任學術顧問協助基金會研究部門進行海上調查計畫的加拿大生物學博士王愈超（John Y. Wang），以及同樣具備海洋研究背景，曾擔任周蓮香教授研究助理的楊世主，後來亦成為黑潮創會之後的首任執行長。

創會董事 8 人共組董事會，由海洋作家廖鴻基擔任董事長；執行長楊世主負責推動會務；鯨類學博士王愈超擔任研究顧問，另有顧問群包括王緒昂、黃文琴、曾永平、林振利、陳彥君等，他們在海上觀察和解說，同時也參與組織經營。董事長家的客廳是工作基地，志工進進出出，其中，黃淑媛以她豐富的社團資歷為會計與行政建立制度，奉獻許多心力[6]。

---

6 花蓮縣鑄強國民小學「討海人_廖鴻基專題研究計畫網頁」：http://library. taiwanschoolnet.org/cyberfair2003/C0331970002/narrative.htm，2003 年 2 月 10 日。

▌三、層疊長浪蓄積量能：組織運作與沿革

| 圖 2.1　2013 年黑潮海洋文教基金會組織成員與志工歡慶喬遷聚會

（一）組織運作及治理模式

　　組織的業務運作，來自於該組織對於整體社會所產生的附加價值，所因應而生的組織業務運作方式（司徒達賢，2005）。黑潮海洋文教基金會作為海洋環境保護組織，致力於保護鯨豚棲息的生態與環境，由組織章程中的宗旨：「從事海洋資源之研究、收集及教育、訓練工作，以維護台灣海洋環境、生態，及發揚花蓮海洋文化。」看出黑潮守望海洋的使命，並且依據宗旨訂立 6 項業務：

1. 調查與收集花蓮海洋、環境、生態、文化資料。
2. 舉辦各項與花蓮海洋、環境、生態、文化相關之活動。
3. 出版與花蓮海洋相關之書籍、錄影帶、錄音帶及其他出版品。
4. 鼓勵花蓮海洋研究、創作及推廣。
5. 成立花蓮海洋、環境、生態、文化資料室。
6. 其他符合本會設立宗旨之相關公益性文化藝術活動。

　　黑潮的使命在於傳達並實踐海洋保育理念，藉由相關海洋推廣活動，讓在島嶼生活的台灣人民，能夠瞭解海洋對於人類日常生活的重要性，以及意識到有責任保護孕育萬物的海洋環境。這 6 項業務內容部分也隨著時空背景移轉進行相對應修訂之工作。因為黑潮最終使命是希望保留自然的海岸以及維護海洋生態健康，所以明確且有關聯性的組織業務內容，將能協助達成黑潮保護海洋環境的宗旨，也能貢獻黑潮在海洋環境議題上被賦予的角色與價值，促進非營利組織回饋整體社會的功能。

　　組織的人事方面，依據黑潮組織章程設置董事會管理，並由董事會聘任執行長 1 人。相關會務處理人員若干人由執行長提出、常務董事會通過而任免。1992 年 Murray、Bradshaw 與 Wolpin（1992，引自江明修、陳定銘，2001）從權力分配的型態中將董事會分為幾種類型：執行長為主的董事會、董事長為主的董事會、權力分配的董事會、無權力的董事會。黑潮隸屬於以執行長為主要權責角色的基金會，董事會以提供諮詢為主，較無實質介入組織運作，決策多集中在主要的會務人員身上，因為會務人員具有專業知識與稱職的經營管理能力，使其受到董事會的信任（何繐安，2013）。此外，黑潮在創會初期即與多羅滿海上娛樂股份有限公司締訂了合作模式，由黑潮培訓解說員，為賞鯨船提供解說服務，多羅滿則將收益之部分盈餘作為解說服務的回饋費用，透過這個合作方式，黑潮得以透過招收對海洋有興趣的環境教育種子，並在每一趟出海航次上累積鯨豚生態調查基礎資料，建立長期的花蓮海域鯨豚生態資料庫。而多羅滿海上娛樂股份有限公司也因此得到有別於其他業者的專業解說服務。因此，黑潮解說員團隊成為組織最核心的志工群體，除了支撐海上的解說工作之外，亦積極參與組織推動的相關環境教育活動，在科學研究基礎資料建置、海上調查、環境教育推廣、議題研究等不同的組織核心工作項目中，扮演重要的參與與協助角色。

1. 董事會

　　依據 2010 年 12 月 26 日修訂之捐助章程文件中指出，黑潮海洋文教基金會受董事會管理，董事會職權如下：

(1) 基金之募集、管理及運用。

(2) 業務計畫之制定及執行。

(3) 內部組織之制定及管理。

(4) 獎助案件的處理與有關辦法之訂定。

(5) 年度收支、預算及決算之審定。

(6) 會議之召集及新董事之選組。

(7) 其他本會有關事項之處理。

董事名額 9 至 13 人，第一任董事由原捐助人選聘擔任。董事每屆任期為 3 年，董事互選 1 人為董事長，綜理本會業務，對外代表本會。

表2.1　黑潮海洋文教基金會歷屆董事會及執行長名單（筆者整理）

黑潮行政團隊董事會及執行長				
屆	年分	董事長	董事	執行長
一	1999-2002	廖鴻基	楊世主、林紋翠、吳麗玫、連文宏、賴瑋倩、劉富士、陳彥君	楊世主、王緒昂（2001）
二	2002-2004	陳彥君	林振利（常）、吳志浩（常）、詹嘉慧、李嬋娟、賴瑋倩、葉建成、葉珛伶、陳志強、姚秋如、王浩威	戴蕙莉（2002-2003.6）、陳雅芬代理（2003.7-12）
三	2005-2007	張瑋琦	林振利（常）、吳志浩（常）、紀駿傑、許世璋、蔡偉立、詹嘉慧、李嬋娟、陳彥君、葉建成、葉珛伶、陳志強、姚秋如	張泰迪（2004-2007）
四	2008-2010	吳志浩	林振利（常）、詹嘉慧（常）、紀駿傑、許世璋、張瑋琦、陳彥君、陳志強、葉祥溪、葉珛伶、姚秋如、蔡偉立、張泰迪	執行祕書鄭佩馨代理(2007-2008)、金磊（2009）

屆	年分	董事長	董事	執行長
黑潮行政團隊董事會及執行長（續）				
五	2011-2013	葉珩伶	林振利（常）、詹嘉慧（常）、紀駿傑、許世璋、吳志浩、陳彥君、吳明益、葉祥溪、葉珩伶、程昀儀、張永州	張泰迪
六	2014-2016	許世璋	林振利（常）、蔡偉立（常）、紀駿傑、吳志浩、陳彥君、吳明益、葉祥溪、葉珩伶、張泰迪、詹嘉慧、張永州	張卉君
七	2017-2019	張泰迪	許世璋（常）、吳海音（常）、紀駿傑、林振利、葉珩伶、吳志浩、陳彥君、王玉萍、蔡偉立、吳明益、邵廣昭、詹佳慧、曾永平	張卉君
八	2020-2022	吳海音	許世璋（常）、張泰迪（常）、林振利、葉珩伶、吳志浩、陳彥君、王玉萍、蔡偉立、吳明益、張卉君、金磊、胡介申	林東良

　　從董事會成員的背景，除了第一屆草創初期以尋鯨小組參與者、主要捐助者及有力文化界人士之外；第三屆組織邁入發展期，董事會成員亦趨於穩定，約可分為生態環境學者及教授（如陳彥君、許世璋、吳海音、姚秋如、蔡偉立、張永州、邵廣昭等人）、族群文化或人文社科研究者及教授（如紀駿傑、詹嘉慧、張瑋琦、吳明益等人）。學術界背景約佔一半，另外是花蓮本地具有社會進步意識，積極推動在地文化及生態永續發展的各領域有力人士（如林振利、吳志浩、陳志強、王玉萍、胡介申等人）。而組織經驗資深且具關鍵變革的前執行長（如張泰迪、張卉君）和長期參與及協助基金會工作的解說員（如葉祥溪、金磊）亦被延攬至董事會中。

董事會與執行團隊的關係，從草創期的工作協力到後期擔任諮詢監督等類似智庫的角色。從董事會成員的背景和與執行團隊之間的關係，亦可看出黑潮的組織發展趨向。

2. 專職人員

　　草創時期黑潮的組織架構由董事長和執行長共同撐起，隨著 2000 年董事會改選，組織業務逐漸轉由執行長和執行祕書共同討論與推行。2004 年 9 月起聘任企劃執行專案計畫，專職人員從 2 名增加為 3 名；執行長一職在 2007 年年底和 2008 年呈現懸置的狀態，期間由執行祕書暫代執行長業務，直到 2009 年才有適任之執行長人選出現。2010 年之前，黑潮的人事規模即為執行長與執行祕書，偶有企劃人員輔助專案計畫推行。2010 年之後，黑潮的組織運作承接 2009 年 10 月組織重整時所制定的架構，設有執行長、祕書處、資訊出版部、活動部、鯨豚部、環境部和文化部等 7 個部門；內部人員暱稱為「黑潮七武士」。此次組織重整的目的欲囊括黑潮過去與當時運行的業務，相較於草創時期，2010 年以後的組織分工脈絡較為明確，可視為首次組織重整，執行長的領導風格與帶動組織發展方向的影響也逐步浮現，決策角色開始思考黑潮可以用哪些方式來傳承過往的經驗，以及未來走向需如何回應組織宗旨，試著建構出具有黑潮風格的行政架構。

　　如同許多中小型民間組織所面對到的問題，黑潮長期面對工作人員流動率高的現實。雖然在 2010 年該任執行長提出重新佈局的組織架構，但礙於人力和資金的不足，當年度執行長為無給職工作常駐北部，負責對外與其他環境團體作國內外議題連結，對內則設辦公室主任 1 名，實際負責組織內外部行政業務、人員管理及運作，長久下來導致團隊在實務溝通上產生了無法及時對接的窘境，理想的組織藍圖也沒有如期落實。直到 2014 年新任執行長以 2010 年首次組織分工之架構為藍圖，重新盤點並規劃。自 2014-2020 年間，組織工作角色分為執行長 1 人、辦公室主任 1 人（2014-2016 年、2019 年）、執行祕書 1 人、環境教育專員 1-2 人、活動專員 1-2 人、議題研究 1 人的基本編制；2018 年執行「島航計畫」增聘

海廢調查研究員 1 人、2020 年之後增聘鯨豚調查研究專員 1 人、行銷專員 1 人、行政專員 1 人。

3. 志工團隊

　　黑潮自 1999 年舉辦第一屆「海上鯨豚生態觀察與解說員培訓營」迄今，透過海洋營隊及長期課程的培力方式，對外招募志工，培養其對環境的基本敏感度與素養。在鯨豚、海洋環境、海岸地形及地方知識等專業知識上透過課程安排、講座及戶外踏查及海上實習，長時間在知識面與情意層面上堆疊，提供志工有機會在過程中建立人與自然的關係，也重視每位志工獨特的生命經驗與個人特色。在黑潮的志工團隊之中，人的多樣性如同生物的多樣性一樣被組織涵納其中，也因此創造了多元的解說風格，並持續吸引著不同領域、背景和專長特性的人，從台灣各地加入黑潮的志工行列。學員在完成培訓課程並通過內部解說員鑑定後，成為具有海上解說員資格與海上服勤義務的鯨豚解說員，不論通過鑑定與否，學員們多半能在海洋環境、海洋生態及海洋文化的知識與情感上，產生一定程度的影響與連結，而成為海洋種子教師。這些參與過解說培訓營隊或課程的學員們，在組織年度進行的各項海洋教育及環境活動或調查研究計畫中，多半也願意持續參與，成為黑潮組織發展及各項工作推動重要的人力資源。

（二）合作與服務對象

　　透過黑潮大事記等相關資料整理，可以觀察到早期的黑潮多以學術單位為互動對象，與公部門及學術界的調查研究計畫案有許多合作；如 2000 年向墾丁國家公園管理處提案的《墾丁國家公園鄰近海域鯨豚類生物調查研究計畫》、2007 年執行《「飛旋海豚的一天」海上調查計畫》、2009 年與中山大學合作的《飛魚調查計畫》、2011 年向林務局提案執行《建構台灣野生動物聲紋資料庫》。此外，黑潮亦十分關注海洋文史記錄的工作，積極向文化單位申請文史調查計畫，如 1998 年前參與執行台灣省文化處《大家來寫村史》、2005 年進行《台灣竹筏文化調查計畫》、2010 年向國家藝術基金會申請執行《海人誌——台灣東岸花蓮漁村耆老、

漁民口述生命經驗調查與研究計畫》、2011-2013 年提案執行《有漁——台灣漁文化當代紀實調查計畫》等。

對黑潮而言，長遠的服務對象以大眾為目標，但同步亦針對學齡中的孩子、在學階段的學生提供不同的思考觀點。中、小學生的推廣講座亦是黑潮提供給此年齡層的服務方式，有既定的海洋環境議題演講內容，也有配合黑潮發行的海洋繪本套餐課程，2012-2015 年間更搭配台灣野望自然傳播學社每年舉辦的野望影展，嘗試以自然紀錄影片作為親切的素材切入，進入校園放映超過 66 場，引發學生對環境議題的關心。2015 年亦和澳門「足跡」劇團合作偶劇校園巡演 23 場、2016 年偶劇《走出校園的圈圈》於花蓮區校園巡演 18 場，透過偶劇的演出增添特定環境議題的趣味性與接受度。在長年推動海洋環境教育工作之下，黑潮認為以學生為推廣教育對象，在準備課程內容時並不能只著重在知識面向，必須融入其他教學策略以有效傳達理念，甚至進一步在課程設計中帶入環境感受的促發，著重在產生情感上的連結，透過自然引導和環境互動的教學設計，帶給孩子們更多課本外的海洋教育方式。

以社會大眾為服務對象的內容，包含既有的演講、分享會、生態攝影展覽、自然紀錄影片映後討論、海灘廢棄物監測行動體驗等，另針對特定對象舉辦營隊形式的研習活動，如運用暑假期間辦理的教師研習活動。有感於體制內海洋教育的粗淺可能源於教育現場第一線教職人員對海洋及環境議題之認識及經驗的缺乏，因此期許透過課程體驗與實地踏查，引導教師體驗生態之美，瞭解當前海洋面臨的危機。同時也形成共同教案發想的支持網絡，讓校園裡的海洋教育能有扎根的機會，並提供教育工作者體制外的教學資源。2009 年黑潮與青年發展署合作，後續發展一系列主題式「黑潮海洋大學」山海體驗生態旅行，3 天 2 夜的體驗活動，配合季節共 4 梯次不同的行程設計，以社會大眾為對象，開啟各種走向海的途徑。而每年夏季舉辦的海洋營隊亦是針對大眾設計的課程活動，適合年滿 18 歲的成人，由黑潮安排 2 個月的營隊內容，包括海洋相關知識課程與戶外生態踏查、拜訪部落文化參與祭典、海上觀察鯨豚，持續了二十多年舉辦的長時間海洋營隊型態，在傳遞環境理念之餘更著重在人的環境意識與自身生命轉變的陪伴，這樣高成本低收益的活動在國內極為少見，可以說是黑

潮極具代表性的特色活動。

　　因應 2008 年教育部將海洋教育議題納入九年一貫課程綱要，黑潮搭上國家海洋教育政策的列車，出版繪本《海洋紋身》與《海豚時鐘》，同年並進行鯨豚紀錄片《海豚的圈圈》拍攝工作，是以中小學學童為重點推廣的服務對象。2013 年起，由黑潮董事同時也是身為作家的吳明益挹注經費委託主辦的「吳鄭秀玉女士黑潮獎助金」則開啟了另一道向台灣民眾向海引路的門，分別在「海洋科學研究」、「海洋藝術創作」、「海洋保育行動」、「海洋保育活動」4 個面向向創作者與研究者招手，累積台灣海洋創作與研究的能量與人才資料庫。2016 年透過不同管道融入在地生活，錄製 30 集《黑潮放送台》節目，分享黑潮關注的各項海洋話題，於花蓮教育電台播出。2017 年推動反圈養議題，透過全台巡迴播映《黑鯨》紀錄片及映後座談 20 場次，倡議生命教育的觀點。同年與花蓮市公所合作舉辦 2 日的「海事集」無塑市集活動，串聯 80 個來自各地的店家實踐無塑包裝，將生活減塑的理念傳遞給上千位民眾。多年來黑潮持續進行的成人教育工作遍及於公眾講座、活動推廣到海洋議題論述及倡議面向。黑潮投身於海洋環境保育與研究，同時亦將海洋的訊息透過轉化推展出來，致力於環境教育工作，希望藉此能夠創造大眾認識海、感受海的經驗，並連結到生活中種種行為改變，進一步用行動或其他方式支持黑潮，以達到組織使命的實踐。

▌四、資金來源與財務運作

　　黑潮營運的資金來源主要可歸納為：「大眾捐款」、「公部門計畫補助」、「自營活動及義賣品收入」、「多羅滿解說回饋金」4 個部分。

（一）解說回饋金長期優化產業之異業合作

　　多羅滿解說回饋金是在基金會草創時期，創會董事長廖鴻基提出穩定財源的想法，他認為非營利組織若要永久發展，只依靠社會大眾捐款和公部門經費，風險實在太大，因為當這些收入未如預期充沛或行政時間上延

遲，黑潮將花費更多時間和行政手續處理，而且公部門經費挹注相對也束縛黑潮只能依其所設定的方向發展；因此與多羅滿海上娛樂股份有限公司負責人林振利商議合作方式，由黑潮培訓解說人員，提供賞鯨船專業的解說服務，多羅滿則將收益之部分盈餘作為解說服務的回饋費用，解說人員的津貼則由黑潮方給付。扣除解說人事津貼後的盈餘被列為黑潮的經常性財務來源，得以支持組織更專注從事海洋教育推廣事務。

（二）公部門經費補助推動科學調研與環境教育

在地民間組織發展初期，財務來源要穩定支應工作人員薪資並維持組織營運，是極大的挑戰，因此黑潮亦透過申請符合組織發展方向的公部門計畫經費補助，作為推動各項年度預定工作的運作經費來源。黑潮申請公部門經費的用意在於妥善運用政府資源，讓非營利組織來使用，也使補助經費更有確切用途。曾經合作的對象有教育部（如「愛海一生——帶老師親海知海愛海」計畫）、青輔會（如「青年壯遊點」合作）、文建會、國藝會（如「有漁——台灣漁文化當代紀實調查計畫」）、林管處（如繪本出版計畫）等，多為黑潮依據計畫辦法規定提出相關申請內容，偶有地方政府環保單位提供小型計畫經費，用以推動環境教育之工作。2018 年政府組織改造，海洋委員會海洋保育署成立之後，亦因業務項目相符，由公部門委託執行或補助之計畫項目亦有所增加，如「台灣海域賞鯨規範可行性評估暨推廣計畫」、「東、西海岸漁業廢棄物圖鑑調查」等。然而，隨著黑潮在組織發展方向定位角色之轉變，與政府各部門之關係亦有所對應，主要合作之計畫為調查研究和環境教育兩大主題。然而，公部門計畫審核通過的不確定性，或是與其進行理念溝通、繁瑣的核銷業務等行政成本相對較高，導致計畫施行的延宕，甚至排擠到原定的業務安排，都是組織評估後續合作與否之考量。除了政府部門之外，2015 年曾以反圈養議題撰寫國際交流串聯行動計畫，向浩然基金會申請資助，亦為組織帶來重要的研究經費支持。

（三）出版品及環境體驗活動將海洋帶入民眾生活視野

從創會時期開始，黑潮即常以文字、影像為載體，將難得的海洋經驗

及延伸而出的相關議題關注，透過與報章雜誌合作的專欄寫作、集結航行記錄及主題式書寫的出版品作為向社會大眾溝通的管道之一。如《與白燈塔一起消失的漁村──鳥踏石仔》（1999）、《花蓮賞鯨地圖》（晨星：2002）、《台11線藍色太平洋》（聯文：2002）、《台灣的漁港》（遠足：2004）、《台灣島巡禮》（聯文：2005）、《黑潮洶湧》（大塊：2015）、《台灣不是孤單的存在》（小貓流：2016）、《黑潮島航》（大塊：2019）等書；及面向兒童敞開海洋的繪本《鬼頭刀》、《海豚的微笑》（2007）、《海洋紋身》、《海豚時鐘》（2008）4冊；另外影像創作亦有《黑潮尋鯨記》（1999）、《海豚的圈圈》（2008）2部。因此，這些豐碩的文字和影音出版品也長期成為組織的義賣項目。黑潮義賣出版品除影像資料和書籍之外，另有折頁介紹、明信片、筆記本與桌曆等。從2011年開始製作桌曆，主題納涵鯨豚生態介紹、反鯨豚圈養議題、島嶼航行等，透過桌曆圖文設計讓保育觀念能透過美的影像，融入在民眾的生活之中，從早期以攝影為影像素材，工作人員自行設計，到2015年之後開始加入與創作者合作模式，素材有剪紙、插畫、IP設計等較活潑的變化；2018年則嘗試結合組織年度報告製作鯨豚手繪圖鑑海報「黑潮海通信」，在義賣收入項目中表現亮眼。其他義賣品開發如手繪筆記本、與冶綠、繭裏子合作公平貿易T恤，2015年與國際品牌Buff合作海洋魔術頭巾等，在2014年之後的義賣品項目開發漸趨多樣化，成為結合組織理念展現創意，與擺攤推廣時拉近民眾距離的介質，亦開展了與創作者及友善環境品牌之合作連結，試圖將海洋意象和環境行動進一步帶進民眾的生活視野。

　　活動推廣一向是黑潮長期經營的環境教育體驗模式。透過細緻的環境體驗設計活動環節，規劃長、短期營隊活動（如「潮生活」、「帶孩子去海邊」、「海洋文學營」）、體驗行旅（如「海岸徒步」、「黑潮海洋大學」、「一日討海人」、「漁道遊園地」等多元化活動）、工作坊（「審視圈養，愛與自由的追尋」）、研習營等自辦活動項目，每年以組織核心業務發展，開發不同客群對象的體驗活動，其中帶入自然觀察及人與環境的省思，並創造人與海洋之間在知識、感受、情意、體驗、思考等面向的連結。自營活動「潮生活」每年在暑期以2個月長時間營隊形式舉行，每年吸引25-30位18歲以上成人參與，而以體驗為主的「黑潮海洋大學」

活動則以週末 3 天 2 夜、2 天 1 夜的活動設計形式，四季固定辦理，參與者多為外縣市對海洋體驗有興趣之民眾。2015 年更與自然體驗講師合作，辦理學齡前兒童一學期的帶狀活動「朝露初始」、「時雨」等課程。面向全民提供各個年齡階層、短中長期都能親近海洋、走向海洋的活動提案。然自營活動因執行成本高，加上海洋相關活動常受到天候狀況不穩定影響，參與者多來自外縣市，一度受到當時開放大陸地區民眾來台旅遊政策影響，台北到花蓮車票一票難求，種種現實因素影響活動辦理之成本及風險，因此在該項收費體驗活動項目之盈虧，多年來只能維持勉強打平，在影響力及活動口碑方面的累積遠高於實質收益。

（四）大眾捐款隨組織聲量及議題能見度緩步成長

　　黑潮另一項收入則來自每月捐款者定期定額的資助，早期捐款者的來源包含參與自辦活動、聆聽相關講座或是透過出版品、電子報及會訊接觸到黑潮訊息的一般大眾，這種小額定期捐款是組織穩定發展的支持，而每多一分的資助亦代表越多人認同黑潮努力的方向。2011 年到 2013 年間單筆捐款的比例逐年上升，來自外界的贊助變多了，甚至在 2013 年更有廣達文教基金會、木蘭扶輪社以及金額較為龐大的個人捐款，而每年緩慢成長的定期定額比例數值，相對而言顯得低迷。依據 2018 年黑潮工作團隊針對 2008-2017 年間的定期定額捐款分析[7]，捐款人所在地以北部地區（新北、台北、桃園）佔比最高，約有48%、花東地區（花蓮、台東）佔比次之，有38%、依序為中部地區（新竹、台中、南投）佔 11%、南部地區（台南、高雄、屏東）佔 11%、其餘外島及不清楚佔 2%。推測早期由於黑潮從事長期海上鯨豚調查，並曾出現在課程教材中，因此普遍在北部學界、教育界的辨識度較高；另外長期在花蓮在地學校推動海洋環境教育、參與在地環境議題，也獲得在地民眾的支持。在捐款人關係分析中，亦發現「不清楚」的一般大眾捐款者佔半數、歷年參與暑期解說培訓的學員佔比 3 成，顯示為經過長時間較深度接觸黑潮之後，維持較長遠的關係捐款人、另外因為個體辨識研究計畫（Photo identification，簡稱 Photo-ID），接觸認識

7　依據黑潮海洋文教基金會第七屆第二次董事會議工作報告（2018 年 2 月 2 日）。

黑潮的捐款者亦佔 1 成，可見大眾對於黑潮的研究能力亦有所期待，其餘為曾在組織擔任工作的董事或工作人員，亦佔 1 成左右。年趨勢分析，從 2010 年開始定期定額捐款人有逐年緩步成長趨勢，2012 年以後每年有超過 10 位以上新增加的捐款人，2017 年以後更是有倍數成長的趨勢。

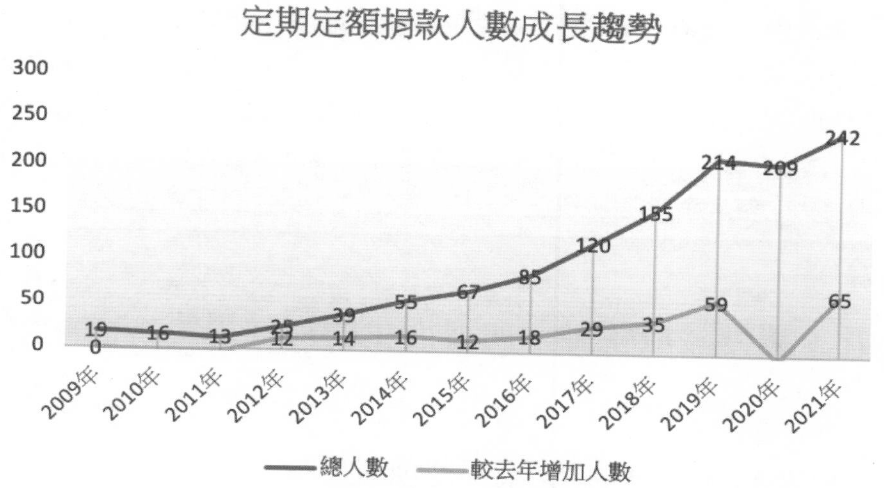

定期定額捐款人數成長趨勢

圖 2.2　黑潮海洋文教基金會定期定額捐款人數分析（筆者整理）

　　2015 年以後，黑潮執行團隊評估組織整體收入結構比例，有意識地提高大眾捐款來源，相對應調整組織發展策略；朝組織透明化、議題發聲、提升組織辨識度等方向努力，亦陸續進行網站更新、自媒體宣傳策略、捐款人分析經營、優化金流系統等工作。若單以定期定額捐款人數的成長作為組織聲量和社會影響力的一個參考點，亦可隱約觀察出捐款人的成長與黑潮在「議題發聲」（如 2015 年反鯨豚圈養行動串聯、2016 年揭發海豚盜獵事件及反對 193 縣道拓寬、2017 年賞鯨規範訴求、2018-2020 年島航及海洋微塑膠調查、2021 年漁業廢棄物問題）的努力對於組織立場與能見度的提升有相對的幫助。而黑潮在長期調查研究能力（如 Photo-ID 花紋海豚辨識、島航普拉斯；台灣海域塑膠微粒四季調查、海洋綠洲；東海岸鯨類保育計畫）等面向的能力與續航力，則是在海洋環境教育面向之外，陸續吸引大眾透過定期定額或單筆捐款支持的組織特色。

2015 年聯合國宣布 2030 年永續發展目標（Sustainable Development Goals, SDGs）包含 17 項目標（Goals）及 169 項細項目標（Targets），成為國際企業 CSR（Corporate Social Responsibility）依循的方向。恰逢 2018 年黑潮組織成立 20 週年，為自籌經費進行「島航計畫」，黑潮亦開始嘗試向形象良好的企業家募資，並在該年度獲得和碩科技公司贊助；而「島航計畫」後續引起社會對海洋環境現況的關注，亦引起其他企業對黑潮長年守望海洋的肯定，主動尋求合作的機會。2018 年以後，黑潮能見度變高，也因此得以伸長觸角，在認識不同產業之後尋找合乎理念的企業，透過內部進修演講、企業家庭日淨灘等環境行動結合募款方案，將影響力擴大，帶入產業之中。

▌五、翻轉陸域視野，向海而生的海洋思維

（一）航行啟動海洋視野看見藍色國土

海洋是黑潮的起源，也是聯通世界各地的起點，二十多年來透過與多羅滿海上娛樂股份有限公司的合作，帶領了超過 80-100 萬名來自世界各地的朋友登上海洋解說教室，親臨太平洋的廣袤，回望島嶼邊緣的壯美，也寫下了許多台灣海域的故事。在早期台灣嚴格的海禁政策之下，大眾要體驗海上航行的機會十分不易，產生對海洋陌生、恐懼的大眾心態，也隔絕了許多向海探索的可能性。因此，在這樣的文化背景及 80 年代的台灣時空環境之下，作為一個有長時間航行經驗、二十多年來持續扮演著人與海的橋梁，並始終聚焦關注於海洋文化、環境、生態保育領域的民間團體，可以說是黑潮海洋文教基金會最大的優勢與特色。

2003 年，黑潮海洋文教基金會在創會董事長、海洋作家廖鴻基的召集之下，從花蓮港出海，開啟了長達 1 個月的「福爾摩莎海岸巡禮」繞島航行台灣 1 圈，走訪 13 個港口，串聯在地的海洋文史工作室、NGO 組織，出版了《台灣的漁港》、《台灣島巡禮》等書，以「追尋台灣海洋文化的歷史與現況，開啟台灣海洋文化的新思維」為目標，為當時的台灣社會開

啟了豁然開朗的海洋視野。

　　2018 年，黑潮提出「島航計畫：台灣藍色國土初探」，面對全球氣候變遷及海洋環境劇烈惡化，以黑潮持續觀測的海洋生態環境的指標性物種「鯨豚」為主體，設定「海洋廢棄物及塑膠微粒」、「水下聲音」、「海水溶氧量及酸化快篩」三大項觀測重點作為本計畫的生態指標，透過從海上開船繞行台灣海域領海範圍 1 周，依序在台灣東北、西北、西南及東南海域，包含澎湖、小琉球、蘭嶼等離島海域進行生態指標的體檢記錄，留下全台灣「藍色國土初探」的第一筆觀察資料，以實際的行動、持續的觀察記錄，展現對台灣海洋環境長期關注的決心。在航行台灣 1 周之後，黑潮陸續將海洋廢棄物對台灣海域的影響，透過與學術界合作調查的成果即時發布：2018 年 9 月 4 日召開「陸域海域不同步，牛步政府要加速」記者會，引發社會關注海漂塑膠垃圾議題相關報導，並推動環保署、海洋委員會海洋保育署啟動海上污染討論機制，以及認知海域調查的重要性。2019 年 1 月 3 日召開「台灣海域微塑膠遍佈，政府應盡速啟動長期調查——黑潮島航塑膠微粒調查結果發布」記者會，研究結果顯示台灣海域全面佈滿塑膠微粒，促使海洋委員會海洋保育署於 109 年度編列塑膠微粒長期調查相關計畫。

　　2018 年是整個台灣在海洋廢棄物議題及政策大邁進的一個關鍵年。首先是環保署攜手公民團體積極處理海洋廢棄物議題，並首度公布「台灣海廢治理行動方案」，緊接著同年 4 月海洋委員會海洋保育署正式揭碑，喊出了「潔淨海水」、「健康棲地」、「永續資源」的三大目標，民間團體及民眾自發性的淨灘淨海活動，亦表現出前所未有的積極參與。趁著這股議題熱潮，黑潮在 2018 年 10 月發布了島航計畫「台灣沿海海水表層塑膠微粒初步調查報告」[8] 之後，持續在 2019 年規劃「島航普拉斯：台灣沿海塑膠微粒四季調查」計畫，針對全島污染最為密集的東北及西南海域進行為期 2 年的 4 季調查，並將分析成果逐年公布，透過記者會向大眾傳達源頭減塑的重要性，並與《聯合報》願景工程合作製作影音及網頁專題，將海洋塑化危機的警訊推播至全民觸及率較高的公眾媒體。

8　https://www.kuroshio.org.tw/newsite/article02.php?info_id=517

　　2021 年 10 月，黑潮分析 2019-2021 年間，以東北及西南海域為重點進行調查完成 2 年 4 季 24 個測點海水表層塑膠微粒完整採樣。推測東北角沿岸堆積的海洋廢棄物不只是來自東北角本身沿岸漁業或遊憩行為，可能也有許多來自台灣西部、西南部沿海的漁業及生活廢棄物，綜合漂流軌跡模擬結果及東北海域在夏季調查結果。加上曾有其他環團在海廢調查時，見到廢棄的完整蚵棚被衝上東北角海岸等資料，顯然牡蠣養殖廢棄物不只對西南海岸造成污染，對台灣其他區域也造成影響，因此進一步針對牡蠣養殖廢棄物分布狀況進行陸上調查及管理政策探討。同年 10 月 28 日於台北舉行記者會，以牡蠣養殖浮具標準建立作出「中央統籌建立浮具標準規範」、「導入循環經濟鏈思考」、「牡蠣養殖產業永續發展」3 項主要訴求。同時，持續參與「海廢治理平台」，針對 2020 年以來政府提出相關限塑政策及漁業廢棄物兩大重點提出討論、累積研究，推動公部門持續投入資源解決廢棄物問題，也促發了其他團體對海廢議題的重視。

| 圖 2.3　「島航計畫」繞行台灣含離島 1 周，調查海域塑膠微粒污染問題

（二）開創議題促成社會影響

　　海洋議題關注與倡議，主要為延續科學調查與監測成果，持續關注政策與實際現況，盤點國內外案例規劃可行的策略進行倡議、遊說，促成政策、社會的轉變。依黑潮過往核心關注主題，成績較為亮眼的主要為「海洋廢棄物」及「鯨豚保育及動物福利」兩大面向。

1. 累積逾二十載「海洋廢棄物」議題

　　黑潮對「海洋廢棄物」議題的投入自 2000 年開始，黑潮首度引進海廢監測方法，透過淨灘與長期記錄垃圾種類數量，瞭解台灣海岸面臨的垃圾問題。同時也擔任 ICC 國際淨灘行動的台灣聯絡團體，每年 9 月舉辦台灣 ICC 行動，將監測資料統整傳送到美國 The Ocean Conservancy 國際海洋廢棄物資料庫，於 2010 年起與台南市社區大學、台灣環境資訊協會、荒野保護協會、國立海洋科技博物館籌備處共同成立「台灣清淨海洋行動聯盟」。2013 年並參與由日本、韓國及泰國環境團體組成的「Asia Civil Forum」，與國際合作共同關心海洋垃圾污染議題，擔任台灣區海廢團體聯繫窗口角色，並訂出亞太區該年度針對 Macro Marine Debris 項目共同的監測計畫。2014 年黑潮也參與了日本 JEAN 組織舉辦的年度海廢會議，當年該會議首度有台灣組織出席，後續亦促成沖繩與新北市的公部門及民間團體交流，2014 年迄今均持續促成並參與兩地實地交流的重要工作。2018 年，黑潮發起「島航計畫」，進一步透過塑膠微粒全台檢測，建立第一筆藍色國土的體檢數據，用以後續監督倡議環境政策的重要指標。2020 年後延續「島航普拉斯」計畫成果，更進一步與澄洋環境顧問公司合作，針對漁業廢棄物進行《東海岸漁業廢棄物圖鑑調查計畫》及 2021 年《西海岸漁業廢棄物圖鑑調查計畫》，試圖建立漁業廢棄物更全面性的瞭解，以提出相對應的政策建議。海洋廢棄物議題在 2018 年自長期的「海灘廢棄物監測」轉向「海水表層塑膠微粒之研究分析」後，黑潮亦多次透過主動召開記者會來向公眾傳遞強而有力的訊息，亦引起三大報主流媒體及各界大幅報導，報刊雜誌甚至透過專題等長篇幅報導，分別針對台灣海域塑膠垃圾問題進行深度採訪，研究結果並獲得海巡署、海保署、環保署、

監察院、中華民國海軍大氣海洋局、立法委員等政府機構之重視，紛紛受邀演講、會議參與與展開可能的調查合作。作為第一筆航行全台灣、提出海水表面塑膠微粒調查的數據，無疑為黑潮在「海洋廢棄物」議題上開創了新的浪頭，亦顯見這一波大浪引發的後續漣漪，持續在台灣社會、環境團體、政策指引等方面造成重要影響。

2.「海哺動物圈養議題」促成修法階段性成果

　　黑潮關注海洋動物野外捕捉、圈養、展示、表演等相關議題由來已久，早期透過文字論述，以「黑潮觀點」[9] 專欄刊登於《聯合副刊》，曾於 2006 年與動保團體聯合發起「讓白鯨回海洋與家人團聚」，反對海生館購入白鯨，在這之後開始醞釀累積反對鯨豚展示與表演的相關議題。2012 年列席關懷生命協會主辦之「終止動物戲謔」記者會，批判人類捕捉動物並以其為商業娛樂對象。2013 年與台灣動物社會研究會共同發起「想念海洋，水缸不是牠的家！」記者會，呼籲海生館停止鯨鯊圈養並評估野放行動、2014 年 9 月與台灣動物社會研究會共同發起「禁止表演——期待海上自由相遇」記者會，呼籲國內表演業者停止動物的展示表演行為。2015 年 4 月與台灣動物社會研究會共同發表《台灣海洋哺乳動物圈養表演調查報告》[10]，同年舉辦「你的樂園，牠的地獄！修法禁止野生動物表演」記者會，訴求修正《動物保護法》，禁止進口海洋哺乳類動物進行商業行為表演；2015 年 11 月 29 日，黑潮進一步舉辦「海洋哺乳動物圈養議題國際研討會」，此為台灣鮮見由民間團體主辦之跨國、針對海哺動物圈養議題之百人研討會。該年度黑潮擴大串聯台灣、中國、香港、英國及美國等地之保育組織，共同發起「交流旅遊，不要交流殘

9　從 1999 年出刊的會訊，到後來演變成電子報；9 年前與環境資訊協會合作、由黑潮海洋文教基金會的董事、顧問和工作人員組成的主筆團所撰寫、《環境資訊電子報》刊登的「黑潮觀點」專欄，從 2001 年 3 月 23 日開始到 2002 年 11 月 8 日，共累積了 75 篇文章。這些文章所匯流出來的「黑潮觀點」，從生態、議題、海岸、海洋、教育等各個領域書寫，蔚然成為一片獨立並具有代表意義的黑潮風景。一篇篇有批判、有紀錄、有思考的文字，展現了「黑潮」這個海洋環境組織所關懷的議題，如同一扇扇窗口，打開了讀者對海洋、對「黑潮」的認識。https://e-info.org.tw/column/kuroshio/2001/co-kuro01033001.htm

10　https://www.kuroshio.org.tw/newsite/article02.php?info_id=499

酷——兩岸三地暨英美保育組織呼籲觀光旅遊拒看動物表演」記者會，並加入跨國鯨豚保護聯盟「中國鯨類保護聯盟（China Cetacean Alliance）」[11]，與國際保育組織共同為全世界圈養鯨豚議題發聲。

而這一波波強而有力的訴求聲浪，加上積極與海生館、遠雄海洋公園、野柳海洋世界等鯨豚圈養機構的溝通與介入，也直接、間接地促成修法的討論。2016 年起黑潮協同台灣動物社會研究會多次在立委的主持下，與台灣動物園暨水族館協會及相關政府部門進行修法逐條協商，爭取《動物保護法》中針對「展演動物」的照護與場館軟硬體、醫療照護人員等各個層面規範的動物福利，同時亦要能落實執法。

修法歷程自 2015 年立法院三讀通過《動物保護法》部分條文修正，將「展演動物」納入規範起，歷經 2016 年 2 月《展演動物業設置及管理辦法》公告後在實務管理上的缺失與漏洞，為釐清爭議並有效推動修法，以改善諸多展演動物處境及福利，彌補現行法律規範之漏洞，又於 2017 年 8 月底提出產業界、動保團體及農委會三方共識之子法條文版本予農委會，一波多折的歷程中，亦是多方溝通之民主及誠意展現，終於在 2018 年 5 月三讀通過「動保法——動物展演規範修正條文」，這個從反圈養訴求到展演動物細緻修法溝通的經驗，亦讓動物圈養議題在台灣社會見證了從醞釀、累積、辯證、發酵、階段性訴求達成的過程[12]，影響擴及學界及社會大眾。例如 2016 年在海生館舉辦的科普論壇之中加進了動物福利的討論，也讓學術研究擁有更多元的想像與觀點；議題扎根於教育，2016-2017 年，黑潮更透過兒童偶劇、播映《黑鯨》紀錄片及映後座談，巡迴全台 50 處學校與藝文空間進行議題教育推廣，讓大眾以不同媒介認識正確的生命教育。

---

11 中國鯨類保護聯盟（China Cetacean Alliance）是由動物福利學會（Animal Welfare Institute）、生而自由基金會（Born Free Foundation）、瀕危物種基金（Endangered Species Fund）、台灣動物社會研究會（Environment & Animal Society Taiwan）、香港海豚保育學會（Hong Kong Dolphin Conservation Society）、黑潮海洋文教基金會（Kuroshio Ocean Education Foundation）、生命調查機構（Life Investigation Agency）、海洋聯繫（Marine Connection）、國際鯨豚保育協會（Whale and Dolphin Conservation Society）等國際動物保護和保育組織所組成的聯盟，致力提升公眾關注野外捕捉鯨魚、海豚、鼠海豚，以及將其圈養於中國內地海洋主題公園內所造成的動物福利問題。https://hk.hkdcs.org/china-cetacean-alliance/

12 〈好消息！「動保法——動物展演規範修正條文」三讀通過！〉https://www.kuroshio.org.tw/newsite/article02.php?info_id=509

圖 2.4　2015 年黑潮至遠雄海洋公園抗議鯨豚圈養與人工繁殖

（三）長期不輟基礎調查累積西太平洋珍貴生態資料庫

　　科學基礎調查往往需要花費高額研究及人力成本，研究時間不夠長則無法看出影響與變化，而短時間內無法提供解答只能看出趨勢的「調查研究」通常不容易獲得資源的挹注，陸地上的生態研究已是如此，更遑論海洋領域的各種研究了，光是要克服航行與天候等不確定性，相對的成本就偏高，加上研究對象無論是海洋生物或是水下地質物候，都不易掌握，若非面對到資源開發利用的迫切需求，否則不容易有公開的長期調查資料。

　　黑潮海洋文教基金會自 1998 年成立，透過與賞鯨業者的合作，每年培訓海上解說員在船上進行解說教育工作，並在每一趟船班上同步進行鯨類調查與記錄，多年來持續不輟地累積了數千筆以上的鯨豚調查紀錄，透過統計來呈現花蓮海域的鯨豚資源和族群分布狀況。這份第一手的海上紀錄數據迄今已支持了多位國內從事鯨豚研究的學者，作為鯨類行為、族群研究的基礎調查資料，並進行學位論文的發表；同時，亦納入林務局委託中央研究院與台灣大學合作執行的「國家生物多樣性指標監測及報告系統

（TaiBON）」計畫，將數據和研究成果透過平台的整合，成為與全世界生物多樣性資料庫接軌的台灣現地資料 [13]。2011 年起，更針對北花蓮海域目擊鯨豚進行水下錄音，收錄台灣外海鯨豚聲紋資料，並協助農委會林務局建構台灣野生鯨豚聲紋資料庫。

　　2010 年開始迄今，黑潮進行花蓮海域瑞氏海豚（花紋海豚）Photo-ID，已成功辨識出 400 隻以上的花紋海豚個體，並提供學術單位進行花紋海豚族群遷徙、社群結構、年齡確認等科學研究。在超過 10 年以上瑞氏海豚為辨識對象的基礎之下，黑潮陸續在 2021 年春季使用關聯式資料管理系統（Relational DBMS, RDBMS）開始建立抹香鯨的 Photo-ID 資料庫。由於透過 Photo-ID 來辨識動物早期都以人工比對照片來進行，資料量十分龐大，在人力上也非常考驗耐心與經驗，以至於十多年來辨識進度相對緩慢。黑潮在 2017 年透過引薦，接觸國立東華大學顏士淨教授及其團隊，以 USR 計畫協助黑潮開發辨識 AI 模型，打開了以人工智慧協助 Photo-ID 鯨豚辨識系統的契機。2021 年黑潮透過將鯨豚相關調查整合成「海洋綠洲」計畫，除了公部門的補助經費外，也向企業提案獲得贊助，得以委託專業團隊接續，將辨識花紋海豚個體的 AI 模型和操作介面開發完成，可說是在台灣海域鯨豚辨識工作上重要的技術進展。

（四）從解說員養成到環境全人的海洋營隊

　　黑潮自 1999 年開辦海上鯨豚生態觀察與解說員培訓營之室內課程，2000 年舉辦海上實地解說演練。初期以培訓海上鯨豚解說員為目標，並考量人力調配及方便安排學員出海活動等因素，在 2001 年首度將營期調整為暑假 2 個月，並依此模式每年持續辦理至 2010 年。營隊入門基礎課程囊括：主要以鯨豚、海洋環境、漁業資源、海洋文化為四大類別作為規劃的準則，概括性的面向透過知識系統的建立，讓學員瞭解進入海洋之前的準備工作。課程基本架構包含基礎知識的室內課程與認識花蓮生活的講座，另有海上實習與山水踏查的戶外課程。在 2 個月營期裡室內與戶外課

---

13 張卉君，〈台灣東部海域鯨豚保育現況與危機〉，2017，https://www.kuroshio.org.tw/newsite/article02.php?info_id=441

程交替出現，這是考量當學員親身在現場時，自然與人文環境所給予的震撼力，將有助於融合室內課程帶來的知識，且能轉化平面的情感，使之立體起來（何穗安，2013）。週間晚上另有解說研討，提供學員解說演練空間以及與現任鯨豚解說員交流實務經驗。黑潮與多羅滿海上娛樂股份有限公司搭配進行的海上實習是黑潮營隊裡重要的特色，在 2 個月營隊期間，為了讓學員增加更多的海洋實務經驗，藉由協助鯨豚資源調查的方式作為海上觀察與記錄的重點，每趟出海實習航次之後與當班解說員討論該航次目擊到的鯨豚物種與生物狀況，增加海上觀察的敏銳度並累積海洋經驗。每年參與解說員培訓之學員約在 25-30 人之間，透過長時間的課程與實務經驗累積，並通過黑潮內部的「解說員鑑定」機制考核並達服勤航次後，方能成為正式的鯨豚解說員排班執勤。

　　黑潮的鯨豚解說員培訓營隊，在台灣是極罕見行之有年並持續堅持長期培訓的海洋營隊。雖然持續舉辦迄今，但過程中亦有受到賞鯨產業起落、打工度假選項多而造成供需失衡的狀況，因應調整營隊舉辦目的。海洋營隊在 2011 年改以製作海洋教材為主題的工作坊形式，2012 年和 2013 年因為營隊報名人數逐年下降，工作團隊幾經商議後決定採分眾策略，調整營隊走向，將「培訓鯨豚解說員並能在地服勤」和「透過長時間與海洋的相處，產生與環境更深刻的連結」兩項重要目的區分成以在地夥伴為主要招生對象、為期 3 個月帶狀課程的「解說員培訓」和暑期舉辦以體驗花蓮在地生活的「潮生活──通往美好生活的幾種途徑」暑期營隊，繼續引領更多對海洋嚮往的大眾藉此接觸自然、與環境產生共鳴和深刻的連結，進而讓參與者發生思想或行為上的改變。「潮生活」營隊自 2012 年分支舉辦後，因營隊的課程更為寬廣、與花蓮在地產生多重面向的連結，從對海洋的關注延伸到土地、有機農業等在地友善環境實踐的經驗，也吸引了來自台灣各地甚至香港、澳門等地的朋友前來參與，在學員的回饋之中多有正向且深刻的生命影響。雖然「潮生活」營隊在 2017 年後考慮組織量能與參與者減少「叫好不叫座」的現實決定停辦；但黑潮仍每年持續舉辦長達 3 個月的解說員培訓，亦透過教師研習營、海洋文學營等營隊形式，持續開創不同面向與海相遇的方式，將人與自然的連結重新建立。

（五）漁業口述文史紀錄，留下台灣海洋文化縮影

　　台灣的海洋資源如此豐碩卻日益衰竭，整體環境不佳使得沿海漁業文化逐漸消逝。黑潮體認到漁村是海洋文化的一環，透過文史爬梳與口述歷史調查，回溯、拼貼一幕幕漁村生活：1998-1999 年追尋因花蓮港擴建工程而消失的「鳥踏石仔」村史，出版《與白燈塔一起消失的漁村──鳥踏石仔》成為重要花蓮在地海洋教育教材；2002 年「傳統漁業文化紀實」研究花蓮漁撈作業漁法至今的轉變；2005-2006 年「台灣竹筏文化調查計畫」記錄庶民漁法、討海人今昔處境，並與大港口部落合作以傳統工法重現製筏過程；2009-2011 年「海人誌──台灣東岸花蓮漁村耆老、漁民口述生命經驗調查與研究」，以 50 名花蓮港討海人為訪談重點，記錄其生命經驗與漁業文化，並在 2011 年 12 月於「第五屆國際黑潮研討會（The 5th International Kuroshio Symposium）」中發表；2011-2013 年「有漁──台灣漁文化當代紀實調查計畫」， 面向台灣本島的重要漁港，依四季漁獲、漁市、漁法等面向進行田野調查。為了將艱深的海洋生物知識，轉化為輕鬆易懂、印象深刻的保育概念，提供挑選海鮮的原則，傳遞大眾都能接受的永續論點，2011 年起亦與環境資訊協會合作專欄「看啥小魚可以吃」，撰寫 25 篇以上食魚故事。2015 年起至今連續推廣約 20 場「魚的道遊園地」活動，規劃從產地到餐桌的行旅活動，帶著消費者走訪漁港、定置漁場、大賣場，一同追尋餐桌上魚的身世，盼能讓大眾吃魚之際更能有友善海洋的好選擇。黑潮從傳統漁業漁法之文史調查，到書寫專欄文章推廣友善漁法讓讀者認識魚的身世，更設計了一系列四季產地到餐桌的食魚遊程，可說是系統性推動台灣友善海洋、食魚教育工作之先驅。

▎六、導入組織管理方法，完整鯨豚保育藍圖

　　重新檢視近年黑潮努力成果獲得捐款人穩定的支持（定期定額捐款人穩定增加），也持續獲得企業的肯定，並願意繼續支持黑潮推動之工作計畫。在媒體曝光後獲得的報導和輿論回饋，亦呼應黑潮業務工作之價值。然而，因應黑潮業務工作成果與發展，組織亦相應增加工作人力回應業務

工作需要增聘工作人員，以及 2019 年 2 月 1 日《財團法人法》施行等，逐漸發覺黑潮在「業務」發展與「組織」發展的不平衡，組織發展諸如內部會計制度、人員管理制度（假勤、訓練、福利、績效等）、財產與檔案管理制度，乃至於組織發展定位等皆未相應成長。對工作人員而言缺乏可預期、可想像的未來發展與角色定位，將可能導致黑潮一直陷入「老招牌的新組織」的情況，因此接下來需要逐步建立相應管理制度，並優先在人員培力、訓練方面加強，及建立各業務可操作、傳承的工作方法與資料檔，以及提升黑潮工作人員的工作福利，逐步建構可發展的黑潮組織藍圖。

　　然而，檢視目前執行團隊組織架構，於執行長下主要分為行政企劃組與業務組，在業務組中屬於海洋環境教育推廣之職務為環境教育專員 2 名（負責環教預約方案、活動、課程、海岸保安林等）、環境解說專員 1 名（負責海上解說業務、解說員培訓等），以及研究員 1 名（主要負責海洋廢棄物科學調查等），其中環境解說專員為考量執行團隊「具備海上解說員資格」之工作人員不足，為使解說工作持續發展故增設；而研究員則於 2018 年為執行島航計畫增聘，主要負責塑膠微粒調查與海洋廢棄物相關工作。重新檢視組織架構後，可以發現黑潮對「鯨豚」的關懷若非融入於各職務工作中，就是在業務工作發展的脈絡下，教育與海廢皆相應的成長，但鯨豚則因為工作人員組成轉變而未成長，甚至相對式微。

　　回顧近年黑潮對鯨豚議題的發展，約在 2014-2015 年關注鯨豚動物福利、反圈養議題而達極盛，後續在 2018-2019 年賞鯨規範評估與友善賞鯨推廣雖有延續，但鯨豚議題與基礎調查皆未有相應的成果，如鯨豚目擊記錄表近 5 年資料皆輸入不完整以致無法分析、Photo-ID 計畫承辦工作人員對內容掌握皆不足等。反覆以組織發展的角度檢視，顯見組織在「鯨豚保育」議題方面投入之資源不足，雖長期累積了鯨豚募集生態資料，卻仍須進一步以保育為發展目標，瞭解鯨豚生態需要的保育策略和生態區位現況為何，面對開發議題時能基於實際的守護基礎，提出政策建議。故經整體評估後，決定增設「鯨豚研究員」一職，亦使原「研究員」之定位確立為「海廢研究員」將工作明確的區隔，以確保在組織發展的目標下，所重視的「鯨豚生態」與「海洋環境」議題皆能有相應的進度與成果 [14]。

---

14 林東良，「黑潮海洋文教基金會第八屆董事會報告」，2021 年 1 月 4 日。

▍七、為世界留下一片海洋綠洲

　　黑潮海洋文教基金會自 1998 年成立，是臺灣第一個由民眾小額捐款自籌組成、為海洋發聲的非營利組織。長期與在地賞鯨業者合作，推動花蓮海域鯨豚調查、海洋垃圾污染研究，並透過辦理各類型海洋教育活動，傳遞與實踐海洋環境保護理念，期待讓海洋成為人人能夠參與及關心的公共事務。黑潮在鯨豚保育方面重要里程碑，可見下圖。

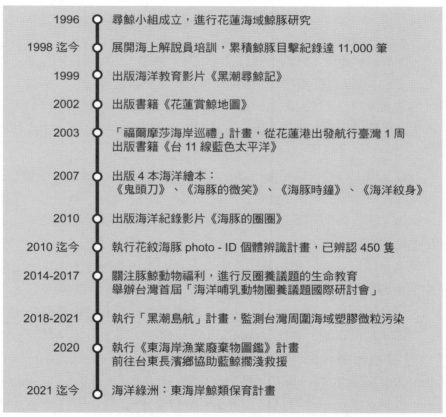

1996	尋鯨小組成立，進行花蓮海域鯨豚研究
1998 迄今	展開海上解說員培訓，累積鯨豚目擊紀錄達 11,000 筆
1999	出版海洋教育影片《黑潮尋鯨記》
2002	出版書籍《花蓮賞鯨地圖》
2003	「福爾摩莎海岸巡禮」計畫，從花蓮港出發航行臺灣 1 周 出版書籍《台 11 線藍色太平洋》
2007	出版 4 本海洋繪本： 《鬼頭刀》、《海豚的微笑》、《海豚時鐘》、《海洋紋身》
2010	出版海洋紀錄影片《海豚的圈圈》
2010 迄今	執行花紋海豚 photo - ID 個體辨識計畫，已辨認 450 隻
2014-2017	關注豚鯨動物福利，進行反圈養議題的生命教育 舉辦台灣首屆「海洋哺乳動物圈養議題國際研討會」
2018-2021	執行「黑潮島航」計畫，監測台灣周圍海域塑膠微粒污染
2020	執行《東海岸漁業廢棄物圖鑑》計畫 前往台東長濱鄉協助藍鯨擱淺救援
2021 迄今	海洋綠洲：東海岸鯨類保育計畫

| 圖 2.5　黑潮海洋文教基金會重要工作紀事（黑潮海洋文教基金會製作）[15]

---

15 https://kuroshio-oceanoasis.weebly.com/

　　二十多年來，黑潮海洋文教基金會始終維持著海上黑潮洋流「溫暖、清澈、堅定」的核心特質，並以此為黑潮精神，在陸地上不斷努力地延續與實踐。面向不同群眾，黑潮扮演著陸域民眾走向海的陪伴者；透過海上鯨豚解說航向藍色國土，作為大眾連結自然的引導者；在新聞媒體及一篇篇擲地有聲的論述文章裡，作為為海洋鯨豚勇於發聲的倡議者；積極參與環境議題的政策會議，提供深耕在地的重要經驗，黑潮亦是國家發展海洋政策諮詢的智庫。無論是哪個角色，目的都是希望能讓生活在台灣的島嶼子民們，能在生活中找回與大海的連結，並願意為了環境議題創造改變、起而行動。

　　黑潮在有限的組織規模與工作人力之下，期許組織能夠發揮在海上長期累積的經驗和視野，開創不同於陸域觀點的論述，也翻轉長期以來以人類為中心的關懷層次，致力於追求自然生態與生活文化之間的平衡。未來，黑潮團隊將目光放向鯨類保育光譜更在地也更國際的層次，持續從東岸西太平洋海域出發，透過系統性的長期觀察，為世界鯨豚留下一片海洋綠洲。

　　鯨豚位處生物鏈頂端，是評估海洋健康狀態的重要指標，一旦面臨生存危機，將可能使生態系平衡遭受破壞，進而崩解。保育鯨豚不僅是保護單一物種，當我們保護鯨豚的生存環境，作用也如同保護傘般連帶守護生態系中每個物種。

　　花東海域是鯨豚活動熱區，這裡具備高度生物多樣性，提供充足海洋生活資源，成為鯨豚居留和遷徙的路徑；但人類活動如漁業、賞鯨和污染，卻造成鯨豚生存的壓力。鯨豚游動與遷徙範圍有時會橫跨多國海域，要串起整個區域、落實聯合保育及管理相當困難。2016 年國際自然與自然資源保護聯盟（International Union for Conservation of Nature and Natural Resources, IUCN）開始推動「海洋哺乳動物重要棲息地」（Important Marine Mammal Areas, IMMAs），不分國界以全球海域為尺度，彙整瀕危海哺動物的棲地分布、移動路線與生存威脅等資料，有助跨國海域間的串聯整合，也能在海洋保護區的劃設上，提供更強而有力的支持 [16]。

---

16 參見黑潮官網「海洋綠洲──東海岸鯨類保護計畫」：https://kuroshio-oceanoasis.
　　weebly.com/

　　黑潮 20 年來持續為鯨豚保育努力，如今期望花蓮海域在鯨豚與人類活動衝突不那麼棘手之前，分階段申請 IMMAs，第一階段以重要棲息地潛址（Preliminary Area of Interest, pAoI）為目標，調查鯨豚棲地利用情形，為牠們保留這片海洋綠洲，並期待達到人跟海洋，人跟鯨豚和平共存的願景。

｜參｜考｜文｜獻｜

二卜，1997，〈賞鯨熱門，保育應加把勁〉。《東海岸評論》132 期。

司徒達賢，2005，《策略管理新論：觀念架構與分析方法》。台北：元照出版。

江明修、陳定銘，2001〈非營利組織與公民社會之建構：以社區大學運動為例〉。《中大社會文化學報》，12: 15-43。

何繐安，2013，《黑潮海洋文教基金會推動海洋教育的內涵研究》。國立東華大學自然資源與環境學系碩士論文。

花蓮縣鑄強國民小學「討海人＿廖鴻基專題研究計畫網頁」取自：http://library.taiwanschoolnet.org/cyberfair2003/C0331970002/narrative.htm，2003 年 2 月 10 日。

林東良，「黑潮海洋文教基金會第八屆董事會報告」，2021 年 1 月 4 日。

張卉君，〈台灣東部海域鯨豚保育現況與危機〉，2017，取自：https://www.kuroshio.org.tw/newsite/article02.php?info_id=441

張卉君，「黑潮海洋文教基金會第七屆第二次董事會議工作報告」，2018 年 2 月 2 日。

黑潮海洋文教基金會〈好消息！「動保法 -- 動物展演規範修正條文」三讀通過！〉，2018，取自：https://www.kuroshio.org.tw/newsite/article02.php?info_id=509

黑潮海洋文教基金會「海洋綠洲 - 東海岸鯨類保護計畫」，取自：https://kuroshio-oceanoasis.weebly.com/

鄭先祐，2010，〈台灣環境運動的動力、困境與願景〉，回顧台灣社運二
　　十年（1990-2010）研討會論文。台北：台灣教授協會。

劉楷南，1998，海島新樂園。公共電視「我們的島」。2022 年 10 月 9 日
　　取自 https://ourisland.pts.org.tw/content/1939

廖鴻基，1998，「七月黑潮海洋之夢」專題，〈黑潮海洋基金會〉。《東
　　海岸評論》。

編輯室，1998，「七月黑潮海洋之夢」專題，〈海岸點將錄〉，《東海岸
　　評論》。

CHAPTER **3**

從南方出發守護台灣環境：
地球公民基金會

李根政編寫、邱花妹引言

▍一、引言：動念、起身、糾眾同行

　　2007 年秋，時任高雄市教師會生態教育中心主任的李根政辭去教職，在高雄成立地球公民協會。協會在 5 年後轉型為全國性基金會，辦公室在 15 年間從高雄拓展到花蓮與台北，專職人力也從草創時期的 3 人成長到 2022 年的 28 位專、兼職（兼職 6 位）。靠著願為守護環境貢獻一己之力的公民捐輸，地球公民至今維持不接政府專案與大企業捐款的獨立性，守備範圍從山林水土保育、農地健康到永續花東；從監督工業污染與改善空氣品質到倡議工業轉型；也從反核一路邁向推動能源轉型，乃至全面的淨零轉型。如何理解地球公民的成立、組織的構成與特性，以及其成立至今對台灣環境變革所產生的影響與作用？我們至少可以從以下 3 點來理解。

　　首先，地球公民經驗突顯具備反思性與能動性的積極行動者能引領環境變革。當年李根政辭去教職創辦地球公民協會是一個感動許多支持者的行動，通過創造一個穩定與得以永續經營的環境組織，地球公民吸引了極具使命感的專兼任工作人員，董監事以守護者的身分支持與尊重專業運動工作者所組成的團隊，一起建立重視培力與提升運動者視野與能力的組織文化，並在運動過程中持續捲動積極公民成為環境志工。同時，在不同倡議行動中，連結友團以及各類行動者，建立起具社會信任關係的行動者網絡，包括鄰近工業區深受污染所苦的社區居民、土地與水源遭污染或剝奪的農漁民、傳統領域與文化為財團與政府掠奪的原住民，以及為了研究議題、政策與立法遊說、提起環境訴訟、擴大倡議的社會支持而連結學者專家、律師、文化與藝文人士，齊力改善環境。

　　其次，地球公民為台灣環境運動的組織經營模式開創了新的模式與格局。地球公民自成立之始即不只以改善環境為目標，也立志打造一個獨立、專業與能夠永續經營的環境保護組織。透過拓展定期定額捐款穩定組織財務基礎，聘任專業工作人力為守護環境倡議，也在過程中累積與建立環境運動倡議與組織經營的方法。透過專業分工，包括建立募款部門撐起專業運動組織，這在國際間的大型環境與公民組織已是行之有年的方法，但過去在台灣的運動團體卻罕見。台灣的現代環境運動始於 1980 年代的

反公害運動，草根居民自力救濟反污染，多為短暫的任務性集結，過程中雖不乏有行動者組成在地或地區性環境組織，但大多缺乏或僅有1、2位專業人力，組織脆弱不穩定、運動量能不足，即便是由學者發起的全國性環境組織環保聯盟，仍大量依賴時間有限的志願者。面對錯誤政策與資本力量對生態環境的破壞、以及社會大眾受傳統發展思維限制與存在著搭便車的心態，台灣確實需要更多專業人力投入才得以壯大公民社會，以矯正無限增長的發展模式。

在經過15年的摸索後，地球公民逐漸區分出財務行政、宣傳與教育推廣，近年開始建置募款部門。未來須時刻警惕，避免如部分國際大型組織變形為「抗爭企業」，在決策上缺乏分權，在策略選擇上落入建制化思維，或為擴大財源而受到行銷市場邏輯支配，因而失去組織原初的監督與批判的力道。

再者，地球公民在運動策略上多元，除了體制外遊行抗議、提起環境訴訟，也投入諸多量能在體制內遊說施壓環境立法與政策。方法上，地球公民的環境行動建立在對議題的調查、監督與揭露，包括連結學者的實驗室、公民科學方法發動日常的環境監督，乃至與開源社群合作以透過網路科技發展舉報系統。針對體制內外的參與，將個案問題發展為修法或政策訴求，參與環評反對或節制過度開發；也通過國際串聯、供應鏈施壓要求企業負責任地生產。近年，地球公民花更多心力在鏈結體制內外的利害關係人，通過踐行環境民主，為工業與能源轉型遭遇的挑戰找出路，聯合環境組織、在地居民與產官學界合力探詢最小衝突的轉型路徑。

從運動項目與目標來看，地球公民關心廣義的「南方」，區位重點涵蓋工業重災區高雄、社會文化邊陲的花東；議題項目從反對破壞山林水土、反工業污染與反空污、反對農地違章工廠，到主張保育與明智利用自然資源、探詢工業與能源轉型出路、倡議負責任的科技以及追求永續花東，凸顯運動目標從反破壞與抵擋開發往尋求環境解方的方向前進。

就核心價值而言，守護環境與保育山林水土無疑是地球公民的核心價值。但過去15年，我們也看到地球公民展現鏈結環境與社會正義的多重關懷，在環境運動的價值光譜中，日益清晰地走上了調和生態中心與人類中心的路線，不僅看見受傷的土地與環境，也看到環境善物與惡物循著社

會不平等分配的問題。環境正義倡議涉及對分配、程序與文化肯認等多重正義的追求，在許多環境抗爭或倡議中，地球公民不僅守護環境也反對社區居民、農漁民或原住民的環境人權與維生資源遭剝奪。此外，地球公民也確信，守護台灣的自由民主與主權是環境運動得以生存的前提，因此地球公民也在重要改革時刻積極參與社會行動，比如 2014 年的反服貿與太陽花運動。

　　隨著氣候危機加劇，在面對複雜的工業與能源轉型課題，乃至更全面的淨零轉型上，地球公民已無法只扮演反對與挑戰當權者的角色，也須同時肩負起更多社會溝通、教育與倡議責任，鏈結體制內外各界推動永續與公正轉型，這無疑是相當大的挑戰。堅定對環境民主的信念，發展出運動方法以匯聚眾人智慧為環境問題找解方，將是地球公民須持續面對的考驗與挑戰。

（一）多元的啟蒙與社會力集結

　　高雄是個污染嚴重的重工業都市，有一群具有環境與健康意識的積極公民、關心本土文化與生態的各界人士，在解嚴之後的 90 年代初期秉著「市民主義」，從催生「柴山自然公園」到「衛武營公園」，乃至打造「文化愛河」，延伸到「保護高屏溪」等環境與文化的改造運動，被媒體稱之為「南方綠色革命」。

　　1994 年，李根政因為和李怡賢結婚，而從金門輾轉移居到了高雄，碰巧在這樣的社會氛圍中開始參與了「柴山自然公園促進會（以下簡稱柴山會）」，學習高雄的人文歷史和生態知識，初識非營利組織的運作，也在從事教職的同時，以義工的身分投入學習環保運動。

　　在柴山會期間，受到黃文龍醫師等先行者和伙伴的啟蒙，得以瞭解一群人如何透過對環境生態的學習、影像和文字記錄，轉化為向公眾、媒體的文章和新聞稿，再透過連署、拜會、記者會等活動，對執政者施壓以及促成改變。這是令人激動而鼓舞人心的啟蒙，也是民主的深刻洗禮，由此體會到民主最重要的價值，是在賦予人民可以由下而上改變社會的力量。「原來我們可以這樣改變社會」，這對成長於軍事戒嚴找不到改變出路的李根政來說猶如一燈點亮千年暗，至今仍然堅信強健的公民社會，才能為

人民帶來幸福。

　　1996 年 7 月高雄市教師會成立，成為全國第一個地方教師會，創會幹部是一群關心教育改革與台灣社會的先行者，除了關心教師權益，也認為教師會應該對社會有所貢獻。1998 年 6 月，在高雄市教師會張輝山理事長的鼓動邀請下，李根政和傅志男、林蕙姿、李怡賢等基層教師，帶著在柴山會的經驗，決定在教師會成立分支機構「生態教育中心」（以下簡稱生教中心），成為台灣第一個把關心環境生態列為業務的教師組織，之後也受到繼任的陳銘彬理事長及理監事們的持續支持。

　　從 1998-2007 年之間，我們接觸了台灣許多已經成立的環境組織、運動前輩，從行動中學習成長，得到多元的環境運動養分。高雄市教師會生態教育中心的宗旨是：「推動本土生態教育，以直接行動關懷環境。」

　　為什麼強調本土生態教育？當年教育現場是一個深受黨國影響的封閉體系，鄉土教育尚未排入學校教育的議程，關心社會的老師更是異類，而以師範系統為主流的環境教育，幾乎只談西方的環境保護概念，卻欠缺對台灣環境議題的瞭解和參與，以致和土地脫節。為什麼強調行動？教師會的幹部認為從關心土地環境出發，是打破封閉保守的校園環境的好方式。

　　當時關注的環境領域非常多元，包括校園生態教育、柴山和公園綠地、反對美濃水庫、關注有害事業廢棄物、焚化爐、海灘廢棄物監測，以及動物保護等，又因為受到陳玉峯教授的啟蒙，參與了保育團體推動的「搶救檜木林運動」，開始關注台灣的山林。回顧經營生教中心 9 年時光，這是一個透過自我學習和實踐，把環境理念扎根於台灣土地的過程。

（二）催生地球公民協會──基金會

　　2005-2007 年，李根政擔任環保署環評委員，與政商角力的深刻挫折中，開拓了環境運動的視野，體會到環境運動不只止於個案的守護、某個法令政策的改變，而是需要長久耕耘的公益事業，加上身兼多職或者某種程度的運動傷害導致身心失衡，迫使李根政必須作出選擇。

　　於是在 2007 年 9 月，李根政辭去教職和高雄一群環境關懷者共同創辦了「地球公民協會（Mercy on the Earth, Taiwan）」，成員包括了原本就在教師會生教中心、柴山會、鳥會的幹部，有來自學校教師、律師、媒

體人、企業家等各行各業的人們。這是一個奠基於在南方的環境養分和社會力基礎，從高雄市教師會生態教育中心的實踐經驗上，跨入更寬廣和深入的社會實踐。

我們的宗旨訂為：提升人民環境意識並採取行動，善盡地球公民之職責。這是因為體認到：台灣作為一個新興的民主國家，環境保護的後進者，如何促進公民參與非常重要，同時，台灣也是一個經濟上的強國，對地球環境的破壞要負起應有的責任。

在此之後，地球公民陸續設立了花東、台北辦公室，成為一個立基於南方的全國性環境組織。2010 年，地球公民協會和台灣環境行動網（Taiwan Environmental Action Network, TEAN），兩會決議合併，轉型為地球公民基金會（Citizen of the Earth, Taiwan），希望壯大台灣環境運動的影響力、創造一個有利於環境工作者實踐夢想，貢獻社會的組織。

2010 年 11 月，地球公民基金會於環保署完成立案，共有 174 位捐款人捐助了五百多萬元基金，成為台灣第一個透過大眾募款成立的環保型基金會。

（三）地球公民基金會的 3 個辦公室

地球公民基金會的前身地球公民協會的總部在高雄，創辦之初的專職有 3 人，李根政和王敏玲負責議題，薛淑文兼財務和所有行政工作。除了經營高雄在地的議題，如動員志工到柴山清除外來種植物、保護茄萣溼地、反對林園三輕擴產，也關注全國性的山林國土政策。這種兼具在地和全國，個案和政策並進的工作方法，持續影響了往後地球公民的發展。

而為了維繫和捐款人及社會大眾關係，發行《地球公民》紙本的通訊、《地球報報》電子報，持續向支持者報告議題進展和看法，也積極辦理許多講座、營隊，對外演講等教育推廣活動，奠定了組織發展的基礎。

2010 年 4 月，我們聘用高雄總部以外第一個專職黃斐悅，催生了花東辦公室（簡稱花辦），之後再加入蔡中岳，持續處理花東地區五花八門的環境案件，從蘇花改、美麗灣渡假村等東海岸開發、七星潭的 193 拓寬，以及關注《花東發展條例》400 億計畫等。

　　同年 10 月，地球公民在台北成立了辦公室（簡稱北辦），此時正處於從協會轉型到基金會，以及和台灣環境行動網（TEAN）合併的階段。北辦聘任第一位專職李怡蒨，開始記錄和分享國會中環境法案、議案的動態資訊，希望可以提升環境 NGO 對國會的監督能力，接著因為周東漢、蔡中岳的加入，更加提升地球公民對於法案和政策的影響力，累積了國會遊說的重要基礎。

　　台北辦公室的成立，對於地球公民在國會的遊說，對行政部門的政策掌握與影響都更為直接。同時，也有利於和各領域組織的串聯，對地球公民的發展，扮演了重要角色。之後開始處理反核、礦業改革、農地違章工廠等課題。

　　3 個辦公室陸續成立，既帶有地域性，又試圖經營中央層級的法令政策，是地球公民的特色，但也增加了經營管理的複雜度。

▌二、邁向專業分工的組織運作

　　董監事和專職是組織運作的核心，跨地域辦公室如何分工合作，專職的聘用、義工的經營、資金的來源和募款工作等，都是組織運作的日常，深刻的影響議題發展和對社會的貢獻度。

（一）董監事與志工扮演恰如其分的角色

　　組織經營，有賴一群人的共同努力，最為關鍵的角色是董監事（或理監事）、專職，兩者之間的權力關係、運作默契，更攸關著組織的成敗與效能。

　　創辦之初，協會的首任理事長蘇振輝先生是從事進口衛浴的企業家，長期深耕高雄，關心台灣藝術文化、環境保護，帶給協會溫暖的人文視野，同時也是最重要的贊助者，從協會轉型為基金會正是在其支持鼓勵下所推動。在轉型為基金會之後，首任董事長由廖本全副教授擔任，董監事團隊包括邱花妹、杜文苓、蘇振輝、楊博名、傅志男、陳銘彬、劉思龍、黃煥彰、詹順貴等人，近兩屆董監事的團隊有些更迭，陸續加入了戴興盛、

Ciwang・Teyra（李美儀）、邱靜慧、戴秀雄等。

地球公民的董監事是不支薪的義務職，是各領域中代表性人物，皆關心並且積極參與台灣環境與社會的進步。由於地球公民的議題多元，專職已走向專業分工，工作密度極高、業務量很大，董監事在日常運作中充分授權給執行長和專職，但在影響到組織核心價值、發展方向、財務和績效的監管、維護組織的公信力等重大課題上，才由董監事透過常態和臨時召開的會議進行討論和決策。同時，董監事們也擔任了環境議題的顧問、法律的諮詢，往往也現身在活動上擔任義工。

此外，無論是大型的活動或遊行，小型的講座、記者會、街頭行動，志工的參與是不可或缺的角色，特別是從 2011 年開始年年推出大型的反核遊行、空污街頭連署、礦業改革遊行等大型活動，累積有數百位、上千位志工的參與。

而在日常運作中，志工則依各辦公室的需求，協助議題研究、資料蒐集、建檔、通訊及年終報告的寄發、空間的整理等行政工作。目前，3 個辦公室的常態志工人數共約百人左右。

15 年來，地球公民得以運作順暢，績效顯著，正是由於董監事扮演恰如其分的角色，志工的熱心投入參與，和專職一起協力，打造了良好的工作默契與組織文化。

（二）環境 NGO 工作者專業化

地球公民專職的聘用除了基礎行政和會計人員，起初是以議題倡議專員為主，之後才陸續增聘教育推廣、媒體行銷、募款等人力，15 年之間最大的改變，是從單打獨鬥走向專業分工、團隊合作。

議題工作者的門檻很高，需要議題的專業知識、敏銳的政治判斷、公眾對話和宣傳能力和挑戰政府與財團的勇氣。既要能拿麥克風講話、寫文章發表論述、也要作組織串聯和社區工作，志工們形容這些能文能武的專職像是「超人」。

但現實上，這些能力很難集於一身，超人的背後如果沒有隊友，很難獨立促成改變。公眾看到的議題露出好比海面上的冰山，海面下的隊友包括專業盡責的行政和財務、媒體和推廣的同事。

行政、財務、媒體和教育推廣部門在倡議型組通常較為隱性，但都是不可或缺的角色。行政的效率和品質是各項業務的基礎；財務管理的健全，更攸關捐款人和社會對組織的信賴；傳統媒體、新媒體的通路和經營是爭取社會大眾支持、推播環境議題知識與資訊，以及給予政府官員和污染者壓力的主要媒介；教育推廣活動是直接和人們溝通理念和主張，爭取深度的支持者；募款則是更為直接爭取人們支持的高難度工作。

2020 年年初，全球受到新冠肺炎的嚴重衝擊，各行各業都面臨無法進辦公室，必須居家辦公的挑戰。但因為在資訊部門同事的努力下，地球公民已提前數位轉型，我們成功舉辦了連線多地、過程流暢的線上記者會，之後陸續辦理各種線上講座，由於不受空間條件的限制，參與人數反而增加。此外，由於社群媒體的興起，更有賴專職小編們轉譯艱澀議題給網路上的群眾，截至 2022 年年中，我們的臉書粉絲頁人數是十三萬多人。

15 年來，陸續到任的專職們有點像是梁山泊好漢的集結，盡管擁有相同或超越於政治和企業部門工作者的能力，卻領取相對低的薪資，充滿熱清、勇氣、專業的在各自的崗位上，為台灣的環境永續作出貢獻，他們不僅形塑了今日的地球公民基金會，更成為台灣環境 NGO 工作專業化的開拓者。

（三）獨立公正的財源基礎與責信

地球公民的專職來自四面八方，但都受到一個因素吸引。

地球公民基金會對於資金來源採行利益迴避原則。因為我們的工作是在監督政府和破壞環境的企業，所以我們不拿政府的錢，也不拿我們所監督企業的錢。公司行號的捐款會進行內部的檢核機制，超過一定金額和或有利益迴避疑慮，會透過查證和董監事會確認才會收受。

「地球公民協會」在高雄市立案之初，就以爭取定期定額的捐款作為經費主要來源，不接受政府經費。不過，捐款的爭取並非易事，1 年之後總捐款人數為 474 人，其中定期捐款人為 171 人。截至 2021 年為止，定期捐款已成長到約 1,700 人，平均 1 年增加約 100 位定期捐款人。過去幾年的收入約有 55% 至 70% 來自定期捐款，其他則是不定期的單筆捐款或專案捐助。

　　定期捐款人的多寡，代表一個組織是否有長期穩定的財源，可以作中、長期的人事和業務規劃，推播其價值和關注的議題，觸及到更多的公眾，提高品牌知名度，擴大社會影響力。因此，我們從 2021 年開始聘用專職啟動電話募款，2022 年啟動街頭募款，這是向國際環境和人權組織學習的方法，希望可以突破同溫層走向大眾募款。因為我們體會到：「相較於環境議題的急迫性和需要投入的資源，要為募款投入更多資源，才能促進正向循環。」

　　迄今，我們可以很自豪的說，地球公民始終珍視且妥善的運用每一筆捐款，為環境永續奮鬥不懈，且取得相當成果。2017 年地球公民創辦屆滿 10 週年，方慶榮先生（捐款人）來訊肯定：「我有上網看了地球公民基金會的網站，很高興看到你們的徵信及財務報表，以及年度的工作目標都很清楚，這正是 NGO 需要具備的條件。接下來，如果能依據重要方案編預算，掌控執行成效與經費運用，就很完美了。」這個肯定得來不易，這是緣於方先生的鼓勵和提醒，是所有同事自我克責共同努力的成果，未來仍要繼續努力。

▌三、地球公民議題經營成果與社會影響力

　　地球公民處理的環境議題範疇很廣，由於在高雄、花蓮、台北 3 個辦公室，多年來經手處理的環境議題超過 140 個，橫跨了反公害、反污染、反核與能源轉型；森林、水資源、海岸景觀、農地、溼地保育等，其中有個案也有法案或政策，經過持續的收攏分類下，地球公民把議題範疇區分為三大類，分別是守護山林國土、花東永續；工業污染與產業轉型；2050 淨零排放與能源轉型。空間分布上幾乎含括了整個台灣本島的陸域，都會、鄉村、自然野地。以下分享 15 年來地球公民的指標性倡議成就、創新的工作方法、運動策略與特色。

（一）結合 g0v 的網路科技，迫使政府整頓農地違章工廠

　　台灣的農地違章工廠，在政府長期消極且未執行相關法規，或以臨時登記讓其暫留農地，致使農地工廠不僅是過去的歷史共業，目前還在快速的持續新增，依據統計，2000-2010 年間每年新增建工廠的數量約為 3,500 家，2010 年至 2016 年竟然增加至平均每年 5,500 家。

　　地球公民從 2016 年透過國土計畫的角度切入，開始關注農地工廠。指標性的成就是與 g0v（零時政府）共同開發的「農地違章工廠回報系統」，以親民、易操作的介面，且回報者不必具名的低門檻，蒐集到的 1,546 筆回報案件，以地球公民的名義檢舉了五百多件農地違章工廠，讓 11 家農地違建被拆除。檢舉過程提高了經濟部與內政部的查處效能，共讓 1,706 件農地違章鐵皮屋檢舉案 100% 查處，皆被勒令停工、斷水斷電或罰款；疑似中高污染違章工廠，也達到 100% 的稽查。

　　政府開始依法行政後，依據農委會農業及農地盤查結果，2019-2020 年新增疑似違章工廠面積約 1,221 公頃，相較前年 2,759 公頃的新增面積，新增速度趨緩一半。同時，地球公民進一步要求政府運用每年所收取的 24 億納管輔導金與營運管理金，增聘一線稽查人力。讓原本全台僅有 113 人的經發單位，從 2021 年開始，增聘了 92 人，經濟部也持續要求地方政府應增聘足夠人力。

　　由於我們的倡議，終於讓將近半世紀以來政府的「不作為」變成「有作為」，從中央到地方建立查處、裁罰的 SOP 以及進度的資訊公開，這是運用網路科技，有效結合公民力量的成功案例。

（二）揭露台灣礦業黑洞，推動礦業改革

　　2013 年 9 月，地球公民基金會揭露政府長期放任潤泰蘭崁石礦場在具有水源涵養與國土保安功能的保安林內開發；2014 年 8 月，揭露萬達礦業距離冰河時期孑遺物種台灣水青岡的棲地只有 100 公尺，恐破壞台灣水青岡自然保護區預定地，且凸顯了《礦業法》中礦業權展限駁回機關竟要賠償業者，偏坦業者的霸王條款；同時，持續揭露北原礦業竟然在南投飲用水水質水量保護區、保安林和土石流潛勢溪流等環境敏感區範圍內採礦。

這些行動，促成林務局踐行
保安林經營準則，針對保安林內
租地採礦案審查及現勘；礦主自
行申請減區，林務局收回林地；
內政部與環保署先後修正採礦相
關法規；礦務局檢討近 5 年毫無
產量的礦場等，至今已促成廢止
86 個無產量礦場的探採礦業權，
守護山林總面積超過 1 萬 4,700
多公頃；同時啟動了亞泥案真相
調查，蔡英文總統更曾二度公開
承諾《礦業法》修法。

（三）研究與調查，從街頭走向實驗室

2007 年，地球公民協會與高
雄海洋科技大學林啟燦教授持續

圖 3.1　2017.6.25 礦業改革大遊行，
在總統府前數千人排出台灣

關心台塑仁武廠污水排入後勁溪的污染問題，可能影響下游 1,390 公頃農
田的灌溉水源。透過媒體揭露後勁溪持續遭受含氯有機物污染問題，促成
環保署水保處南下勘查、進廠調查。

2010 年 3 月，環保署抽查台塑仁武廠地下水毒物超標 30 萬倍的訊息
爆發，證實台塑仁武廠就是後勁溪污染最大元兇。地球公民協會與仁武鄉
親召開記者會，要求台塑仁武廠停工徹查，並與高雄海洋科技大學合作進
行仁武廠周遭社區地下水井的水質檢驗，確認污染物確實擴散到了社區，
要求環保機關防堵有毒污水外溢，保護民生與農業灌溉水質。2011 年成
功促使環保署制定石化業放流水標準。

以工作方法來看，田野調查、寫文章發布、召開記者會都是環境運動
常用的方法，從本案來看，地球公民的特別之處在於結合學術機構進行檢
驗，以科學證據作為倡議的基礎。當年，民進黨不分區立委田秋堇就說，
這是台灣環境運動從街頭走向了實驗室。

（四）國際串聯，促成企業改變環境作為

　　2013 年年底，高雄市環保局查到日月光高雄廠將含有重金屬鎳的強酸廢水偷排到後勁溪中，危害下游農田與養殖漁業，但依據《水污染防治法》最高僅能裁罰 60 萬元，引起全國廣大議論。地球公民基金會與台灣電子電機資訊產業工會等團體到後勁溪旁召開記者會，訴求日月光立即停工、薪水照給、政府嚴修《水污法》，並持續監督高雄市府與日月光的作為。

　　這期間，我們發起了國際連署譴責日月光，透過國際責任科技運動（International Campaign for Responsible Technology, ICRT）的網絡，串聯全球 18 個國家、50 個國際組織，要求 Apple、Sony、Intel、台積電等企業負起產業鏈監督責任，日月光應落實廢污水管理與後勁溪保護。這些行動在 2014 年促成《水污染防治法》提高刑責與提高罰鍰 3,000 萬元，日月光也大幅擴編環安衛部門的人力，加強空水廢毒的管理、節水節電措施與資訊公開。

　　這項成功的倡議，是奠基於台灣環境行動網參與國際責任科技運動的網絡，可以說是台灣環運一項難得的國際串聯案例。

（五）從個案連結到政策和法令的改變

　　地球公民 15 年來處理過超過 140 件個案、法令或政策。我們的工作通常不會止於監督開發個案，而是上溯到法令的改變。除了上述提到的日月光、台塑仁武廠事件中促成的法規修正，還有為了保護新竹霄裡溪，捍衛 3.5 萬居民飲用水、1,400 公頃農田灌溉水。促使友達、華映電子公司實行廢水零排放，政府制定光電、半導體業的污水排放標準（2014）；阻止高雄新園農場 180 公頃台糖良田變工廠，促成廠商移除電鍍製程，保護下游 1,500 公頃農田灌溉水，以及台糖農地工業開發應實施環評（2012）等案例。

　　台灣法令和政策制定過程中，企業的影響力往往超越了公眾利益，環保機關通常會徵詢和優先考量企業能否支出環境成本，迫於企業壓力下，許多應該制定的法規往往延宕數年甚至數十年之外，往往一個嚴重的環境事件，就是一個改革的契機。

　　由於地球公民的 3 個辦公室通力合作，透過在第一線調查和揭露議題，運用在台北的媒體和政治中心的影響力，串聯立法委員，或者給予行政部門修法壓力，最終促成了上述重大成果。

（六）長期經營，扭轉森林和水資源政策的大走向

　　2008 年馬英九政府推出 6 萬公頃綠色造林的減碳政策，地球公民協會透過在花蓮和苗栗等地的調查，揭露了政府宣稱的「減碳造林」，竟然是砍伐既有生物多樣的森林再種單一人工林，完全不符國際減碳規劃且破壞山林環境。最後促成監察院調查糾正了農委會及苗栗縣政府，林務局修訂獎勵造林辦法，大幅減少不當的伐木再造林活動，為台灣守護了上萬公頃的森林。

　　2016 年蔡政府上台後，農委會曹啟鴻主委提出天然林禁伐、里山倡議、經濟林認證等三大林政改革，接著林務局把保育和生產林政策分流，扭轉了森林保育和林業界近 30 年的爭議，這些重大的政策變革，正是奠基於民間森林保護運動的長期倡議，而地球公民是其中的重要角色。2018 年年底撰寫出版《台灣山林百年紀》一書，回顧台灣林業發展與森林保護運動，並指出未來林政改革的方向。

　　此外，從 90 年代開始，水利署陸續在高屏地區推動美濃水庫和瑪家水庫，因為壩址的地質風險極高，且是為了供應新增的工業區用水，受到當地居民和高屏環保運動的反對而終止。

　　民進黨執政之後，2003 年提出新十大建設，包括了高屏大湖計畫，該區是台糖農地出租的重要毛豆產地，原為荖濃溪舊河床，地下水豐沛，一旦開發將損失 700 公頃良田，讓潔淨的地下水暴露而大量蒸發，採運砂石數年間對社區及環境造成極大負面衝擊，且工程費用高效益低。因而從教師會生教中心到地球公民成立之後，便不斷結合社區自救會、屏東教師會生教中心、美濃愛鄉協會等社團，以及在地立委，和水利署展開長達 10 年的角力，最後在 2013 年環評大會將此案退回經濟部，守護珍貴良田與綠金毛豆產業。

反高屏大湖是延續反美濃水庫的南方護水運動，不僅讓計畫暫停，更讓水利署不得不開始採用民間所建議的伏流水、再生水、並推動灌溉節水等措施，讓南台灣在 2021 年即使面對百年大旱，且未興建任何新的水庫，仍然度過此旱情。

從森林和南台灣水資源政策方向的改變，充分說明了環境組織長期的監督和倡議，對台灣永續發展的重要性。

（七）漫長的拔河：法規政策的修訂和日常的環境監督

地球公民高雄總部身處於台灣最早與最大的重工業聚落，各種污染始終居台灣之冠，2014 年高雄氣爆事件，更凸顯改善工業污染與產業轉型急迫性。

多年來，我們促成了中油五輕關廠、高雄石化管線資訊公開、東南水泥廠停止燒煤、仁大工業區有害空污減量；反對林園三輕擴產並持續監督、阻擋高雄大林蒲附近不當開發；促成高屏空污總量管制、改革空污指標與監測，監督《空污法》修法，推動有害空污管制並強化高風險社區 VOCs 監測；促成秋冬減煤，減少空污季南電北送。

從 2011 年年底開始，我們透過連續 100 天於臉書貼出「高雄的天空」，公布空品數據，推動讓人民對空污有感；接著成功推動高屏空污總量管制，讓既存固定污染源不增量，並應削減污染量；首創在國小發起校園升空污旗行動，倡議學校於空品不佳時升旗示警並加強防護；後續關注《空污法》及相關子法的修正，有害空氣污染物、工業區周界污染監測等。地球公民可以說是台灣第一個推動空污制度改善的環境組織。

這些工作相當繁瑣和專業，除了記者會上的露出，通常是在會議中爭論和角力，由於知識門檻高，公眾較難參與和理解，但卻是影響空氣品質和人民健康至為關鍵的制度建構。在全民反空污的喧囂中，地球公民十多年來始終如一，持續和政府及企業角力拔河。

從台灣面對工業化之後的污染課題，地球公民在此議題的時代性，是從鄰避受害者的反公害運動，走向以打造全民健康的生活環境的環境運動。

（八）花東辦公室推動永續花東

　　從 2010 年聘任第一位花東專職之後，我們監督各式在花東地區開發的個案，並試圖融合原住民及在地文化議題。參與或追蹤中之個案包含：蘭嶼東清七號地及特定區計畫、吉哈拉艾水圳、福住橋、外澳海岸旅館區、《花東條例》的豐濱山海劇場、棕櫚濱海渡假村、三仙台風景特定區、銅門部落風倒木爭議、《花東條例》之豐羽計畫、愛狗樂園、蘇花改、國道六號、花東快速道路、北宜直鐵等。另外，持續參與「區域計畫二通」及推動花東觀光政策環評，分別要求內政部、交通部對花東國土規劃提出具體對策。

　　我們長期關注東海岸的開發，從 2011 年起與長期關注美麗灣議題的環保團體、原住民團體、在地社區合作，最終促使法院判決美麗灣渡假村開發違法停工；2021 年成功促使東海岸大型開發「黃金海休閒渡假村」退回主管機關。同時，為了尋求東海岸制度性的保障，2019 年成功促使內政部依《海岸法》公告台東段「重要海岸景觀區」，後續並協助台東縣政府推動海岸在地管理計畫。

圖 3.2　關注東海岸大型開發與花東永續發展，圖為 2012 年台東美麗灣渡假村的環評外場，林劭璘攝

2010年政府提出了400億基金的《東發條例》，針對偏遠的花東地區提供車票補助等地方優惠，後來卻增列了「公有土地釋出不受土地法規限制」，花東有87.5%是公有土地，有些更是原住民世居的部落，此舉將從根本腐蝕花東的永續發展，在花蓮、台東兩地民間團體及外界的不斷呼籲及遊說，地球公民的施壓之下，立法院刪除了土地鬆綁條文。

地球公民在花東地區的工作並不僅於議題本身，更是在進行社會培力。例如，在反美麗灣渡假村的過程中，團體們所發動「不要告別東海岸」徒步行動與音樂會，透過行動、遊行、名人串聯，凝聚社會壓力，讓民眾更清楚東海岸面臨到的觀光開發困境。地球公民在其中協助判斷情勢、研擬策略、付諸行動，透過記者會、音樂會等多樣行動，凝結社會共識。

戴興盛教授曾為文指出：「地球公民花東辦公室和各類型非營利事業組織並肩合作，無疑地，已經在東部建立更為堅實的公民社會基礎，而地球公民正扮演著核心的組織角色。在艱困的政治環境中，花東辦的同事監督著政府施政，也參與公共政策、倡議理念，以我在東部的觀察，它的影響力即使不是全面的，也是重大的。」（2018）

（九）和社區一起行動

台灣環境運動的起源之一為社區的反公害運動，後勁反五輕是最為指標的案例。從1987至1990年之間，後勁社區經過艱苦漫長的抗爭，雖未阻擋中油第五輕油裂解廠的設立，但是得到25年遷廠的政治承諾。從90年代之後，後勁社區要求遷廠的決心仍然堅持，對污染的監督仍在持續。

2004年地球公民的伙伴開始和社區合作，向媒體揭露中油高雄煉油廠（簡稱高廠）嚴重的土壤與地下水污染，對高雄市政府、議會施加壓力；2007-2008年中油高廠半年內連3次爆炸，後勁社區展開長達了221天的圍廠行動，逼迫經濟部次長和中油公司，向居民說明25年遷廠計畫不變。2010年之後，後勁社區在每一年的9月21日前後都舉辦數千人的遊行或集會活動，宣示反污染、要求如期遷廠的決心，2015年年底中油高廠終於如期關閉。

在此同時，地球公民提出比照德國魯爾（Ruhr）工業區，作為遷廠後的再造方案，社區幹部透過實地去德國參訪，凝聚了轉型的願景，於

2011 年成立了「煉油廠轉型生態公園促進會」，並在 2 年後舉辦了後勁轉型為生態公園競圖比賽，提出了生態公園的具體規劃，並且在 2014 年得到了高雄市陳菊市長的承諾。同時，出版《堅持──後勁反五輕的未竟之路》一書，記錄 28 年來的反五輕運動。

2021 年，高雄市府邀請台積電公司前來這塊已遷廠的污染地設廠，市民和社區普遍肯定台積電相對良好的企業信譽和環保紀錄，希望可以帶來產業發展、高收入的就業機會。然而，台積電設廠一開始並未將生態公園的設計融入，在地球公民和後勁社區的要求下，高雄市府在環評會承諾將生態公園融入工業區的設計。這是社區力量和環境團體協力所帶來的改變，也是台灣工業轉型之路的指標案例，後續尚待觀察。

地球公民所關注的環境個案，從後勁反五輕、林園反三輕擴產、大社工業區降編；新竹的關西、花蓮新城山的亞泥礦廠；反對高屏大湖等環境個案上，我們都和社區一起行動，除了抵抗污染破壞，也一起建構願景，我們看到環境團體的努力固然重要，但社區力量往往是環境個案成敗的基礎。

（十）群眾的力量，反核運動新的里程碑

台灣的反核運動因為 2000 年民進黨執政後，核四的停建又續建，陷入了長期的低潮，國際間也有一股力量試圖推銷核電為氣候變遷解方。

2011 年 3 月 11 日，日本發生了福島核災，嚴重的災情震撼全球，而台灣和日本同屬地震帶，又有使用同樣機組的核電廠，更令人不安。從那一刻起，地球公民基金會開始成為反核運動的核心團體之一，我們在南部發起組成了「南台灣廢核行動聯盟」；在全國加入了「全國廢核行動平台」，從此每年在南部主籌反核的集會遊行，也參與主辦台北的反核行動，2013 年全台灣上街遊行的人數逾 22 萬人。

2014 年為了對執政的國民黨施壓核四停建，林義雄先生採取了禁食行動，反核團體則發動占領忠孝西路等運動聲援和響應，進一步升高政治壓力，促成了國民黨政府宣布核四封存。這一連串的反核行動，完全由公民團體協力而催生，不靠政黨動員，代表著台灣自主公民社會的壯大。2016 年蔡英文總統勝選，民進黨提出了 2025 非核家園，再生能源增加至

20%，燃煤降到30%，天然氣增
加到50%的電力能源轉型目標，
終於啟動台灣遲來的能源轉型。

　　然而，2018年擁核團體進
行反撲，發起廢除《電業法》
2025非核家園條款的公投，在
民進黨政府完全冷處理不出力的
情況下，地球公民和全台反核團
體並肩作戰，贏得四百多萬張反
核票，雖敗猶榮；2021年擁核
團體再發起核四重啟公投，民間
團體再次迎戰，在公投並未再綁
大選，民進黨改為主動出擊下，
公投未超過門檻，終結了糾纏台
灣40年的核四廠，台灣正式朝
非核家園的時代邁進。

　　但這並非反核運動的終點，

圖3.3　2017.3.11南台灣廢核反空污
遊行，何俊彥攝

接下來台灣面對的是能源轉型和2050淨零排放的挑戰，唯有確保其成功，
才能免於核電的復辟。

（十一）守護環境也守護主權與民主

　　地球公民深知活躍的環境運動必扎根於民主的社會。2013年7月28
日，台灣民間團體為抗議馬政府與中國黑箱簽署《服貿協議》，組成「反
黑箱服貿民主陣線」，地球公民基金會在第一時間便加入為成員，之後更
全程參與了2014年三一八反服貿與占領國會運動，和全台關注民主、
人權、環境、勞動、性別、國家主權等各類型民間組織，成為占領國會運
動中最重要的後勤和組織團隊。3月30日50萬人在凱道上的集結更是創
下台灣社會運動的集會人數，本會由李根政執行長擔任主持人，蔡中岳副
執行長是主要的籌劃者。地球公民在守護台灣民主與主權的歷史時刻，挺
身而出。

因為，地球公民認知到：環境倡議是奠基在民主先烈和前輩的努力下所建立的民主體制，民主是公民社會應該捍衛的共同價值。

（十二）友團視角的地球公民：擅長合作、溝通、對話

地球公民的工作和成果有賴於專職、董監事、義工，但同時我們也與社區、友好團體、學者專家形成良好的伙伴關係，共同協力。

2017 年地球公民 10 週年的茶會上，2 位友團的代表分享了對地球公民角色的觀察。美濃愛鄉協進會榮譽理事長劉孝伸說：「我從媽媽揉搓糯米粉，印紅龜粄得到啟發，一定要有一塊熟粄團為核心，慢慢搓揉，才能把鬆散的粉黏著起來。地球公民在環境議題上，就扮演著這無色無味，黏著成為熟粄團的重要角色。」（於 2017 年 12 月 16 日高雄茶會）

經濟民主聯合的創辦人賴中強律師則表示：「許多人對社運圈有一些刻板印象，覺得這些朋友可能價值很令人敬佩，但是不好相處，每個人都咄咄逼人、不給人留情面。但我覺得地球公民是很特別的一群人，就是他們都滿好相處的，他們會積極闡述自己的價值，但是也有同理心，願意跟對方溝通、對話。我覺得這是在民主社會中一個滿可貴的價值，也許暫時看不出來，但是長遠而言這會有很深的影響力。」

另外，他還提到「地球公民是一個環保團體，但是他們的關懷和努力，不以我們傳統概念所謂的狹義的環保議題為限，包括在三一八運動期間，地球公民很多朋友的投入，我相信對整個臺灣社會是正面的。」（於2017 年 12 月 8 日台北茶會）

▌四、台灣轉型的挑戰與地球公民的未竟之路

第三次政黨輪替之後，我們還是常常在街頭上和政府角力，但當政府接納了民間所倡議的非核家園、能源轉型、改善空污、永續林業的政策，我們就得坐下來和政府細緻的商討計畫內容，監督能否真正落實或者再往前邁進，這種沒有火花的社會改造工程，更考驗著民間社會的知識和能量。

　　從 80 年代開始，台灣最大的環境爭議圍繞著大型石化、煉鋼廠開發、科學園區的擴張，以及伴隨著工業用電的需求新設「燃煤電廠」，以及因應新增用水而開發新水庫。高污染、高耗能工業的擴張，不僅碳排放失控成長，也帶來了更多污染，讓環境與物種保育受到威脅，20 年來指標物種是黑面琵鷺、白海豚、八色鳥等。

　　幸而，民間團體發起一波又一波的環保運動，減緩了台灣環境惡化的速度，也保留了新產業的空間。舉例來說，若不是當年成功的阻止燁聯集團在七股開發大煉鋼廠和石化廠，保留了台南的水資源調配空間，防止進一步劣化空氣品質，台積電將難以在南科立足。

　　2016 年蔡英文總統上台，提出了非核減煤、提高再生能源和天然氣的電力轉型目標，工業政策上沒有再提出石化、煉鋼等高污染高耗能的新案，同時標舉了「循環經濟」列入了 5+2 的政策，這是一條和國民黨不同的能源產業路線。2021 年國際氣候局勢丕變，各國紛紛提出 2050 或 2060 年淨零排放目標，台灣政府也跟進宣布了 2050 要達成淨零排放，並於 2022 年年初公布轉型路徑，這是基於台灣產業競爭和國際貿易不得不的轉向，但也是邁向環境永續的契機。

（一）面對能源轉型的新角色

　　然而，地狹人稠的台灣，要達成 2025 的能源轉型目標，或者邁向 2050 淨零排放，都是一個極為艱難的挑戰。光電需要大面積的土地，與農漁村、生態環境空間衝突是現在進行式；陸域風機的噪音會影響臨近社區，離岸風機則會影響白海豚及漁業活動；增加天然氣發電，就要興建燃氣電廠和接收站，也會和海岸溼地生態保育產生衝突。

　　地球公民在能源轉型過程中的基本態度是：努力確保非核減煤的能源轉型取得進展，盡力減少矛盾衝突、不放棄對話合作，找出最小衝擊的方案。

　　例如，在「興達電廠燃氣機組更新改建」計畫中，地球公民因為考量要加速「增加天然氣已減煤」的時程，並沒有採取反對的立場，而是和鳥會等團體協力，與經濟部進行協商，讓兩部煤然機組提前除役，兩部機組轉為備用，盡力讓台電保留最大程度的濕地面積，並承諾往後不再開發，

還成立生態保育小組以監督後續保育工作。

面對地面型光電和濕地、鳥類棲地、漁業間彼此的衝突，我們和當地人士、野鳥學會等保育團體共組了「布袋鹽田濕地保育工作平台」，排除國家級重要濕地、生態敏感區域、野鳥熱區後，縮小了光電的設置範圍，兩家光電綠能業者更同意留下 30% 的區域作為生態保留區，並展開持續 20 年的生態調查。

同時，由鳥會認養 91 公頃的布袋濕地周邊鹽田，進行保育工作，由此打造了「布袋模式」，有效調和了綠能發展和生態保育間的衝突。接著，我們也促成了「環境與社會檢核機制」，期待藉此衡量環境承載力，篩選出適當的光電設置地點，並輔以配套方案，讓生態、農業與綠能不必然會相互衝突。目前，政府正從漁電共生開始實施。

2021 年，推動藻礁保育的民間團體提出了全民公投案，試圖終止中油天然氣第三接收站（以下簡稱三接）在桃園大潭的興建，地球公民和許多環境團體都表態聲援公投案，希望為藻礁保育爭取最大空間。然而，三接的興建將加速中南部減煤時程，在護藻礁與改善空污之間，並非簡單的是非題，由於公投只能二擇一的情形下，社會上形成「兩種環境價值」的拉鋸。地球公民作為同時關切中南部空污和生態保育的組織，聯合了 13 個團體舉辦了對焦會議，試圖讓資訊對齊、釐清爭議點，也希望讓公民在充分的資訊和討論下，作出理性的選擇。

在龐大的社會壓力下，經濟部提出了三接的再外推方案，將直接覆蓋陸域藻礁、海域藻礁的面積最小化，且將環境影響差異分析報告送審，我們就已知的資訊判斷，認為這是一個可以兼顧「增氣減煤」時程，對藻礁破壞最小化的方案，護藻礁運動已獲重要成果；因而公開建議三接遷離大潭公投案投下「不同意」，也呼籲尊重主張三接應該遷離大潭，投下同意票的選民。

在支持者和環境團體都分裂的情形下，這是一個艱難的選擇。我們認為根本解決之道是執政者在淨零時程壓力下，應該透過能源設施的國土規劃、生態基礎調查、健全環境與社會評估，落實程序正義，盡可能求取最大社會共識，不應再重蹈政治力介入三接環評的覆轍。

　　此外，我們看到台灣邁向淨零和能源轉型過程中，環境議題不再只有是非題，而是找答案、找方案的選擇題，這是環境運動的新挑戰，在厚植公民社會力量，運用政治槓桿上，必須更加豐厚知識和論述，審慎評估運動策略，促進民間團體之間的對話。

（二）與多元價值和民意對話

　　民主是地球公民基金會的核心價值，當社區都支持一個有環境破壞疑慮的開發案，只有少數人和我們站在一起，我們該怎麼辦？

　　事實上，在開發主義盛行蔚為主流的台灣，儘管歷年來各種民意調查都顯示台灣人民的環境意識頗高，但是，願意為環境永續的價值而行動的人們仍然是少數，尤其當涉及到人們必須作出改變、付出一定代價（例如電價提高），其支持度就會降低。如果我們選擇尊重多數決，那麼很可能任何進步的主張都將否決。

　　也因此環境運動本身，往往帶著某種進步的價值或主張，挑戰當代主流價值和民意的特性。

　　但是，經過多年的實踐，我們也認知到：關於永續發展的實踐方法，因為不同的角色位置、認知基礎、觀念與價值，往往有很大的差異。因此，我們必須更為審慎的提出主張，透過對話爭取社會的支持，學習和不同的利害關係人對話。

　　另一方面，從 2018 年廢除《電業法》2025 非核家園、2021 年重啟核四公投的經驗，我們看到民主前輩辛苦爭取的公投制度，竟已淪為保守勢力和政黨反撲進步政策的工具，這是前所未有的挑戰，除了檢討公投制度之外，也指出環境運動的根本挑戰在於爭取多數民意的支持。

（三）在民主轉型與中國因素下的運動空間

　　台灣從威權走向民主的過程中，內有尚在起步的轉型正義工程，外有中國日益升高的武力威脅。當國民黨在環境政策上相對保守，甚至和環境團體的主張對立，環境運動如何拿捏與執政的民進黨、國民黨以及其他第三政黨的距離，並不容易。其中《礦業法》修法，凸顯了環境運動在政治夾縫中的角色。

　　2017 年，齊柏林導演不幸逝世，生前傳出的亞泥新城山礦場空拍照片，引起社會高度討論，地球公民發起的礦業改革連署活動，原本只有數萬人，在短短幾天之內超過了 20 萬人。當年 6 月 25 日，近萬人走上街頭遊行要求礦業改革。其後，時任行政院院長林全拍板確定水泥業、礦業須進行政策環評，蔡英文總統二度宣示修改《礦業法》，但在民進黨占絕對優勢的立法院，卻始終無法通過。

　　2019 年 11 月，地球公民基金會在總統候選人蔡英文全國競選總部成立大會時，從台北辦公室窗外拋下抗議布條，同時播放抗議口號及礦場爆破聲，要求兌現《礦業法》修法承諾，結果遭到民進黨支持者以「退讚」、「退捐款」等留言網路霸凌。

　　這並非單一事件，2016 年民進黨得以重新執政，主要來自國民黨的高度傾中政策，以及各種內政議題在各種社會上引發的矛盾，2020 年連任的背景則是中國對香港民主的鎮壓，對台灣武統的壓力日益升高，「亡國感」成為部分關心台灣前途社群的唯一考量，對民進黨的內政監督往往被抹紅為「中共同路人」，嚴重壓縮了各種社會運動的空間。

　　然而，環境運動是一個高度政治性的工作，仍然需要運用政黨政治，結合外部社會力的槓桿，因此地球公民仍然會深入其中，為環境永續撐出最大空間，我們的目標是：「一腳踩進政治污泥裡，走出乾淨的環境道路。」

▎五、結論與前瞻

　　地球公民作為從南方出發擴及全台的環境運動組織，其創始成員從 90 年代末期至今，經歷了台灣 3 次政黨輪替，國內外政治和環境政策的情境有很大的改變。環境運動從過去反抗威權、反污染、反開發的時代，走向民主體制中不同發展路線、價值的各方角力。特別是邁向淨零排放的轉型過程，除了抵抗，也需要對話和協商，除了個案的成敗，也需要同步創造和建構良善的制度，這是一個嶄新而艱難的挑戰。

　　民主體制不僅需要建立，更需要人民常態的監督、維修、推動進步，此有賴於由公民組織和社群為基礎所建構的公民社會。環境組織透過組織

的力量影響環境政策，營造豐厚的民意基礎，藉以鞏固環境永續的政治決策，這個過程本身就是民主的實踐。環境生態破壞的根源在於人類的產業經濟和社會活動，自然資源若管理不善將危及自身及後代子孫的生存發展。因此，非營利的環境組織有必要成為社會常態的部門，而且不能只有因為單一個案而生而止的臨時組織。NGO 組織的存在，不僅是為了組織的存續，更是為了國家社會的需要。一個國家不僅需要好的執政團隊，監督者的品質也關乎國家力量的強弱，也因此，公民社會——環保團體也需要持續培養人才，與時俱進累積知識、經驗，調整行動方式，組織社會網絡，爭取更多人民的支持，擴大影響力。

　　台灣的社會運動一向是個被認為「作理想」的志業，自我的犧牲一向是喚起社會共鳴支持的必要條件。然而，培養專業和人才，需要時間也要資源，我們的挑戰是提供合理的薪資和工作條件，持續增聘有熱情、有專業的工作者，讓經驗可以傳承，為國家培養人才，累積改變所需要的知識和行動智慧。面對這些挑戰，關鍵就在於良善的組織管理、專職的養成與留才、以及相對穩定的資金。

　　後勁反五輕的前輩劉永鈴先生過世前，李根政曾在病榻旁詢問永鈴先生一生從事環保運動的感想，他當時已難言語，只用顫抖的手寫下「不盡」，這 2 個字充分說明了環保運動是跨世代的漫漫長路。

　　2012 年李根政曾寫下地球公民對土地和人民的 3 項承諾。

1. 永續關懷賴以維生的家園。
2. 持續爭取社會的支持，建立獨立自主，具專業公信力的組織。
3. 創造一個讓世代經驗得以傳承，年輕人可以實踐夢想的組織。

　　如果地球公民是一棵台灣希望樹，期待這棵小樹可以長成大樹、一片森林、一座山，不忘初衷，成為島嶼上一股長期而穩定的力量，與社會一同面對大風大雨，大浪來襲，而在那每一刻，因為我們累積足夠的知識智慧，可以有所貢獻。

　　　　請和地球公民一起前進，守護孕育我們的島！

誌謝：

　　本文是以李根政個人角度書寫，不一定能夠完整呈現地球公民發展歷程中所有人的貢獻。感謝陸續到職或離職的專職、兼職、專案聘任的同事，共同形塑了今日的地球公民基金會。感謝 15 年來所有捐款人的支持，成為我們行動的靠山。感謝與我們並肩行動的社區、公私部門、友好組織、學者專家、志工與各界人士共同促成。感謝在社會運動與教職雙重操勞下，心臟病發至今尚未痊癒的首任董事長廖本全教授，也感懷因病過世的台北辦公室主任周東漢先生。祝福他們的家庭平安順利！

CHAPTER **4**

慈悲、希望、愛：
慈林教育基金會

財團法人慈林教育基金會

慈　　就是給予眾生幸福和快樂，例如：慈心、慈悲、慈愛

林　　就是聚集眾多的人或物的地方，例如：竹林、碑林、君子之林

慈林　就是聚集一大群有慈心的人來發揚慈悲喜捨精神的所在

▌一、前言

（一）慈悲、希望、愛

　　一個偉大民族的歷史，是由無數眾多渺小的成員所創造。他們看來似乎渺小，但是往往可以不計回報地奉獻。他們的耕耘即使不在現世開花，可是卻經常為後代留下豐碩的果實。一個民族的生命，就因為有這些渺小成員的奉獻和耕耘，而永續地發展。我們相信：一個生機盎然、遠景壯麗的民族，必然是這些渺小成員緊密結合、血肉相連的結晶，要塑造這樣的結晶，他的成員必須擁有充滿慈悲、希望和愛的高貴心靈。

　　我們也認為：民族成員高貴心靈的培養，不是一代人、二代人能完成的工作，而是千百年不斷地煎熬、錘鍊和提升的偉大事業。許多可敬的台灣先人曾經為了這項偉大而艱鉅的事業，作了無私的奉獻。他們不以個人一生來看成敗，不以世俗眼光來看得失，默默不倦地從事提升民族心靈的事工。我們希望追隨這些先人的精神和腳步，為形塑民族的高貴心靈，提供一份渺小但意義長存的奉獻。奉獻雖然渺小，可是卻必須匯集眾多的心力才能完成。所以我們以「慈林」為名，真誠地盼望具有良知的台灣人民加入她的行列。

　　「假如你認為人應為人，他和世人的關係應該富有人性。那麼，我們只能用愛交換愛、用信任交換信任。」（Karl Heinrich Marx）

（二）林宅血案

　　1979 年 12 月 10 日，《美麗島》雜誌社在高雄市舉辦國際人權日紀念大會，發生警民衝突，國民黨政權採取強力鎮壓的手段，藉機逮補張俊

宏、姚嘉文、陳菊、呂秀蓮、林義雄、黃信介等多位黨外人士，並查封《美麗島》雜誌社及各地服務處，時任台灣省議員的林義雄也在其中。

正當進行美麗島軍事大審期間，1980 年 2 月 28 日正午，林義雄位於北市信義路的家宅中，住著母親林游阿妹女士及雙生女兒亮均、亭均慘遭不明身分的兇手潛入家中殺害慘死，大女兒奐均被殺成重傷，經急救脫險後而保得性命。血案發生時，方素敏女士正在景美軍事法庭旁聽高雄事件案的偵查庭，倖免於難。這件滅門血案震驚海內外。

高雄事件後，坐落北市信義區的林宅，受到所謂情治人員的嚴密監控。光天化日下，竟然有人侵入林宅、從容地連殺多人，自是不可思議，當時政治謀殺的陰影自然擴散到台灣各個角落，也使得整個黨外運動在挫折中、更跌入哀傷的谷底。

「我們的世界充滿了暴力、戰爭、恐怖主義和毀滅。然而，生命之所以繼續，正是因為我們以仁慈對待彼此。我們只是不以為意，沒有替它大肆宣揚而已。」（Piero Ferrucci）

（三）行過死蔭的幽谷：基金會的成立

生命要有價值，必須擁有高貴的靈魂；希望要能實現，必須耐心不倦地力行實踐。美麗島事件發生後翌年，1980 年 2 月 28 日，林義雄、方素敏夫婦失去了慈母與雙胞胎女兒亮均、亭均。之後歷經了去國懷鄉的一段歲月，這一生一死之間，象徵著林義雄夫婦走過的路以及心靈的轉折。

林義雄曾說過「不要看我一時，要看我一生」，一生秉持「慈悲喜捨、熱情正義」待人任事，並堅信，「終有一天，我們會作主人」。

11 年中，痛失親人的哀傷、流落異鄉的辛酸、以及對民族前景的苦慮焦思，伴隨著林義雄夫婦度過了漫漫的歲月，也煎熬和充實他們的心靈。最後，他們走過了死蔭的幽谷，從死亡中看到了生命，從台灣民族的苦難中看到了希望。

為了拓展國民的心靈視野，活化思辯體驗的空間，培養實踐崇高理想的能力，於 1991 年 3 月，邀集至親好友成立「慈林教育基金會」。期盼

以此匯聚眾多心力，為台灣民族的生機與遠景，提供一份渺小但意義長存的奉獻。

「我應如日，普照一切，不求恩報。」（大方廣佛華嚴經）

▌二、慈林的緣起與宗旨

（一）緣起

「人心的善惡決定了人間的歡喜或悲苦，社會的祥和或紛擾。救苦渡厄不是菩薩的責任，人間樂園也不是上天的恩賜，而是人類就自身心靈不斷地錘煉和提升的事工。求真、求善、求美的文化和教育是從事這項事工的主要媒介。」（林義雄，2016）

基於以上的信念，慈林教育基金會於 1991 年 3 月 31 日在這裡奠基。真誠地期待具有良知的台灣人民加入她的行列，共同為淨化人心，形塑民族的高貴心靈，提供意義長存的奉獻。

「在喜馬拉雅山下，有一大片竹林，竹林中住了許多飛鳥走獸。有一天颳起了大風，竹和竹因為強烈的摩擦而起火。火隨風勢越燒越大。林中的飛鳥走獸有一部分跑開了，大部分跑不出去而留在那裡痛苦哀叫。這時候有一隻鸚哥鳥已經飛上了天空，脫出了火海，本來可以高飛而去。但是他依戀那生長的竹林，感謝竹林給了他住處的恩德，同時慈悲心生，不忍看著同胞受著苦難，於是他飛入附近的池塘，把翅膀浸入水中，然後飛上天空把水滴灑在烈火上，他不斷的飛來飛去作著這種看來不會有效果的事。這鸚哥慈悲的心和獻身的精神感動了天神，所以神從天而降，來到鸚哥的面前對他說：『你的心雖然值得稱讚，但是這麼大的火，怎麼能用你的翅膀所取的水滴來熄滅呢？』鸚哥回答說：『用感謝和慈悲心所作的事，一定會成功的。』這個故事的結束，是說天神受了感動，用神力把大火熄滅了，不過我想那時候如果有十萬隻百萬隻的鸚哥同時作這種事，也許就不需要天神的幫助而能撲滅大火。」（林義雄，2016）

　　「我在坐牢時一直想，為什麼我家會發生這種事情？一個根本不應該發生的事情就發生了。我的母親和女兒是沒有什麼罪惡的人，突然就被人『那個』了；我沒作什麼不對，卻要坐牢。為什會這樣？我想出來的結論，第一就是台灣是被專制政權統治，第二是我們的人心腐化，這兩者是互相影響的。」在過往的一次訪談中，林義雄先生述說著創辦慈林的緣由，下定決心要找出台灣社會「十萬隻百萬隻的鸚哥」，一起來作改變。解決台灣的問題，必須進行兩件事，第一要推翻專制政權，第二要提升人性。

　　在林義雄先生於 1989 年回到台灣後，首要之務，就是創辦慈林教育基金會，「這是我最重要，心裡最想要作的工作。」返台後，有參與社會運動，也從事政治工作，廣義來說，這些也是教育工作。「我想作的是，要讓人家知道，一位社會運動者要怎麼作才對，一位政治工作者要怎麼作才對，以身示範的教育工作。」「要提升人性、淨化人心，那是作不完的工作，任何人都不可能把它完成，需要大家都各自作一點點、一點一點累積起來。」

| 圖 4.1　1991 年 3 月 31 日慈林文教基金會成立暨慈林圖書館破土典禮

慈林教育基金會就是要用感謝和慈悲的心來作事，希望鼓舞和我們一樣愛護台灣的親友同胞，共同投注心力來維護原本自然美麗的鄉土，恢復原本純樸誠厚的台灣人心，也許當我們聚集了千百萬人來共同作這工作時，就真能感動天神來協助我們把台灣創建成一個「人間樂園」。

「決定人類未來幸福或悲哀的，不在於戰勝野獸、自然災難或危險的全球流行病，而僅在於人心的變化。」（Carl Gustav Jung）

（二）宗旨

以提倡文化教育活動、培養優良社會風氣，造就高品質的文明國民為宗旨。

1. 本會利用基金孳息及其他收入辦理下列業務：創辦幼稚園、學校及其他社教機構。
2. 設立圖書館。
3. 獎助對文化教育有貢獻的團體或個人。
4. 設置獎學金培育對社會有貢獻潛力的優秀人才。
5. 出版合於本會宗旨的書籍、雜誌。
6. 其他與本會宗旨有關的文化教育業務。

以宗旨為本，以各種文教活動，培養出具有「慈悲、希望、愛」品質的國民。

（三）慈林的精神資產

慈林相信：人心的善惡決定了人間的歡樂或悲苦，社會的祥和或紛擾。救苦渡厄不是菩薩的責任，人間樂園也不是上天的恩賜。而是人類就自身心靈不斷地錘鍊和提升的事工。求真、求善、求美的文化和教育是從事這項事工的主要媒介。基於這樣的信念，25 年前，慈林在台灣大地上奠基，期許自己在「淨化台灣人心，形塑民族高貴心靈」的道路上奉獻心力。

25 年來，在各項事工的推動中，慈林累積了許多寶貴的經驗，不斷

印證以下三個信念，是極有價值、可以付諸實踐的真理：

第一個信念是：有善良的心，就能滋養和平、希望、愛。

有了善心，就會相信萬物一體，認定世間萬物，包括各種動物、草木石頭、山河大地等都有權利和人類平等共存、和平相處。善良的心，也會相信世間的天災人禍不管多麼慘重，最後都會過去，所以即使在逆境中，仍能懷抱希望。有了善心，還會相信人類的光明面會不斷滋榮發展，真善美的人間樂園必定到來。善良的心更會相信，愛是不可思議的神奇力量，因此不斷地敦促自己充實愛的內涵、培養愛的能力。

第二個信念是：心靈的陶冶淨化，是最優先要緊的事工。

有了善心，人所擁有的學識、能力、財富才會發揮濟世利人的價值。缺乏學識、財富等資源往往成為損人害己的工具，所以在培養人的才學之前，必須先美化他的心靈。25 年來，慈林所辦的各項活動，都不僅僅是單純的知識傳授，更是希望藉著它們來陶冶淨化參與者的心靈。今後，慈林會更堅定這樣的想法，盡力使每一項事工，都能讓參與者在潛移默化中，心生慈悲、懷抱希望、充盈愛心。

第三個信念是：用感謝和慈悲的心所作的事，一定會成功。

25 年前慈林成立時，我們曾以鸚哥救火的故事來互相勉勵。我們相信，只要匯集眾多渺小個人的微薄心力，用感謝和慈悲的心來作事，有一天理想一定會實現。這 25 年來，慈林的發展雖不迅速，卻也穩定地成長。有越來越多的人加入她的行列，各項事工也都順利推展，今天，更有慈林新館的落成。這一切，在在說明了當年我們互相勉勵的故事，不單單是鼓舞人心的寓言，更是可以實踐的真理。

25 年中的努力成果，以及今天慈林新館的落成，當然值得我們高興。但更值得欣悅的是，我們在這 25 年的實踐中，累積並堅定了以上三個信

念。這些信念是慈林無形的精神資產,比慈林新館等有形資產,更有價值、更值得珍惜呵護。如果我們能用心守護、並堅決實踐這些信念,那麼我相信慈林必能永存於天地之間。在紛擾沉淪的台灣,慈林也應該能慢慢地匯集出一股清純的力量,成為淨化台灣人心、形塑民族高貴心靈的重要基地。

　　「樂園就在前方,就在我們的地球上,人類必須善用其智慧、勇氣和友愛,團結在一起,努力向前尋找出這片地球上的樂園。」(羅曼羅蘭)

▎三、慈林志業

(一)初心:提升人性、淨化人心

　　1991 年 3 月 31 日林義雄和妻子方素敏捐出大部分家產,共同創辦慈林教育基金會,標舉「拓展國民的心靈視野,活化思辯體驗的空間,培養實踐崇高理想的能力」,「期盼以此匯聚眾多心力,為台灣民族的生機與遠景,提供一份渺小但意義長存的奉獻。」作為慈林教育基金會的自我期許。

　　1994 年興建完成「慈林文教中心」,提供進修場所,營造研修機會,目的在建立終身學習的社會,使民眾的智能不斷成長。多年來,先後辦理或正在辦理的文教活動有慈林青年營、青年領導營、慈林青少年營、社會發展研修班、政治家研修班、認識台灣文化營、國際青年台灣文化營、兒童音樂營、蘭陽知性之旅、合唱團、讀書會、音樂會等。另外設置了慈惠獎學金、慈愷助學金、慈垚助學金、慈河獎學金。

(二)行動:保存與展示台灣民主運動史料

　　1995 年慈林設置「台灣社會運動史料中心」,有系統地收集和保存,從日治時期到 2000 年,台灣社會及政治發展的史料文物與影音資料,尤其是社運團體與社會運動的資料,扮演台灣社運變遷的紀錄者、保存者及

整理者的角色，成為台灣第一個以社會運動為主題的專門圖書館。目前還與台大圖書館合作，將資料全部數位化，在台大總圖書館也看得到全部資料。

　　目前更進一步跟台大圖書館、國家人權博物館、及美國喬治華盛頓大學四方合作，讓國內、外對台灣民主運動有興趣的學者及社會大眾，能透過史料資料庫的數位化及共享計畫，容易地搜尋及獲取相關資料。

　　2000 年政黨輪替，時任民進黨主席的林義雄，率領民進黨推翻國民黨政權，但他認為，專制政權雖然已經推翻了，可是民主制度還未健全的建立起來，因此決定不尋求連任民進黨主席，而致力推動民主教育。在慈林設立「台灣民主運動館」，並四處演講，宣揚民主的真諦。

　　「台灣民主運動館」於 2002 年成立，展示台灣人民百年來追求民主的艱辛歷程，並收藏百年來台灣民主運動之珍貴史料，記錄民主發展的歷史軌跡，規劃民主教育課程，出版相關著作。目的在讓民眾與學生透過參訪，獲得啟發、鼓舞或警惕，進而堅定民主信仰並努力實踐。2015 年 5 月 10 日母親節獻館的慈林新館，位於慈林文教中心對面。1 樓為開放空間，可作各類主題特展展覽之用；2 樓及 3 樓前半部為慈林演藝廳，這個演藝廳的特色是以林家舊宅（即慈林紀念館）作為舞台的背景，將戶外景觀融入表演舞中；2 樓、3 樓廊道及 4 樓為台灣民主運動館；5 樓為台灣社會運動美術館。

（三）行動：研修班培訓政治與社運工作者

　　慈林於 1993-1997 年曾辦過 7 屆社會發展研修班，「我們的目的是要培養社運工作者，讓他們有正確的想法跟作法。」林義雄言簡意賅地說。依據招生簡介，社會發展研修班目的是「充實有志從事社會發展工作者的知識學養，使其理解全球趨勢、並與在地實踐進行對話。」慈林還於 2000 與 2001 年辦過 2 屆政治家研修班，依據招生簡介，目的在「充實政治工作者的知識學養與人文精神，使其理解全球政經趨勢與台灣民主發展經驗，並探索未來願景。」即使受限資源不足等各種問題，導致最後這 2 個研修班都停辦了，但林義雄認為，「最後來看覺得不錯，有些當年參與課程的學生作到縣長、部會首長、立委，他們的表現大概都沒有令人失望。」

這兩個重要的研修班，當時因為各種因素中斷。2016年，慈林重新開辦社會發展研修班與政治家研修班，課程型態皆包含講課、座談、藝文欣賞及參訪活動等；比較特別的是，上課時間是每週末，從週五晚上8時起，至週日下午4時30分止，夜宿慈林宿舍。

「我不是說這個班有多好，也不是我們教了什麼樣的好課程。而是來的學員在青年的時候就有強烈的上進心，這種年輕人是不一樣的。」

「課程設計100小時，要連上7、8個禮拜，這是很吃重的課程。看這些課程覺得很好，願意每個星期的週末都拿來學習的學員，他的心性就不一樣，這樣的人就比較值得栽培。」

「有人說課程設計到100小時沒人要來。每星期都是週五晚上到週日上課，真的困難，也真的比較少人來。但是我就堅持，覺得這才是最要緊的一項。能夠通過這一關的學員，心性會自然而然有所提升。」林義雄是如此看待這些學員。將近20年了，這些種子灑到社會上去，發生了什麼效果？

林義雄謙虛地說：「社會太大了，想要在社會上發生什麼效果，看不出來。」

事實上，慈林對社會的影響是一點一滴進行著，而對學員的影響，則是顯而易見。尤其是社會發展研修班剛成立時，台灣解除戒嚴沒幾年，社會運動方興未艾，上過課的學員，普遍獲益良多。其中，近年創辦親子共學團的郭駿武原本在電腦公司上班，大約20年前，當時社會氛圍是只要努力工作就可過很好的生活，但他想瞭解台灣政治、經濟在解嚴後的變化，同時也想瞭解自己可為社會作哪些事。在慈林社會發展研修班上了半年課之後，他辭去電腦公司工作，進入人本教育基金會，甚至後來還進一步創立親子共學團，目前全國各地已有五十多個團。郭駿武說，慈林的課程給他很好的機會瞭解到，台灣要成為民主自由國家，必須從教育著手，而他認為教育應是放在政治、經濟、社會架構來看待，要改變傳統由上而下的組織形態，他也更關注人在教育中的發展，重視平等與尊重。亦即，從慈林課程中，他獲得了啟蒙。此外，目前不少活躍的社運工作者，原本

就是對社會議題比較關心的人，上完研修課程後，「功力」倍增，仍持續在社運領域奮鬥。

譬如立委蔡培慧，當年只是大學剛畢業的立委助理，在上課時看到《甘地》電影，從而找書來研究甘地，瞭解和平非武力抗爭的理念，她還看到一份林義雄自己印的小書，看到林義雄歷經苦難沉澱後的思索，「我瞭解到從事政治與社會運動可能受國家管控，但仍有一群人想透過具體行動改變社會；也瞭解到參與公共事務，應從日常生活作起。」她說，這過程成為影響她日後投入農民運動的點點滴滴因素之一。

台灣動物社會研究會執行長朱增宏，當時即從事動物保護工作，因緣際會認識林義雄，不但參與核四公投千里苦行與絕食等行動，也在社會發展研修班上課時，找到更多志同道合的夥伴。「現在大家看待陳情抗爭是家常便飯，可能覺得沒什麼，但在那個時代氛圍，卻是不得了的事，林義雄創辦研修班有意義，我因此認識了包括簡錫堦、邱義仁等社運健將，也瞭解到社會運動的知識與計畫謀略，最重要的是，讓我覺得我不孤單。」朱增宏說。

少盟祕書長葉大華因為參與過「核四公投促進會」舉辦的環島千里苦行活動，在活動中看見林義雄為了推動核四公投以身作則，激勵社會各界關注核電廠議題而深受感動，後來才開始接觸到慈林教育基金會。那時她在勵馨基金會投入「反雛妓運動」，經常需要面對運動的組訓工作及社會價值觀的挑戰，因此從慈林社會發展研修班獲得養分。她說，研修班課程包含「台灣社會分析」、「價值觀反省」、「組織工作實務」等，都是社運工作者很需要裝備的知識。但她也認為：「這樣的課程最大的幫助是來自於認識從四面八方不同組織的社運工作者以及有志於社會改造的志工，而也正因為有這樣一個交流平台，學員們可以透過彼此努力的社會改革議題，互相激勵與結盟，對於扎根台灣公民社會力量很有幫助。」

（四）願景：辦一個不是學校的學校

事實上，林義雄還有更遠大的計畫，他近年籌設「慈林社會發展學院」，比現在舉辦的研修班和營隊更具規模，目的是要辦一個「不是學校的學校」。

　　在此之前，慈林打算先蓋「慈林學苑」，地下層及1樓是慈林藝術館，2、3樓是教室、餐廳，4樓以上為宿舍，目前位於慈林文教中心的宿舍是通鋪，將來設雙人房，教室也是比較方便使用的階梯型教室。「要把它弄成一個環境宜人，可以讓人的氣質變化的地方，所以要把軟硬體弄得更好一點。」為什麼想要設立慈林社會發展學院？林義雄說：「最主要是我的經驗，我認為社會運動工作者、政治工作者，都要有基本的想法──為什麼要參加社會運動、政治工作？要有基本上引導你的價值觀，要隨時都有機會增加知識提升自己、與同志互相切磋學習、交換心得經驗，慈林社會發展學院就是要作這樣的平台；讓有心從事政治、社會工作的人，有一個隨時提升自己的場所。」

　　未來慈林社會發展學院將常態化辦課程，首先是1年最基本將有1班「政治家研修班」，春天開辦；1班「社會發展研修班」，秋天開辦；這2個研修班已於2016年恢復舉辦。

　　至於為何會在中斷十幾年之後重新開班？林義雄說，慈林的其他工作大致都已經上軌道了，「我們覺得已經有能力來辦研修班，重新來發展，應該可以作得成功。」

　　「對我來講，我們這個社會要出現、要培養出我們想要的、好的政治家，就整個社會文化來說是不夠的；簡單的說就是，我們的社會文化培養不出來好的、理想的政治人物。這當然不是作政治工作的人的問題而已，而是我們社會的問題。」林義雄說，「政治人物是從這個社會出來的，他的見識、能力就只有那樣子，我們一方面沒有能力培養那種人，一方面又想要有那種人，用那麼高的標準去要求政治人物，那是不切實際的。所以政治工作者、社運工作者要隨時有機會學習，隨時可提升自己，他才會慢慢進步，變成一個好的政治人物。」這是慈林2個研修班常態化的目的。

　　重新開張之後的2個研修班，課程更精緻，師資陣容更堅強，也是作為慈林社會發展學院的前置作業。3年後校舍蓋好，慈林社會發展學院就會正式成立，除了2個研修班，慈林計畫再開發其他課程，譬如強化大專學生的營隊──青年營，規模更大、課程更充實，上課時間也會更長。

　　未來，慈林3個館將分別呈現3項重點，即社會運動史料中心、台灣民主運動館、藝術館與慈林社會發展學院，這也是林義雄多年來最在意的

事。「我已經作了二十幾年了，這才是我的正業。當民進黨主席、反核四都是副業，那些都是可以作、可以不作的。」訪談尾聲，雨停了，林義雄的願景輪廓，至此清晰浮現。如今，林義雄眼中的「正業」終於成長茁壯，逐漸要開花結果。

在 2000 年民進黨首度取得執政權 1 個月後，林義雄自認任務已經完成，不想再連任民進黨主席，當時他引用美國詩人羅伯特‧佛洛斯特的詩作〈未走過的路〉表明心意：「黃樹林裡分叉兩條路，而我選擇了較少人跡的一條，使得一切多麼的不同。」事實上，經過慈林多年來的耕耘，這條人跡罕至的路，已有眾人同行，林義雄並不孤獨（方素敏，2019）。

▌四、慈愛事工

人心的善惡取決於自身心靈不斷地錘鍊和提升，而求真、求善、求美的文化和教育是主要的媒介，希望透過慈林的事工，能「淨化台灣人心，形塑民族高貴心靈」，在這樣的信念下，過去 30 年，慈林辦了以下的活動：

（一）政治家研修班

為提供可能的思辯與體驗空間，促成各種經驗與思維互激互盪，藉以培養具備優良素質的政治工作者，使其具有宏觀的視野、成熟的心智與實踐崇高理想的能力，而能致力於成就良善的政治，慈林分別於 2000、2001、2017、2018 及 2019 年舉辦「慈林政治家研修班」，共有 181 名學員參與研修。研修班以住宿營隊方式進行，課程涵蓋「為何要從事政治工作？」、「生命的意義」、「領導哲學與組織發展」、「文史哲講座」、「我們需要什麼樣的政治家？」等五大主題，以專題講座、名著導讀、參訪體驗等不同形式進行，總時數為 100 小時。參加對象為行政部門、政黨或社會團體中具有發展潛力、有志於獻身政治工作的中高階幹部，以及各級民意代表或其推薦之資深助理。

| 圖 4.2　2019 年慈林政治家研修班開學典禮

（二）社會發展研修班

　　自 1993 年 7 月起舉辦「慈林社會發展研修班」，參與的學員多為各種改革運動的工作者、或積極參與的義工，迄今已舉辦 6 屆，共有 198 名學員參與研修。本研修班的課程以「台灣社會分析」、「價值觀反省」、「組織工作實務」為主題，均邀請專精台灣研究的學者、或具長期組織經驗的專家擔任講師。每屆研修班的課程總時數為 100 小時，上課期間 6 個星期。

（三）國際青年台灣文化營

　　為了增進國際青年對台灣政經情勢、歷史文化及風土民情的瞭解，慈林基金會自 1997 年起舉辦「國際青年台灣文化營」，招收年滿 18 歲之海內外青年朋友報名參加，自 1997 至 2013 年，共舉辦 12 屆，參加學員有 306 名。

（四）青、少年營隊

　　以認識台灣歷史與民主改革進程作主軸，配合相關議題的課程與活動，引介台灣社會豐富而多元的文化風貌。以期拓展學員人文視野、增進其人文關懷，並培養學員獨立思辨的能力與參與公共事務的熱情。於1994年至2022年，共舉辦28屆青年營與3屆青年領導營，共有1,207名學生參加。

（五）博物館到校活動

　　為推廣博物館教育，提供宜蘭縣各國中小學童更多元、有趣的學習，慈林提供「博物館到校服務」專案，徵選合適的志工講師到校服務，免費提供宜蘭縣中小學各年級學生認識博物館、認識家鄉，增進對宜蘭人文、台灣歷史的認識。從2010年到2016年年底，慈林的志工老師們已到宜蘭各國中小學進行190場到校服務，和超過8,600名師生們共度一堂愉快的學習時光。

（六）慈林音樂會

圖 4.3　1993 年慈林文教基金會音樂晚會創辦人與志工合影

　　慈林從 1993 年起，秉持「慈悲、希望、愛」的精神，在台灣各地舉辦音樂會，旨在以琴韻、歌聲來提升心靈。「慈林音樂會」是由熱心的慈林之友設計、籌劃，並邀請優秀的音樂家、合唱團和藝文團體支援演出，以鼓勵台灣優秀的音樂家、創作人及演出團體。1994-2022 年共舉辦 19 場。

（七）兒童音樂夏令營

　　慈林自 2001 年暑假開始舉辦「兒童音樂夏令營」，以音樂為主軸，安排發音、合唱、魔術及童玩藝術創作等多元課程，讓學員在快樂的學習氣氛下，接觸音樂與創作，培養小朋友們對音樂與美的興趣及欣賞能力。活動最後一天演出成果展，讓學員的親友們共同分享小朋友們學習的成果與喜悅。至 2022 年，已有 843 名學生參加。

圖 4.4　2022 年慈林音樂玩童夏令營

（八）蘭陽知性之旅

　　為了讓青年學生更瞭解台灣民主歷程與認識宜蘭人文與自然的特色，2004 至 2014 年慈林與建成扶輪社合辦蘭陽知性之旅，邀請北部、東部高中職以上學生團體參訪，共舉辦 47 梯次，約 1,800 名師生參加。

（九）獎學金：慈惠獎學金、慈愷助學金、慈垚助學金、慈河獎學金

慈林受各界善心人士之託，陸續設置下列 4 類獎助學金：

1. 慈惠獎學金

為鼓勵、表揚青年學子熱心助人、服務社會的精神，慈林於 2002 年設立「慈惠獎學金」。於 2002 年至 2022 年，本會共贈送給花蓮、台東、苗栗、宜蘭、雲林、新竹縣（市）各國中所推薦熱心公益的 692 名學生，每名各得 5,000 元。並自 2007 年起，邀請當年度慈惠獎學金學生參加慈林少年營。

2. 慈愷助學金／慈垚助學金

為扶助弱勢、關愛貧苦家庭，慈林於 2003 年設立「慈愷助學金」，期能鼓勵家境清寒的青年學子奮發進取、積極向上，並以此推動慈悲喜捨的社會風氣。2003 至 2022 年共贈送給 3,370 名全國高中職學校所推薦的學生，每名各得 1 萬元。2014 年同時設置「慈垚助學金」，共贈送給 11 名宜蘭縣各國中所推薦的學生，每名獲贈 5,000 元助學金；以及慈垚助學金於 2014 年至 2022 年贈送給 195 名宜蘭縣各高中職學校推薦的學生，每名獲贈 1 萬元助學金。慈愷與慈垚助學金的學生都可免費參加慈林青少年營。

3. 慈河獎學金

為鼓勵碩士、博士生從事台灣社會發展相關議題之研究，以培養其關懷社會的能力與學養，累積社會進步改革的基石與能量，慈林於 2007 年設立「慈河獎學金」，贈送給就台灣社會發展相關議題作為研究並撰述論文之碩士、博士學生。自 2007 年至 2022 年，已獎勵國內外在學碩士、博士生共 105 名，每名各得 5 萬元。

（十）慈林講座

　　為豐富國民的心靈視野，提升精神生活的品質，每年舉辦多場「慈林講座」，主題涵蓋藝術生活、公共議題及台灣文史等，自 1995 年起到 2022 年，共舉辦 190 場。

（十一）慈林新館特展

　　慈林新館 1 樓大廳為一開放空間，懸掛畫家陳來興的〈慈悲、希望、愛〉及書法家吳季如同名〈慈悲、希望、愛〉等作品，同時也不定期展出主題特展。

（十二）認識台灣文化研習營

　　以教師及關心台灣文化發展的社會人士為對象，於 1998 年至 2007 年間共舉辦 7 屆，計有 320 名學員參加。本研習希望透過與不同領域之專家學者，就社會多元議題及發展現況進行分析與討論，藉以拓展人文視野、激發教師們對教育的更多思考及想像。

▌五、慈林館舍

　　慈林教育基金會承載了眾人的期許，心懷慈悲、希望、愛的精神及三大信念，為從事教育的事工，先後修建紀念館、文教大樓、慈林紀念林園、慈林新館及慈林學苑，讓慈林志業能順利的進行，也使慈林成為台灣一個重要的文教和社運的交流中心。

　　「我隱隱地看到一個充滿喜樂的世界，在那裡心靈得以擴展，希望無窮。」（Bertrand Arthur William Russell）

（一）慈林紀念館

　　為紀念慘遭殺害的祖孫三人，慈林教育基金會於 1993 年將林家故居整建為「慈林紀念館」。

這裡是林游阿妹女士 20 歲時與林同先生結婚，31 歲守寡、獨力撫養一子三女長大成人的地方，於整建時除秉持「原址、原貌」的原則外，並重塑北市信義路發生血案的舊宅入口記憶，使本館融合「舊厝、林宅、紀念館」三個不同時代的建築空間背景，呈現三合一的歷史空間。館中陳列輓聯、哀悼詩文及部分遺物。

「慈林紀念館」因具歷史意義與其年代久遠的閩南建築風格，戰後 1956 年進行翻修改建為磚瓦建築，1993 年改設為慈林紀念館，2002 年由宜蘭縣政府登錄為歷史建築。

（二）慈林文教大樓

慈林文教中心座落在宜蘭縣五結鄉二結路 339 號，於 1994 年落成啟用，基地 200 坪，建物總面積 840 坪。1994 年完工獻館後，於此展開推動各項形塑民族高貴心靈的文教事工。

（三）慈林新館

「與其將慈林新館視為一座展示館，更洽當的是，將之定義為一座承載眾人理想的心靈家屋。」（楊家凱，2015）

於 2015 年 5 月 10 日母親節獻館的慈林新館，佔地面積為 330 坪，總建築面積為 769 坪，為地上 5 層樓之建築物。1 樓為開放空間，可作各類主題特展展覽之用。主要懸掛畫家陳來興的〈慈悲、希望、愛〉油畫作品及書法家吳季如為該幅油畫所寫的書法作品，同名〈慈悲、希望、愛〉，同時也不定期展出各項主題特展。

2 樓及 3 樓前半部為慈林演藝廳，這個演藝廳的特色是以林家舊宅（即慈林紀念館）作為舞台的背景，將戶外景觀融入表演舞中。2 樓、3 樓廊道及 4 樓為台灣民主運動館，5 樓為台灣民主運動藝術館。參觀動線可以延伸至屋頂，於天氣晴朗時，可以眺望遠方的龜山島及廣闊的蘭陽平原，並可回望座落在舊街路上的慈林教育基金會建築群。慈林新館的外觀，是以漸變的瓦片，交錯砌疊的清水磚，抿石的前廊與廣場、磨石的室內地板，

並在屋頂上裝置太陽能光電板 99 坪，所生產的電力可提供全館 20% 的用電量。設計者藉此塑造一座與周遭環境和諧並存、意象謙卑優雅的建築工藝。

（四）慈林學苑

「慈林學苑」於 2018 年 1 月 1 日舉行動土典禮後，隨即施工，已於 2020 年完工。這棟地下 1 層、地上 7 層的「慈林學苑」，基地面積約 566 坪，總樓地板面積約 1,309 坪。將設置教室、研討室、辦公室、餐廳、廚房及多功能會議室等，並有可容納 70 人的宿舍，以及「慈林藝術館」的展覽空間。

「慈林學苑」是「慈林社會發展學院」的校舍，每年定期舉辦「社會發展研修班」、「政治家研修班」，以及各種鼓勵優秀青年熱心公共事務的講座、營隊，希望為台灣培養出卓越的社會、政治工作者，一同打造「慈林學苑」為一個薪傳知識與智慧、形塑美麗心靈的所在。

（五）慈林台灣原生植物教育園區（慈林紀念林園）

「在憎恨之處播下愛，在傷痕之處播下寬恕，在幽暗之處播下光明。」（聖法蘭西斯禱文）

林家墓園是在台北、宜蘭二縣交界處附近的山中，俯對著濱臨太平洋的蘭陽平原。從山下的平原沿著北宜公路上來，經過九彎十八拐後不久就到了。進入墓園後，要走一段雖然不長但凹凸不平、相當難走的石頭路，才能到林家祖孫 3 人安身的所在。如果在這凸凹難走的路上仍然能保持心情的寧靜，就會被一個越接近越清晰的十字架所吸引，而忘掉腳下的坎坷。

希望來到這墓園的人，會暫時忘掉塵世的紛爭煩擾，而獲得靈魂的潔淨和身心的寧靜。當他們踏著凹凸不平的石頭路走向十字架時，會領悟到想為芸芸眾生背負起苦難的十字架並不容易，因而對一切曾經為了人類更美好的未來作了努力和犧牲的仁人志士，產生景仰效法的心意。同時也希

望心懷理想、立志為人類求真、求善、求美而奉獻的人，來到這裡時，會被園中所刻的一些至理名言所吸引感動，而決心把它們帶回自己的生活中。

（六）台灣民主運動館

歷史的演變，不斷出現進步與反動的鬥爭，人類的進化，也經常出現束縛與解放的循環。百年來，台灣民主運動的歷程，印證了這樣的律則。

台灣民主運動館，成立於 2002 年。以圖文並列的方式為主，輔之以珍貴的史料，珍存展示台灣人民百年來追求民主的艱辛過程。希望透過史實向參訪者揭示：民主是勢不可擋的潮流；在追求民主的過程中，困難重重，必須奉獻血汗來克服，但只要堅定信念，不斷努力，理想一定會實現。

期使參觀者能從中汲取經驗教訓，進而更有決心、意志和能力來鞏固深化民主，開創出民主的新局面，使得台灣民主運動館在台灣民主發展中，留下意義長存的貢獻。

（七）台灣社會運動史料中心

1995 年設立。是台灣第一個以社會運動為主題的專門圖書館。蒐集、整理、保存從日治時期以來至 2000 年，有關台灣社會運動的史料文物與影音資料，以及世界各國與社運相關的專門著作。目前典藏 19,000 多筆圖書、論文、影音等資料，以及 4,500 多筆史料文物。2006 年起，與台大圖書館合作，完成 400 多種，約 7,000 冊戒嚴時期黨外雜誌、社運團體刊物，至 2008 年已完成近 15 萬筆剪報資料的數位化，包含約 40 萬頁的雜誌與剪報全文之影像數位化，並完成「慈林教育基金會典藏台灣社運史料資料庫」之建置工作。該資料庫於網路上提供各界查詢書目資料，基於智財權之考量，數位全文僅於慈林教育基金會文教中心與台大圖書館內提供使用，目前，「社運史料資料庫」擴大與國立台灣人權博物館及美國喬治華盛頓大學合作，對研究台灣民主進程的國內外學者，相當有幫助。

（八）慈林美術館

慈林成立以來，陸續有慈林之友將自創或收藏的藝術品捐贈給慈林，

為了感謝捐贈者並與更多人分享，特於慈林學苑 1 樓及地下 1 樓設立慈林藝術館，分批展示受贈之藝術品。希望參訪者在觀賞、品味這些作品後，能觸動心靈，也拿起畫筆或雕刻刀，著手把周遭的東西美化，或更進一步，在日常生活中創造出一種溫暖美麗的氛圍，以形塑高貴的心靈。

（九）慈林書法館

　　設立於慈林學苑的「慈林書法館」，主要展示陳雲程、康灩泉及康家子孫和吳季如等書法名家的作品，以及歷年來慈林之友捐贈給慈林典藏的書畫作品。

（十）人民作主故事館

　　「人民被迫服從時，他們沒有錯；但是，當人民自己將身上的鎖鍊打開時，那更加值得讚許。」（Jean-Jacques Rousseau）

　　成立「社會運動主題展」：「人民作主，千里行踏」展設置場所於慈林文教中心 4 樓。人民作主教育基金會成立於 2014 年 7 月 4 日。以千里苦行的方式，致力落實三大目標：補正《公投法》、修正《選罷法》、修訂《憲法》。此一主題展示，將以圖文並列的方式，輔以標語、斗笠、服飾、旗幟等實物，呈現該運動透過非武力行動的實踐和教育，致力養成人民作國家主人的意識。

（十一）慈林史料館

　　以圖文並列，輔以實物的方式，呈現本會創立 30 年來之作為，使參訪者瞭解本會形塑善良人心之歷程，為本會保留珍貴史料。設置場所於慈林文教中心 5 樓。

（十二）慈林圖書館

　　秉持「沒有讀過的書，就是新書」的想法，慈林曾數次舉辦「書香之旅」，鼓勵喜愛閱讀者將讀過的書與人分享，促進閱讀風氣。2011 年 11 月 20 日，慈林與羅東火車站合作成立「慈林圖書館」，由羅東火車站提供場

地，慈林提供設備與書籍，將各界捐贈的圖書，採開架式陳列於羅東火車站內，讀者能隨時進入圖書館，不需登記、驗證，就能自行借書、還書。

▌六、結語：心懷大愛作小事

赫塞（Hermann Hesse）說，「真正的教育是沒有目的的，就像任何追求完美的努力，其本身便是目的，為了自我滿足，增加生命感及自信心，更健康及更愉快。在於開闊心胸、增加悟力，協助我們賦意義於生命，詮釋過去、無懼未來。」（林義雄，2014）

慈林教育基金會它不是政黨、不是壓力團體；而是一個教育機構，一個知識和思想互相激盪的場所。這個基金會希望成為一個媒介，讓有志於社會和政治改造的台灣民族成員可以互相學習、互相激勵、互相提升，共同思考現在，搜尋未來。我們的工作，可能每一樣都小而瑣碎，甚至於雜而煩人，並且都不可能很快地看到成果。但是歷史經驗告訴我們，人類許多偉大的成就，就是許多不知名的人，默默地作些不起眼的小事而累積成功的。所以我們相信，慈林的工作雖然都很小，但是每一樣都是重要的，讓我們懷抱愛心來完成這些小事，並且時時以「心懷大愛作小事」來互相勉勵。

慈林的志業是一個慈林精神不確定的實驗，吳乃德認為：「理念與目標要實現，顯然還有一大段路要走，是一項新的嘗試，缺乏前人的經驗和指引，一個成功和失敗都充滿不確定性的實驗，也是一個人類心靈工作的實驗。」未來，慈林會圍繞在幾個重點，即社會運動史料中心、台灣民主運動館、藝術館與慈林社會發展學院，我們相信「用感謝和慈悲的心所作的事，一定會成功」，一個生機盎然、遠景壯麗的民族，必然由這些渺小成員緊密結合、血肉相連的結晶，要塑造這樣的結晶，成員必須擁有充滿慈悲、希望和愛的高貴心靈。

一個偉大民族的歷史，是由無數眾多渺小的成員所創造。他們看來似乎渺小，但是往往可以不計回報地奉獻。他們的耕耘收穫即使不在現在，可是卻能為後代留下豐碩的果實。一個民族的生命就是有這些渺小成員的奉獻和耕耘而永續地發展。

｜參｜考｜文｜獻｜

于闐國三藏沙門實叉難陀，1998，《大方廣佛華嚴經》。台北：方廣。

方素敏彙編，2019，《永為民主國民》。宜蘭：財團法人慈林教育基金會。

方素敏編，2000，《慈悲、希望、愛——林義雄的人生行跡》。台北：圓
　　神出版社。

林義雄著，2016，《希望有一天：充滿喜樂的臺灣》。宜蘭：財團法人慈
　　林教育基金會。

林義雄著，2014，《只有香如故：林義雄家書》（上、下）。台北：圓神
　　出版社。

孫介夫、宋默編，1996，《羅曼羅蘭語錄》（Ⅰ、Ⅱ）。台北：智慧大學。

席玉蘋（譯），2009，《仁慈的吸引力》（Piero Ferrucci 原著）。台北：
　　大塊文化。

徐百齊（譯），2000，《社約論》（Jean-Jacques Rousseau 原著）。台北：
　　台灣商務。

楊家凱，2015，〈慈林新館〉。《台灣建築雜誌》238 期。

財團法人慈林教育基金會編，2022，《落花春泥與新芽》。宜蘭：財團法
　　人慈林教育基金會。

財團法人慈林教育基金會編，2008，《慈林語錄》。宜蘭：財團法人慈林
　　教育基金會。

財團法人慈林教育基金會編，2010，《慈林語錄·續編》。宜蘭：財團法
　　人慈林教育基金會。

財團法人慈林教育基金會編，2015，《慈林語錄——人類智慧的結晶》。
　　宜蘭：財團法人慈林教育基金會。

Violet S. de Laszlo (Edited with and Introduction), R. F. C. Hull (Translated),
　　1991, *The Basic Writing of C. G. Jung*, Princeton: Princeton University
　　Press.

CHAPTER **5**

家庭照顧者權利運動在台灣：
中華民國家庭照顧者關懷總會

陳景寧、張筱嬋

一、前言

在很長的一段人類歷史中，衰弱、失能、失智、身心障礙者等生活無法自理者，大多數是住在家中由家人（以女性居多）照顧，甚至成為一種美德表揚或親情歌頌的典範。但隨著傳統農業社會轉型到工商業社會，家庭結構從家族共居的大家庭轉變成以兩代小家庭為主的型態，婦女大量外出工作、離婚率上升等影響家庭穩定照顧的因素增加，再加上高齡化、少子化人口發展趨勢，長期照顧逐漸成為影響全世界，甚至是每一個人的新興社會問題。

1960 年代，西方國家設置大型機構或醫院，採取社會隔離的長期照顧方式出現諸多爭議，爆發「去機構化（Deinstitutionalization）」、「回歸社區」訴求，並發展出「在地老化（Aging in Place）」的政策。如瑞典政府改變大量依賴機構的策略，發展居家支持性服務，在 1970 至 1980 年代達到高峰。而自 1990 年代開始，美國、加拿大、英國、澳洲、日本等先進國家，也以在地老化作為國家長期照顧、高齡政策的目標（吳淑瓊、莊坤洋，2001）。

但「在地老化」政策必須有社區式服務的支撐，否則就是變相將責任轉嫁給家庭照顧者。例如英國 1995 年訂頒《照顧者認可和服務法案》（Carers (Recognition & Services) Act），敘明照顧者有被評估需求的權利，而美國 2000 年修正的《老人法》（Older Americans Act）也增加支持家庭照顧者專章，規定各州政府應對家庭照顧者提供資訊、個人諮商、支持團體、教育訓練、喘息服務等。

反觀臺灣，無論是 1998 年行政院訂頒「加強老人安養服務方案」、衛生署「老人長期照護三年計畫」或 1999 年「建構長期照護體系先導計畫」，只見提到長期制度建構的迫切性，卻未見支持家庭照顧者的具體作為（呂寶靜，2005）。

（一）照顧是選擇，不是義務

Finch 與 Groves（1983）描繪家庭照顧者付出的是「愛的勞務（A

Labor of Love）」，不只是家人間的情感關懷，也有大量繁瑣、單調、費時、隨時需要回應的體力活；且家庭照顧者的貢獻不被社會肯定，價值感低。根據家庭照顧者關懷總會（2007）進行全臺首次家庭照顧者調查，一段照顧年數平均約 10 年，每天平均照顧 13.6 小時，約 7 成照顧者是女性（太太、女兒、媳婦），逾 5 成是 65 歲以下勞動力人口，照顧者最感到沮喪的事包括「失去自己的生活（28.3%）」、「工作與照顧難以兼顧（21.5%）」、「經濟困難（20.3%）」。而根據國外研究，20% 家庭照顧者罹患憂鬱症、65% 憂鬱傾向、87% 慢性精神衰弱；家庭照顧者死亡率比非家庭照顧者高出 60%。

　　1963 年，英國人瑪莉韋斯伯特（Reverend Mary Webster）投書倡議照顧年邁父母的困難，並開始推動家庭照顧者權利運動與組織，也是英國家庭照顧者總會（Carers UK）的前身，成為家庭照顧者的支持團體，也為家庭照顧者倡權。家庭照顧者也有自己寶貴的人生，「家庭照顧應該是一種選擇，而非義務」，沒有人應該為誰的倒下而過度犧牲。

（二）家總的成立緣起：一群女人的悲願

　　家總創會理事長曹愛蘭在家總 10 週年感言中提到，家總的成立起因於「一群女人的悲願」。大多數家庭照顧者是女性，因傳統母性與孝道觀念被視為理所當然，家庭照顧者綿綿無盡的無酬勞動、孤單與無力感，是所有女人難以逃避的命運（曹愛蘭，2006）。曹愛蘭在 1993 年認識了英國 Carers UK 會長，瞭解他們在全國各地設置分會，提供各類支持服務，讓家庭照顧者仍能保有工作，讓人羨慕，種下了她在臺灣發展家總的念頭。

　　1990 年代的臺灣，正面臨劇烈的社會變化，民主進步黨成立、解嚴、國會改革、野百合學生運動，農、工、學、環保、婦女、老兵、無住屋者、殘障者抗爭運動風起雲湧，各項福利法律應運而生，被稱為社會福利的「黃金 10 年」。但當時國民黨籍行政院院長郝柏村公開表示「反對福利國家」、「三代同堂的家庭是最好的社會福利模式」（林萬億，2012），女性首當其衝，曹愛蘭因此邀請時任政治大學社會工作研究所副教授的呂寶靜、傅立葉、台灣綜合研究院副院長李安妮，還有陽明大學衛生福利研

究所胡幼慧教授[1]等人，共同瀏覽國內外
文獻，思考、討論、對話，醞釀2、3年後，
才在1996年成立家總，希望在臺灣人權
拼圖中，把家庭照顧者「缺的這塊」補上。

　　草創之初，有賴時任育成基金會董事
長陳節如女士、創世基金會董事長曹慶先
生捐款協助。李安妮（2006）女士也自製
賀年卡義賣，並拜託廣告人吳錦江先生設
計LOGO。

圖5.1　家總LOGO描繪出一
個女性孤獨的、小心翼翼地守
護著整個家庭的形象

　　根據陳正芬（2018）分析，家總草創
之初有三類背景：一是社運倡議工作者，包括伊甸基金會董事長陳俊良、
殘障聯盟祕書長王榮璋；二是立法委員，包括民進黨籍范巽綠、國民黨籍
朱鳳芝；三是專家學者，包括呂寶靜、李安妮、胡幼慧、李美玲、周月清、
彭淑華、阮慧沁、吳淑瓊，還有醫師、護理長等。曹愛蘭回憶家總籌組歷
程主要來自兩股力量：希望改善婦女處境（李安妮為主），以及對女性照
顧者的關懷（胡幼慧為主）。

圖5.2　1996年中華民國家庭照顧者關懷總會成立大會

1　胡幼慧在1995年出版了《三代同堂～迷思與陷阱》一書，揭發父權體系下三代同
堂的意識形態與政策陷阱，政府以美化家庭照顧卸責，讓老人陷入沒有尊嚴的依賴
關係；女性受限於照顧責任，走不出家庭，沒有收入、沒有退休金，老年時陷入貧
窮的惡性循環。

▋二、組織章程

1996 年 6 月 23 日家總成立，以「爭取家庭照顧者權益」為成立宗旨，包括：

1. 督促民意代表制訂或修正與照顧者及被照顧者權益有關之法令及其施行細則。
2. 表達對國家相關政策及資源分配之意見。
3. 督促政府積極提升與家庭照顧者相關服務之品質。
4. 督促政府規劃有關之服務及人力。
5. 督促政府積極培育協助家庭照顧者所需之人才。
6. 推動家庭照顧者福利及其他相關服務之研究發展。
7. 建立國內外相關團體之聯繫、合作關係及服務資訊網。
8. 推廣社會教育，增進社會大眾對家庭照顧者的瞭解與關懷。
9. 為積極推動並確保家庭照顧者及被照顧者之年金、醫療保健、住宅、照顧、就業、退休、教育、社會參與、保護、財產信託及其他有關之權益[2]。
10. 其他爭取家庭照顧者權益事項。

（一）家庭照顧者權利宣言

2005 年家總參考國外資料後提出《家庭照顧者宣言》，鼓勵家庭照顧者認識、捍衛自己的基本人權，也呼籲社會國家予以尊重及支持。

1. 我以身為照顧者為榮。
2. 我會善待自己。
3. 我有權尋求協助。
4. 我有權保有屬於自己的生活。

2　第 9 條係於 2016 年增列。

5. 我有權拒絕無謂的罪惡感。

6. 我有權利大方的接受回饋。

7. 我有權作好自己的生涯規劃。

8. 我有權利期待並爭取協助照顧的服務。

（二）家總 10 週年政策訴求

2006 年家總成立 10 週年，再提出 10 項對國家與政策的期許，包括：

1. 家庭照顧者的付出是選擇而非義務。

2. 家庭照顧者有權追求自我生命的實踐。

3. 國家照顧政策應回應家庭照顧者的需求。

4. 國家應分擔家庭照顧者的照顧負荷。

5. 國家應建立普及式的公共照顧服務體系。

6. 國家應提供適當的訓練與支持以協助家庭照顧者。

7. 國家就業政策應充分支持並回應受僱者的家庭照顧責任。

8. 國家應提供充足、價格合理且品質良好的喘息服務。

9. 國家應擔任照顧體系整合及協調的角色。

10.國家應儘速規劃長期照護財務制度。

家總是全臺灣，也是亞洲第一個為家庭照顧者發聲的民間組織[3]；而臺灣是亞洲第一個在法律中保障家庭照顧者權益[4]，並提供支持性服務的國家。

---

3 根據國際照顧者組織聯盟（IACO）會員資料，亞洲地區登記加入的在地組織，日本於 2010 年成立，印度／尼泊爾在 2012 年成立，香港特區在 2018 年成立。https://internationalcarers.org/iaco-members/

4 2015 年訂定的《長期照顧服務法》，第一條規定長照服務應保障接受服務者與「照顧者」之尊嚴及權益，第十三條規定國家應提供家庭照顧者支持性服務。

▋三、組織發展歷程

（一）組織運作與治理

　　根據組織章程，家總以會員大會為最高權力機構，設置理事 11 人、監事 3 人，理事會互選常務理事 3 人，再由常務理事 3 人互選，其中最高票者擔任理事長，監事會互選常務監事 1 人。2014 年修正組織章程，將理監事任期由 2 年修正為 3 年。會員則區分為基本會員、團體會員與贊助會員。家總歷任理事長[5] 皆有正職，他們在公務之餘投身公共事務，還要兼顧募款等工作，實屬不易。

　　組織章程亦規定得設祕書長 1 人，工作人員若干人處理會務，並視業務需要分置各組，歷年來大致可分為會務、服務、研發、公關等工作小組。此外，理事長也可根據工作重點設置特別委員會，邀請理監事擔任召集人協助推動會務。例如第二屆理事長呂寶靜上任時，設置了學術委員會、關懷專線諮詢委員會、會員委員會。第七屆理事長王增勇上任時，設置了學術委員會、會員委

圖 5.3　呂寶靜教授擔任理事長任內，積極推動家庭照顧者研究

<hr />

5　家總創會理事長為曹愛蘭女士；第二屆與第三屆（1998-2002）理事長呂寶靜，初任時是政治大學社會學系副教授；第四屆（2002-2004）理事長傅立葉，時任政治大學社會學系副教授；第五屆與第六屆（2004-2008）理事長陳金玲，時任臺北市立聯合醫院松德院區社工科主任；第七屆與第八屆（2008-2012）理事長王增勇，時任陽明大學衛生福利所副教授；第九屆與第十屆（2012-2017）理事長陳正芬，時任中國文化大學社會福利學系教授；第十一至第十二屆（2017-2023）理事長郭慈安，時任中山醫學大學醫學系副教授。

員會、公關委員會、國際事務委員會。第九任理事長陳正芬上任時,設置會員委員會、國際事務委員會、公關委員會、政策委員會。第十一屆理事長郭慈安上任時,設置政策委員會、教育委員會與國際事務委員會。

(二)縣市分會發展不如預期

期望透過草根運動,將家庭照顧者權利理念深耕於地方,改變根深蒂固的傳統觀念,第二屆理事長呂寶靜鼓勵理監事返鄉成立分會,1999 年第一個在嘉義市的分會,即當時理事田玫(時任長期照護協會祕書長)返鄉創建,常務理事邱啟潤(時任高雄醫學大學護理學系副教授)也在同年於高雄創辦高雄市家庭照顧者關懷協會。

1998 年制訂的「中華民國家庭照顧者分會簡則」規定,「分會推行地方性事務有充分自主權,但不得違背總會組織章程或相關規定」。1999年至2003 年間陸續於嘉義市、高雄市、新竹市、臺中縣、臺北縣、臺北市、雲林縣、臺東縣、臺中市、南投縣等縣市成立家庭照顧者關懷協會,共計10 縣市分會。

但分會僅能在成立之初獲得總會 3 萬元開辦費協助,後續財源、人力與管理挑戰甚鉅。後續理事長們雖力往狂瀾[6],但 10 個分會因在地環境因素與不同作法,發展際遇也大不相同。例如新北市因林萬億擔任臺北縣副縣長之故,率先發放家庭照顧者津貼,重視家庭照顧者問題,因此新北市家庭照顧者關懷協會與縣市政府有長期的合作關係。而高雄市家庭照顧者關懷協會,則因投入居家服務而有穩定財源,邱啟潤創會理事長並努力運用高醫人脈撐過艱難時刻,成為南臺灣重要的家庭照顧者服務據點。此外,至今僅剩臺北市、南投縣、臺東縣家庭照顧者關懷協會持續運作中,而 2015 年所成立的花蓮縣家庭照顧者關懷協會,則是由民間人士自行設置。

6　例如第七屆王增勇理事長於 2002 年舉辦「家庭照顧者關懷協會會務人員研討會」,希望強化各協會工作人員透過專家授課與經驗交流,強化會務推動、募款、掌握政府長照政策發展、委辦計畫撰寫等能力。

（三）與其他團體合作打造「家庭照顧者守護網」

　　2014 年間，有鑑於照顧悲劇事件頻傳，衛生福利部社會及家庭署有意強化家庭照顧者服務資源，設置全國免費家庭照顧者服務專線，但時任家總理事長陳正芬再三爭取「不能只設置一條陽春專線」，否則只能在電話中加油打氣是不夠的，後端必須有在地專業人員與服務資源，衛福部「建置老人家庭照顧者通報機制及支持服務網絡計畫」因此應運而生，並擇定新北市家庭照顧者關懷協會、台中市紅十字會、高雄市家庭照顧者關懷協會作為第一波試辦的「家庭照顧者支持服務據點」。

　　在選擇據點時，家總面臨了一項抉擇，「應該藉此資源壯大分會網絡？還是選擇與其他在地民間社團合作？」前者意味著家總可能會從人力精實的倡議型組織，發展為人員龐大的直接服務組織。雖然這是當時許多非營利組織在走的路，但家總理監事們討論後，支持陳正芬理事長的決定，選擇「培力其他民間社團」，因為這對加速國家布建家庭照顧者服務的成功機會更大，也能維持家總作為一個倡議型組織的初心。從事後結果來看，這項無私決定，確實對家庭照顧者更好。

（四）參與國際家庭照顧者組織聯盟（IACO）

　　全球最早發起家庭照顧者倡權的組織是 1963 年成立的英國照顧者組織（Carers UK），英國也因此擁有最完整的家庭照顧者權利法案與相關福利服務，包括《照顧者認可與服務法案》（*Carers Recognition and Services Act 1995*）、《照顧者與身心障礙兒童法案》（*Carers and Disabled Children Act 2000*）、《照顧者平等機會法案》（*Carers Equal Opportunities Act 2004*）等。Carers UK 並在 2012 年發起成立國際照顧者組織聯盟（International Alliance of Carer Organizations, IACO），目標是在聯合國發起家庭照顧者權利憲章，至今 IACO 組成國包括歐洲（英國、愛爾蘭、丹麥、芬蘭、瑞典、法國等）、美洲（美國、加拿大）、亞洲（臺灣、日本、香港、印度、尼泊爾、以色列等），以及太平洋地區（澳洲、紐西蘭）等橫跨 4 大洲 15 個國家，每年進行會員國間的研討與經驗交流，每 2 至 3 年辦理國際性研討交流會議。

　　家總參與國際組織，最早 2007 年由祕書長陳穎叡至加拿大、2008 年
至美國紐約參加研討會，介紹臺灣家庭照顧者運動現況。2010 年王增勇
理事長參與英國 Carers UK 舉辦的第五屆國際家庭照顧者研討會，並連署
支持在聯合國推動「家庭照顧者權利憲章」的行動。該項研討會發起人之
一的英國里茲大學教授 Sue Yeandle 在 2014 年接受陳正芬理事長邀請前來
臺北參加國際研討會，她當時即力邀家總參加 IACO 預定於 2015 年由瑞
典主辦第六屆國際家庭照顧者研討會，這是共計 32 個國家、六百多人參
與的盛會，由瑞典王后進行開幕致詞。或許是臺灣家庭照顧者運動經驗具
啟發性，放眼亞洲，在家總成立 15 年後，日本遲至 2010 年才有類似組織。
臺灣在 2015 年完成的《長期照顧服務法》，也是全亞洲第一個將家庭照
顧者名詞與權利入法的國家，引人注目。2016 年，家總接獲 IACO 正式
來函邀請成為會員國，陳正芬理事長代表並擔任 7 個理事國代表之一，參
與國際研討會與聯合國「家庭照顧者權利憲章」行動的籌劃，後續由郭慈
安理事長接手參與。

圖 5.4　2018 年家總「照顧咖啡館」計畫獲 IACO 家
庭照顧者創新服務競賽優選，郭慈安理事長與各國代表
手持「喘息咖啡包」合影。

　　2017 年，家總由郭慈安理事長、陳景寧祕書長代表出席澳洲舉辦的
第七屆國際家庭照顧者研討會，介紹臺灣家庭照顧者政策發展及創新服

務。2018年，我國「照顧咖啡館」方案在兩百多個參賽徵件中，與英國、法國、愛爾蘭等4國，獲得IACO全球照顧者服務創新大賞肯定。2021年，家總參與了IACO發起的「全球照顧概況調查（2021 Global State of Caring）」，提供有關臺灣家庭照顧者相關立法、倡議、經濟支持、工作與教育、健康與幸福、資訊與知識、創新服務等訊息，讓世界對於臺灣家庭照顧者運動有更多瞭解。

四、人力與財務

（一）員工人數

　　家總這樣的倡議型組織，最重要的就是人力資本。成立至今，家總員工人數隨「奠基期（1996-2007年）」、「成長期（2008-2017年）」、「轉型期（2018-至今）」三階段發展脈絡，在20年間約增加4倍。2017年長照2.0施行，隨著更多政府委託案或聯勸補助案，家總人力至2017年到達高峰，但至2022年間則因各項服務盤整、收斂，人力呈現一個震盪狀態（圖5.5）。

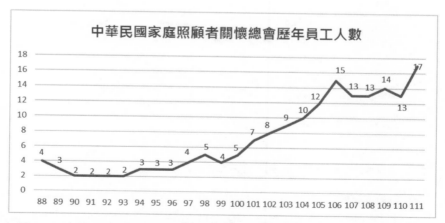

圖5.5　中華民國家庭照顧者關懷總會歷年員工人數
資料來源：家總以每年度12月31日止之員工申報薪資人數製作。

（二）經費規模

　　家總經費來源，主要來自政府委託計畫、民間機構補助（例如聯合勸募協會）、企業捐款、大眾募款收入及會費等。自成立之初約 260 萬元經費，截至 2021 年達 1,830 多萬元，成長約 14 倍。

　　政府委辦計畫包括 2014 至 2018 年衛福部社家署「建置老人家庭照顧者通報機制及支持服務網絡計畫」、2017 年衛福部照護司「醫院推動住院病人友善照護模式輔導計畫」、2019 年起衛福部長照司委託「建置全國家庭照顧者網絡及輔導計畫」。此外，在企業捐助部分，合庫人壽自 2013 年以來以每張房貸壽險保單捐款 300 元支持「喘息學院」、「照顧咖啡館」、「照顧電視台」及年度研討會等，約佔家總年度經費來源 1 至 2 成，雙方合作逾 10 年，成為穩定支持家總推動創新服務的後盾。下表以年度決算數，說明組織經費規模的變化（圖 5.6）。

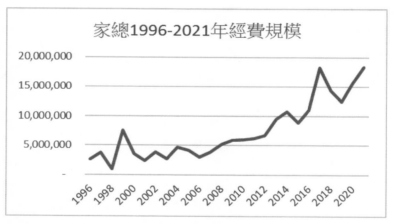

圖 5.6　家總 1996-2021 年經費規模

（三）政府補助佔比過高的隱憂

　　由於家庭照顧者是一項新興社會議題，政府部門及整體社會對家庭照顧者福利服務缺乏經驗與想像，因此民間組織「自己跳下來推動創新服務與試辦計畫」成了必要之路；但承接政府部門計畫擴編人力與業務費用，也意味將在財務面造成依賴。以家總 2020 年財務收入為例，政府補助逾

6成。

　　近年來政府向民間購買契約服務漸成主流，但非營利組織在契約委託關係中如何維持自主性成為一大挑戰。尤其像家總這類以監督與倡議為主體的民間組織，許多立場與政策無可避免「與政府作對」，甚至因此收到來自政府補助部門的「警示」，衝突可能性與衝擊較一般直接服務的非營利組織更大。對此，家總理監事已有警覺並作出分散財務收入的指示[7]。

▌五、家總發展的三個時期

　　家總的組織發展可區分為曹愛蘭、呂寶靜、傅立葉、陳金玲擔任理事長的「奠基期（1996-2007年）」，王增勇、陳正芬擔任理事長的「成長期（2008-2017年）」與郭慈安擔任理事長的「轉型期（2018年至今）」等三個不同階段。

（一）奠基期（1996-2007年）

　　家總創會理事長曹愛蘭自海外留學時即參與民主化運動，返臺後陸續投入婦權、身心障礙者權益運動，家庭照顧者議題只是她關切的諸多社會問題之一，因此擔任一屆理事長即交棒。

1. 讓家庭照顧者被看見，奠定家總發展基礎

　　1998年，時任政治大學社會學系副教授的呂寶靜當選第二屆理事長，雖然有朋友勸告她臺灣孝道文化盛行，家庭照顧者運動窒礙難行，但她覺得「是時候了」。呂寶靜2005年所撰的〈支持家庭照顧者的長期照護政策之構思〉一文，就倡議政府應發展勞務性支持服務、心理性支持服務、

7　2012年5月第九屆第一次理監事聯席會議決議：「針對政府之委託案，避免與家總監督政策角色相衝突，需留意委託案佔家總收入之比例，建議政府委託案可透過理監事會決定是否承接。」

經濟性支持服務、就業性支持服務等 4 項家庭照顧者福利措施，明確指出了家總在政策上可以努力的方向。

呂寶靜接任理事長還有個人因素，她的母親照顧中風先生 18 年寸步難離，她常感嘆，「是不是能作點什麼，減少遺憾？」呂寶靜任內，家總雖僅有 3 至 4 位工作人員，但她身體力行到處演講、募款、舉辦記者會，期望讓更多人聽見、看見家庭照顧者，2001 年召開「各縣市家庭照顧者方案績效評比」記者會，與老盟合作倡議敦促縣市政府落實「中低收入老人特別照顧津貼」、「家庭照顧者訓練班」及「喘息服務」等政策。邀請藝人陳美鳳擔任代言人拍攝募款影片，開辦照顧者下午茶活動，自 2000 年起將 11 月訂為「家庭照顧者關懷月」，以西方每年 11 月第四個週四的感恩節，呼籲大眾注意最應該被感謝的家庭照顧者。呂寶靜身為學者，非常重視研究，家總整理國內相關論文、辦理學術研討會、鼓勵發表論文、創辦國內第一個以家庭照顧為主題的「《照顧者》季刊」。

在創新服務上，呂寶靜也帶領家總開始嘗試。2000 年政府為解決中高齡失業問題，將居家服務視為開創工作機會的新產業，推動居家服務產業化，鼓勵一般戶消費使用（王增勇，2011），家總因此推出「喘息服務」試辦計畫，提供政府居服員訓練實習機會，一則培力居服員，一則也讓家庭照顧者外出參與紓壓活動、支持團體，並有免費的入戶替手。

2002 年 6 月時任政治大學社會學系副教授的傅立葉，接任家總第四屆理事長。2003 年發生了劉俠女士遭菲傭傷害致死的重大事件，家總與民間團體合作辦理「建構完整的長期照護體系」記者會，要求政府加速建構長期照護體系，內政部因此成立照顧服務體系工作小組。2004 年家總理監事改選，傅立葉理事長因獲聘行政院政務委員無法連任，時任臺北市立聯合醫院松德院區社工科主任陳金玲接任第五屆理事長。2005 年 10 月 21 日發生了 52 歲臺師大資訊教育學系教授李天佑難捨肌肉萎縮症長子與次子接連過世因而跳樓輕生的憾事，家總邀請團體共同舉辦「請給家庭照顧者一個未來」記者會，並將每年 11 月第四週週日訂為「家庭照顧者日」，期待喚起重視。

陳金玲理事長任內，參與出院準備服務、喘息服務、國民年金、外籍看護工、《兩性工作平等法》、民間健保監督聯盟等倡議活動。一方面也

在王增勇常務理事的協助下，召開研討會、承接「建立女性照顧負荷評估指標之研究」。

　　根據陳正芬（2012）分析，家總在草創的前 10 年間，因為民間團體訴求重點是爭取老人、身心障礙等被照顧者所需的服務，因此「家總的主體性與訴求顯得相當薄弱」，但在王增勇接理事長後，更重視爭取家總主體性，因而有了內部分裂的發展。

（二）成長期（2008-2017 年）

　　2010 年 12 月 26 日，臺北市文山區發生 83 歲王老先生以不忍妻子受病痛折磨為由，以安眠藥迷昏 79 歲罹患帕金森氏症妻子，再以鐵鎚將螺絲起子釘入妻子顱內的駭人殺人案，王老先生的經濟無虞，2 個兒子都長住美國。這件長照悲劇事件凸顯了臺灣人口老化、社會轉型後的家庭照顧危機，從此之後，照顧者殺人、自戕或與被照顧者同歸於盡而躍上新聞版面的「照顧悲劇」幾乎年年都有，促使家庭照顧者議題開始被社會關注。王增勇接任理事長之初，時值 2008 年馬英九總統上任後著手研議長期照顧保險制度，王增勇理事長因緣際會下得以進入行政院長照小組，2011 年 3 月行政院《長期照護服務法》版本送達立法院，直至 2015 年才完成立法，這期間剛好歷經了王增勇、陳正芬兩任理事長的交接，兩人前後攜手，與民間團體合作將家庭照顧者地位與權利正式入法，也創下亞洲首例。

1. 不畏衝撞、理念結盟，爭取照顧者權利法制化

　　2008 年時任陽明大學衛生福利所副教授王增勇接任家總第七屆理事長，並續任第八屆理事長。王增勇的大姊在他大學聯考那年因車禍成為脊髓損傷者，幸福家庭一夕變色，他對於社會環境的不友善與歧視也特別有感。王增勇（2012）在〈家庭照顧者作為一種改革長期照顧的社會運動〉一文中提到，希臘文中的「doulia」（中譯為：照顧互助），付出照顧的人應該被善待，照顧者也有人權，國家與社會應該依「照顧責任公共化」與「家庭照顧有酬化」原則，支持家庭照顧者，分擔家庭照顧負荷，促進

兩性平等與社會公平正義。王增勇認為，家總的重要工作就是幫助家庭照顧者重新看見自己，並集結彼此成為具有行動力與發言權的組織，爭取應有的權利。

2008 年 5 月 20 日國民黨籍總統馬英九上任，競選期間提出的「推動長期照護保險與立法」政見，自 2009 年起委託專家學者進行規劃，並成立「行政院長期照護保險推動小組」，家總也受邀參與。家總「在長期照顧政策規劃的場域中，意外地獲得參與以及發聲的管道」，王增勇除辦理研討會，亦呼籲「讓家庭照顧的支持與陪伴成為臺灣長期照護保險特色」。

隨修法主張浮上檯面，家總重要成員間的歧見也逐漸明顯。王增勇主張「將外籍看護工納入長照體系督導與管理」、「家庭照顧者有酬化」無法在理監事會議達成共識，也導致老盟、身障團體代表與創會理事長，自 2010 年起停止參與家總會議（陳正芬，2012）。王增勇事後回想，「衝突在所難免」，家總逐漸成熟，過去依附於被照顧者運動的倡議路線，勢必重整，建立以家庭照顧者為主體的思考與訴求。

爾後行政院提出《長期照顧服務法》草案，家總與婦女新知在 2010 年 10 月發起成立包含 26 個性別、病友、移民與移工、原住民團體與 10 名學者的「長期照顧監督聯盟（長督盟）」，特別強調要納入「過去被排除在長照政策討論的邊緣團體」（王增勇，2011）。此時，老人福利推動聯盟（簡稱「老盟」）也主導發起涵蓋老人、身障、智總、居家服務策略聯盟、公平稅改聯盟、女人連線等三百多個團體的「長期照顧推動聯盟（長推盟）」，形成兩個聯盟各自倡議的局面。

兩聯盟最大的爭議點在外籍看護工問題，家總所屬的長督盟支持外籍看護工納入長照體系，由老盟主導的長推盟則否。當時行政院版的《長期照顧服務法》也被批評過度醫療化、證照專業主義、績效主義，側重政府部門的管理，看不出政策理念（王增勇，2009）。由於爭議過多，莫衷一是，2010 年《長期照顧服務法》只審議到第五條，就因立委改選屆期法案不連續而中止，2013 年才重新送立法院討論。

2. 更多媒體溝通與社會對話，協助政府布建家照服務網絡

時任文化大學社會福利學系副教授陳正芬在 2012 年接下第九屆理事長一職。陳正芬僅擔任過家總一任的常務理事，但在歷經第八屆理監事大換血後，以初生之犢的態勢接任了家總第九屆理事長。2013 年《長期照顧服務法》行政院版重新送立法院討論，立法委員也有 14 個提案版加入戰局。此時家總的立法重點有三：一是爭取在原來對家庭照顧者未有隻字片語的法條中，增列家庭照顧者名詞與相關權利，雖然家庭照顧者津貼條文因財務與文化因素考量被刪除，但最後立法結果，第一條明定立法精神係為「保障接受服務者與照顧者之尊嚴及權益」，並增列第十三條「家庭照顧者支持性服務」，創下亞洲立法首例。

二是爭取「家庭照顧者週休一日」，喘息服務由每年 14 天擴大到 52 天，家庭照顧者關懷總會、失智症協會、婦女新知基金會等民間團體，甚至在 2011 年號召百位家庭照顧者橫臥在二二八紀念公園的音樂台上，爭取「我要睡覺」的權利。三是爭取外籍看護工納入長照體系的訴求，家總理事長陳正芬還參與台灣國際勞工協會（TIWA）走上凱達格蘭大道「血汗長照」的移工大遊行。但這兩項訴求，最終並未通過。

當家庭照顧者議題成功被納入《長期照顧服務法》條文時，王增勇也意識到這項重大勝利的責任重大，家總過去以「宣導」與「推廣」的定位，不足以回應新的局勢發展，家總必須向第一線服務團體學習，向政府提出更具體的服務設計藍圖，而不能憑空想像。王增勇預言「這項工作將主導家總未來 10 年的工作方針」，我們正站在某個歷史浪頭，過去十多年的努力，或許就在等待這一刻的到來。這項預言成真，陳正芬理事長任內，就協助衛生福利部啟動了全國家庭照顧者支持性服務網絡的布建，並成為長照 2.0 的 17 項創新服務之一。

| 圖 5.7　　家總辦理喘息服務監督記者會，爭取家庭照顧者休息權

　　陳正芬擔任理事長期間，家庭照顧者已逐漸成為民眾有感議題，但如何讓社會大眾更瞭解問題，並促使政策改變？陳正芬邀請當時在公關公司任職的陳景寧擔任理事，協助更密集的記者會策略，策劃具吸引力的新聞報導，凸顯家庭照顧者的處境與服務匱乏。例如「十大家庭照顧者新聞凸顯三化危機：高齡化、男性化、激烈化」；「家庭照顧者祕密客突檢 22 縣市政府，逾半數諮詢服務不合格」；「為百萬家庭照顧者請命，爭取週休一日立法」；調查家庭照顧者最受傷與不想聽到的「十大窘句」，在春節前提醒家人返鄉團聚時「說好話」別踩雷；與婚紗業者合作，讓錯過婚齡的中年照顧者，披上婚紗說故事，凸顯「別讓照顧變成耽誤終身幸福的遺憾」意象。也因這段合作經歷，陳景寧在 2014 年選擇轉戰跑道，擔任家總祕書長。

（三）轉型期（2018 年至今）

　　2017 年 6 月時任中山醫學大學醫學社會及社會工作學系副教授郭慈安接任第九屆理事長，陳景寧續任祕書長。此時正值長照 2.0 計畫於行政院核定，預備在 2018 年推動給支付新制上路之際。而立法委員質詢「照顧不離職」的議題時，根據勞動部回覆資料，在 1,153 萬勞工中，約有五分之一正面臨照顧事件，粗估 231 萬名勞工受到影響，每年因照顧「減少

工時、請假或彈性調整」約 17.8 萬人，因照顧「離職」約 13.3 萬人。

　　長照 2.0 在 2018 年匆促上路，一百多項服務突然間拋出，民眾有許多困惑也不知道該如何使用，家總因此趕製一款簡易網站，命名為「長照四包錢」線上計算機，幫助民眾秒懂政府補助項目，並召開記者會宣布進行第一屆「聰明照顧者」徵求活動，引導親力親為的苦情照顧者，善用長照 2.0 資源變身「聰明照顧者」。此外，有鑑於家庭經常為照顧分工爭執甚至關係破裂，家總也在諮詢法律扶助基金會後，設計「家庭照顧協議」線上指引工具，並提供社工與律師擔任主持人的服務。

　　此外，家庭照顧者支持據點的布建，截至 2016 年已有 30 個據點，但衛生福利部認為布建速度仍然太慢，必須加速，因此於 2018 年提出縣市政府「家庭照顧者支持性服務創新型計畫」，並在 2019 年完成縣市全數布建，至 2022 年達到全國 119 個家庭照顧者支持據點的數量，委請家總協助制訂工作手冊、進行據點訪視輔導與全國家照專業人力培訓等。

　　衛生福利部 2018 年「家庭照顧者支持性服務創新型計畫」，要求縣市根據轄內家庭照顧者樣態與需求，整合跨領域資源、培訓專業人力，建構以家庭照顧者需求為中心的服務體系，布建家庭照顧者支持服務據點。中央並鼓勵縣市政府「因地制宜」發展符合在地需求之家庭照顧者創新服務項目，並強調「家庭照顧協議」及「財務管理知能」服務發展的重要性。但這項具前瞻性的計畫，在 2021 年修正版退回到較保守，強調技巧指導、減輕照顧負荷的作法。

　　此外，自 2019 年起臺灣歷經新冠疫情威脅，面對三級警戒，家總持續傳遞國際照顧者組織聯盟資訊，轉譯 Carers UK「疫情下的家庭照顧者」調查報告，要求政府就有限疫苗分配應參考先進國家，提供家庭照顧者優先施打疫苗。2021 年 7 月，全國日照中心及失智據點因防疫已關閉 2 個月，長照家庭哀鴻遍野，家總與失智症協會（TADA）、中華民國老人福利推動聯盟（老盟）、台灣居家服務策略聯盟（居服盟）四團體共同發起一人一信籲「小英總統！還我日照及失智據點」行動。為了給予苦撐待變的家庭照顧者更多支持，家總也在疫情最緊繃的期間，推動五人線上成群互道平安「五賴（LINE）有保庇」、「緊急交接照顧工作」等服務，讓照顧者降低孤立感、也不必擔心自己倒下後無人可接手照顧家人。

　　由於家總與政府部門對各縣市家庭照顧者支持據點的期待不盡相同，因此自 2022 年起家總不再負責全國家照據點的輔導工作，而是自行設置「家照學院」進行案例彙編、培訓課程研發等工作，持續建立關於家庭照顧者服務的專業知識體系，希望給予專業工作人員、家照據點、縣市政府協助。家總也將此視為一個組織轉型的分水嶺，過去幾年間已完成政府部門服務體系的建置，接下來則是持續監督、精進，未來隨著企業社會責任 ESG 發展趨勢，將更多工作觸角轉向家庭、企業與社區，推動全民長照教育。

六、貢獻與展望

（一）讓臺灣社會看見家庭照顧者

　　在講求孝道文化、家庭主義的臺灣社會，多年來家庭照顧多被簡化、美化，家庭照顧者就像「被按下暫停鍵的隱形人」。陳景寧（2019）分析，即使長照 2.0 由政府補助了 84%，除了存在資訊障礙，「不知道、不會用」；還有長照服務無法滿足需求，「不能用、不好用、不夠用」；另有一群民眾「不想用」，因受制於自己的傳統思想、排斥陌生人，或受制於長輩的排斥，或親朋好友的孝道壓力「不敢用」。

　　因此家總多年來的重要工作之一，就是透過研究發表、服務歷程，鼓勵照顧者現身說法，讓家庭照顧者的犧牲與價值被社會看見。此外，「看見家庭照顧者」的意識也必須滲透到專業人員，例如提醒長照專業人員的訓練，不要只問「阿公阿嬤昨天睡得怎麼樣？」而是先看到家庭照顧者「你好不好？」看見與同理，才是啟動一連串改變的起點。

（二）建立新長照論述

　　關於照顧，每個人都應該被提醒，重新思考社會變遷下的照顧如何安排？不必受制於傳統價值觀與文化，應該有新思維、新作法，作出心甘情

願也符合「最佳利益」的選擇。家總據此發展出一些讓民眾能有所觸動、一目了然的淺白口號。包括：

1. **零家庭照顧者時代**：平均家戶人口數已降至 2.6 人，一人戶加兩人戶高達 56%，未來的家庭已無法負起獨力照顧的大任。
2. **新三不長照**：不離職照顧、不必然自己照顧、家庭不失和。
3. **長照 2.0 新家人關係**：尋找一群專業人員，替代無法照顧的血親家人。各類專業人員及照顧服務員，甚至外籍看護工都是我們的新家人，照顧者更正向互動，關係好，照顧分工與品質更好。
4. **親朋好友少句話運動**：不動手幫忙、沒給錢支持，就不要動口干涉別人家的選擇，沒有人是局外人，今天你議論別人，明天你就受人議論。

（三）家庭照顧者權益與服務入法

家總與「長督盟」團體、學者組成的民間夥伴，在 2015 年將「家庭照顧者」一詞納入第一條立法目的，其尊嚴及權益與被照顧者應受到相同保障，並成功爭取到增列第十三條「家庭照顧者支持性服務」，包括：有關資訊之提供及轉介、長照知識、技能訓練、喘息服務、情緒支持及團體服務之轉介、其他有助於提升家庭照顧者能力及其生活品質之服務等。前項支持性服務之申請、評估、提供及其他應遵行事項，由中央主管機關定之。

雖然目前家庭照顧者支持性服務內容仍差強人意，例如缺少經濟支持、工作權的保障、長照安排假等，但這已是臺灣家庭照顧者權利向前走了一大步，意味著政府過去可以隨心所欲提供的慈善，現在都變成法律規定的責任，更具強制性。以「家庭照顧者」為主體性發展的支持網絡，臺灣在亞洲國家中可謂是佼佼者，網絡密集度也是最高的。

（四）建置家庭照顧者支持網絡

家總自 1996 年成立之初自行募資建立的諮詢專線，如今已經轉換成全國免費家庭照顧者關懷專線 0800-507272，持續電話專人服務型態，提

供有關家庭照顧計畫或照顧者個人深談議題的諮詢。關懷專線能轉介高負荷個案予後端全國各縣市 119 個家庭照顧者支持服務據點，形成更為綿密的家庭照顧者服務網絡，可特別處理在長期照顧體系中難以深度介入的個人內在障礙、家庭關係衝突等問題。

（五）推動醫療與長照服務更好的整合

　　家總在 2004 年參與內政部第十次老人福利委員會即提案關切「出院準備服務計畫之施行現況」，2017 年辦理「出院準備服務銜接長照 2.0」記者會，公布民調數據，並分析全國 22 家教學醫院出院準備服務現況，呼籲積極協助民眾於出院前銜接長照 2.0 服務，縮短空窗時間，減輕照顧壓力。長照 2.0 推動後，在 17 項服務中即有「出院準備服務銜接長照 2.0」，透過計畫補助誘因，鼓勵醫院推動，讓民眾得以在出院前，就取得長照服務的申請與評估，縮短返家後照顧的空窗。

　　家總發現許多住院陪病不僅造成照顧者沉重負擔，也對病人照顧品質、醫院感染管控、照服員人力等造成不利影響。家總於 2004 年參與內政部第十次老人福利委員會，即提案「醫院實施全責照護制度之研議」，後在 2017 年 2 月衛福部陳時中部長上任之初，投書媒體呼籲政府解決「住院聘請看護不易且缺乏管理良莠不齊、家人負擔沉重且恐影響工作問題」，建議推動全責照護。同年，承接衛生福利部「106 年度醫院推動住院病人友善照護模式輔導計畫」，深入研究醫療院所推動本案之可行性，發現共聘制度無法真正落實由醫院管理看護，解決民眾需求，唯有納入健保制度中方能落實推動，其後行政院正式提案，也與台北市產業總工會、婦女新知基金會、老人福利推動聯盟、台灣失智症協會、身心障礙聯盟等五大團體合作共同倡議，邀請立法委員拍攝影片呼應支持，政府終於在 2022 年啟動了全民健保 3 億元的住院整合照護試辦計畫，第一期約有 40 家醫院參與推動，培訓照護輔佐人員。這項重大政策的進展，雖拜疫情所賜，但民間組織的不屈不撓也是重要促成因素。

（六）推動家庭照顧者調查與研究

　　家總自成立之初就不斷倡議政府應有家庭照顧者的調查數據，才能作為政策規劃的參考。借鏡國外，例如日本總務省統計局自 1956 年即在「就業狀況調查」中同時瞭解受僱者的家庭照顧狀況，每 5 年調查一次以因應家庭需求。而設有照顧者專法的英國政府則從 2010 年開始於「全國家庭資源調查」中，特別以家庭照顧者為主體，設有「家庭照顧者調查專章」，每年進行調研分析，使其後續在 2014 年通過之照顧法案能精準呼應家庭照顧者需求，值得效仿。

　　經不斷倡議後，2007 年家總受衛生署委託進行我國首次「家庭照顧者需求調查」，而「身心障礙者生活狀況調查」自 2016 年與「老人生活狀況調查」自 2017 年起已同步進行主要家庭照顧者調查。從中即發現男性照顧者從約 1 成比例持續增加至近 4 成的趨勢，可作為推動家庭工作的重要參考。

（七）培力家庭照顧者服務跨網路專業人員

　　翻轉改以家庭照顧者為服務主體的思維，最需要改變的可能是跨網絡專業人員，尤其是夾在被照顧者、照顧者兩方的專業人員，如何在權利衝突之間作出最佳判斷，實需更多倫理教育與工作方法的研討，家總因此製作了工作手冊、辦理訓練課程，並發展家庭照顧協議會議主持人等，以因應當今社會工作所需的新型態課程資源。

　　為了幫助專業工作者提高對潛在風險家庭照顧者的辨識敏感度，家總在 2015 年起發展「高風險家庭照顧者初篩指標」，作為通報、轉介工具。另參考李淑霞、吳淑瓊教授研究結果，建立涵蓋身體負荷、情緒負荷、關係負荷、經濟負荷、時間負荷、正向感受等六大面向的「家庭照顧者負荷評估量表」，藉此以協助專業人員評估家庭顧者負荷與需求，並透過個案管理服務數據分析，持續提升各項工具與服務的適切性。此外，也增加關於家庭關係與動力、個人生涯發展、工作與照顧平衡等培訓課程。

（八）全民長照教育：發展具體可行的照顧對策與工具

家總協助照顧者盤點現有資源，提出具體可行的照顧計畫研擬流程，例如90分鐘「長照預備課」於照顧咖啡館、社區、民間組織推廣，讓大眾有機會模擬試作自家照顧計畫，有備無患。

1. **階段性照顧安排：** 在輕中度階段善用居家服務、日間照顧資源，盡可能延長在家居住時間；但也要作好進入重度階段的住宿機構或外籍看護工照顧的準備。
2. **「長照四包錢」線上計算機：** 協助照顧者快速掌握政府輔助要點，預估接受補助的額度。
3. **「家庭照顧協議」線上指引工具：** 只要花15分鐘9個步驟，就可以完成資源盤點、資產盤點，作好召開家庭會議的準備。
4. **長照1234：** 一地圖（衛福部長照服務資源地理地圖）、兩電話（1966長照專線、0800-507272家庭照顧者關懷專線）、三步驟（資源盤點、資產盤點、家庭會議）、四包錢（照顧及專業服務、交通接送服務、輔具及居家無障礙改善服務、喘息服務）。

圖5.8　家總鼓勵家庭照顧者為自己發聲，並配合社會變遷，善用科技發展「長照四包錢線上計算機」，推動全民長照教育

▌七、願景：打造一個免於長照恐懼的「友善照顧環境」

1948 年聯合國《世界人權宣言》主張社會應保障個人尊嚴及人格自由發展所必須之各種權利，包括第 23 條「工作權」，人人有工作與自由選擇職業的權利；第 24 條「休息權」，人人有休息及閒暇之權，包括工作時間受合理限制及定期有給休假之權；第 25 條「健康權」，人人有權享受健康與幸福的生活，不受疾病、衰老所影響。那家庭照顧者的基本人權是什麼？誰又該保障他們的權利？

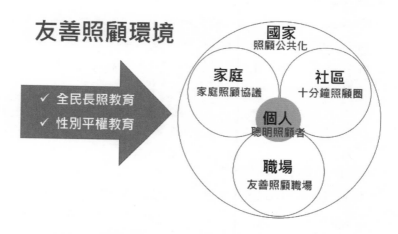

圖 5.9　「友善照顧環境」需要多方結盟和串聯

家總多年來不斷在向社會提問：家庭照顧是「愛的勞務」，若能把身體照顧委任給專業人員，家庭會不會更有餘裕發展愛？也提出「新三不長照：不離職照顧、不必然自己照顧、家庭不失和」作為敦促國家發展照顧公共化的目標（陳景寧，2019）。「友善照顧環境」的重點之一，是擴大、加速國家長照服務公共化。家總在 2010 年 7 月與婦女新知基金會（婦女新知）商議後，邀請中華民國老人福利推動聯盟（老盟）、台灣失智症協會（TADA）、台灣身心障礙者自立生活聯盟（台自盟）、台北市行無礙資源推廣協會（行無礙）、台灣國際勞工協會（TIWA）、臺灣原住民族

長期照顧聯盟協會（原照盟）、伊甸社會福利基金會附設活泉之家（活泉之家）[8] 等九團體，重組「長照權益監督聯盟（長權盟）」，經過 11 個月漫長討論後，共計提出 18 條修正條文，包括了週休一日喘息權、外籍看護工納長照體系管理、民主審議機制、吹哨者保護條款、設置長照公評人、長照調解機制等，在疫情期間舉辦 4 場次線上說明會，邀請立委、媒體與民眾參與。家總的量能有限，結盟共好是必須之路，家總將持續透過個人、家庭、企業、社區、社團等不同層次的串聯合作，打造臺灣成為免於長照恐懼的友善家園。

謝誌：　感謝創會理事長曹愛蘭女士、國立政治大學社會工作研究所呂寶
　　　　靜教授、新北市家庭照顧者協會陳金玲理事長、國立政治大學社
　　　　會工作研究所王增勇教授、國立臺北護理健康大學長期照護系陳
　　　　正芬教授、中山醫學大學醫學系郭慈安副教授，於本文撰寫過程
　　　　中接受採訪與提供意見。

｜參｜考｜文｜獻｜

中華國家庭照顧者關懷總會，2006，《十週年特刊》，頁 26。

中華民國家庭照顧者關懷總會，2007，〈第二屆家庭照顧者日家庭照顧者調查〉。取自：https://www.familycare.org.tw/policy/10635

中華民國家庭照顧者關懷總會，2012。2012 年 5 月 22 日第九屆第一次理監事聯席會會議記錄。

中華民國家庭照顧者關懷總會，2014。2014 年 5 月 31 日第十屆第一次會員大會會議記錄。

王增勇，2009，〈家總應自我期許扮演草根組織與政策倡導的橋梁〉。《中華民國家庭照顧者關懷總會會訊》60: 2-3。

王增勇，2011，〈家庭照顧者作為一種改革長期照顧的社會運動〉。《台

8　伊甸基金會附設活泉之家於 2022 年間因人事變動，退出發起人。

灣社會研究季刊》85: 397-414。

王增勇，2017，別讓照護使你的生命枯萎，《照護爸媽，我得離職嗎？》推薦序。羅淑慧（譯），2017，介護離職しない、させない。台北：大是文化。

呂寶靜，2005，〈支持家庭照顧者的長期照護政策之構思〉。《國家政策季刊》4(4): 25-40。

李安妮，2006，〈感恩與珍惜〉。《家庭照顧者關懷總會十週年特刊》，頁5。

李淑霞、吳淑瓊，1997，〈家庭照護者負荷與憂鬱影響因素〉。《護理研究》6(1): 57-68。

吳淑瓊、莊坤洋，2001，〈在地老化：台灣二十一世紀長期照顧的高齡福利措施方向〉。《台灣公共衛生雜誌》20(3): 192-201。

林萬億，2006，〈1990年代以來臺灣社會福利發展的回顧與展望〉。《社區發展季刊》109: 12-35。

林萬億，2012，《台灣的社會福利：歷史經驗與制度分析》，頁50。台北：五南出版。

陳正芬，2013，〈我們需要怎樣的長期照顧服務法？〉。《中華民國家庭照顧者關懷總會會訊》73: 1-2。

陳正芬，2014，〈我們一起再接再厲，推動照顧者權益保障〉。《中華民國家庭照顧者總會會訊》75: 1。

陳正芬，2016，〈參與第六屆家庭照顧者研討會成果報告〉。台北：中華民國家庭照顧者關懷總會。

陳正芬，2018，〈當潛水的照顧者浮現：家總的成立與路線之爭〉。收錄於蕭新煌，官有垣，王舒芸主編，《臺灣社會福利運動與政策效應：2000-2018年》。台北：巨流圖書。

陳正芬，2019，〈我們是「伙伴」還是「代工」？中小型非營利組織的發展契機與困境〉，《社區發展季刊》166: 145-158。

陳景寧 2019，〈從家庭照顧者視角看長照3.0〉，家庭照顧者關懷總會年度研討會：從家庭照顧者視角看長照3.0。

曹愛蘭，2006，〈一群女人的悲願〉。《家庭照顧者關懷總會十週年特刊》，
　　頁3。

衛生福利部，2006，110年度「家庭照顧者支持性服務創新型計畫」申
　　請獎助作業規定。取自：https://1966.gov.tw/LTC/cp-6455-69939-207.
　　html

Finch, Janet and Dulcie Groves, 1983,"Introduction." In Finch, Janet
　　and Dulice Groves (eds.), *A Labor of Love: Women, Work, and
　　Caring,* pp.1-10. London, Boston, Melbourne and Henley:
　　Routledge and Kegan Paul.

Carers UK, 2022,Our History. Retrieved from: https://www.carersuk.
　　org/about-us/who-we-are/our-history

服務型

PART

CHAPTER **6**

化不可能為可能：
喜憨兒社會福利基金會

蘇國禎、楊琇雁、羅淑霞、顏鴻吉、胡玉芳

▌一、緣起：翻轉生命的力量

在 1980 年之前，台灣身心障礙者的人權尚未受到重視，多仰賴家庭本身或是宗教慈善團體的照顧，他們如同隱形人被排除在社會體系之外。其中有些障礙者則是被安置於大型，且較偏遠地區的教養機構中。身為障礙者家長的蘇國禎與蕭淑珍夫婦有感於資源的匱乏，集結特教老師溫淑蘭、林梨華老師、施朝龍先生、陳惠玲女士等 30 位熱心的家長，於 1992年 11 月創立了「高雄市智障者福利促進會」，推動「智障兒童玩具圖書館」、「心愛清潔隊」、「庇護工場」、「支持性就業」等服務，嘉惠高雄地區心智障礙者。

然而「高雄市智障者福利促進會」屬協會性質，許多活動與發展受到限制，為提供身心障礙者更多元的服務，協會成員決定將組織的規模擴充，成立地區性的基金會。在家長們的奔走下，於 1995 年 6 月 29 日，募得新台幣 500 萬元順利成立喜憨兒文教基金會。同年 9 月「喜憨兒文教基金會」成立大會時，舉辦了一場「心手相連，共築家園」的千人遊行活動，來宣導社區照顧的理念。

基金會各項服務獲得家長及社會各界之肯定，期盼能將服務模式及理念推動至其他縣市，籌措 3,000 萬元基金後，於 2001 年 5 月向內政部立案，同年 10 月完成法人登記，成為全國性「財團法人喜憨兒社會福利基金會」，可提供全台更多的心智障礙者及其家庭服務，實現我們對心智障礙者終生照顧、終生教育的職志（蘇國禎，2007）。

▌二、核心價值：天公疼憨人

「喜憨兒」的命名由來，出自於身心障礙者家長對於孩子的疼惜，期望透過創新、正面、積極的名字來代替智障、白癡、傻瓜等污名化的字眼，藉由台灣人耳熟能詳的俚語——天公疼憨人，取得「疼惜」、「疼喜」憨兒的靈感，「喜」和「惜」不但是諧音，而且討喜，「喜」是疼惜和歡喜、

「憨」是暱稱、「兒」是永遠的孩子；三個字合起來，就是「疼惜憨兒、憨兒歡喜」，成為喜憨兒基金會命名的由來（蘇國禎，2007）。

在成立基金會之後，要以什麼樣的型態來讓憨兒們自力更生，大家集思廣益，甚至到日本去觀摩相關的社福團體，後來決定成立「烘焙屋」。首先，麵包是日常主食之一，行銷上比較沒有問題。其次，過去智障者總是給人悲情、社會資源消耗者的刻板印象，而穿著白色衣服的麵包師傅，給人乾淨、整潔的形象；剛出爐的麵包則給人溫暖與溫馨的感覺；且麵包店需要開在社區裡，憨兒們可以在社區中工作，和社區有緊密的互動，讓社會大眾更認識憨兒。這麼作，有助於憨兒融入社會，爭取更多資源與公平的對待（蘇國禎，2007）。

基金會一直期許身心障礙者能在社區中獨立、自主、自在的生活，因此基金會以「終生教育、終生照顧」為願景，「創造心智障礙者生命的尊嚴與喜悅」為使命，並且以「身心障礙者用自力更生的方式來創造價值」作為服務的目標，認為心智障礙者只要經由適時、適當的引導，也能夠發揮潛能、回歸社區；可以有家、有工作、有朋友；可以擁抱生命的尊嚴與喜悅，實現了對心智障礙者的終生照顧、終生教育的願景（蘇國禎，2007）。

以自力更生為目標，基金會「用第三部門的使命為本質，第二部門的手法來營運，解決第一部門的社會問題」（蘇國禎，2016）。作為發展的定位，讓心智障礙者從社會資源的消耗者變成社會資源的創造者；也從被服務者變成服務者，藉由角色的改變讓心智障礙者能融入社會主流，得到社會的肯定。因此，喜憨兒基金會成立之時，即強調「給他魚，不如給他釣竿教他釣魚。更重要的是帶他到有魚的地方，讓他釣得到魚」的概念之下，於 1997 年成立第一家喜憨兒烘焙屋，提供心智障礙者自力更生的地方，支持他們獨立自主（蘇國禎，2013）。

▌三、創辦人：無私無我 有夢有愛

許多人認為微弱的生命「不可能」發光……

我們堅持、我們努力耕耘，我們看到許許多多生命發光了……

「不可能」真的成為「可能」！（蕭淑珍，2004）

「有了一個與眾不同的孩子，所以在一帆風順的人生中有了不一樣的精采。」（蘇國禎，2007）

　　創辦人蕭淑珍老師（現任喜憨兒基金會董事長）和蘇國禎先生（現任喜憨兒基金會執行董事），兩人為台大化工系的班對，婚後育有一男一女，兒子為資優生，畢業於台大電機系，女兒怡佳現今 45 歲，出生時因缺氧造成腦部受損而導致腦性麻痺，連帶語言、肢體等重度多重障礙。一般的孩子大約 7 個月會坐，8 個月會爬，但怡佳 2 歲多的時候才學會坐，找遍高雄的醫生但沒有人說得出來她得什麼病，不得已來到台北就醫，台大醫院神經科醫師跟他們說，妳女兒是重度腦性麻痺。醫生說只能作復健，於是每兩個星期全家就坐上國光號上台北讓女兒作復健。在例行北上復健，南下返家的日子裡，一次夜裡，就在國光客運快進高雄站時，窗外的黑暗，映照著車內的燈火通明，看不到窗外的景緻，只看到車窗上映著夫妻倆一家四口依偎在一起，彷彿觀望著未知的命運。這樣的日子持續了好幾年，直到女兒 7 歲，但女兒仍然坐不正、站不穩。這個和樂家庭經歷了生命中最大的震撼與危機，曾經以為這將會是生命裡沉重的負擔（蘇國禎，2013）。

　　1991 年，蘇先生因心臟病住院開刀，手術後的那個夜晚，家人帶著女兒來醫院探病。她一顛一跛步履不穩地走到病床邊，蘇先生看後著實心疼。這時，女兒看著爸爸，突然開口唱道：「世上只有爸爸好，有爸的孩子像個寶。」從沒有人教她唱過《世上只有媽媽好》這首歌，她竟自己改編，發自內心唱出來，讓在場的人激動落淚。這首歌，讓他發現女兒的無限潛能，喜憨兒的世界有無限的可能。因為被這首歌深深感動，也讓他產生創立喜憨兒基金會的念頭，要為更多的憨兒服務（蘇國禎，2013）。

　　曾經有家長對蘇先生說：「我敢帶貓啊、狗啊這些寵物上街，卻不敢帶憨兒上街。因為帶寵物上街，路人看了還會稱讚他們很漂亮、很可愛；帶憨兒上街，得到的卻只有異樣的眼光。」憨兒家長面對社會大眾眼光的壓力，也加深蕭老師和蘇先生創辦基金會的動機。在基金會創辦多年後，一位家長跟蘇先生說：「有一天我帶著憨兒出去逛街，迎面一位年輕媽媽帶著約莫 5 歲的小朋友走來，小朋友看著憨兒跟媽媽說：『媽媽，他怎麼長得這麼奇怪啊？』這時憨兒的媽媽屏住呼吸，心想這位年輕媽媽會怎麼跟他的小孩說。年輕媽媽說：『他是喜憨兒啊。』這時這位小朋友說：『媽媽，我知道喜憨兒，他們就是那群很會作麵包的孩子。』這時的我眼淚在眼眶中打轉，真的非常感動。」（蘇國禎，2016）

　　「當你面對一個憨兒的時候，是一場夢魘、一個悲劇；但當你面對一群憨兒的時候，就是一項使命、一番事業。」上天賜予他們夫妻倆這個特殊的孩子，讓他們走過辛酸漫長的撫育路。許多時候心靈深處是孤寂無助的，但是與其獨自傷心難過，不如集結大家的力量創立資源，於是夫妻倆成為領導者帶領著這群家長成立基金會，至今 27 年來，帶領著喜憨兒及家長們一步一腳印走出一條築夢踏實的路。

▋四、組織服務——建構幸福產業

　　幸福是什麼？我們相信臉上展露出笑容與自信的憨兒是幸福的，透過各項營運及服務的建立與推展，期待憨兒們都能感受「愛、被愛、有信心、有希望、有成就」，在幸福產業中有尊嚴地成長，在主流社會中喜悅地存在（蘇國禎，2016）。

（一）導入管理、樹立典範

　　在基金會創立之初，因兩位創辦人有企業經營及管理的背景，一開始就走向與眾不同的社福之路，導入完整的企業管理概念、激發員工多元的能力、建構完善的資訊環境，及契合使命願景之策略規劃，進而逐步創立社會企業的典範（蘇國禎，2013）。

1. 產銷人發財

在管理面向上，基金會將生產、行銷、人資、研發及財務等五大重要管理功能融入各部門任務，每一個任務角色可以動物為代表，來界定其功能：(1) 生產要如耕田牛，腳踏實地——從核心能力到創造價值。(2) 行銷要如叼肉狼，有強烈企圖心——從真情時刻到體驗行銷。(3) 人資要如政商虎，左右逢源——從組織磁場到優質團隊。(4) 研發要如高飛鷹，可以飛高看遠——從創新典範到卓越領先。(5) 財務要如守門獅，滴水不漏——從整合資源到永續經營。透過貫徹五大管理功能，喜憨兒的庇護工場成為全國第一家通過 ISO 22000 及 HACCP 認證，平安度過一次次的食安危機，並持續堅持品質、建立品牌及提升品味，使基金會穩健運作，永續經營（蘇國禎，2013）。

2. π 型人才

透過以上部門任務的明確分工，也更加考驗同仁的能力。在剛開始設立烘焙屋時，社會企業的概念尚未出現，曾有剛來的社工很不解，為何需要學會沖泡咖啡、製作餐飲等，但我們相信只有透過工作人員的示範及教導，憨兒員工才有最好的學習及訓練環境。「π 型人才」是由日本管理大師大前研一提出，也就是成為擁有跨領域專長的能力，以「π 型人才」而言，一：只具備一項工作能力；T：具備兩種工作能力；π：是指兩種以上工作能力，並能發揮綜效。為因應服務場域的特殊性質，同仁須同時兼顧就業服務及門市營運品質，因此，我們努力激發同仁們提升自己的專業及深度，並能逐步訓練至跨領域及全方位的 π 型人才，協助彼此發揮最大效益（蘇國禎，2016）。

3. 智慧雲

如何藉由資訊化，提供同仁更聰明的工具，來創造更大的管理效益，也是基金會經常思考的。初期，我們透過與微軟合作，提出公益申請 Office365 雲端辦公室，導入雲端運用，後續逐步規劃讓每位同仁都擁有

五朵雲的應用，包含管理雲（Office365 雲端辦公室、ERP 企業資源規劃系統、POS 門市收銀系統）、人資雲（人事、行政簽核系統）、健康雲（憨兒健康平台）、行銷雲（電商、行動支付系統）、資訊雲（數位化、雲端化），尤其在疫情肆虐期間，更加發揮了雲端功能，讓所有工作能不受地域及裝置限制，持續維持正常的運作。

4. 策略規劃（平衡計分卡 Balanced Scorecard BSC）

從 2010 年起，基金會開始正式導入平衡計分卡的管理系統，至今已持續執行了 12 年，BSC 的導入協助基金會在財務目標以外，更清楚呈現其他面向的平衡發展及成果。透過策略地圖 4 個構面（財務構面、顧客構面、內部流程及學習構面）的引導，能夠更清楚地統整組織的願景，形成組織策略管理的儀表板，並設定關鍵績效指標（KPI），及訂出具體的行動方案，並且透過每季的追蹤，協助組織的願景目標能夠上下貫徹，也能即時進行校準，確保組織在各面向上都能平衡永續的發展。

（二）開枝拓葉、創新服務

「一心一意的孩子，全心全意地照顧」。基金會目前在全國已設立超過 100 個服務方案及據點，每日提供 1,200 位以上憨兒專業用心的服務。

1. 照顧服務

在照顧服務部分，包含全日型照顧機構、日間照顧機構、日間作業設施及長照機構等，所有服務都期待憨兒們能如一般人生活著，透過園藝活動，能夠刺激五感；感受四季變化；生活技能課程，包含家事整理、簡易備餐、環境清潔等，協助他們培養獨立自主能力；而每次的社區適應，讓憨兒們能夠更加認識周遭的環境，有機會與人相處，體驗多元的生活經驗。我們也提供夜間照顧機構、社區家園等居住服務，對於面臨雙老的憨兒家庭，能夠協助減輕家屬夜間照顧壓力，另一方面，也同時提供憨兒學習獨立生活的機會，讓家屬面對未來時，能夠更加安心及放心。

2. 就業服務

　　我們在全國設立了烘焙屋、餐廳及中央工場等庇護性就業職場，經由工作訓練及流程分析，協助憨兒能夠自力更生，每年聘用超過 300 位身障員工，服務 40 萬以上人次的消費者。透過「標準化流程」的訂定，協助憨兒有更高產能的表現，並提供「個別化服務」，依據每位憨兒的工作特質與能力，進行輔具設計，協助憨兒從中看到自己的潛能及價值，朝自主獨立的目標邁進。而在憨兒能力提升時，我們也會提供強而有力的支持，協助開發友善的一般性職場，經由相關的職能評估，媒合適合的職缺，透過支持性就服員的密集輔導及訓練，協助建立職場的支持者，以穩定憨兒的就業，我們每年約推介 200 位以上憨兒至一般就業市場。

3. 華碩創新就業模式

　　「請問他們會突然在工作時昏倒嗎？」華碩主管擔心問著，2007 年起華碩公司與喜憨兒基金會合作，總共雇用了約 18 位的心智障礙者，這個創新的合作模式為「企業聘用，專業經營」，由華碩直接聘用心智障礙者，在其員工餐廳的烘焙屋工作，並委由喜憨兒基金會經營管理烘焙屋，同時需提供心智障礙員工相關訓練及輔導等專業服務，對於雙方而言，都是第一次的大膽嘗試，合作初期，因企業與社福組織文化的差異，彼此有許多的磨合，也因不瞭解心智障礙者特質，而有許多擔心，但隨著雙方的努力，此方案合作至今已超過 15 年了，並創造了三贏的態勢，在企業部分，減輕人資管理及培訓負擔；基金會透過烘焙屋增加了經營效益；心智障礙者也能在此穩定就業及發展職涯，更協助建立了生涯支持系統，啟動基金會、企業及家庭的連結，提供更好的生活品質及無憂的未來。

4. 台南鮮凍美食工場

　　在 2018 年，基金會再次勇敢地跨出創新的一步，與漢典食品有限公司技術合作，設立了鮮凍美食工場，同時也是全國第一家數位觀光型庇護工場，開創憨兒多元就業之里程碑。工場 1 樓以冷藏冷凍等，加熱即食的

真空料理包生產製作為主，並設有製作、出貨、包裝等職務工作；2 樓有數位故事館，以影片導覽、影像互動、WII 實境互動、及數位彩繪 DIY 等形式，呈現喜憨兒基金會成立的故事，充滿知性與趣味。每個創新的事業，開始時總是充滿挑戰，鮮凍工場營運初期，大家還是較熟悉喜憨兒的烘焙品，購買的消費者並不多，但透過與超商通路的合作，加上疫情的影響，冷凍食品大受歡迎，我們的鮮凍美食，也漸漸上了軌道穩定發展中。

（三）組織文化、傳承永續

　　組織文化代表的是一個組織的 DNA，是組織在經營實踐中，所展現的知識、技能及經驗長期累積逐步形成的，而喜憨兒獨特的組織文化，就是改造憨兒的生命，讓他們能回歸社會，得到生命的尊嚴與喜悅，基金會每年透過整體的年度活動，來凝聚同仁向心力，並使組織文化能夠不斷傳遞及扎根。

1. 喜憨兒劇樂團

　　每年一次的劇樂團巡迴公演，是喜憨兒基金會的年度大事，當初受到也是由心智障礙者組成的「加拿大黑光劇團」激勵，在 2003 年成軍，以「憨兒的異想世界～我是寶貝」首次公演後，至 2022 年，已連續 19 年不間斷地推出新劇，劇團以戲劇及藝術療癒的方式，結合寓言故事，融入憨兒生活點滴，並以憨兒特質進行角色編排，藉由舞台表演，肯定自我價值。基金會同仁也非常期待，每年齊聚一堂欣賞新劇的演出，能一起看見憨兒們不同的成長面向，而每次的公演，也有許多觀眾粉絲給予回饋，喜憨兒劇團有創意、美感，更有滿滿的感動，這些鼓勵與支持，都是劇團每年繼續往前的動力。

2. 全區願景營

　　為因應組織的快速發展，2000 年起，我們每年會舉辦一次全區的共識營，以中上階層幹部為主要參加者，以加強組織使命、價值觀與願景的推展及實踐。至 2010 年起，為使願景更加落實，將共識營改為願景營，

並由會內的主管來引導課程，除了各區及各部門的成果交流，更深入探索基金會的重要議題，並藉此找出策略方針與規劃，近百名主管共同商討策略，以求組織在競爭環境中，能夠求新求變。喜憨兒在組織轉變過程，是以分階段的演進方式，期待在過渡階段能穩定及和諧，以持續發展及茁壯，經過多年的實踐，我們每年都有領航的策略規劃，帶著我們逐年改變，為改造憨兒生命的使命勇往直前。每年的領航策略如下圖 6.1（蘇國禎，2016）。

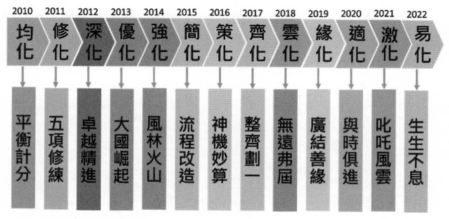

| 圖 6.1　喜憨兒領航策略圖

3. SEED 研討會

　　我們從 2008 年起，每年舉辦一次 SEED 社會企業國際研討會（Social Entrepreneurship to Empower the Disability），連續舉辦了 9 屆（如下表 6.1），以增進國內外 NPO、政府、學術界，對非營利組織與社會企業的瞭解及交流，更藉此累積自身的組織文化與知識。至 2018 年，因政府開始大力推行社會企業政策及方案，邀請喜憨兒基金會共同舉辦了第一屆亞太社會企業高峰會，基金會更負責主辦 2019 年第二屆高峰會，開創國內外 1,200 位參與者之盛會，也拓展了基金會更開闊的視野；因政策主軸調整，亞太社會企業高峰會於 2020 年第三屆，改為亞太社會創新高峰會，至 2022 年連續舉辦 5 屆，基金會皆積極參與其中並貢獻一己之力。

　　基於對身心障礙者就業發展及賦權的初衷，我們將於 2023 年重新啟動及舉辦 SEED 社會企業國際研討會，期待透過國內外相關組織的學習及交流，持續灌溉社會企業的種子，在身心障礙領域開出更多豐盛的果實。

表6.1：SEED社會企業國際研討會

	舉辦時間	研討會名稱
第一屆	2008/11/7-8	NPO 產業化策略與實務研討會——社會企業發展對身心障礙者就業的影響
第二屆	2010/12/2-3	身心障礙者就業模式與社會企業國際研討會
第三屆	2011/11/6	社會企業國際研討會——資源整合、核心能力、成長擴張
第四屆	2012/6/30-7/1	社會企業人力投資與發展國際論壇
第五屆	2013/5/24-25	社會企業之社會影響——就業促進與貧窮舒緩
第六屆	2014/6/12-13	跨界多元新視界——社會企業發展方向國際論壇
第七屆	2015/9/3-4	社會企業國際研討會——創新、深耕與影響
第八屆	2016/10/28	社會企業國際論壇——幸福產業 VS. 社會企業
第九屆	2017/09/07-08	社企的力量——2017 亞洲社會企業創新發展趨勢研討會

（四）需求導向、終生照顧

　　在憨兒生、老、病、死的人生階段中，我們提出生命週期的願景規劃，並始終秉持著愛心、專業、及人性化的服務理念，建置優質與完整的全人服務體系（如下圖 6.2）。

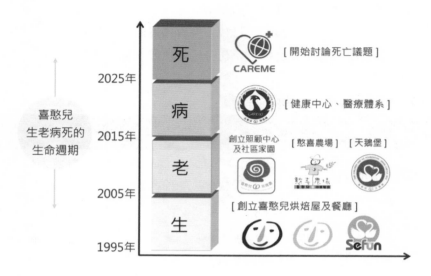

| 圖 6.2　喜憨兒全人服務體系

1. 第一個 10 年：生──建構基礎照顧系統

我們於全國設立烘焙屋、餐廳及中央工場，作為憨兒訓練及就業的職場，也提供日夜間照顧安置的場所。我們不只提供釣竿，更帶領憨兒們到有魚的地方，培養他們自力更生的能力。

2. 第二個 10 年：老──照顧老憨兒的天鵝堡

當憨兒成為老憨兒時，父母也從壯年邁向老年，而根據研究顯示，憨兒約在 40 歲時就開始有老化的情形，這雙重老化的現象，是如此沉重又刻不容緩，因此，背負著許多憨兒家長的殷殷期待，我們努力籌設了天鵝堡（如下圖 6.3），這座帶著憨兒對家的夢想，如城堡般的機構，不僅為老憨兒提供妥善的終生照顧，更為一群老父母分擔憂勞。

| 圖 6.3　喜憨兒天鵝堡

3. 第三個 10 年：病──設立喜憨兒健康中心

　　我們於 2011 年成立了健康中心，規劃統合視覺、聽覺、嗅覺、觸覺的多感官教室，配置職能治療師及物理治療師等專業人員，協助憨兒進行各項復健活動及療癒方案，期待藉由多元專業服務，提升憨兒身心健康及延緩退化。

4. 第四個 10 年：死──開始討論臨終議題

　　在 27 年來服務的過程，我們也時常陪伴憨兒面對親人的離去，對於心智障礙者，如何協助他們明白死亡的意義，是工作上的一大挑戰。而當憨兒本身面對臨終的情形時，如何保有自主及尊嚴，去選擇自己期待的方式，更是很少被觸及的議題。因此，我們於 2016 年舉辦醫療照顧（CAREME）的國際研討會，開始探討相關議題，以學習國內外相關的知識與經驗，為憨兒的未來作更好的準備。

▌五、財務運作：厚積而薄發

　　基金會對於組織發展向來明確且堅定，不僅實踐「終生照顧」與「終生教育」的服務願景，更以自立更生為目標，植入企業管理的 DNA，具體要求社會服務及公益事業的共同成長，以期完成社會使命。

　　已成立 27 年的基金會，在發展初期的資金來源主要來自企業的支持，從 1998 年起，花旗銀行陸續捐款 30 萬美元，並積極結合宣傳資源為喜憨兒發行公益認同卡，實現超過 20 年至今的消費提撥，支持一處處烘焙坊、庇護餐廳的成立，讓基金會社會福利服務得以溫柔永續地發展；中華電信則捐款 3,000 萬元，傾力支持全日型照顧中心天鵝堡的興建計畫，支持老憨兒的終生安置不再是夢想。

　　近年社群媒體興起，基金會為爭取憨兒工作機會，也著手思考跨越地域限制提供服務，除了自建電商平台，喜憨兒基金會更積極地與市場通路接軌，與 7-ELEVEN、全家、萊爾富、OK、全聯、中油等連鎖企業合作商業推廣，兼顧產品推廣的深度與廣度。募款方面，透過建置官方線上捐款平台，並與 LINE Pay、Yahoo、街口、台灣 Pay、Pi 拍錢包等多元支付與入口網站合作，提升勸募專案的能見度及效率，近年小額捐款維持在總體捐款收入的 80%，積沙成塔的力量，幫助基金會逐步累積超過千萬人次的消費經驗及捐款人的信任與支持，也讓「喜憨兒」這個公益品牌深植在台灣這片土地上。

　　分析近 10 年（2012-2021）喜憨兒基金會平均收入，分別為事業收入（庇護商品、委辦方案）53.4%、捐款收入 25.4%、以及委託／補助收入 21.2%（如下圖 6.4）。綜上資料可見，喜憨兒持續承接第一部門服務方案，掌握政策走向，使服務推動與國家發展策略同步，並透過公益事業的推廣，在憨兒就業的使命中向上累加，為服務開枝散葉，從最早的烘焙餐飲，到天鵝堡幸福產業、美體商品，接著更是為貼近市場需求，兼具健康美味，打造全新職種的鮮凍美食工場，讓憨兒在職場上盡情發揮，社會參與更加多元，不僅維持一定的財務自主性，取得盈餘再投入經費建構具 HACCP

及 ISO 22000 國際認證的 4 處庇護工場、持續人員培訓與服務深化，成為不斷前進的動能。

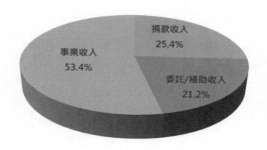

事業收入
53.4%

捐款收入
25.4%

委託/補助收入
21.2%

圖 6.4　喜憨兒基金會平均收入（2012 年至 2021 年間）

　　在財務運作中，基金會定期發布工作計畫及會計師事務所簽證的審計報告，全面公開財務訊息，並公告各項專案的服務執行，把握「簡單參與」及「透明公開」兩項重點，在開拓收入之餘，同時抑制成本浪費，以企業經營的方式，導入 CRM（Customer Relationship Management，顧客關係管理系統）、ERP（Enterprise Resource Planning，企業資源規劃系統）、POS（Point of Sale System，銷售時點情報管理系統）等數位應用，支撐管理端取得即時數據進行有效決策，以維持產業競爭力與充足的風險準備，幫助喜憨兒穩定度過金融風暴、食安事件與近期新冠疫情衝擊，看準目標即義無反顧勇往實現，由募款所得扮演基金會發展的穩固後盾，將每分收入精準再投入服務之中，從經濟及社會地位全面支持憨兒及其家庭，取得正循環的社會價值。

▌六、重要里程碑──築夢踏實

（一）化危機為轉機

1. 喜憨兒六六事件

　　台北市議員在 2005 年 10 月 5 日召開記者會，指責在「Enjoy Taipei 市府餐廳」的喜憨兒工資，只領取基本時薪 66 元太低，成了廉價勞工，引起社會大眾的嚴重質疑，基金會也面臨了有史以來最大的衝擊與壓力，雖於第一時間積極澄清及數次公開財務，負面輿論仍持續排山倒海而來。當時董事會立即召開緊急會議，定調此危機嚴重威脅組織使命，關係著基金會的存亡，也具體影響了捐款、顧客及訂單的大幅流失，最後在不得已的情形下，關閉了竹北工作站，並將原有憨兒轉移至新竹其他工作站，以表達在不實的指控下，基金會因聲譽嚴重受損，捐款及訂單劇減，支持服務的能力無以為繼，導致對憨兒照顧造成的重大影響，讓憨兒及家屬失去了希望及照顧環境，這樣的情形，終於重新喚起社會大眾及輿論，看見及相信基金會存在的價值與意義，基金會也因而度過此次危機（官有垣等，2012；蘇國禎，2009；蘇國禎，2013）。

2. 庇護工場的重新定位

　　透過六六事件，也讓庇護工場定位不明的議題再次獲得重視，並引起政府、學者及社福團體多方的討論。因當時庇護工場在不同政府部門，各有不同功能，在社政體系中，庇護工場為職業陶冶的場所，機構提供獎勵金，與身障者是福利服務關係；在衛政體系裡，庇護工場為社區心理復健單位，透過健保給付相關費用，彼此屬於醫療服務關係；而在勞政部門，則視庇護工場為就業及培訓職場，彼此為勞雇關係。因而在 2007 年《身心障礙者權益保障法》修法後，將庇護工場具體定位為具有勞雇關係之庇護就業職場，應有勞雇關係，隸屬勞政部門，須適用《勞動基準法》及其

他勞動法規；而原來屬於社政與衛政之庇護工場，則回歸各自服務型態，不再使用庇護工場名稱（官有垣等，2012；蘇國禎，2013）。此法通過後，對基金會而言，服務對象由照顧轉為勞雇關係，除了經營成本的大幅增加，須更具市場競爭力外，也考驗專業服務能力與角色的轉換，專業人員須更具訓練培育、工作分析及職務再設計等工作能力提升之技能，以期使營運及服務能在相輔相成下更為融合。

（二）組織結構改造

1. 矩陣式與雙主軸

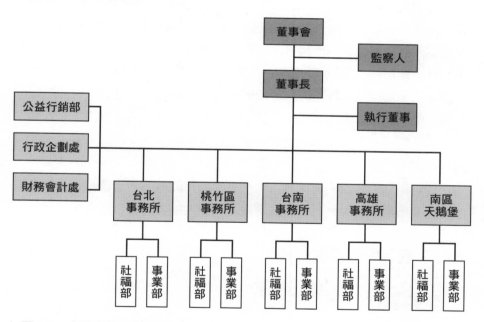

圖 6.5　喜憨兒基金會組織圖

　　因應組織持續的成長及相關業務的擴大，加上 2013 年天鵝堡開始營運，基金會因應最新發展需求，在 2013 年作了大幅度的組織結構調整及突破，運用矩陣式及雙主軸的模式（如圖 6.5）。主要的原因是，在直接提供服務的業務部分，除了社福部門，還有事業單位，我們期待透過這個

方式，讓兩個部門並行，而且相互融合，而新設立的天鵝堡也是相當大的組織，需要正式確認其定位；在行政單位部分，總會設在高雄，隨著業務的擴展，也逐步設立了新竹及台北中心，因此，在這個調整中，我們正式將天鵝堡納入組織圖，同時增加了執行董事職務，並將涉及全區的行政部門進行整併，包含總事業部、公益行銷部、財務會計處、行政企劃處等單位，重新定位及調整位階，使其影響力可貫穿全區，以建置更完善統一的管理機制（官有垣等，2016）。

2. 團隊學習及效率

透過此次的組織改造，也使團隊在成長的過程中，同時有合適的規範，能確保同仁們往同一個方向前進，以發展最佳團隊學習的機會，並企圖達到三個主要原則，即扁平化、功能化與效率化，使組織能更彈性、更精簡地發揮功能及效益（蘇國禎，2016）。在矩陣式的架構下，主管及董事會之間，可以透過每週的三區視訊會議、每月的經營月會及跨部門行政會議、每季的董事會、每年的願景營等，進行充分的溝通討論；而在雙主軸交叉式的管理模式下，當主管提出重要政策時，可運用以上管道，同時與相關部門主管、董事會進行討論，因組織相對扁平，不須經過層層關卡，可快速取得最大共識及決策，大大提升了執行的效率，也讓基金會在多變的社會及市場環境中，有更好的應變及調整的能力（官有垣等，2016）。

（三）喜憨兒的四個效應

1. 畢馬龍效應：價值與改造

古希臘的雕刻家畢馬龍，深深愛上了自己精雕細琢的美麗石像，每日望著她，茶不思飯不想，因此感動了維納斯女神，將石像賦予生命，讓他們終能結為夫妻，快樂幸福的生活。這是美夢成真的故事，正如基金會二十餘年來，每日精雕細琢憨兒的生命，透過生產烘焙麵包、服務餐廳顧客等，協助他們自力更生，讓原本生活在陰暗角落的憨兒們，由接受社會救助的、消耗資源的被服務者轉變為服務者，創造出社會與經濟價值，重新

回歸社會主流，讓喜憨兒三個字，替代過去心智障礙者的負面形象，並賦予了憨兒全新的生命，也使我們的夢想由不可能化為可能（蘇國禎，2016）。

2. 黑天鵝效應：典範與改變

歐洲人以前因只看過白色天鵝，就認為世上只有白天鵝，直到18世紀在澳洲發現了黑天鵝，把牠帶回歐洲，人們才打開了視野，破除既定印象，也對認知的限制進行反思，並作出改變。因此「黑天鵝效應」即是要人們發現及因應，最不可能發生但總會發生，且會造成極端影響的事件。正如同喜憨兒成立了「天鵝堡」，以解決雙老的困境，但它同時擁有象徵幸福的城堡造型、並融合了幸福產業（婚禮、婚宴、喜餅等），也有一座感官統合、結合五覺（視、觸、嗅、聽、味）的體驗式農場，天鵝堡完全打破了一般人對社福機構的刻板認知，發展出改變突破及典範轉移的曲線（蘇國禎，2016）。

3. 紅皇后效應：持續與精進

「在我的國度裡，你必須不斷往前跑，才不會向後退，你必須跑出2倍的速度才能達到目標。」在《愛麗絲夢遊仙境》中，積極的紅皇后對著愛麗絲這麼說。這就是「紅皇后效應」，組織必須不斷精進成長，才不會被淘汰。基金會以「你無我有、你有我優、你優我廉，你廉我轉」的優勢策略，為提升服務及產品品質不斷努力精進。在服務上，我們不僅以訓練憨兒工作自力更生為目標，更希望創造他們的成就及自信，於是在2010年開始了「狀元計畫」方案，讓憨兒參加政府各項職能的技能考照，透過專業人員各種的培訓鼓勵，與憨兒持續不斷的練習。至2022年，基金會的憨兒們在門市服務、麵包烘焙、西點烘焙、中餐及電腦等項目，共獲得了133張的證照，也透過政府公信力，讓大眾更具體瞭解憨兒的努力及貢獻。而在產品上，我們三區的中央烘焙庇護工場皆已取得ISO 22000及HACCP的雙認證，也是全國第一家取得此認證的庇護工場（蘇國禎，2016）。

4. 蝴蝶效應：衝擊與影響

這是美國氣象學家勞倫斯於 1972 年所提出：「當一隻小蝴蝶在亞馬遜熱帶雨林翩翩起舞，兩週之後，可能會在美國德州引起災難性的暴風雨。」而其本質是，在動態的系統中，一個微小的改變，就會帶動整個系統發生一連串的反應，導致對最終的結果，產生巨大的影響與變動（蘇國禎，2016）。喜憨兒就如同這隻小蝴蝶，在 20 年前輕輕拍動翅膀，設立第一家烘焙屋，開始改變社會大眾對心智障礙者的看法，也開啟許多社福團體設立烘焙屋、中央工場及餐廳，共同創造更多身心障礙者自力更生的機會與環境。「送愛到部落」是喜憨兒在原民部落飛舞的另一隻蝴蝶，2007 年喜憨兒成立第一支由心智障礙者所組成的童軍團，因 2009 年八八風災，喜憨兒童軍團以回饋社會的精神，將第一批餐盒送進災區，往後每年持續將企業、大眾捐贈，憨兒生產的餐盒，送至偏鄉部落，親手交給國小孩童們享用，截至 2021 年年底共送出了 **86.5 萬個餐盒至 245 個偏鄉，1,091 所學校，有 118,764 位學童受益**，讓愛不斷延伸及傳遞，發揮了一份愛心、兩份感動及三方受益的綜效（蘇國禎，2016）。

（四）社會影響力

官有垣等學者在 2019 年，提出了台灣工作整合型社會企業（WISE）社會影響力的分析架構，包含三個層次，即「個人、人際互動與家庭、社區與社會」；與四個構面（4E），即 1. 提供就業（Employment）、2. 改善生活質量（Enhancement of quality life）、3. 賦權（Empowerment）、4. 社會融合（Exclusion prevention），以下將以此內涵，呈現喜憨兒基金會成立二十餘年來之影響力。

1. 憨兒在工作後的轉變

創辦人蘇先生曾分享一個小故事，那是在寒流來襲、飄著濛濛小雨的中午，他走入了在台北民生社區的喜憨兒餐廳，看見在另一間餐廳工作的三位憨兒們，正有說有笑地在用餐，蘇先生好奇地詢問其中一位憨兒，為何到這用餐？她非常開心的回答說：「因為我們今天休假，因此來這裡享

受被服務的幸福滋味！」憨兒們以自己的工作所得，與工作上的夥伴，在社區中的餐廳用餐，對於一般人而言，是最平常不過的事情，卻是二十多年來，基金會與憨兒們一步一腳印共同努力的成果，憨兒們成為了有能力及自信的人；有些甚至承擔部分弟妹的學費或房租，成為支撐家庭力量的一分子，也提升了在家中的地位；透過在社區中有工作、有朋友，真正回歸到社會主流，呈現了憨兒在個人、家庭及社區層面的轉變（官有垣，2019；蘇國禎，2016）。

2. 在社經結構面的影響

「不只教他釣魚，還要帶他到有魚的地方！」基金會主要以提供就業機會及環境，來協助憨兒獲得自力更生的能力。在設立每一個營運點時，我們會依憨兒的特質，透過工作流程及職務再設計等方式，為他們打造量身訂作的工作環境，希望職場能由他們當家作主，並能提供穩定的產品品質。同時，我們也須關注顧客的舒適性，規劃合適的接觸點，讓顧客能自然地與憨兒互動，因為顧客真誠的回饋，是對憨兒最大的鼓勵，而顧客的回流，才能永續經營（官有垣，2019）。

而當憨兒能夠外出就業，就減輕了許多家庭的負擔，也提升了整體的生活品質，基金會提供讓家長可以放心的工作環境，讓孩子能學習一技之長，家長也能獲得喘息的機會，來維持自己的工作與生活。而為了維持憨兒穩定的就業，家庭的支持更是不可或缺，因此，基金會同時也須協助家庭的需求，促使家庭能發展出更多資源，為憨兒創造更穩固的就業環境（官有垣，2019）。

3. 賦權

基金會在工作訓練的過程中，讓憨兒都有適合自己的職務崗位，來培養自我安排及完成任務的能力，這是一個賦權的過程。憨兒逐漸習得工作技能後，能夠掌握自己的工作，不再依賴他人，也增強了自我的認同，開始發展自主的意識，我們會發現憨兒更能表達自己的想法，敢於自己決定事情，當引起家長的不適應及擔心，基金會則透過各種管道，協助家長理

解憨兒的改變，及在未來生涯裡，能夠獨立自主的重要性（官有垣，2019）。

4. 社會融合

「喜憨兒烘焙屋」就是一個個的櫥窗，透過開放式的空間，社會大眾能夠直接觀察憨兒工作的情形，當麵包烤好的香味傳出時，就能吸引顧客進來，與憨兒有更實際的互動，進行最真實深刻的體驗，看見憨兒的認真與努力，打破既有的偏見或刻版印象，曾有一位主管跟我們說：「每次到烘焙屋，看到他們純真的笑容，就能發現自己的心，也有柔軟的地方。」我們相信，透過實際所見與真心體驗，才能達到真正的社會融合與影響力（官有垣，2019；蘇國禎，2016）。

▌七、千里之志：有夢最美

回顧基金會自 1995 年成立至今的發展歷程，有幾項階段性計畫未能如期實踐，細述如下：

（一）喜憨兒醫院的願景計畫

為了實踐憨兒的「終生教育、終生照顧」，基金會在憨兒生命歷程的生老病死階段，規劃了三個願景計畫，第一個是建構照顧系統的基礎建設，透過烘焙屋、複合式餐廳等不同形式的庇護工作站來提供憨兒的職業訓練，使其能夠自立自強；第二個願景計畫著重在憨兒的老化照顧，並且在 2013 年成立「天鵝堡」來提供憨兒家庭的照護需求，以減緩「雙重老化」所帶來的衝擊；第三階段的願景是建造喜憨兒醫院，期望提供更加完善、適切的憨兒健康與醫療復健系統，促進憨兒健康維持與照顧。

依據《醫療法》第四十二條（法人設立要件），基金會籌辦醫院或醫療復健診所的基本要件，需另設立醫療財團法人，並經中央主管機關核可，而第四十三條（董事組成）之規定，醫療法人董事成員內，具醫事人

員資格者不得低於三分之一，並有醫師至少一人；同時，據第三十二條（必要財產），醫療法人應有足以達成其設立目的所必要之財產，設立診所者應有新台幣 1 億元之淨值。在法令規範下，雖中央主管機關皆是衛福部，原基金會捐助章程之服務項目與醫療復健服務，需以兩個獨立法人設立，無法合併經營管理，若另設立醫療法人籌建醫院，又恐有組織資源疊床架屋與組織目標多頭馬車之虞，喜憨兒醫院的階段願景目標終未予完成；然山不轉路轉，會內仍持續關注憨兒健康議題，於高雄總會設立健康中心，聘任專業治療師，以專業整合團隊，提供憨兒所需的相關職能及復健活動；並開發健康照顧線上資訊平台，從憨兒的生理、體能及生活功能層面的健康資訊蒐集，進一步觀察記錄社會心理層面的發展，以掌握憨兒在不同生命階段的變化及服務需求，並累積長期的服務軌跡；此外也於 2015-2018 年間陸續辦理「健康醫療、安心照顧——身心障礙者醫療與照顧」國際研討會，在憨兒健康促進的專業領域持續深耕。

（二）喜憨兒的社會企業：喜歡你安居飯店

　　喜憨兒一直被視為國內 NPO 發展「工作整合型」社會企業的代表，以創造身障者就業及培訓機會，協助融入勞動市場，達成就業促進、舒緩貧窮、社會融合等社會目的。

　　基金會於 2014 年參與「台北市身心障礙者就業大樓～社會企業專案服務暨營運」採購案，時值政府修訂無障礙旅館法規，規範國際觀光及一般旅館需設置一定比例之無障礙客房，同時各地方政府也政策性推動無障礙旅遊；因此會內規劃以無障礙旅館結合無障礙旅遊的整合方案進行投標，目標為打造全台第一間符合無障礙需求、並由身障者提供服務的無障礙飯店示範點，除了服務一般民眾、身心障礙者，亦可為廣大的銀髮族群提供安全、舒適、友善與環保的住宿與餐點服務；同時在創新服務的經營理念下，進一步為身心障礙者開創嶄新的就業職種與職務，擴大社會參與的觸角。

　　在標案的規劃過程，會內也與知名的社會企業及餐旅業者，如立德旅館事業股份有限公司、生態綠及自由空間教育基金會等研議合作內容，為消費者量身籌劃整體配套之無障礙休閒旅程，創造無障礙飯店住宿、友善

餐飲、無障礙旅遊與伴手禮之一條龍服務，提升整體經營綜效。於評選過程，提案設計概念及創意獲得高度肯定，雖最終未能取得標案，卻也是基金會在社企發展上秉持「創新產業，創新服務」精神的重要一役。

（三）社區整合型長照服務體系

　　自 2010 年起，創辦人蘇先生每年皆訂定基金會年度策略發展主題，於 2016 年的策化年中策劃了「一十百千」的 2020 年願景目標，其中的「一」意指建構一個整合型長照服務體系。

　　當時中央長照政策正值長照 1.0 轉型為 2.0 的發展階段，也定位了「社區整合型服務中心（A）」、「複合型服務中心（B）」及「巷弄長照站（C）」的社區整體照顧模式；其中社區整合型服務中心目標一鄉鎮一佈建，除了提供日間照顧及居家服務，尚須具備營養餐食、居家護理、居家／社區復健、喘息服務或輔具等至少一項服務，以建立在地化服務輸送體系，整合與銜接 B 級、C 級資源，並提供品質督導與技術支援，也是基金會從身障服務擴展至長照領域的願景目標；因此 2017 年會內於新竹縣芎林鄉開辦了第一個社區式長照日間照顧機構，並預計逐步拓展居家服務等社區整合型長照服務體系。

　　後續因中央政策的滾動調整，及擴大編列長照預算後，同期民間團體及企業大舉投入，造成長照服務單位品質參差不齊，而逐步將資源整合及服務評估與計畫擬定，回到各縣市政府的照專與 A 單位個管的功能上，並另發展專業輔導團，不再強調社區整合型服務中心的角色功能；同時，因會內已投入長照日間照顧機構的開辦，仍須累積經驗，且社區式居家服務需仰賴龐大的人力資源庫，服務單位已達飽和，多數縣市亦暫停開放新單位的申請籌設，故錯失了進入居家服務領域的時機。然基金會仍依服務需求及政策發展，開辦相關長照服務，包含在高雄的 C 據點、天鵝堡的長照 A 單位個管及送餐服務；新竹縣的社區式日間照顧機構、A 單位個管；以及在台北市及新竹縣的身障日間長照機構，為我們服務的心智障礙者，即早預備長照服務需求銜接的經驗與能量。

▍八、夢想彩繪、彩繪夢想

（一）開啟未來的三把鑰匙

　　喜憨兒基金會二十餘年來莫忘初衷，以「終生教育、終生照顧」作為落實夢想的起點，堅持創設時的使命與願景，全心全意於心智障礙者的多元服務，並透過創新價值、核心能力及典範轉移這三把未來之鑰，得以永續經營及發展。

（二）創新價值

　　過去，人們常以悲憫與同情，消耗社會資源來看待心智障礙者。現在，「喜憨兒」三個字徹底翻轉了負面、悲觀、消極的印象，基金會更以行動證明，透過烘焙屋、餐廳的設立，憨兒可以從被服務者轉換為服務者。未來，基金會將持續塑造正面、樂觀、積極與喜悅的形象，而社會大眾也可以不同管道的消費體驗，用具體行動支持喜憨兒（蘇國禎，2016）。

（三）核心能力

　　核心能力是一個組織所需具備的卓越能力，能長期維持組織的優勢，創造嶄新的價值。在產品上，我們不斷推陳出新，無論是烘焙及餐點，都保有特殊的純真體驗，創造出差異化。我們也持續擴大營運規模及範疇，開設烘焙屋、餐廳、冷凍食品工場等，甚至與婚禮相關產業結合等方式，都是為提供憨兒更多元的工作機會（蘇國禎，2008）。

（四）典範轉移

　　「典範是一套規則或規定，界定了人們思考及行為的疆界，並指出如何在這領域獲得成功。而典範轉移是一種新規則、新觀念、新賽局的開始，明確指出環境變遷的方向與路徑。」藉由新典範的指引──回歸社會主流，1997 年基金會成立第一家烘焙屋，協助憨兒進入社區，學習自立自強，能跟一般人一樣，實踐社會使命；2013 年，照顧老憨兒的天鵝堡啟用，

讓童話與照顧形成產業，劃出第二曲線；基金會未來的新夢想，將發展專業的復健及長照體系，同時呼應及實踐聯合國永續發展目標中，「健康與福祉」、「合適的工作及經濟成長」與「減少不平等」這三項目標，將努力持續一筆一筆彩繪喜憨兒們的夢想！

｜參｜考｜文｜獻｜

官有垣等編，2012，《社會企業：臺灣與香港的比較》。高雄：巨流圖書。

官有垣、陳錦棠、王仕圖（編著），2016，《社會企業的治理：臺灣與香港的比較》。高雄：巨流圖書。

官有垣等編，2019，《社會企業的社會影響：臺灣與香港的案例》。高雄：巨流圖書。

蘇國禎，2007，《很會做麵包的天使》。高雄：喜憨兒社會福利基金會。

蘇國禎，2008，《喜憨兒 NPO 核心能力》。高雄：喜憨兒社會福利基金會。

蘇國禎，2009，《喜憨兒 NPO 危機處理》。高雄：喜憨兒社會福利基金會。

蘇國禎，2012，《喜憨兒天鵝堡幸福築夢記》。高雄：喜憨兒社會福利基金會。

蘇國禎，2013，《喜憨兒 NPO 策略優勢》。高雄：喜憨兒社會福利基金會。

蘇國禎，2015，《夢想彩繪彩繪夢想》。高雄：喜憨兒社會福利基金會。

蘇國禎，2016，《喜憨兒 NPO 策略領航》。高雄：喜憨兒社會福利基金會。

CHAPTER 7

愛，是唯一的理由：
台灣世界展望會

王韋中

「我們對每一個兒童的展望是他們獲得豐盛的生命；我們心中的禱告是我們要有意志去完成這一展望。」世界展望會《展望宣言》

▌一、前言

世界展望會成立於 1950 年，為第二次世界大戰後 5 年，至今已超過 70 年歷史。本著耶穌基督關愛世人的心，不分任何宗教信仰、種族膚色、性別年齡或國籍階層，世界展望會長期致力於照顧保護世界上最有需要的脆弱兒童以及受壓迫的脆弱人群，盼望透過我們的救助、發展、倡導等服務工作，與這些兒童以及其所屬的家庭、所在的社區，一同努力克服世上的貧窮、不公義、不平等及貧富差距等問題，讓每一個兒童都可以擁有最基本的生存條件，得以健康成長、快樂上學、自信自立、瞭解自己的權利、體會被愛及有力量去關愛他人，未來有機會發展潛能並追求心中的目標與理想，進而擁有上帝所喜悅的豐盛生命。

作為世界展望會重要的夥伴之一，台灣世界展望會成立於 1964 年，迄今已有近 60 年的服務歷程，一路陪伴台灣走過戰後的篳路藍縷、經濟起飛，直到如今的社會繁榮。台灣世界展望會的服務工作長期關顧國內貧困弱勢的兒童與家庭，涵蓋全台包括偏遠山區、濱海地區、都市角落、離島等範圍，服務內容從最初的捐助支持育幼院、兒童之家、痲瘋病院、山地醫療診所等機構開始，再到以社區化服務模式關懷台灣弱勢兒童及其家庭的需要，進到如今以個案服務為主、社區工作為輔的工作模式，在不同階段全方面關懷弱勢兒童在成長過程中所可能遭遇的各項缺乏或家庭與社會問題。90 年代以後，台灣世界展望會透過「飢餓三十人道救援行動」、「兒童資助計畫」等各項國際救援工作及倡導行動，從救援 1985 年的非洲飢荒開始 [1]，帶動台灣民眾的愛心投入關懷全球貧童與人道救援的行列，讓台灣愛心每年擴及包含台灣本地在內的全球五十多個國家與社區 [2]，更提升台灣在人道救援工作上的國際能見度。

1　台灣世界展望會《足跡》，p. 240。
2　台灣世界展望會《2022 年度報告》，pp. 15-16。

　　因著上帝的保守與帶領，讓台灣世界展望會近 60 年來不只經歷了滿滿的恩典與祝福，全體同仁更藉著創辦人從基督信仰領受的一貫信念，不忘記起初的愛，持續回應台灣社會各個世代與階段不停變動的挑戰，同時更向民眾倡議世上遭受氣候變遷、飢餓糧荒、戰亂衝突、疾病威脅、基礎建設匱乏等負面影響的貧困兒童及其家庭的急迫需要。以下透過幾個章節，簡述這段從創立到如今，充滿豐富恩典的足跡，以及面對未來後疫情的挑戰，台灣世界展望會將如何秉持創新積極回應。

▎二、關鍵人物、關鍵地點：台灣世界展望會的誕生

（一）創辦人鮑伯・皮爾斯：「願讓上帝心碎的事，也讓我心碎。」

　　（Let my heart be broken by the things that break the heart of God.）

　　鮑伯・皮爾斯（Bob Pierce，以下簡稱鮑伯）出生於 1914 年 10 月 8 日，美國愛荷華州的 Fort Dodge。父親從事建築業，曾在衛理公會服事，後來在拿撒勒教會擔任非專職的傳道人，母親則是家庭主婦。鮑伯是家中 7 個孩子中最年幼者，也是家中唯一獻上自己一生服事上帝的人。1924 年，鮑伯一家搬遷至南加州，雖然日後鮑伯在世界各個角落回應上帝給他的呼召，但南加州一直都是他的工作基地。

　　鮑伯自洛杉磯華盛頓高中畢業後進入帕莎迪那學院就讀，但在大三的時候因為步入婚姻及內心強烈渴望服

圖 7.1　戰亂下孤兒寡母的困境，促使鮑伯（中）開啟跨國資助行動

事上帝，提前離開學校。雖然大學教育沒有完成，但後來他榮獲明尼蘇達州西北學院頒發榮譽法律博士的殊榮。

　　1944 年，陶瑞·強森（Torrey M. Johnson）、比利·葛理翰（Billy Graham），與鮑伯及另外 6 個年輕人成立了「國際青年歸主協會」（Youth for Christ International）。同年，鮑伯受聘為西雅圖青年歸主協會的領導人。1947 年，中國正處於國共內戰時期，一片烽火漫天，鮑伯被青年歸主協會派至中國及菲律賓宣教，而在這趟宣教行程的假期中，他去了昆明及廈門等地方。在昆明，他遇見了在當地照顧一百多名痲瘋病患的美籍宣教士護士——貝絲·亞伯（Beth Albert），及照顧 52 名被遺棄的年幼盲童的 4 個德國姊妹。鮑伯看到貝絲及那 4 位德國姊妹如何在毫無任何支援的情況下，僅僅憑著對耶穌基督的愛與呼召，奉獻她們的生命來照顧那些被家人及當時社會所拋棄的痲瘋病患及盲童，她們的無私犧牲激勵了鮑伯，促使他決定將生命投注於支持這些孤軍奮鬥的基督教宣教士們的工作之上。

　　在廈門，鮑伯遇見了另一位照顧一群孤兒的荷裔美籍宣教士教師——堤娜·韓家寶（Tena Holkeboer），以及一位因信耶穌基督而被父親鞭打拋棄的孤兒小女孩——白玉（White Jade）。當鮑伯抱起這位身心極度受創而不斷哭泣的女孩時，突然感到極度心碎，於是拿出身上僅有的 5 塊錢，懇請當時已收容 6 名孤兒的堤娜可否再收容這位女孩，同時也引發他內心的感動及想法，承諾回美國之後將會定期資助堤娜。鮑伯日後在他的《聖經》中寫下：「**願讓上帝心碎的事，也讓我心碎。**」這句勉勵及提醒自己的名言。

　　這趟中國行是鮑伯創立世界展望會的啟蒙之旅。旅程中他看見了當時世上最脆弱的人群——痲瘋病患、盲童及孤兒所承受的苦難及需要，也讓他內心開始建構思考一個工作藍圖，就是透過既有的福音機構和基督教宣教士，在世界危難地區回應深陷苦難中人們的緊急需求，同時傳揚耶穌基督的愛。鮑伯認為，必須先滿足人們身體的需求，才能滿足他們真正（心靈）的需求，因此他強調應該對受助者進行身心靈全人關懷的工作。

　　此外，鮑伯在這趟中國行中使用攝影機記錄當地的痛苦悲傷和貧窮景況，回國後剪輯成一部名為《中國的挑戰》的影片，藉此倡議當地的服務工作並展開了一連串的募款行動，這在當時是相當先進的作法。因著他所拍攝的影片、廣播和現身說法，鮑伯向北美的基督徒傳達亞洲地區的迫切需要，呼籲他們關切貧困人們的需求，並以捐款支持宣教士的工作。聽眾們也都回應他激勵人心的呼籲，各方的關注和支持也隨之上升，也讓他日後成為聯合國及 *Christian Digest* 雜誌的戰地記者。

　　1950 年韓戰爆發，鮑伯以戰地特派員身分前往韓國採訪，親眼看見許多因戰亂而流離失所的孤兒寡婦，回國後他開始加大力道，呼籲美國的基督徒奉獻時間和金錢來幫助受戰亂影響的苦難兒童與人民。同年 9 月 22 日，他在美國奧勒岡州的波特蘭（Portland, Oregon）正式成立世界展望會並擔任第一任會長，此時的世界展望會主要是透過支持基督教宣教團體來回應全世界的緊急需求，且當時的基督教宣教士們都知道，若其贊助者無法即時提供他們的需要，可以聯絡世界展望會。經過調查與確認後，即可獲得包括資金、設備等立即的援助。

　　1967 年，鮑伯因健康急速衰退而請辭世界展望會的職務。鮑伯不僅是一位傑出的旅行佈道家，也是一名極具影響力的倡議者，在他任職世界展望會的 17 年間，足跡深入當時世界最貧困且最有需要的地區，特別是亞洲的台灣、韓國及日本等國。也因他在北美的大力宣廣，倡議亞洲的需求，才能有大量的資源挹注台灣、韓國等國家，幫助這些國家的日後發展。

（二）世界展望會到台灣

　　雖然台灣世界展望會正式登記註冊的年分是 1964 年，然而早在 1950 年代，鮑伯‧皮爾斯就曾抵達台灣，展開世界展望會的關懷工作。

　　當時的台灣，正值二戰之後及國民政府遷台初期，經濟不穩、百業蕭條、物資短缺、疫病叢生、醫療及衛生條件落後，外援成了國人面對困境的重要力量。鮑伯看到台灣的龐大需求，也看到一群宣教士，如芥菜種會創辦人孫理蓮（Lillian Dickson）宣教士、埔里基督教醫院徐諾賓護理師（Bjarne Gislefoss）及紀歐惠（Alfhils Gislefoss）醫師、屏東基督教醫院畢嘉士（Olav Bjorgaas）醫師等人及其所創辦的服務機構，對台灣這塊土

地無怨無悔的付出，激發了鮑伯的憐憫胸懷，因此他經常到台灣並深入最有需要的地方，探視與關懷當時最弱勢的族群，返美後更竭盡所能地為這些需求籌募所需之資金。

　　1957 年，鮑伯到埔里基督教山地中心診所的竹管仔醫院，看到診所病患的擁擠和缺乏完善醫療設施的窘境，也深受工作人員的服務精神所感動，允諾世界展望會將支持他們另外興建一所現代醫院，並當場簽下一張空白支票。後來世界展望會共提供了 26,233 美元資助埔里基督教醫院興建新的醫療大樓。此外，鮑伯曾多次到樂生療養院（痲瘋病患之家）的聖望教會，對院民傳講安慰人心的福音信息，並發放禮物給院民。當時每年在接近農曆年時，每週至少都有 3 個院民因無法與家人吃團圓飯而抑鬱上吊自殺。鮑伯與樂生療養院的負責人孫理蓮師母就在除夕年前為院民「辦桌」，讓這些有家歸不得的痲瘋病患可以圍爐，享用豐盛的年夜飯，安慰他們思念家人的孤寂心情。另外，鮑伯也經常支付院裡各項修繕費用。下列機構都是在 1950 至 1970 年間，曾接受過世界展望會在資金上的支持，對其工作推廣及後續發展皆有長遠的影響[3]。

1. **醫療工作**：新竹診所、花蓮診所、芥菜種會成立的山地診所、埔里基督教醫院和周邊事工、樂生療養院、屏東基督教診所（現今屏東基督教醫院）。

2. **社福機構及育幼院**：芥菜種會及其位於新莊的兒童之家和兒童之家別館、希望院（Door of Hope）、台北市伯大尼育幼院、屏東伯大尼之家、六龜山地育幼院、信望愛育幼院、二林基督教喜樂保育院。

3. **基督教學校、神學院**：馬里遜美國學校、中台神學院及Formosa Christian College。

4. **基督教福音機構**：遠東廣播（FEBC）公司、協同廣播中心（TEAM Radio Taiwan）、救世傳播協會、遠東歸主協會（Orient Crusades）、台灣基督教協同會（TEAM）、國際宣教會（One

---

3　台灣世界展望會《足跡》，pp. 75-132。

Mission Society International, OMS）、青年歸主協會（Youth for Christ）、校園福音團契、台灣牧者研討會等。

鮑伯時常穿梭在太平洋上空，傳遞各項來自台灣的迫切需求，籌募眾多來自海外的經費支持各項關懷台灣的工作，不只幫助許多貧病中的生命獲得轉變，更奠定日後台灣世界展望會的服務基礎。

▌三、互為夥伴、相互依賴：台灣世界展望會的發展沿革

世界展望會為國際性非營利組織，服務體系橫跨全球五大洲，成員之間非常強調夥伴關係（partnership），各國是互為夥伴、相互依賴的關係，彼此之間以共同的服務工作、信念和奉獻為基礎及準則。而在夥伴國之中，則區分為**資助國**（Support office）與**受助國**（National office）兩種不同角色，資助國扮演「給予」角色；受助國則為「接受」角色。資助國依受助國各項需求，向自己國家內民眾倡導籌募資源，並將資源提供世界展望會國際總會；而受助國所需一切經費亦經由國際總會核定撥給，國際總會必須協調於不同種族、語言、國家之間的需要及承諾，將資源作最有效的運用。台灣世界展望會身為世界展望會夥伴國體系的一分子，運作方式亦深受國際總會的影響。

1964 年，台灣世界展望會在台立案及設立辦事處，正式成為世界展望會夥伴國體系的一員。最早期，台灣世界展望會的身分為「受助國」，其組織計畫與經費都受世界展望

圖 7.2　1964 年，世界展望會在台立案，自此展開國內外服務的旅程

會國際總會的審核及管理，服務方式與理念也來自國際總會，而服務對象及實際的執行狀況，則基於「**當地居民最清楚自己需求**」的原則，由台灣自行決定。80 年代末期，台灣產業轉型，成就亞洲的經濟奇蹟，台灣世界展望會亦開始在展望會體系之內逐步邁向「**自立**」，之後更由台灣人自行接手幫助國內貧童的需要，從而開創出屬於台灣世界展望會在地化的服務模式。

1990 年後，台灣進一步從世界展望會的「**受助國**」轉型成為「**資助國**」，服務型態從最初機構式、以社區為概念的福利提供，到點對點的兒童個案服務以幫助受助者自立發展[4]，不只持續服務國內的弱勢兒童與家庭，自立後更透過「**兒童資助計畫**」及「**飢餓三十人道救援行動**」，向台灣社會倡導世上其他貧困、脆弱地區迫切的需求，匯集台灣人的關懷力量資助世界各地貧童及其家庭的需要，並長期投入大規模的國際性人道救援工作。

（一）1964-1992 受助國時期

1. 1960 年代

1964 年世界展望會正式在台灣註冊，設立分會。最早期的兒童福利工作為透過世界展望會國際總會匯集來自美國、加拿大的愛心資助人，每月固定捐款資助台灣孤兒育幼院的五百多位院童，以及醫療院所。第一個支持對象為現今位於木柵的伯大尼育幼院，之後擴及其他育幼院，包括基督教芥菜種會位於新莊的兒童院所，及高雄縣六龜山地育幼院、屏東里港的信望愛兒童之家，及屏東海豐的伯大尼兒童之家 3 所育幼院，除此之外，並資助南投縣埔里基督教醫院，關懷台灣山區的醫療服務工作，以免費義診方式為當地居民服務。直到 1970 年代，一方面這些機構或院所的財務或可自立或者服務轉型，二方面世界展望會國際總會服務弱勢兒童的策略及方針亦開始調整及轉變，才逐漸停止。

4　台灣世界展望會《足跡》，p. 135。

2. 1970 年代

　　1969 年，世界展望會國際總會第二任總裁史坦・慕靈漢（Stan Mooneyham）上任，有鑑於觀察到被安置在機構內接受照護的兒童越來越少，傳統的資助方式也無法解決貧困的根本問題，世界展望會開始逐漸轉型，執行以兒童為焦點（child-focused）、社區為基礎（community based）的長期發展工作，不只幫助弱勢兒童，同時也開始幫助他們的家庭及其所處的社區，也和其所在的社區建立長遠的夥伴關係，達到根本性、全面性的轉變。

　　由於國際總會的服務策略改變，並結合世界展望會「站在世界上最需要的地方」的服務理念，因此 1970 年代台灣世界展望會亦進行工作轉型與調整，確立以幫助「台灣偏遠地區」兒童為優先考慮的服務對象。當時正值政府推行九年國民義務教育，許多山區的原住民兒童受限於當時背景，必須得幫忙家事或幫忙家計打工賺錢，大多讀完小學之後便不再升學，因此評估原住民山區是台灣最有需求的地區。透過於山區設立「兒童計畫區」的方式，讓孩子在自己家或親戚家中接受資助，同時擴大服務對象不限孤兒，只要是家境清寒、需要幫助的兒童，都是展望會的服務對象，並將服務重點放在幫助兒童繼續升學的「助學行動」。

圖 7.3　展望會在偏鄉廣設服務計畫區，也為當地兒童導入所需資源

　　此時期，台灣世界展望會首先於 1973 年，在當時的台東縣池上、綠島、蘭嶼、太麻里、大武，高雄縣桃源、茂林，花蓮縣瑞穗、秀林、壽豐，設立 10 個兒童計畫區並展開服務工作，後再於 2 年內，以「中華民國萬歲、世界大同和平、智仁勇」的順序，增設 14 個「大」字輩的計畫區[5]。「兒童計畫區」是透過世界展望會國外資助人定期資助計畫區內 14 歲以下的貧困兒童，以社會救濟方法服務兒童。雖然 70 年代的台灣經濟正緩慢起步，但偏遠山區和離島的物資仍然缺乏，因此計畫區內的工作仍多以使兒童直接受益的物資幫助為主，主要提供兒童衣物、學用品、營養品的物資，以及學費、獎助學金等費用，並與當地的教會聯合舉辦福音活動等。這段期間展望會的服務兒童數從 1973 年的 1,472 人，一直提升到 1980 年的 12,200 人[6]。

　　與此同時，台灣世界展望會亦持續資助埔里基督教醫院、小兒麻痺收容所、成立基督教福音隊組織，以及設立獎學金方案幫助高中職以上學生。

3. 1980 年代

　　世界展望會國際總會在 1980 年代開始推動「**社區發展**」工作，以「建立健全的社區及家庭」為發展目標，家庭也正式成為世界展望會長期發展工作重要的關注重點，當時 41 個「兒童計畫區」更全部改名為「家庭服務計畫區」，乘著台灣經濟起飛的發展背景，服務方向也轉向於致力關注個人、家庭、社區的物質、精神與靈性上的整體發展。

　　此階段工作最大的轉變，即是工作方式從「**救濟**」轉向「**發展**」。世界展望會相信社區居民有能力能控制及主宰他們所處的環境，因此社區發展工作不應該只是幫助居民得到初步及暫時性的基本生存所需（食物、居所、醫藥），也必須幫助他們重建、適應及發展，而在邁向轉變的過程之中，居民將有機會學習與經歷如何改善自身的問題，設法解決自己的需

5　「大」字輩的兒童計畫區，依序為：大中、大華、大民、大國、大萬、大歲、大世、大界、大同、大和、大平、大智、大仁、大勇。

6　台灣世界展望會《足跡》，p. 139。

要，任何外在的協助或關懷，最終目標是幫助受助者自立（或脫離依賴）。
換言之，給他們魚，不如給他們釣竿，教他們如何捕魚，不僅能讓他們有
機會充分發揮上帝給予的恩賜及天賦，也逐漸達到自信自立，這就是世界
展望會本階段所強調的「發展觀」（development），還須包括以下三大
要點：

(1) 正確找出當地的需要。
(2) 內容須包括教育、文化、經濟自立、衛生健康、家庭福利、謀生技
　　能、社區領袖、靈性生活等方面整合式的發展。
(3) 與當地居民共同參與計畫及行動，協助者只是提供技術指導、支持
　　與意見等幫助。

　　根據以上「發展觀」，當時台灣世界展望會的「家庭服務計畫區」，
接是透過下列 3 種方式產生：

(1) 經由當地居民自己開會決議與評估，訂出需求，向台灣世界展望會
　　申請成立計畫區。
(2) 由台灣世界展望會認為該地區有需求而主動設立。
(3) 由政府出資，台灣世界展望會代為執行的方案。

　　這段期間，家庭服務計畫區的數目由 41 個逐漸擴增到 79 個，服務兒
童數從 12,200 名增長到 18,000 多名，平均每年都服務 15,000 位兒童。而
家庭服務計畫區的服務內容與目標，亦逐漸減少具救濟、補助色彩的兒童
與家庭方案，逐漸增加提升教育觀念、改善居家環境／家庭經濟的方案，
同時也著重人才的培育與養成、家庭教育等工作，以下是以 1982 年為例，
家庭服務計畫區主要的工作項目：

(1) **教育輔導**：提供課業輔導、獎助學金、設立兒童圖書室、學用品補
　　助等，改善弱勢兒童的學習環境。
(2) **衛生醫療保健**：民眾除享有基本醫療服務、清潔飲水、衛生設備
　　外，亦具有衛生保健知識，以確保健康。

(3) **農漁生產輔導：**改善灌溉系統、舉辦農漁講座、提供現代化耕作工具、協助副業生產、產品市場行銷，藉以提高所得。

(4) **教育文康活動：**舉辦各類文康／家庭講座，使居民具備法律常識、家庭計畫及生活預算等能力，發揮音樂及運動天賦，保存其文化精華，及建立完整的自我形象。

(5) **福音活動：**協助培養原住民領袖、促進教會成長，介紹基督信仰，及應用《聖經》原則在生活各層面的教導，使得家庭生活基督化。

80 年代中期，更多社區發展的觀念被導入，為補充家庭計畫服務不足之處，台灣世界展望會規劃與執行多項專案型服務工作，並更關注家庭及社區整體生活改善與發展，用於社區硬體建設的費用也大幅提升，也更重視傳統文化與才藝的培育及教育訓練。

此外，80 年代世界展望會國際總會的發展策略，除了照顧兒童的需要，也逐漸開始和聯合國（United Nations）、聯合國兒童基金會（UNICEF）、世界衛生組織（World Health Organization）、世界糧食組織（WFP）、聯合國經濟社會理事會（UNESC）等國際機構合作，投入人道緊急救援工作。台灣世界展望會於 1985 年首次嘗試在台灣本地募款，並將款項用於援助國外需要的行動。一次為 1985 年透過「愛的麵包」倡議行動為救援非洲飢荒募款；一次則為 1988 年為孟加拉水災募款。兩次行動皆獲得台灣民眾相當正面的支持及迴響，為接下來 1990 年的自立與轉型，打下良好的基礎。

（二）1992 - 迄今資助國時期

1. 1990 年代

80 年代末期，台灣經濟成為亞洲四小龍之一，90 年代，更是經歷空前輝煌的經濟奇蹟，股市上萬點、新台幣幣值創歷史新高、人均 GDP 突破 1 萬美元，正式進入發達經濟體的行列。世界展望會國際總會亦鼓勵台灣世界展望會規劃邁向「自立」（Self-reliant）之路。於是自 1987 年開始，

台灣世界展望會開始不接受國外資助人的捐款，轉而自行籌募國內工作所需款項，試行一段時間後國人反應良好，皆能自給自足，甚至有餘能援助非洲缺糧需求及其他國家遭遇天災的需要，便於 1992 年正式由受助國轉型成資助國。但轉型成功之後，仍保持受助國時的國內服務工作，並發展展望會在地化服務的目標；同時恪遵及落實世界展望會的夥伴國精神，支持其他發展中國家貧困社區需求以及天災緊急救援時的人道救援需要。這個既為資助國又為受助國的雙重身分，使台灣成為世界展望會夥伴國體系中唯二獨特的存在（另一個為韓國）。

(1) 兒童關懷工作

90 年代後，台灣的國民所得差距相對降低，當時的政府政策亦大力推廣農作產業，同時投入偏遠地區的建設資源日益增加，因此台灣世界展望會一方面依據國人對貧窮家庭的認知及生活水準等因素，重新評估需求，訂定新的受助標準；另一方面評估社區發展工作的階段性任務告一段落。因此，展望會結束家庭服務計畫區的服務模式，將計畫區改名為「兒童關懷中心」，轉型以**點對點的兒童個案服務為主兼採社區服務為輔**的工作模式。此階段的服務特色是強化運用社會工作的原則與方法，透過個案工作、團體工作等社工工作法，在各個服務區中提升對兒童的專業服務。隨著國內對社工專業的重視與人才培育，展望會的工作人員從社工相關科系畢業的比例亦開始逐年增加，因此工作內容調整為以下主要面向：

- **兒童教育及生活輔導**：提供獎學金、助學金等補助，並舉辦課業輔導及升學／就業輔導與成長育樂營等方案，以減輕受助家庭對孩子教育費用的負擔，鼓勵孩子至少完成國中義務教育，並順利升學。
- **兒童健康促進及維護**：補助營養午餐費、醫療費，減輕兒童家計負擔，並提供衛生教育與健康促進方案，如口腔保健、衛教宣導與舉辦巡迴義診，來提升服務區家庭及個人的衛生觀念與生活品質。
- **家庭輔導及經濟改善**：針對急難與災害的發生，提供家庭經濟援助；以及為了提升家庭功能，舉辦親職教育與親子活動。

- **文化傳承：**舉辦兒童文化隊、母語訓練與民俗節慶活動，以提升原住民兒童對自我傳統文化的認同。
- **兒童福音、心靈關懷：**為使兒童及青少年於身、心、靈各方面均衡發展，連結社區教會，配搭辦理營會活動，給予心靈關懷。

(2) 兒童保護工作

當時台灣社會通過修訂《兒童福利法》，政府為落實立法精神，大力推動社會福利民營化。在此社會氛圍下，台灣世界展望會開始與政府合作，推動兒童保護發展工作。1991 年，高雄市政府社會局主動與台灣世界展望會接觸，邀請展望會參與兒童少年保護工作，同年，台灣世界展望會成立「高雄兒童保護中心」執行兒童保護工作，後續並由政府陸續委託相關方案，服務工作有：

- 承辦兒童保護相關方案，如：24 小時保護熱線（現今為 113 婦幼專線）、寄養服務（台北地區）、兒少保護追蹤輔導（高雄市、屏東縣、台北縣），以及不幸少女緊急收容中心（高雄市馨苑、台中縣靜海之家，現已結束）等。
- 為避免原住民少女流落色情行業，由社工員所評定出的高危險群家庭，透過密集式的家庭訪視、法令宣導及親職講座等提供預防保護的服務內容，如：「少女保護」及「原住民認養鄉」等服務方案。
- 獎助民間機構辦理研習、研討與訓練課程，以提升民間兒童保護專業能力，如：辦理原住民鄉少女保護工作研討會、性交易防治法令專業人員訓練等。

此時期，台灣世界展望會經政府資源的輔導與培植，始投入相關資源參與專業性的兒童保護服務工作，並於 1995 年召開「推展兒童少年保護業務策略研討會」，明確揭示出投入兒童保護工作的發展策略。

(3) 緊急救援

受地理位置及地質結構影響，台灣飽受颱風、地震、水患、土石流等天然災害之苦，受災的孩子與家庭常位居弱勢中的最弱勢。一直以來，對於突發的天災人禍，台灣世界展望會皆有回應行動，但早期（1987-1998）多以援助服務區內的兒童為主，服務內容也屬被動及殘補式的災後緊急救援服務。1998 年，台灣世界展望會成立緊急救援專案，開始擴展災害防治、救援的專業能力及建構救援體系。1999 年，台灣發生九二一地震，加速展望會規劃緊急救援運作系統，並成立為期 3 年的「原鄉重建專案」，回應災區貧困兒童及家庭的問題與需要。專案透過緊急救援、心靈關懷、社區營造、老人照顧、社區發展等服務方案，幫助災區 6,500 位兒童及其家庭（約三千多戶）及原鄉社區之重建工作；服務目標分以下三階段：

- **第一階段：「緊急救援」**。以提供民生物資、臨時安置災民為主。
- **第二階段：「住屋重建與社區關懷」**。完成 667 戶組合屋、106 戶自建臨時屋、476 戶住宅修理補助，並提供家庭生活輔導、急難醫療救助等服務，並受政府委託關懷原鄉獨居老人，提供居家、送餐、生活補助及實物等服務。
- **第三階段：「社區總體營造」**。選定 10 個社區進行災後重建工作，內容除了住屋重建（補助災區 18 戶住屋改善及翠巒教會修繕）外，還包括改善社區環境、心靈關懷活動、組織防災通報網絡，及設置儲糧點。另外，為解決南投原鄉災區學童就學不便問題，於埔里、水里兩地設置「原住民學生中心」，提供住宿服務。

(4) 國際援助工作：飢餓三十人道救援行動、兒童資助計畫

1992 年，台灣世界展望會正式轉型為「**資助國**」。為**恪遵各國展望會之間的夥伴關係和義務**，台灣世界展望會開始推展向台灣民眾倡導國際社會迫切需要，募集資源援助國外艱困地區的孩子與家庭的國際援助工作，同時組織內部也成立「夥伴關係組」（Partnership Service Section）以執行援外工作。隨著援外需求越來越大，夥伴關係組於 1998 年擴編，

並更名為「國外事工處」（International Programs Group）。

1989 年年底，第一屆「**飢餓三十人道救援行動**」誕生！募得款項皆援助當時衣索比亞、蘇丹及莫三比克 3 國所面臨的糧荒。此後，展望會年年透過飢餓三十鼓勵台灣大眾關心世界的迫切需要，尤其援助經歷天災、糧荒、戰火、疾病、剝削等危機處境的最脆弱兒童，更有效提升台灣愛心的國際能見度。

「飢餓三十」的原義，來自《聖經》中禁食禱告的精神。行動起源於1971 年，有一群加拿大青少年在亞伯達省卡加利市（Calgary, Alberta）的一所教會，以飢餓 36 小時為衣索比亞飢民募款，開啟了飢餓三十世界性的傳愛行動。至今，全球至少超過 150 萬人曾參與過世界展望會的飢餓體驗行動，透過具儀式感的禁食，除了能感同身受飢餓者的困苦，更能藉著與上帝的連結、祈禱的大能，祝福遠方及身邊經歷苦難的孩子與家庭，期盼「被擄的得釋放、被囚的出監牢、飢餓的得飽足、飄流的得安息、赤身的得遮蔽」。至 2023 年，飢餓三十人道救援行動已持續舉辦了 34 屆，從一開始小規模的聚集到超過 5 萬人，或一場多地一同體驗飢餓、聲援海外的飢餓勇士大會師，一直到近年受新冠肺炎疫情影響，轉型至線上響應的「一個人的飢餓三十」。34 年來，飢餓三十一直是台灣援外行動的第一品牌，亦是啟蒙台灣許多青年學子立志關懷世界的搖籃與平台。

除了飢餓三十，台灣世界展望會從 1991 年開始推廣「**兒童資助計畫**」，從一開始 2 個計畫區的 1,000 名兒童，到 2022 年 81 個計畫區、超過 20 萬 2,150 名兒童 [7]。世界展望會透過長期性、整合性的綜合社區發展計畫（Area Development Program）援助發展中國家貧困社區的孩子與家庭，同時達成貧困社區的「轉型性發展」（transformational development），從中促進弱勢兒童的生命福祉（Child Wellbeing），為兒童、家庭及社區帶來真正的轉變及永續性的發展。

為了提升扶助工作的品質及果效，世界展望會國際總會更制定了一套完善的共同標準，從方案設計、執行、監督至評估（Design, Implementation, Monitoring & Evaluation, DIME），瞭解兒童、家庭及社

7　台灣世界展望會《2022 年度報告》，pp. 15-16。

區受益的情況。

　　兒童資助計畫的服務重心，是以貧困社區內兒童為主體思考的整全性社區發展工作，主要項目包括：營養關顧、水資源及衛生、兒童照護、兒童保護、教育發展、健康醫療、生計發展等方案。2006 年起，國際總會開始研擬「整合式計畫」（Integrated Programming Model, IPM）工作模式，並逐年將計畫區轉為 IPM 的形式，使計畫區工作人員能更有效地與當地夥伴合作、搭配、連結資源，與地方政府、學校、醫院、教會和非營利組織等密切合作，透過共享目標、合作計畫（shared goal、shared program）的方式，享有更多的所有權（ownership），發揮公民社會的綜效（synergy），持續增進計畫區內的社區、家庭及兒童的福祉。

2. 2000 年以後

　　1990 年代，台灣世界展望會轉型為「資助國」後所發展出的組織架構，為今日的展望會奠定了紮實基礎。在國內工作上，以延續發展觀的工作為主，同時積極結合政府、企業相關資源，共同推展更多元的兒童少年關顧與福利工作，更在台灣遭遇嚴重災情時，扮演民間重要的救災與重建力量。而在國外工作上則持續看見國際需要、加大社會倡導力道，邀請更多台灣民眾以行動加入「飢餓三十」與「兒童資助計畫」等援助工作，匯集成台灣民間援外重要的草根力量。

(1) 國內工作：「整合性事工中心」時期

　　千禧年年初，全球金融風暴帶給台灣社會不小的經濟衝擊，導致貧富差距日益擴大，社會結構逐漸邁入 M 型社會，產生更多新貧族群。因此 2000 年後，展望會擴增服務對象，不只關懷山區離島的弱勢原住民兒童，服務觸角也延伸到以閩漢族群為主的都會、沿海地區弱勢兒童。所關懷的兒童數從 2003 年年底的 23,000 多名，到 2009 年年底已超過 42,000 名，甚至邁入 2010 年代，最高曾服務約 50,000 名兒童，但日後受到台灣社會少子化影響，進入 2020 年後，平均每年約服務 45,000 名兒童。

　　在服務品質上，2004 年 10 月，台灣世界展望會從世界展望會國際總會導入世界展望會為全球在地服務所建立的共同學習系統工作模式，名為「LEAP」（Learning through Evaluation with Accountability & Planning，從責信及規劃的評估中學習）的工作設計、督導和評估架構，以期增進服務的效能和效率。「LEAP」工作模式需要每項計畫／方案的運作，皆透過 6 個過程進行：前期評估（Assessment）、方案設計或修正（Design or Redesign）、執行／監測（Implementation/Monitoring）、評估（Evaluation）、檢討反思（Reflection）和過渡（Transition）。

　　LEAP 工作模式強調，在方案執行的過程中須不斷蒐集及累積資料，經過定期的分析及評估後形成經驗，再將經驗回饋到方案的修正或創新，藉此提升工作品質及果效，進而促進對捐款人及社會大眾的責信（Accountability）。

　　此外，為了落實轉型性發展（Transformational Development）目標，衡量兒童及其家庭，與所在社區的生活品質。國際總會在 2002 年訂定了 12 項「轉型性發展指標」（Transformational Developmentindicators，簡稱 TDI），此指標曾是 LEAP 評估過程的一部分，但因評估範圍太廣，日後改以兒童福祉想望（CWBA）與成效目標（CWBO），作為國內兒童生命轉變的發展目標及評估指標：

- **教育助學**：學前教育得以強化，兒少能受教育，並達到該學年應有的學習程度。
- **健康促進**：兒少擁有良好的健康。
- **救援與重建**：兒少免於自然災害的危害。
- **兒少保護**：兒少免於疏忽及被虐待的風險。
- **多元發展**：兒少能發展潛能並有充足的生涯預備。
- **家庭發展與培力**：兒少能在愛與健康、安全的環境中成長。
- **經濟發展**：建構兒少家庭的經濟韌力，發展可持續的生計資產。

　　世界展望會在此階段的工作模式，主要核心為以基督為中心（Christ-centered）、以兒童的需求為核心（Child-focused），及以社區為基礎

（Community-based），追求以下三方面的成果：

- 兒童資助計畫對兒童居住的社區帶來轉型性發展。
- 受助童能參與方案並從方案中受益。
- 透過資助關係、教育和對本地及全球貧窮問題的認知，兒童資助計畫同樣能使資助人轉變。

　　此階段國內兒童關顧工作的方案類型，雖與上一階段的差異不大，但在兒童福音／心靈關懷類的方案上改由生命／品格教育計畫取代，期待藉由生命／品格教育課程，讓兒童活出更豐盛的生命。此外，也更重視兒童少年保護教育宣導的工作，為預防兒童少年因失學而提早進入就業市場，進行定期家庭訪視、課業輔導、中輟學生追蹤、親職教育，以及預防性的保護宣導活動。

　　2007 年度開始，本會又明訂「貧童全人關懷」與「弱勢兒童保護」兩目標為事工重點。在此明確方針下，本會對經濟弱勢兒童的幫助，除了透過資助人每月固定的愛心捐款以協助及保障兒童基本的受教權利外，更加強結合政府及民間資源，每個中心均兼具兒童資助計畫、非資助發展型計畫與政府委託辦理方案的整合性功能，大幅增加兒童的受益。

(2) 緊急救援

　　2009 年 8 月 7 日登陸台灣的莫拉克颱風，所挾帶的大量豪雨在隔天（8 月 8 日）造成全台人民生命財產極大損失。整個災區涵蓋 28 個鄉、56 個村落，受影響人數約達 20 萬。台灣世界展望會積極投入救災與重建工作，在為期 6 年的八八重建專案中，透過以下不同階段，幫助受災孩子與家庭走過風雨、迎向新生。

A. 第一階段「緊急救援時期」：2009 年 8 月 8 日 -2009 年 8 月 31 日

　　第一階段緊急救援時期，台灣世界展望會動員全台 500 名工作人員，及超過 3,000 人次的服務志工，迅速參與救災行動，並在 46 處安置地點提供民眾緊急安置服務。包括：發放 62,257 份救援物資，包含食物、飲水、衣物與民生用品、清潔打掃用具及兒童關懷用品等，計逾 5,000 名民眾受

益；愛心企業捐贈之緊急庇護帳（Shelter Box）324頂和淨水避難箱（Water Survival Boxes）100箱；協調維護受災民眾安置時的隱私權；提供受災民眾約 8,800 人（共 183,796 人次）關懷服務；發放 4,002 人次急難慰問與救助金；發放 20,778 人次的災區兒童生活扶助金，幫助受災民眾及兒童因應生活及就學的緊急需要。

此外，為幫助災區兒童走出心靈傷痛，陸續在台東、屏東及高雄等 3 個重災區鄉鎮成立 10 所兒童關懷中心（Child Friendly Space, CFS），由專業社工員透過繪畫、遊戲、閱讀等活動，抒發受災兒童的恐懼和心聲，撫平天災帶來的影響，共計約有 4,451 人次兒童受益。同時，世界展望會並深入災區訪視兩千多名受災兒童家庭，收集彙整災情資料，為後續的工作評估立下基礎。

B. 第二階段「安置時期」：2009 年 9 月 1 日 -2010 年 12 月 31 日

第二階段安置時期，以兒童和家庭為中心，提供在台東、高雄、屏東、嘉義，共 15 個安置營區駐點之社工專業服務，計 3,959 人受益；以及受災民眾身心紓壓方案，共 421 人次受益；受災兒童青少年教育、心理和生活的復原活動，受益人次計 31,809 人次；受災民眾家庭重建工作，計 4,987 人次受益。一路與民眾同行，持續不斷為重建家園而努力。

C. 第三階段「家園重建與社區永續經營時期」：2009 年 11 月 1 日 -2015 年 2 月 28 日

從「以人為本」的理念出發，重視各部落的核心價值及文化信仰，以及兼顧居民的生活習慣、教育就學需求、環境保護概念、社區防減災安全需求、生計發展需要，和社區意識及部落族群精神，讓重新打造的家園，除能遮風避雨，並延續生命與傳承文化，甚至擴大成為保留並創新部落傳統的社區。

- **部落永久屋重建工作：**台灣世界展望會在屏東、台東、高雄、嘉義 4 縣市 14 個基地，協助興建永久屋、中繼屋、避難屋等類型房屋共 896 戶，約 3,600 人受益

圖 7.4　展望會投入莫拉克風災重建工作，於屏東禮納里部落打造永久屋社區

- **社區總體營造：**為延續居民原有的生活習慣及傳統文化，台灣世界展望會透過興建社區公共設施和教堂，提供居民重要的聚會場域，凝聚部落意識和傳承文化，更展現出部落的活力與特色，約有 5,200 人受益。

- **生活重建：**為就近服務受災居民，台灣世界展望會接受內政部委託，自 2010 年 2 月開始，於高雄市茂林區、那瑪夏區，屏東縣三地門鄉、霧台鄉，台東縣金峰鄉，嘉義縣阿里山鄉共 6 個原住民地區設立生活重建服務中心，招募原鄉在地會說母語且具社工專業背景之原住民，運用家庭訪視、方案活動、臨櫃諮詢、電話服務等方式，關懷受災居民，同時推動各項關於心理、就學、就業、福利、生活、轉介等社會福利服務，以及辦理社區防備災宣導及社區產業推動等工作，協助受災民眾進行家園及心靈上的重建與恢復，共計 66,429 人次受益。

- **協力造屋促進就業機會：**透過「以工代賑」、「協力造屋」方式，鼓勵所合作的營造廠商，僱用培訓當地居民參與房屋興建工程。同時也申請政府「莫拉克颱風災後重建臨時工作津貼」方案，增加當地受災民眾工作機會。受災民眾親手打造自己的社區並組織協力造屋，能幫助部落連結族群，建立及更新對部落的認同與意識；更可

協助民眾邁向自立、建立對未來的自信；還能夠學習一技之長，以勞動來恢復生活，並有助災後心理的重建。計有 180 位受災民眾受益。

- **協助居民生計、發展社區產業：**八八風災除沖毀家園，亦破壞受災地區原本的生計產業，而看著滿目瘡痍的社區，更是影響留在原部落或返鄉重建之民眾對未來生活的盼望。故風災之後，受災地區都需延續、重整、規劃及經營部落文化及產業發展。台灣世界展望會透過各種方案計畫，如重建部落夥伴關係及社區組織人才培育，來傾聽民眾的聲音；部落生態與文化發展觀摩；推廣振興或改良在地作物；職業訓練；輔導傳統手工藝製作等，協助居民重建部落文化，並發展在地可永續經營的社區產業以提振生計收入，共計 1,181 人次受益。

（三）小結：台灣世界展望會服務模式的本色化特色

在台灣世界展望會近 60 年的發展歷史中，除與台灣社會經濟整體發展脈絡齊步走之外，更呈現以下 5 種特質，彰顯出國際性的大型非營利組織如何重視及深耕台灣本地的文化及發展歷程，並持續將來自國際總會的方案指導原則，與台灣本土情況相結合，應用在服務上的本土化特色：

- **奠基耶穌基督：**不管經歷任何時候、任何年代，台灣世界展望會都確信服務的源頭及方案設計的宗旨概念，皆是源自基督信仰及價值。
- **在最窮困的地方，就有世界展望會的蹤跡：**台灣世界展望會與貧困弱勢者同工同行，很早就發現並進入台灣相對弱勢貧困的偏遠山區及離島地區，提供當地的弱勢族群關懷與服務。
- **順應社會需求而調整工作重點：**以平均 7-10 年為一個週期，針對台灣社會發展過程中所面臨或者新發生的問題與需求，快速抓住了社會的需要並設計行動計畫，迅速回應。
- **強調發展觀：**世界展望會在服務方案的設計前期與服務期間，一直到工作收尾期，都強調發展觀念。值得一提的是，展望會特別重視

社工人員的工作職能成長與發展，訓練社工具備承接社會多元複雜問題的因應能力，能與政府社政單位接觸合作，更能設計多元複雜的工作及方案類型（如承接兒童、少年、少女、婦女保護、社區福利服務等政府方案）。

- **兼具本土性與國際性的服務**：隨時與國際夥伴的資訊與資源相互聯結，但又能自主發展具本土特色的社工服務模式。在工作發展歷程中，不斷有來自世界展望會國際總會的全球性準則規範可參考，如兒童資助計畫準則、LEAP 模式、兒童福祉想望、兒童福祉效益等。展望會工作人員亦有機會及能力受派到其他展望會夥件國參與服務，例如針對國際重大災難的救援行動，在 1999 年的科索沃戰後、2004-2005 年南亞海嘯到印尼、2008 年四川大地震等等，皆有人員派駐到各災區服務 1 個月、3 個月，甚至半年到 1 年不等，吸取實務經驗並作為未來在服務台灣兒童的方案設計上之參考。

▌四、生命價值與國際視野：台灣世界展望會的社會影響

　　近 60 年來，台灣世界展望會在台灣的服務，範圍從鄉村到都市，從山區到離島，幫助「貧窮中最貧窮」的弱勢兒童及其家庭的需要，亦奠定兒童關顧社區化的服務模式，同時隨著台灣經濟起飛，台灣世界展望會也一同寫下自立與擴展的奇蹟，不只由台灣資助人接手幫助國內貧童的需要，更加入了世界展望會全球關懷與救援的行列，透過「兒童資助計畫」、「飢餓三十人道救援行動」，讓台灣愛心有機會擴及全球貧苦、戰亂、糧荒國家的需要，寫下台灣愛心援外的重要里程碑。以下是台灣世界展望會對台灣社會所產生的主要影響：

（一）建立台灣弱勢兒童的生命價值感

　　秉持「哪裡有需要，哪裡就有世界展望會」的信念，台灣世界展望會長期服務台灣偏遠地區的弱勢貧童。然而相較於一般環境的兒童，弱勢貧

童除面對社經條件的困乏外，面臨疏忽照顧、家庭功能不彰等問題的可能性也更為提高。導致所服務的兒童在自信心及安全感上容易低落，人際的互動較為困難，不易結交新朋友。特別在隔代教養的家庭更明顯，祖父母能滿足孫子女基本生理需求已不容易，在其他歸屬感、安全感、認同感、自尊、基本課業學習等方面，幾乎無力協助。倘若幸運，或許遇到認真負責的老師，持續給予關心而能穩定成長，但若不幸，最常見的處理方式就是放棄。

台灣社會快速變遷，弱勢兒童面臨的挑戰日新月異，但深究台灣世界展望會所提供的服務，除了即時的經濟幫助與物質補充，更重要的是社工員陪伴兒童逐步在生活中培養及建立對自我的認同及生命價值感。這項任務，需要在生活中累積成功經驗、建立支持系統，以及讓有使命感的大人在長期且穩固的關係中陪伴兒童，提供正確的資訊、勸導、輔導、友伴、諮商、生命體驗等服務，才有機會達成。

世界展望會的服務工作，結合資助人及其他社會資源，透過社工員的服務與方案設計，提供台灣弱勢兒童最基本的陪伴；透過助學金、學用品、課業輔導等支持，幫助兒童順利上學、銜接更上一層樓的學習歷程。社工員的電話關懷或訪視服務，也是建立兒童歸屬感及認同感的一環，讓他知道至少有一個人在乎他的成長；透過各項方案活動，擴展青少年視野，也學習人際互動的技巧。例如成立各種文化隊或舉辦與傳統文化相關的課程，有助原住民兒童對自我認同及傳統文化保存，產生深層使命感。而社工員也在訪視及方案中，把握機會與兒童交流生活遭遇的種種挑戰，藉著分享生命經驗及探討生命課題，幫助兒童更進一步認識自我、肯定自我，才更有機會發展潛能，實現自我目標。

台灣社會越來越多元，單一標準或價值觀已無法代表一個人的生命價值。透過社工員的陪伴，讓弱勢兒童的興趣、專長與夢想有機會被發掘，並藉肯定、積極的氛圍，讓發展的目標與方向能夠被具體落實。社工員也常透過親職講座教導父母在親職互動上的知識及技巧，幫助家庭氣氛更和諧。如同耶穌基督「道成肉身」的精神，社工員走入兒童的群體去認識他們、長期關懷陪伴，進而在關係基礎上，引導及建立正確的生命價值感。

（二）提升台灣民眾援外國際觀

由於台灣特殊的國際地位，導致台灣民眾對國際事務冷感與漠不關心。然而，台灣世界展望會持續一年又一年舉辦「飢餓三十人道救援行動」，已超過 30 年之久，經年累月的成果，讓「飢餓三十」成為台灣年輕學子參與公

圖 7.5　舉辦超過 34 年的飢餓三十，是全台參與人數最多、影響層面最廣的公益活動

益活動、關懷世界需要的首選，同時「飢餓三十」也寫進了教科書，是許多學校一屆一屆不斷傳承的精神及必定舉辦的活動，而台灣愛心透過「飢餓三十」對國際社會的貢獻，更是世界展望會夥伴國之間的學習典範。

世界展望會相信，上帝透過「飢餓三十」祝福台灣成為一個「施比受更有福」的國家，也從中提升了台灣民眾的生命教育與人文關懷視野。三十多年來，台灣世界展望會恪守耶穌基督慈愛與關懷弱勢的精神，凝聚台灣民眾的愛心與力量，同時也連結台灣民眾關注國際社會的責任心，藉著捐款投入支持了無數災難的救援行動：台灣的救援捐款和「飢餓三十」的參與人數，更是屢創台灣人道救援歷史的紀錄。迄今，「飢餓三十人道救援行動」的愛心足跡，已擴及台灣及全球約八十多個國家，回應全球重大災情，包括：戰爭、飢荒、疫病、天災等，諸如：九二一震災、八八風災、高雄八一氣爆、蘇迪勒風災、2016 台南地震、2018 花蓮地震、國內特況家庭等，以及國際大事件：阿富汗難民危機、北韓糧荒、中美洲颶風風災、蒙古雪災、剛果內戰、盧安達種族大屠殺、南亞海嘯、四川震災、海地地震、日本三一一震災、伊波拉疫情防治、非洲糧荒援助、敘利亞難民危機、南蘇丹難民危機、尼泊爾震災、貝魯特大爆炸救援、

Covid-19 疫情救援、阿富汗危機、烏克蘭危機等等國內外無數大小災難。除在第一時間投入緊急救援，更積極展開災後重建計畫，長期陪伴居民發展生計、重展新生活。

「飢餓三十」在台三十多年，不僅參與人數不斷攀升，同時透過行銷倡導、議題討論、新聞報導、刊物文章、影音素材、藝人代言等行銷宣傳手法，憑藉傳媒的影響力，加大宣廣力道，不只幫助台灣民眾提升國際視野，瞭解人道救援需求，也讓「飢餓三十」精神有機會能深植人心。

另外，「飢餓勇士大會師」更是每年「飢餓三十」活動的高潮，也是媒體及社會大眾所關注的焦點，深植在一代人心中的回憶，多年來創造了許多溫馨感人的故事。參加的營友從 1 歲孩童到 90 歲高齡的長者皆有，大家不分年齡、國籍、信仰、職業，只因著對國際人道救援的熱心及感動，共聚一堂挑戰 30 小時的飢餓體驗。而營會也每年推出創新活動，有挑戰食物慾望的堅忍時刻，有活潑、充滿創意的飢餓體驗，有代言人走訪受助國的感性分享，也有名人或專家的知識講座，更有營友針對國際性議題所發想提出的因應解決之道等等。在整整挑戰飢餓 30 小時的營會活動中，透過禁食任何固體食物，讓營友們走進災荒的世界，貼近飢民的感受，體會心靈的悸動。

然而 2020 年以後，全世界籠罩在新冠肺炎疫情之下，人與人之間的關係出現巨大的變化，過往熟悉熱絡的面對面、肩並肩實體聚集活動，成了必須得避免的防疫破口。面對後疫情時代，國際人道救援的需求仍然迫切，氣候變遷、戰火衝突、疾病疫情、糧食危機，好似成了人類日常。因應疫情以及越來越龐大的救援需要，「飢餓三十人道救援行動」也作出創新與調整，運用日新月異的科技，從萬人大型實體聚集，轉向一個人的線上飢餓挑戰，並透過大量的實境影音素材，在年輕人關注的網路及社群等新媒體通路上創造議題及聲量，持續影響台灣下一個世代，開創民眾的援外國際觀及關懷視野。

▌五、後疫情時代，台灣世界展望會的未來展望與不變的承諾

　　未來的時代，將是一個不斷變動、難以預知的時代，新冠疫情更帶來難以估算的影響，導致貧困的原因及定義正在改變，但無論外在環境如何變動，世界展望會服務的初衷及對象始終不變，持續援助國內外最弱勢的兒童、家庭與社區，以達成展望宣言所提及的願景：「**我們對每一個兒童的展望是他們獲得豐盛的生命；我們的禱告是我要有意志去完成這一展望。**」為此，世界展望會規劃了全新的策略與目標「我們的承諾」（Our Promise），這同樣也是台灣世界展望會面對未來挑戰、持續為弱勢兒童服務的目標與展望。

　　「**我們的承諾**」提到，世界展望會將努力不懈致力於消弭各種形式的貧窮，遵循可持續發展議程（Sustainable Development Agenda）的目標，並透過以下 5 項策略方針：深化對最脆弱兒童的承諾（Deepen Our Commitment to the Most Vulnerable Girls and Boys）、聚焦兒童服務工作達到更大的果效（Focus Our Ministry for Greater Results）、合作與倡導以擴展更大影響力（Collaborate and Advocate for Broader Impact）、締造高品質且持續的資金來源（Deliver High Quality, Sustainable Funding）、勇敢與謙卑地活出基督的信仰與呼召（Live Out Our Christian Faith and Calling with Boldness and Humility），持續幫助孩子轉變生命，發展潛能。以下亦是台灣世界展望會接軌國際總會的 5 項策略方針，為台灣弱勢兒童擘畫的未來願景：

（一）深化對最脆弱兒童的承諾

　　面對嶄新的數位時代，孩子的發展雖面臨不同的挑戰，但成長路上所遭遇的問題，來自學習、經濟、家庭等多重壓力，仍然困圍每顆渴望翻轉未來的心。為了更有效幫助新一代的台灣弱勢兒童發揮潛能、翻轉未來，台灣世界展望會致力於發展新的工作模式，引入不同的資源及夥伴，提升

對兒童的服務品質與內涵，如為熱愛籃球也有興趣及天賦，卻苦無發展機會的弱勢兒童打造的「**籃海計畫**」；以及因應後疫情時代數位教育需求大增，弭平弱勢兒童及社區軟硬體數位資源落差的「**數位閱讀素養助學計畫**」和「**數位培力養成計畫**」等等創新方案，幫助台灣弱勢貧童補足資源缺乏、因應新的時代挑戰，並開創更多的未來發展機會。

（二）聚焦兒童服務工作達到更大的果效

　　為了提供弱勢貧童更好的服務，台灣世界展望會已啟動數位轉型工作，減少作業流程、加速工作流程，同時強化資料管理，提升工作人員的數位能力，也持續招募及訓練有志服務弱勢貧童的社會工作、國際援助、倡導募款等方面的人才，亦發展評估每項服務工作的指標，確保每項服務工作皆能發揮果效。

（三）合作與倡導以擴展更大影響力

　　未來，台灣世界展望會計畫與更多擁有共同目標的夥伴，如教會、媒體、學校團體、政府機關等，合作倡議聯合國 SDGs 以及國內外弱勢兒童面對的困境與需求等議題。如 2022 年為倡議阿富汗弱勢兒童需求，與台灣北中南三地教會合作舉辦的「**阿富汗：盼望之路**」分享禱告會；以及為瞭解新冠肺炎疫情對台灣兒童造成的生活影響及落實兒童表意權，與台灣大學合作的《**新冠肺炎疫情下的台灣兒童生活調查**》[8]，皆是未來持續發展倡議、擴大影響力的合作案例。

8　台灣世界展望會與台灣大學社會工作學系陳毓文教授合作，參與 22 國組成之「跨國兒童福祉研究調查計畫（Children's Worlds: The International Survey of Children's Well-Being, COVID-19 Supplement, 2021）」，收集各國兒少在 2021 年新冠肺炎疫情下的生活樣貌，於台灣進行「新冠肺炎疫情下的兒少主觀福祉研究與跨國比較分析」研究計畫，針對近 2,000 位 10 至 12 歲兒少採網路問卷抽樣，由孩子們表述自身狀況。期盼藉由調查實踐兒少替自己發聲的權益，並看見台灣歷經 2021 年的新冠疫情三級警戒之後，在不同社經地位、族群等兒童的整體生活及各面向福祉樣貌。研究結果曾發表於「2022 年台灣社會工作專業人員協會年會暨『迎向挑戰與專業影響力再現——社會工作的創新與蛻變』研討會」。

| 圖 7.6　2022 年阿富汗展望會會長應邀來台，為當地婦女與兒童發聲

（四）締造高品質且持續的資金來源

　　為提供台灣弱勢兒童更高品質的服務，需要持續且穩定的資金，感謝社會大眾長期的信任與肯定，台灣世界展望會的財務資金絕大多數仰賴民間的支持與挹注（2021 財務年度的年度收支，扣除實物捐贈後，高達90.7% 資金為台灣民眾所支持，政府方案款僅佔 6.3%）[9]。未來，台灣世界展望會除持續聚焦於兒童服務工作、穩定發展各階段策略，同時也會更有效管理所募集到的各項資源，建立對資助及捐款大眾更好的責信，並與台灣民眾、民間企業團體不斷對話，邀請社會大眾持續支持。

（五）勇敢與謙卑地活出基督的信仰與呼召

　　非營利組織的工作需時刻回到初心，不管是回溯組織發展的開始，抑或個人投入的使命，回到初心重新思考，常是幫助組織能夠走得長久，以及人員投入其中、不懈服務的理由。世界展望會的開始始於一個禱告，從而發展出宏大的價值與使命，台灣世界展望會也承接同樣的信仰與使命，同時期許未來能不斷傳遞下去，與弱勢兒童、家庭以及社區一同克服貧窮

9　台灣世界展望會《2021 年度報告》，p. 21。

與不公義。亦連結台灣教會透過展望會的服務工作，見證上帝對兒童無條件的愛，並且更在回應新冠病毒疫情的行動之中，以基督信仰價值幫助兒童、家庭與社區遠離內心恐懼，找到真平安。

　　時代快速變遷，世紀疫情更加深了前方道路的不確定，然而秉持著初心與信仰，台灣世界展望會始終與國內外貧窮與受壓制的最脆弱人們站在一起，為他們提供服務、幫助轉變，未來更將致力於面對後疫情時代及其後續影響，達成為所有兒童帶來豐盛生命的願景，在變動的時代中，持守著對弱勢兒童不變的承諾。

｜參｜考｜文｜獻｜

台灣世界展望會，2010，《足跡》。

台灣世界展望會，2015，《走過風雨，迎向新生：八八風災專案成果特刊 2009.08.08 ～ 2015.02.28》。

台灣世界展望會，2020，《年度報告》。

台灣世界展望會，2021，《年度報告》。

台灣世界展望會，2021，《展望會訊》。

台灣世界展望會，2022，《年度報告》。

台灣世界展望會官方網站：https://www.worldvision.org.tw/

世界展望會國際總會，2022，《OUR PROMISE 2030》。

世界展望會國際總會官方網站：https://www.wvi.org/

胡婉雯、邱從甯，2005，〈臺灣世界展望會發展歷史〉，《社區發展季刊》，109: 310-316。

CHAPTER **8**

與孩子共創更好的世界：
兒童福利聯盟文教基金會

邱靖惠

　　1980 年代末期，在社會氛圍普遍認為，孩子就是大人的附屬品，甚至被當作商品販售的年代，電線竿上時不時貼著「男童 30 萬、女童 10 萬」的廣告傳單。台灣沒有專屬的法律保護孩子、失蹤與販嬰的事件更時有所聞。

　　在這樣的年代，一群關心孩子、又或是說，一群愛孩子的專家、學者、民意代表組成一個行動聯盟「兒童福利聯盟」，聚集在小小的臨時會議場地，日復一日想著：能為孩子作些什麼？致力於推動台灣兒少法律與制度，此為兒童福利聯盟文教基金會的前身。

　　完成階段性修法任務後，各方均認為應成立一永久性組織，以長期致力於兒童福利工作推展，兒童福利聯盟文教基金會（以下簡稱兒盟）於1991 年 12 月誕生。

▎一、孕育的歷程

　　「所有關係兒童之事務……均應以兒童之最佳利益為優先考慮。」
《聯合國兒童權利公約》

　　1980 年代末期，台灣社會的家庭暴力問題浮上檯面，長期潛藏的兒童受虐事件逐漸受到關切。越來越多人注意到，當家庭出狀況，孩子其實是最弱勢的，而當時政府為呼應當時聯合國《兒童人權宣言》制定的《兒童福利法》，經過十多年早已不符需求，實質的兒童福利遠遠不足，而「法不入家門」的封閉思想，更遲滯了救援的腳步，各界修法的呼聲也越來越高。1989 年年底，在「淨化社會文教基金會」主辦的一場兒童福利研討會，關心兒童權益的學者、律師、實務工作者及立委林志嘉等人，決定組成「兒童福利聯盟」推動修法，匯聚實務、法律、理論三方觀點，以聯合國《兒童權利公約》為基底，以兒童最佳利益為原則，提出新修訂法案。

　　歷經 3 個月、21 次會議的努力，兒盟於 1991 年 3 月提出修法版本，並積極展開倡導及遊說。當時，兒童受虐實例一一躍上媒體，有的孩子被打到顱內出血、有的嚴重燙傷、有的身上遍佈新舊傷痕，這些悲慘的故事

竟發生在台灣孩子身上，因而激發強烈的正義氛圍，強化了社會各界對於修正《兒福法》的認同。最終在大家的努力下，1992 年立院三讀通過《兒福法》第一次修法，奠定台灣兒童福利發展的基石，除了宣示兒童最佳利益原則及政府責任，也建立出生通報、責任通報等多項保護制度，並加重對兒童不當對待的處罰。

　　不過，1989 年正式頒布的聯合國《兒童權利公約》及先進國家相關法律所指的「兒童」，其年齡都是指未滿 18 歲之人，為了與國際標準一致並重新統整法規之涵蓋範圍，1997 年，在《兒福法》、《少福法》兩法各自運作一段時間之後，兒盟成立「兒少法民間修法工作小組」再度展開修法行動，歷經六十餘次會議，提出《兒少法》合併修法的版本，並成立「兒童及少年福利法修法促進聯盟」，獲得萬人連署支持。儘管因國會改選而好事多磨，且後來又爆發 SARS（嚴重急性呼吸道症候群）危機，使得修法進程受到影響，但最終立法院在 2003 年 5 月快速三讀通過合併修正的《兒童及少年福利法》，讓未成年人享有一致的福利，修法重點包括：大幅增加兒少保護措施，讓公部門可以用各種方式支持、輔導、強制成人善盡保護、教養兒少的責任，強化保障兒少身分權益，加強兒虐的初期預防、推動政府提供支持家庭的福利服務等。

　　爾後，因應社會的變遷，兒盟持續提供各種法令修改建議。包含 2009 年《兒童及少年福利法》修正草案、2011 年《兒少法》修正更名。2014 年更與聯盟夥伴共同推動《兒童權利公約施行法》的通過與施行，跟上國際的腳步，更全面的保障及促進兒童少年權利，一次次的修法都有助於兒少在更友善的環境中成長。

　　法律是兒少權益維護的最後一道防線，也是社會氛圍推動的起點，正因為如此，兒盟成立過程一直秉持「保障兒童人權，增進兒童福祉」的初衷，長期深耕修法倡議工作。兒盟的願景是「與孩子共創更好的世界」，落實兒童人權中的兒少表意參與權，與孩子一起為創造友善兒少的世界努力，我們相信，每個孩子都是世界組成的一分子，幫助每個孩子更好，走向自我實現，未來世界就會更美好。

▌二、童權推手：兒福聯盟成立之人與事

回首兒盟成立的階段，當時第一任的董事長林志嘉、執行長馮燕，以及董事羅瑩雪律師是相當重要的推手。

（一）孩子是王，拍拍手

在一般台灣民眾眼中，現任中華民國立法院祕書長的林志嘉，是極少數受到不同陣營信任的資深政治人，講誠信，有老派政治家的風度。許多人不知道的是，他從政的初衷是為兒童爭取權益，1990 年首次競選立委時提出「孩子是王，拍拍手」當競選口號，彼時才三十出頭的林志嘉因此被稱為「孩子王」。林志嘉當年在美國讀政府行政管理，深感美國的兒童福利和兒保意識比台灣進步許多，陪伴妹妹一同照顧因生產過程導致脊椎受損的孩子，也同樣切身感受到照顧的辛苦，加上接觸弱勢兒童的議題，因此開始積極支持兒童相關團體，從實際行動中尋找幫助孩子的辦法。

而當年，馮燕從美國拿到博士學位，帶著孩子回到台灣，作為一個母親，她切身體會到台灣社會對待孩子並不友善：公園缺乏遊樂設施、馬路坑坑洞洞很難推嬰兒車、圖書館沒有可以借給孩子的書和玩具、餐廳不歡迎小孩、公車很難擠得上，這個社會完全缺乏給孩子的社會空間（social space），相較於美國，育兒家庭有食物券、免費健康檢查各種福利，公園、圖書館都有讓小孩玩耍的設施和遊戲課程，帶一個小孩出門是很愉快的事情。於是她開始研究兒童福利，想瞭解台灣的兒童福利服務輸送體系。

羅瑩雪大學就讀國立台灣大學法律系，畢業後取得律師資格並至美國留學，取得刑事司法學（Criminal Justice）碩士，回到台灣。1993 年家庭暴力受害者鄧如雯殺夫案轟動一時，喚起社會正視家庭暴力問題，當時的羅律師擔任其民事訴訟代理人，為其爭取子女監護權，希望法庭能為這些因國家政策體制不健全而造成的家庭社會悲劇，作出符合公平正義人倫考量，最後成功爭取到由鄧如雯父母擔任 2 個孩子的監護人。

這 3 位關心兒少、懷著滿腔熱血想改變台灣兒少福利制度的人，在1989 年一場兒童福利的研討會上相遇，林志嘉提議趁著他在立法院趕快

推動修法，眾人的熱情被鼓動起來，從那一次開始，由他擔任召集人成立了一個「修法聯盟」，此為兒童福利聯盟的前身。修法聯盟分成 3 組，社會工作者負責實務組、馮燕負責理論組、羅瑩雪律師負責法律組，並與沈美貞、王如玄律師等人一起投入修正《兒童福利法》，每一組每個星期密集開 2 次會議，實練實戰地下苦功修法。

修法聯盟以聯合國《兒童權利公約》為基礎來發展適用於台灣的法案，秉持國際接軌的精神，以該公約中的「兒童最佳利益原則」作為修法的核心精神。這部集結眾人心血結晶的草案在 1991 年年底提交立法院，內容條文從原來的 18 條擴充到五十幾條，等於是一個新的立法。林志嘉使盡全力協商朝野立委，講道理、賣人情，從各種角度切入到處說服，終使立法院在很短的時間內通過新的《兒童福利法》，而總統府也不負眾望地在 1993 年頒布施行。

法案通過後，羅瑩雪與一群法律夥伴，又參與全台各地法令宣導，跑遍全台北中南東各地不斷講習，一波波調訓學校校長、學務主任、輔導老師，使第一線工作者確切認知兒童最佳利益的真義，並竭力督促司法實務工作之實踐。

（二）徒法不足以自行，兒福聯盟的誕生

修法成功之後，修法聯盟的夥伴覺得合作經驗非常好，一來找到志同道合願意為孩子付出的人，彼此很珍惜這個緣分與情誼，捨不得解散；二來大家也認知到「徒法不足以自行」，以後這個法執行得如何、政府有沒有盡責，需要一個監督的機制，才能夠確保所有的孩子都享受到這些善良法規，於是有人提出應該成立一個基金會來監督政府。在辛苦的四處籌措資金後，終於正式成立基金會，首屆董事會設 15 位董事，其中 8 位是原來的修法聯盟夥伴，其他 7 位來自外部不同領域的菁英，成員背景多元，最大共同點是每個人都很想為台灣兒童謀福利。林志嘉眾望所歸地被推選為第一任董事長，馮燕也眾望所歸地被任命為第一任執行長。基金會成立初期很辛苦，董事長林志嘉忙著到處募款以免斷炊，執行長馮燕忙著建立制度，在這 3 位共同的努力下擬定基金會的定位，讓兒盟一步一步穩定茁壯成長。

三、「倡議」與「服務」並行：
兒福聯盟發展歷史與特色

　　身為一個非營利組織，除持續法令政策的修訂與倡導之外，一路以來，兒盟一直回應時代的變遷與需求，一方面開展許多新興的直接服務方案，包括收出養服務、失蹤兒童協尋服務、棄兒保護服務及特殊際遇兒童保護工作，更倡議防制校園霸凌、網路安全、托育等一般兒少議題。透過倡議與服務並進，如實地往「與孩子共創更好的世界」初衷邁進。

　　因此有別於一般僅倡議修法，或是僅提供實務服務的非營利組織，兒盟很早即定位為「倡議與實務服務」併行的雙軌制，在平衡兩者的比重與競合，也是經歷一段漫漫長路，以下透過幾項兒盟曾經倡議過的重大兒少權益事件，幫助讀者理解兒盟 30 年來倡導的重點與方向的轉變：

（一）第一階段建置期（2000 年以前）

　　兒盟成立初期，因當時倡導兒少權益與提供服務的非營利組織很少，因此不論是倡議的方向或是實務服務的內容，其實都經歷過一段時間的探索，一開始通常係由重大社會時事帶領兒盟倡議，進而引進新的兒少服務。

1. 關注社會時事，回應社會需求，倡議中發展服務

　　兒盟成立後 1992 年，兒盟的長期戰友沈美真律師來求助，有一對清道夫夫妻在醫院婦產科生孩子，第四天孩子就無故失蹤了，可能被賣掉，她正義務幫忙打官司告醫院，希望兒盟幫忙找孩子。沈律師說道「已經半年了，這個清道夫出門打掃的時候，清潔車上都掛著牌子要找自己的孩子。孩子生下來婦產科讓他們看了一眼之後，連餵奶都沒有，然後第四天就不見了，應該是有預謀。更明顯的是，也不讓他們去報失蹤，就給了 5 萬塊營養費，說你已經有兩個孩子，有兒有女啦，沒這個沒有關係啦，也許有人喜歡就把他抱去了，你就作件好事給他們養。明顯是婦產科把他賣掉，而且一定不只 5 萬」。

　　與此同時，一個日僑家庭的孩子在家門口被抱走，受到媒體大篇幅報導，結果第二天立刻破案，警方一天就把孩子找到了。兩相對比，一個是事關國際關係的日僑，受到政府和各界關注，警方立刻找了回來；一個是弱勢清道夫，孩子失蹤半年竟然無人聞問。這種對比令人憤慨，於是兒盟決定運用民間的力量，推出第一個倡議——失蹤兒童問題，當年林志嘉站上立法院質詢：「你知不知道有許多孩子失蹤？知不知道有人把孩子拿去賣，男孩子的價錢跟女孩子的價錢不一樣？」促使警政署開始全面配合協尋失蹤兒童。協尋失蹤兒童後來成為轟動全國的一個運動，兒盟亦於1992年催生台灣第一個失蹤協尋服務。

　　像這樣一開始因為回應當時社會重大事件，後來促成的服務，在兒盟建置期屢見不鮮，如：投入嬰幼兒失蹤協尋服務後，發現關鍵原因是不孕夫妻鋌而走險導致販嬰市場猖獗，於是倡議收出養服務，但當時無一機構在作，因此社會局希望兒盟能為此服務作個示範，於是我們參考國外模式、流程，從設計表格等最基本的東西開始，幾乎同步開辦收出養服務，除一圓夫妻的育兒夢外，透過專業的評估與把關，讓被迫離開原生家庭的孩子們可以找到適合的家。

　　另1998年高雄中心（現為高雄服務中心）開辦強制親職教育輔導業務，《兒少法》規定施虐者必須上親職課程，但很多家長不願配合，需要社工介入服務，當年台南家扶中心作出成效加上各縣市都在推動，兒盟留意到此現象，秉持為兒保盡一份心力的想法而投入；以及在1999年九二一大地震後，迅速成立家庭重建中心，提供失依兒少及其扶養人家庭服務等等，皆是為回應社會需求，從無到有成為台灣第一個引進新服務的非營利組織。

2. 首創自陳式兒童問卷，開啟調查倡議之先河

　　除了從社會時事尋找倡議靈感外，兒盟也首創自陳式兒少問卷，透過創造新議題以吸引社會大眾對兒少議題的重視。

　　第一次針對兒童進行問卷調查，是在1995年，當時雖立法院三讀通過修正《兒童福利法》，明定各級政府必須設置兒童福利專責單位，在中

央為內政部兒童局，然而，民間千呼萬喚，兒童局卻遲遲不見蹤影。兒少福利涵蓋社政、戶政、教育、醫療、衛生、警政及司法等部門，各體系的分工與溝通，直接影響服務輸送及福利的品質，亟需專責單位在中央統籌政策、地方落實執行，參照世界先進國家，兒少福利專責單位往往被視為重要指標，設置專責單位才能確保從中央到地方提供環環相扣的服務。

於是在 1995 年的兒童節，兒盟在中正紀念堂舉辦「捍衛小寶貝──推動成立兒童局」園遊會，與《中國時報》合作推出系列報導，並與漢聲、中廣及警廣等電台節目合作，公布第一手調查結果「兒童三大心願」，對社會大眾呈現兒少的心聲與煩惱，成功吸引大眾對兒少議題的共鳴，引發重視後，9 月 3 日，兒盟破天荒走上街頭，發動萬人連署簽名活動，成功獲得廣大群眾支持。歷經 5 年的倡議奔走，終於在 1999 年 11 月 20 日國際兒童人權日，催生內政部兒童局正式成立。

（二）第二階段：成長期（2000 年至 2011 年）

2000 年起是兒盟發展最為迅速的階段，無論是在實務服務還是兒少權益倡導上都有顯著的進展。

1. 從實務服務中誕生倡議的火苗

開始提供一線服務後，兒盟看到了更多因制度上的缺失帶給家庭的不幸，於是倡議修法，希望從制度面、結構面來解決弱勢家庭的困境。從早期服務失依兒少及其扶養人家庭時，發現震災的失依兒少普遍面臨撫卹金或遺產等問題，為了維護他們的權益，兒盟與相關團體促成失依兒童財產強制信託制度、爭取補助財產信託配合款，並推動修訂《民法》1094 條監護人選定順序，首度賦予公權力介入孤兒監護權的法源依據，以落實孩子的最佳利益。

除此之外，此階段還有一項相當重要的倡議工作，就是 2004 年催生預防性兒保工作──兒少高風險家庭關懷輔導處遇方案（以下簡稱高風險方案）。過去兒盟針對受虐兒少家庭提供強制性親職教育輔導，以及兒童及少年保護個案家庭處遇服務方案，在接觸此類家庭的過程中，我們發現

兒保工作一直存在嚴重人力不足的問題，社工員往往因受限手中案量，僅能就嚴重、緊急兒少保個案進行處理，相對有潛在危機因子的兒少，往往因社政體系無法在第一時間提供服務，導致遺憾發生。2004 年年初，台灣陸續發生多起照顧者疏忽或施虐導致孩子死亡的事件，都是屬於「非危機」、「不在各級社政單位服務範圍內」，或被認為是在「一般的」家庭中。故兒盟特針對兒少在失功能家庭中生活的危險性，以及對高風險家庭提供預防性服務的重要性提出呼籲，終於獲得政府正面回應，在制度上投注更多兒少服務資源，兒盟亦開辦高雄市北區高風險家庭預防性服務，為全國第一個高風險家庭服務方案，藉由完善化兒少保護的各級預防工作，盡早介入面臨危機的家庭，提供實質上的幫助，讓三級兒保防護網更加完整，據內部統計這些兒盟服務有親職教養議題的高風險家庭，結案時 91.6% 家庭並沒有進入兒保系統，顯見有發揮預防兒虐之效果。

　　2004 年，因承接各縣市高風險方案的委託，兒盟開始大量擴展服務據點，提供更多家庭服務，並大量累積家庭服務經驗，兒盟亦透過這些一個一個家庭的故事，看到整個社會結構的問題，積極向大眾倡議去污名化，協助弱勢家長自立，以及強調預防兒虐等概念。

　　同年兒盟亦承辦台中的單親服務「向晴家庭福利服務中心」、新北市家庭處遇服務方案、放心園（陪同親子會面服務）方案，2009 年八八風災後，南區辦事處成立重建組服務災變家庭，兒盟開始在各縣市開枝散葉。

2. 百花齊放的權益倡導行動——成功倡議校園霸凌

　　此時期不僅在實務工作與修法上有顯著進展，兒盟亦相當關心一般兒少的權益，我們認為無論是成人或兒童，只要是身為一個「人」，人人生而平等、自由，並享有生命的尊嚴，兒少不應該被視為家庭的附屬品，他們是一個獨立完整的個體，都應該擁有相同的「人權」，沒有任何差別待遇。然而兒童在身心發展上，畢竟還不夠成熟，仍須仰賴大人的保護與協助，才能安心、快樂、健康地長大。也基於這些原因，兒童擁有與成人不一樣的專屬「兒童人權」，包括有「家庭成長權」、「教育權」、「傳播權」、「健康權」等，讓他們能在溫暖的家庭成長、獲取知識與充足的資

訊，並能享有良好的醫療服務。

　　每年兒盟都會針對這些議題進行調查，並公布調查結果，其中又以倡議校園霸凌議題成效最為顯著。

　　校園霸凌是一直存在於校園的常見現象，2000 年台灣發生葉永鋕事件，當時 14 歲的他因為「性別氣質」不符合主流期待而遭霸凌，為躲避同學脫褲捉弄，於上課時獨自去廁所，爾後被發現倒在血泊中不治身亡，然而葉的故事並非特例，兒盟自成立兒童諮詢專線後，經常接到孩子在學校被欺負、排擠的求助電話，於是 2003 年開啟兒盟研究此現象之契機，翌年引進、翻譯「BULLY」一詞為「霸凌」，並針對校園霸凌進行一系列調查和研究，猶記得當年第一次公布台灣校園霸凌現況的記者會，現場記者將場地擠得水洩不通，顯見霸凌引發社會大眾的回憶與共鳴，兒盟也因此成為台灣研究校園霸凌的代表性 NGO 組織。2010 年桃園八德國中發生一連串嚴重肢體霸凌事件，引發媒體大幅報導後，兒盟亦投入政策立法行列，2012 年促成《校園霸凌防制準則》訂定，自此成為學校在處理霸凌議題上的依據。

　　除了成效斐然的校園霸凌議題，兒盟也關注多項其他兒少權益，包含教育權：學生過度學習、偏鄉廢校與資源落差。家庭權：特殊家庭的兒少權益、倡議「愛孩子 333 守則」——每天擁抱 30 秒，傾聽、陪伴 30 分鐘，週三爸媽不加班，亦呼籲政府制定更完備的家庭政策，塑造友善育兒環境，並正視家庭在社會變遷下，逐漸解組與功能弱化等現象，提供包括育兒津貼、社區托育等支持性服務，以減輕家庭照顧壓力。另外，傳播權方面，兒盟倡議頻道業者應製作台灣本土自製兒少節目、播出一定時數的兒童節目，以及手機 APP ／遊戲、網路內容應予以分級，並提供適當的兒少防護機制，以免兒少接觸不適合的內容以打造健康傳播環境，爾後成功修法將其納入《兒少法》第 46 條；健康權方面，兒盟關注兒少運動、肥胖、飲食習慣等議題，2010 年監看兒童節目的垃圾食物廣告頻率，發現台灣兒童平均一年看近萬個（9,968）垃圾食物廣告，引發社會大眾關注，成功催生《不適合兒童長期食用之食品廣告及促銷管理辦法》（2014 年通過），規範不得對兒少大量投放此類食物的廣告，且不得贈送玩具作為促銷方式。

（三）第三階段：成熟期（2011 年至今）

　　兒盟自開辦更多一般家庭的服務後，如托育、三專線（兒童專線、教養專線及少年專線）、社會倡議等，開始接觸許多遭遇育兒困難的一般家庭。我們從這些經驗裡開始反思：台灣是否投注太多的資源在處理家庭出現問題後的情況，而忽略更前端的預防家庭服務？加上此時期正逢政策轉變，政府開始陸續收回原本委外的一些業務，讓兒盟開始進入新的階段。

1. 走出自己的路，發展預防性家庭服務

　　2004 年年底兒盟開始承接兒少高風險方案，同年承辦台中的單親服務「向晴家庭福利服務中心」、新北市家庭處遇服務方案、放心園（陪同親子會面服務）方案，2009 年八八風災後，南區辦事處成立重建組服務災變家庭，兒盟開始在各縣市開枝散葉。然而大量承接各縣市政府委託案，仰賴政府補助的結果，造成兒盟在提供服務上必須配合政府規定毫無彈性外，倡議修法亦變得綁手綁腳，兒盟開始反思隨著組織規模與量能的增加，如何轉型更貼近社會大眾的期待，更符合第三部門的角色。

　　2017 年「兒少高風險方案」陸續回歸政府體系，加上一些政府委託案結束合作之際，面對此關鍵時刻促使兒盟重新反思自己的定位與分工。一直以來，兒盟在承辦政府業務過程中不停卡關，無論政策規劃欠缺溝通、方案管控方式制式較無彈性導致影響服務品質，在倡議修法上亦常面臨來自公部門無形的壓力。自減少承辦政府業務後，兒盟有更多能量發展服務，於是在 2018 年推出「逆境家庭翻轉計畫」（以下簡稱逆境服務），主要目標為強調建構社區支持、撕掉負面標籤，讓社區共同守護兒童，以及讓家長願意求助。

　　「逆境服務」從預防角度出發，連結社區資源，讓民眾可直接藉由社區中的村里長、兒科診所、幼兒園，以及各媒體等獲知此服務資訊，並自行申請，破除「被通報才接觸社工」的迷思。另一方面，2020 年，兒盟透過引進美國的 ABC 親職培力方案，希望把預防家庭服務的部分更聚焦在「成為父母育兒的支持資源」。從過往的實務經驗中兒盟留意到需要協助的一般育兒家庭也不少，因此不再侷限以往認知的貧窮、單親、遭遇危

機等弱勢家庭，開始投入更多資源發展一般育兒家庭服務，如：2012 年開辦松山親子館提供育兒家庭喘息與育兒支援服務，深具兒盟特色的育兒支援家庭服務開始成型。

隨著社會多元化的發展，單一育兒價值顯然已不合時宜，以往用檢核、考試的心態來確認家長是否有達到育兒標準，無疑是污名、標籤，認定這些家庭表現「不及格」，兒盟的「育兒支援」式家庭服務，就是希望打破過往單一的框架，期許透過即時、正向的回饋和鼓勵，讓家長享受育兒過程樂在其中，引導家長看到育兒的幸福之處。

未來隨著政府將資源放在兒少保護和脆弱家庭服務上，兒盟就回到預防端與早期介入的角色，發揮更大的能量提供服務，而這樣的服務將有別於過往長期經濟補助的思維。我們要翻轉這些家庭的逆境，幫助他們重新長出自立的力量，成功脫離生活困境，也希望協助親子建立穩定的依附關係，減少童年逆境的創傷經驗。

2. 不只點出問題更提出解決策略的倡導

權益倡導方面，兒盟亦開始轉型，在經歷多年的倡議工作後，我們開始聚焦幾項特別重要的議題，包括：兒少網路安全、校園霸凌、家庭成長權，深入探討形成這些現象可能的原因，更積極結合修法工作，以及走入校園、走入家庭進行社會大眾的宣導工作。

以「校園霸凌」倡議為例，除持續例行性的台灣霸凌現象調查外，隨著 2012 年霸凌法制化後，按法令規定學校必須規劃霸凌預防與處理策略。但一開始學校不知該如何著手，此時兒盟參考過去推動實驗方案經驗及國外的作法，選擇「情緒教育」作為反霸凌教育宣導方案的主軸，近年更引進「創傷知情」概念，進入校園宣導、出版教育媒材，以協助更多學校。另一方面，倡議的目標亦從促進社會大眾「認識霸凌」的廣度，轉為深度「瞭解霸凌的原因與因應」，降低師長面對霸凌的焦慮。此外，針對現行法律強調通報與調查，產生霸凌標籤污名化的問題，導致學生不願求助學校，我們認為輔導與陪伴才是他們需要的協助，因此特建立反霸凌 LINE@「我想聽你說」反霸凌諮詢專線，提供學生一個安全有隱私的求

助管道。近年更與企業長期合作，擴大倡議的量能，發展更多元的倡議方式，提升社會影響力。

　　家庭成長權方面，自2011年推出「橘絲帶運動——愛孩子0暴力」後，每年都會進行社會大眾宣導工作，宣導重點從以往較為消極的「減少兒童受虐」，近年則是以溫柔教養、正向親職為主題，透過公布調查報告、舉辦社會大眾互動活動、架設專屬宣導網頁等方式，讓社會大眾更理解正向教養零暴力的重要性，同時也結合兒盟親職教養諮詢專線，以及育兒＋所提供的課程和活動，協助家長解決實際上遇到的教養問題。此外，台灣兒虐、不當對待兒少事件層出不窮，加上法規雖有明令禁止校園體罰，《兒少權法》亦有針對兒少保護相關議題給予限制和懲罰，但兒盟多年來的調查與一線服務經驗發現，台灣家庭仍習慣使用體罰、言語怒罵等負向的方式管教子女，忽略了這些有形無形的暴力帶給兒少的身心傷害，透過兒盟的倡議與努力，目前台灣政府已召集各界正積極討論，欲比照世界各先進國家，研議透過修法方式重申愛孩子零暴力、零體罰的價值，保障兒少身心健康。

　　在「網路安全」方面，相較於歐美國家對兒少網路安全的重視，台灣對此議題一直停留在史前時代，難以進步。2020年有鑑於兒少網路性剝削事件日益嚴重，我們特於公共政策聯署平台提案「修法嚴懲製造、散布、持有兒少性剝削影像者，別讓台灣重演南韓N號房性虐事件」，短短13天內就獲得5,135人連署成案。兒盟也找到5位立委支持提出8項兒盟版修法提案版本（《兒少權法》以及《兒少性剝削條例》），目前已全數完成立院一讀程序，期待未來通過修法，為兒少上網提供基本的把關與守護。

▎四、經費籌措與運用

　　從成立迄今，兒盟大部分的財源都來自於募款，透過來自社會大眾、企業的捐款來維持機構的服務與運作，在第二階段成長期曾有一段時間因承接大量政府委託案一度來自政府的收入比重增加許多，然近年來因應機

構轉型，自創許多兒盟服務，因此接政府委託的服務已經相對減少許多。

以 2021 年兒盟財務白皮書為例，總收入中有 79% 來自一般民眾、企業捐款及物資捐贈，來自政府與其他機構補助已降至 13% 左右，比例相當低，另外 8% 是來自社會企業，如：販售義賣品、親子課程、收養課程等，加上利息與其他收入。

在支出方面，因為早期是提供弱勢家庭服務，因此目前在弱勢家庭部分的支出占比最高，有 65% 左右，包含偏鄉兒少關懷、兒少保護服務、收出養服務、逆境家庭服務、小舵手助學計畫及其社工專業人事費；第二高的支出為一般兒少與家庭服務為 15% 左右，項目包含兒少、家長專線、托育服務、離婚親子維繫服務、失蹤兒少協尋等及其社工專業人事費；另外亦有近 1% 支出是組織發展費用，包含專業人員訓練、國際交流人事費用等；在兒少福利倡議的部分，相關調查研究與宣導費用僅占 3.4%。

整體而言，兒盟在財務上相當仰賴捐款，來自政府的收入占比不高，優勢就是在倡議上，較不會因為依靠政府財源而無法監督政府政策，但缺點就是每年需花費很多力氣在募款上，也容易因當年天災人禍吸走民眾、企業捐款，進而影響募款的穩定性。

▌五、倡議 30 年，打造兒少權益的影響力

倡議（advocacy）本身包含法案遊說、司法訴訟、社會教育、組織動員等行動方法，兒盟會依照議題的不同而採用適合的策略，以達到倡議的最佳效果，底下回首兒盟成立以來倡議行動帶給社會的影響與成果，大致分為以下四大項：

（一）翻轉「法不入家門」觀念

無論是透過法案遊說、社會教育、組織動員等方式致力推動《兒童福利法》修正、《兒童及少年福利法》合併等修法，或是成立專責單位兒童局，在這些政策、法規的背後，意謂政府有責任並承諾要提供兒少福利服務，成功打破過去傳統認為「法不入家門」、「育兒是家庭責任」的觀念，

讓單親／離婚、兒虐、育兒家庭得以有公部門的角色介入。

　　具體成果包括：成功推動 1993 年《兒童福利法》首度修正通過，明定兒童相關法令政策應符合兒童最佳利益原則，以及政府的責任，也建立出生通報、責任通報等多項保護制度，並加重對兒童不當對待的處罰；1997 年，在《兒福法》、《少福法》兩法各自運作一段時間之後，兒盟再度展開修法行動，歷經六十餘次會議，提出《兒少法》合併修法的版本，並成立「兒童及少年福利法修法促進聯盟」，立法院在 2003 年 5 月通過合併修正的《兒童及少年福利法》，讓未成年人享有一致的福利，並加重政府協助父母管教子女、提供預防性家庭支持服務等責任。兒盟與民間團體 2012 年組成「推動兒童權利公約國內法化民間團體行動聯盟」，參與《兒童權利公約施行法》之起草，並積極地遊說政府和立法部門，終於促成 2014 年《兒童權利公約施行法》的通過，正式宣示台灣兒少權益要與國際接軌的決心，落實兒童權利公約提升國內的兒少人權。

（二）成功結合「倡議」與「服務」

　　兒盟是國內相當少見一開始「倡議」與「服務」兩者併行的非營利組織，因此累積相當多兩邊合作的成功經驗。以「離婚」倡議為例，1998 年開辦單親家庭兒童服務後，我們發現在家長離婚過程中，雙方為爭奪孩子的監護權，將孩子當成談判籌碼，或者其中一方把孩子藏起來，讓對方無法探視的情況屢見不鮮，而孩子在父母的情感拉扯中，小小的心靈受到很大的傷害。於是 1999 年我們以離婚協議商談服務為目標，開始提供單親家庭、監護權、探視權諮詢服務，2003 年正式啟動離婚商談的相關服務（親子會面服務、離婚調解等），更榮獲亞洲區家庭研究聯盟（CIFA）「2010 年亞洲傑出家庭工作計畫」傑出貢獻獎，台灣地區唯一獲獎的機構。

　　在提供服務的過程中，我們觀察到一些法令制度的缺失，進而推動修法。如：兒少在法庭上擔任證人被迫要選邊站，因此我們思考如何創造安全的兒少表意環境，2012 年推動程序監理人服務並協助建置流程，在家事案件中，有關未成年子女的各種安排，如監護、會面交往等，法院為了維護未成年孩子的最佳利益，於必要時，可依職權或依聲請為未成年子女選任程序監理人，讓兒少權益在法院獲得重視。此外，在一線服務過程也

發現，有些家長會教導孩子怨恨另一方，並拒絕對方探視，為了避免父母利用孩子而意圖左右法院的判決，我們也成功在 2013 年通過修正《民法》第 1055 條之 1，即親權判定增加了「友善父母條款」，強調為了維護子女最佳利益，父母雙方均應該讓孩子與未同住一方維持密切聯繫並保持良好互動關係，因為探視權不僅是父母的權利，更是孩子的權利，若其中一方有阻礙或禁止孩子與他方聯繫互動的行為，將會影響監護權判定結果，2014 年也針對此類無法探視孩子的家庭提供通報與服務。

　　不僅推動法令變革，兒盟亦希望媒體對於此類事件的報導能有所限制，以免造成兒少二度傷害，2004 年台、巴混血兒吳憶樺跨國監護權爭議當年引起媒體大幅報導，過於貼身 24 小時不間斷地播報新聞，不僅嚴重侵害兒童隱私權，更造成兩造雙方關係的撕裂，有鑑於此，兒盟促成修法，規範媒體不得報導涉親權、監護權事件之兒少之姓名或其他足以辨識身分的資訊。

（三）引發大眾覺察兒少權益困境促成修法

　　透過公布調查報告、專題報導、相關網絡單位研習等社會教育方式，讓大眾覺察到兒少各項權益現況，引發社會關注，進而推動相關政策，2002 年倡議兒童人權日，以及 2008 年倡議兒童節恢復放假，抑或是 2014 年推動《兒童權利公約》國內法化，皆是希望社會大眾與政府在這些專屬兒少的日子能檢視兒少人權在台灣施行的狀況。此外，兒盟亦長期關注與兒少生活息息相關的議題，如：少子女化托育政策、校園霸凌、兒少網路安全（如：直播、交友）、三 C 保母、垃圾食物廣告、兒童票價等，不僅推動相關政策的修法，如：《不適合兒童長期食用之食品廣告及促銷管理辦法》，以及推動修正《兒少權法》第 33 條，要求提供兒少優惠措施的公民營事業，都必須以年齡為認定標準等，跟兒少網路安全息息相關的公共政策連署平台提案「修法嚴懲製造、散布、持有兒少性剝削影像者，別讓台灣重演南韓 N 號房性虐事件」，更是在 13 天內就達到連署門檻，成功引發社會大眾覺察這些兒少議題。

　　當中最引發社會關注的校園霸凌，不僅催生《校園霸凌防制準則》與相關推動計畫外，在經歷多年倡議的努力更榮獲亞洲區家庭研究聯盟

（CIFA）主辦的 2020 年第六屆和亞洲傑出家庭工作計畫（和富 3A 計畫）銀獎與最佳創新項目獎，自亞洲 4 個國家／地區 30 支隊伍脫穎而出。

（四）培力兒少實踐兒少表意參與權

　　過去兒少的聲音經常被忽視，兒少政策也總是只看到家長的需求，兒少的意見反而缺席，因此兒盟特從「兒童最佳利益」出發，除了透過發放學生問卷進行調查、兒少焦點團體、個別訪談等方式收集他們的意見，讓兒少的心聲得以被看見外，近年亦積極培力兒少，讓他們可以從一開始的議題發想、立法遊說、政策提案就一起參與，與兒盟一同發聲，更加落實《兒童權利公約》的精神。

　　2011 年至今，單次性的兒少培力活動共辦理了 3 梯次，培力團體課程則有近 300 人次兒少參與，並培力了 2 屆國家的中央兒少代表培力工作，共 114 位兒少代表，並陪伴兒少代表以正式委員身分，參與了 32 場次小組會議、12 場次的國家政策會議、提出了 19 案的提案，直接影響國家政策之推動與規劃。

　　2021 年，借助我們的培力經驗和角色，促成政府首次辦理以全體兒少代表為主體的兒少代表大會，直接向政府官員提案發表建言，讓兒少不只可以說出自己的想法，也能讓其他成人聽見與接受，成功建立兒少參與公共事務的模式，不僅成為其他部會推動兒少表意的典範，也讓兒少的意見能真正影響國家政策，促使國家的相關作為更能夠納入兒少觀點，並考量兒少最佳利益。

▌六、未來展望

　　原本從零開始的兒盟，轉眼成立逾 30 年，從原本稚嫩摸索定位，到現在已漸漸成為國內發展相當具規模的非營利組織，過程中我們一直思索如何更有效發揮第三部門在倡議、監督、維護公共利益的力量，這些年也一直將這樣願景放在心底，朝著既定方向摸索前進。

　　累積多年倡議與實務服務經驗的兒盟，期許未來更擴大自己的影響

力，擬定未來倡議的願景——「建構跨專業服務模式」、「發展社區化服務」、「增進兒少參與」。

「建構跨專業服務模式」方面，一直以來兒盟都是以社會工作為核心的專業組織，未來我們除了堅持這點以外，也希望與更多跨領域的專業建立合作，像是教保、醫療、諮商、教育等等。2021年成立創傷知情照護資源中心，與醫師、學校教育工作者等，共同推動神經序列治療模式在不同領域的運用，將創傷知情的概念落實在不同的情境中。同時，我們也積極地辦理「兒盟學苑」的專業課程，有系統地把累積的實務經驗或新興的專業知識，平等的與所有專業人員分享，期望大家一起成長。除了專業知識面向以外，倡議上也積極結合跨領域的合作，像與設研院合作，推動用設計來改變世界，將我們倡議的專業議題，如離婚、創傷知情、兒童人權等，用不同的設計媒材來響應與呼應，更看到不同專業合作結合的精采火花，跳脫我們慣性的社工思維。

「增進兒少參與」方面，兒盟一直期許貼近兒少聲音，過去以問卷調查的方式瞭解孩子的心聲與處境，進而進行倡議，未來我們希望讓不同背景兒少能有更多的參與。我們除了承接政府的中央兒少培力專案，開創協助兒少參與中央政府會議的工作模式外。也納入更多元兒少的需求與聲音，培力我們服務的孩子參與國際會議，因為兒盟累積多年實務經驗，服務來自各種類型家庭的兒少，但他們因人數較少容易被主流聲浪淹沒，目前政府設計的參與也偏菁英，如何讓弱勢兒少的聲音被聽見，權益獲得改善，更是未來的工作重點。此外，我們善用自己的宣傳強項，建構了1420HZ兒少發聲網路平台，開放所有兒少提案，不僅結合現在兒少慣用網路的特性，亦降低他們想改變制度與倡議的門檻，這些也將會成為兒盟未來倡議的素材。

「發展社區化服務」方面，倡議出身的兒盟因關心社會制度面的問題，因此以往的服務多以全國性方案為主，近幾年開始深入社區，期待看到更多兒少及家庭與社區的需求，倡議關心的重點亦擴及社區。未來會更深耕社區，成立「育兒＋」與「少年＋」就近在社區內協助不同年齡的兒童少年與其家庭。除了自己設立服務站外，我們也推動新的「社區組織聯盟培力」方案，與許多從事兒少服務的在地組織成功建立起聯繫，同時提

供資源與經驗培力協助其服務更深入、營運更穩健，也藉此拓展整體兒少服務工作量能。

▌七、朝向共好社會，堅持作對的事

　　時代改變很多，兒盟在倡議上也不斷要面對新挑戰，因此這幾年兒盟倡議的方式經歷了重大的變革，過去即便是民主社會，兒童因為未成年，所以沒有投票權，也沒有發言管道，只能仰賴關心兒童議題的成人們，在立法、政策與社會倡導等層面，一寸一寸地幫他們鋪上穩當的踏階，讓他們能夠一步一步地向前行進，因此過往兒盟的使命是「給孩子一個更好的世界」，努力為兒少打造一個符合兒童最佳利益、友善的環境。然近幾年隨著兒少權益逐漸獲得重視，以及《兒童權利公約施行法》通過，過往對兒少的想像開始翻轉，他們不再只是被保護的角色，而是可以為自己的權益發聲促成改變的重要關鍵，兒盟使命亦與時俱進調整為「與孩子共創更好的世界」，與兒少一起倡議，讓他們不再被動，而是成為兒盟倡議的一環，發想的關鍵。

　　倡議與服務並行一直是兒盟的堅持也是我們的特色，倡議讓我們看到服務新的可能，服務則提供倡議修法的方向，未來兒盟會以這樣的策略持續倡導兒少權益，農夫般的我們，以各種管道在大眾心中撒下種子，在不間斷的辛勤發聲耕作後，期待總有發芽苗壯的一天，兒少權益成為大眾理解且關注的一環；一直以來兒盟關切所有與兒童權利及福利相關的所有議題，雖然倡議服務是一條漫長而艱辛的道路，路程中總有顛簸或必須繞道遠行，但我們願為兒童的權益代言發聲，讓每個孩子都能獲得愛、關懷和瞭解，走向更光明美好的未來。

｜參｜考｜文｜獻｜

王如玄，2021，王如玄觀點：追思羅瑩雪部長，完成未竟的社會改革運動。
　　　取自：https://www.storm.mg/article/3600031?page=1

兒福聯盟，《2021 年服務成果報告書》。

兒福聯盟，《兒盟瞭望》，第 2 期、第 4 期、第 13 期。

關於倡議，如何評估？取自：https://medium.twngo.xyz/%E9%97%9C%E6
　　　%96%BC%E5%80%A1%E8%AD%B0-%E5%A6%82%E4%BD%95%
　　　E8%A9%95%E4%BC%B0-2bc8c9768947

CHAPTER **9**

巴掌仙子守護者：
台灣早產兒基金會

賴惠珍、張明真

▌一、成立背景、目標、核心價值

（一）創辦源起

馬偕博士，於 1872 年來到台灣，建立馬偕醫院，以耶穌基督愛人如己、關懷弱勢之精神，提供民眾身、心、靈全人之醫治，達成醫療傳道之宗旨。他的使命是「誠實正直，謙遜憐憫。愛人如己，關懷弱勢。寧願燒盡，不願鏽壞。創新卓越，永續發展」，不僅馬偕人，有心致力於公益者亦莫不奉為圭臬。

1991 年台灣，當時每年約有三十多萬名新生兒，而早產兒的比例卻佔 8%-10%。也就是說，每年有接近三萬多個早產兒，還來不及準備妥當，就必須提早面對一段艱難的生命成長歷程及一個未知的未來；而父母面對又小又瘦又乾，全身佈滿管路的巴掌仙子，滿滿的疑慮與揪心，急需更多的照顧與協助。事實上，只要有完整的醫療照顧，不但可以提升其生存的機會，也可以大幅降低因早產而來的合併症；只要給他機會，他就可以如你、我般健康長大。

為了幫助早產兒及其家庭度過這段艱難的成長歷程，有了讓每個早產兒接受適當的醫療，並提升早產兒醫療照顧品質；鼓勵社會大眾一起來關懷並重視早產的問題；同時積極致力於早產兒的預防與教育等共同努力的目標。然而整體環境的變化對於非營利機構會產生許多的影響，經過外部環境〔舉凡政策層面、法律層面、經濟層面、社會層面、科技層面、國際環境，以及基金會歷年來與不同的企業合作，和與其他非營利組織的互動（競爭或合作）等 8 個面向〕及內部環境（經費和人力資源等 2 個面向）之分析，馬偕醫院提撥 500 萬元率先發起，邀約社會賢達共襄盛舉，併同來自社會大眾募款所得 500 萬元，共計 1,000 萬元，向當年主管機關衛生署（衛生福利部前身）登記，於 1991 年 9 月 20 日成立籌備委員會。同年 12 月 3 日第一屆董事會成立，由當時馬偕醫院藍中基院長榮任董事長；1992 年 1 月 16 日通過衛生署核可，2 月 22 日舉辦記者會宣告基金會正式成立，並與合約醫院簽訂合作契約。

　　馬偕醫院除了在創設初期提供相關人力、物力、財力等各種資源，30年來，仍不間斷的提供資源，是基金會會務運作順利之重要助力。

（二）基金會之宗旨

　　基金會成立首重已出生早產兒及其家庭能獲得良好之照顧，因此在軟硬體的布建與補助為其重點項目；其次「有強壯的國民才有強壯的國家」，要營造社會大眾對於早產議題之重視，促使政府對早產兒防治提出具體之政策、預算，喚起各照顧早產兒之醫療院所心力之投入；再則分析早產發生之原因及各項併發症之相關因素，從婦女的孕前期、孕期、安胎、生產，到早產兒的出生、醫療階段、回歸家庭、成長追蹤，重視每一個有助於早產兒防治的細節而努力。據上歸納本會宗旨如下：

1　讓每個早產兒接受適當的醫療，並提升早產兒醫療照顧品質。
2. 鼓勵社會大眾一起來關懷並重視早產的問題。
3. 致力於早產兒的預防與教育。

（三）基金會之服務項目

　　依循本會之宗旨轉換為具體服務行動，只要對早產兒及其家庭有幫助的，早產兒基金會都全力以赴：

1. **經濟補助：**結合全國五十幾家合約醫院，提供早產兒住院中醫療補助及出院後醫療儀器租借費用補助。
2. **社會教育宣導：**製作各式出版品，提供社會大眾認識早產兒，共同預防早產。
3. **建立早產兒健康保護網：**與醫學中心共同成立「早產兒醫療訓練中心」，包含居家照護服務、出院後追蹤檢查工作，並推動合約醫院辦理相關活動。
4. **醫療團隊教育訓練：**在國內舉辦各類講習、訓練會議、講座及國外考察、代訓交流機會，以提升醫療服務品質。
5. **學術研究：**鼓勵醫護、社工等人員，針對早產兒相關問題進行專

題研究。

6. **籌募基金**：結合社會資源，籌募基金，使機構能永續經營，作早
產兒最堅強的後盾。

▌二、關鍵人物

馬偕博士謙遜憐憫與關懷弱勢，猶如一盞明燈，引導我們向前，也開
拓我們助人的視野。馬偕醫院社會服務室於 1984 年即有設置早產兒基金，
當時的時空背景是因健保尚未開辦，高危險性新生兒在無任何保險下，造
成父母無法負荷龐大的醫療費用，經費設置也只適用於入住馬偕醫院治療
及照護之早產兒。有鑑於當時台灣不少早產兒因各種因素被放棄，在馬偕
醫院的號召與發起下，結合專業醫療人員及社會賢達創設早產兒基金會，
提供各項服務與資源至全台灣之早產兒、早產兒父母及相關醫療人員。基
金會之董事會是重要決策單位，以下僅以時任董事長為代表說明 30 年來
在各階段時空背景之下，因應社會需求所執行的各項任務。

基金會創始期第一任董事長是時任馬偕醫院院長藍中基，其在任內對
外建立公共關係如：簽訂攜手合作之合約醫院，對內董事會凝聚共識，並
訂定服務方案如：住院醫療補助、出版書籍刊物、醫療團隊教育訓練等。

黃富源續任第二、三屆董事長，本會發起成立時擔任醫療研究組召集
人，適逢全民健保實施，除了推動各項服務方案，與合約醫院一起提升台
灣早產兒醫療照護品質，如「極低出生體重早產兒追蹤門診」、「出院居
家儀器補助」、「早產兒護理長成長營」、「早產兒社工成長營」等服務
方案等，致力提升台灣早產兒醫療照護品質；特別是跨院際整合之「早產
兒醫療訓練中心」，讓整個早產兒「預防與治療」都有亮眼成績。此外，
首發及多次組織醫療團隊至海外觀摩學習，與日本大阪母子保健醫院和澳
洲布里斯班醫院建立友好關係至今。

楊育正、謝皆明時任第四、五、六屆董事長，帶領基金會走過九二一
大地震，重大事變對本會的募款雖有影響，但我們主動關心關懷災區之定
期捐款者，給予他們溫暖。整合國內、外醫院互相觀摩學習之成效，共同

將理念拓展到全國，過程中使基金會能主導和早產相關的主流價值之議題。同時，因應新住民生產日益增多，出版多國語言（中越、中印、中泰、中英）認識早產衛教單張及居家照護書籍。修改組織章程，董事任期不得連任 2 次，使有志之士皆有進入董事會之機會。期間獲得主管機關評核為特優，行政院研究發展考核委員會也評選本會為網際營活獎之優良網站。

第七、八屆董事長李宏昌，任職期間帶領基金會董事及會務人員全台走透透，與民間團體、政府機關友好，在許多地方留下我們社區衛教宣導、募款活動、成果發表，與早產兒家屬互動密切，和醫療團隊、國內外教育訓練經驗分享等足跡。印象深刻的是，李董事長親自率隊拜訪新竹市市長林志堅及衛生局局長洽談合作事宜，將世界早產兒日點燈順利由台北跨過淡水河，往台灣中、南、東部繼續前進。

第九、十屆陳治平董事長，任內致力在正式、非正式場合遊說政府重視早產相關議題。基金會經營累積二十幾年，有亮眼成績，經驗也日臻成熟，攜手政府一起致力早產兒相關政策，為早產兒們爭取應得的福利。例如：2015 年 9 月 2 日早產兒政策論壇，「兒少立法修訂後，中央與地方如何共同推動早產防治及落實早產兒追蹤」。基金會也承接政府委託案：如 2017 年本會首次承接國民健康署「極低出生體重早產兒追蹤關懷先驅計畫」；2018 年第二年承接國民健康署「早產兒健康照護數位教材製作暨宣導案」，製作 4 小時數位教材及《早產兒居家照顧》電子書；2018年遊說倡議「一個都不能少～台灣新生兒醫療三大訴求共識會議」。2019-2022 年度也承接新北市政府衛生局「新北市早產兒個案管理計畫」。同時在每年 11 月 17 日前後，響應世界早產兒日，曾協同衛生福利部及新北市政府舉辦記者會，攜手中央及地方政府，一起關注早產兒相關議題。此外，也推展本會網站更新，以符合基金會宣導及使用者整體需求，新官網特色是將服務可近性、主動性、整體性的讓捐款者及需要協助者都能藉由網路即時獲得訊息。

除了歷屆董事長帶領全體董事及員工致力會務推展之外，在這 30 年來，許多人對於會務之推廣功不可歿，以下謹略舉一、二說明。

許瓊心董事，她一生懸念，為早產兒努力。除了直接照顧早產兒之外，對於家長的關懷、政策的推動皆不遺餘力。在醫療團隊教育場合、在前進

立法院遊說倡議時刻，她總是帶頭領軍，走在第一線上，拍攝相關衛教宣導影片時也都不辭勞苦提供適切意見，並殷殷切切叮嚀。她的故事述說不完，想要更瞭解許醫師請參閱《親愛的醫師媽媽》一書。

鄒國英董事在 1995 年時任新生兒科醫學會理事長，攜手基金會成立「極低出生體重早產兒追蹤小組」並擔任主持人，2021 年始交棒給現任董事長張瑞幸。這是一個浩大工程，26 年來帶領早產兒醫療團隊，匯集極低出生體重早產兒追蹤檢查資料，產出本土化的研究成果，不僅促使國內院際間互相觀摩學習，亦接軌國際，同時提供給政府相關單位作為政策、醫療計畫之參考。這些成績，讓鄰國日本、韓國等國認為台灣能以民間單位執行全國性追蹤檢查計畫，大為佩服。

沈宴姿董事及王銘賢教授等，在 1996 年時推展早產兒居家護理服務方案，提供衛教諮詢、社區教育宣導、父母親成長團體、社區資源轉介等服務，服務受時空影響及需求的轉變而作適當轉型，至今仍延續當年的理念，將早產兒照護由醫院展延到社區服務之精神。

馮勝賢，別稱老邦，棒球國手，長大的早產兒，以親身經歷鼓勵早產兒家庭，讓他們不感到孤單。在 2004 年兄弟象隊和早產兒基金會合作拍攝月曆，便成為基金會的「終生義工」。持續了十幾年的歲末義賣活動，屢屢贏得高度關注。他說：單憑我個人的力量不夠，希望其他選手也能共襄盛舉。馮勝賢不以前輩、教練姿態強迫球員，而是讓他們主動瞭解本會的善念與核心價值而自發性加入，多位體壇國手包括高志綱、林智勝、「台灣之光」王建民等人都踴躍參與義賣活動，他的好友曾文誠、廖偉傑、何信弘、常富寧、蕭美琴等更成為長期支持的後援會成員。他以拋磚引玉的方式，串聯起來自社會各界的幫助與溫暖，建構出正向的善念循環。

醫療無國界，這三十多年來日本友人藤村正哲醫師及江原伯陽醫師也一直陪伴著基金會，不虞餘力的分享日本各方面早產相關經驗，也協助安排規劃台灣醫療團隊赴日參訪與代訓。

關鍵人物訴說不完，創會至今，曾支持基金會的每個個人和團體都是在關鍵時刻出席。如歷屆董事們慷慨貢獻他們的時間、智慧、專業、金錢和傑出的領導；第一線親自照護早產孩子的醫療團隊；基金會的夥伴及義工（特別是長大早產兒的家屬），還有廣大社會大眾的信任、投入等，凡

此都成為基金會最堅強的後盾。而這強大的力量，使基金會得以永續經營，也多次獲得主管機關衛生福利部肯定評核為「特優」，因此我們可以說，所有參與者、投入者都是「造福我們國家下一代」的關鍵人物。

三、組織運作與治理模式

（一）董事會

　　非營利組織是社會的公器，董事會是非營利組織的樞紐；董事會能健全發揮，組織才能符合設置目標永續經營，投入機構對組織的承諾。

　　基金會捐助章程第一次於 2001 年 12 月 3 日訂定，期間經過 5 次修訂變更。修訂理由主要是因董事會組織是因應會務需求以及主管機關要求，例如增加董事名額，由 9 人增至現在 15 名，使董事成員專業背景更臻完整；也因要讓更多賢達參與，改成連選得連任，並以連任 2 次為限；中華民國早產兒基金會更改台灣早產兒基金會。

　　董事會產生依照主管機關規定，首屆董事，由捐助人選聘之，後屆董事由董事會選聘之。特別根據《洗錢防制法》相關規定，董事均為無給職，當選後填具願任書。聘任董事，採其專業背景及功能性；以本會特質，早產防與治需要婦產科及新生兒科醫師、護理師、社工、媒體、社團、資訊、財務等專長。基金會董事分組運作，設有醫事研發組、公關宣導組及人事財務組。在重要議題上小組先行討論，必要時跨組列席參加，再提到董議會議決。

　　承襲馬偕文化，歷屆董事群中都有牧師及基督徒，開董事會前或結束後都有進行禱告，祈求天父上帝賜予智慧及憐憫助人的心。

　　30 年來，董事會不只是應付主管機關的形式要求，而是凝聚共識，建立組織目標，健全的運作。因此，會前的準備與溝通，讓每位董事能有參與及貢獻所長，提升會議的效能。亦隨著社會脈動，建立新的服務方案。也依法進行及督責各項作業之執行。歷經 10 屆董事會後，第十一屆董事會也在基金會 30 週年慶之後順利完成改選；新任董事長張瑞幸醫師將帶

領全體董事及員工邁向另一個旅程碑，也會一如以往，謹記初心，不辱社會託付，繼續為下一代健康把關。

（二）業務執行部門

　　基金會設有執行長，承董事會之決議，帶領與督責各組業務之執行。業務共分為人事財務組、醫事研究發展組及公關宣導組，以下就各組業務權責加以說明。人事財務組制定相關人事財務規章，編列年度預算，定期進行請款之初審、核銷與製表呈核，並負責人事相關作業之管理。醫事研究發展組擬定醫療專業發展方向，辦理醫療費用補助申請、合約醫院相關事宜、國內外機構交流及研究計畫之申請審核和進度追蹤。公關宣導組與公部門、媒體、企業建立友好之公共關係，制定年度宣導教育主題與遊說倡議規劃，開發各類宣傳品及推廣運用，並結合人事財務組與醫事研究發展組舉行募款活動。各組業務相輔相成，使基金會朝宗旨目標前進。

▍四、資金來源與財務運作情況

　　第一筆登記基金來自馬偕醫院率先提撥 500 萬發起，加上社會大眾募得 500 萬總共募得 1,000 萬，向當年主管機關衛生署登記，並召開第一次籌備委員會；1991 年 12 月 3 日，第一屆董事會成立。基金會同時具有醫療、衛生、社會服務等多項公益目的。

　　基金會收入方式有劃撥捐款、現金捐款、支票捐款、信用卡捐款、銀行專戶捐款及政府委託案款項等。以 2021 年為例，其中捐款收入占 92.95%，利息收入占 2.18%，其他收入占 4.88%。捐款收入又以個人捐款為主，其次為企業捐款。在各項支出中，以醫事研發組支出最多，占 58.71%，公關教育宣導占 18.67%，人事費用占 18.15%，一般行政費用占 4.47%。

　　2021 年度支出達成率 97.49%，符合「教育文化公益慈善機關或團體免納所得稅適用標準」，年度結餘占 2.51%，免納所得稅（第二條第八項：其用於與其創設目的有關活動之支出，不低於基金每年孳息及其他各項收

入百分之六十）。

　　自 1991 年成立至 2022 年，31 年來各組支出費用以醫事研發組占
67.39% 為大宗，公關教育宣導占 11.49%，人事費用占 13.76% 及一般行
政費用占 7.39%。以上三組各占比值約為 7：1：2。本會主要支出項目以
早產兒直接醫療補助、研究發展、教育宣導為支出重點，合乎本會創會核
心價值：以協助早產兒獲得適當之醫療，促進社會各界對早產兒之關懷，
同時注重早產兒預防教育之宗旨。

　　本會財務與會計分別管理，以防舞弊或登載錯誤。財務狀況定期製表
陳核，且於董事會議報告，受董事會監督。年度報表每年更新，並聘有會
計師進行年度外部查核，完成後呈報主管機關，也在基金會、衛生福利部
醫事司及自律聯盟網站揭露刊出。

　　基金會收入有些來自早產兒家屬，他們親自走過早產兒與生命拔河過
程的艱辛階段，知道這群守護孩子的醫療團隊用知識、用技術、用心、用
情的救治早產兒，也理解新手早產兒家庭的無助景況。所以早產兒家屬中
有企業經營者定期捐款，或指定捐款拍攝影片、出版書籍等，作為社會教
育、父母親教育之用。或有家屬在大型上市公司上班，當公司對內募款活
動時，採用現身說法，運用其影響力爭取基金會成為他們的受贈單位。從
受助者，在行有餘力時轉變為贊助者，在基金會時常可見。基金會之所以
能永續經營，這早產兒家庭族群的助力著實不容小覷；不僅信賴基金會的
管理經營，更以人力、物力、財力等不同形式一起守護及長期陪伴基金會。

　　除此之外，考量本會業務之穩定發展，長治久安，同時兼顧本會基金
及財產之保值，1993 年經董事會決議增購房產，並幸運購得民生東路現
址。當時馬偕醫院仍支援行政辦公空間，故初期租賃他業，租金為本會收
入來源之一；後因推展早產兒居家護理及社區宣導防治，遂收回會址並規
劃為社區推廣之辦公室及教育宣導活動場所；時至 2012 年馬偕醫院進行
空間重新規劃裝修，行政部門便正式遷入，各業務分組正式整併於會址
中。

▎五、成立迄今重要的事跡：成果與自我評估

在基金會邁入第十一屆董事會組成之際，回顧過去 30 年來成長的軌跡，有很多深具使命的人在其中努力投入、付出，我們滿心的感謝，也期許基金會能將每個投入的愛心及奉獻，都化成專業的具體服務，並藉此機會能再次深刻思考、規劃，作前瞻性的服務。

（一）早產兒基金會組織生命週期

生命週期的變化，隨著組織年齡增長、社會變遷，都會影響組織營運模式，累積的有形無形資產，高階管理及領導的風格也隨之改變以求因應。因此，回顧過去，將一步一腳印經歷的生命週期（如附表 9.1）作整理，以展望未來，不負使命，不負社會大眾以人力、物力、財力各種形式長期付出。

表9.1：基金會生命週期表

成長期（1995-1998）
全民健保起跑，加速擴展創新服務。
<ul><li>實施「居家儀器租借補助」及「早產兒追蹤檢查」方案。</li><li>實施「相對補助合約醫院早產兒加護病房醫療儀器」方案。</li><li>開辦「早產兒防治中心」特別門診衛教諮詢。</li><li>首次補助合約醫院「早產兒回娘家活動」。</li><li>首次澳洲布里斯班馬特醫院代訓。</li><li>5 週年慶暨本會吉祥物親蜜娃娃誕生。</li><li>「他很小，他是我寶貝——關懷早產兒」攝影甄選展覽系列活動。</li><li>出版《如何以母乳哺育早產兒》書籍、《強強的小腳ㄚ》童書。</li><li>製作「避免早產孕婦篇——預約健康新生命」及「嬰幼兒神經學檢查」錄影帶。</li></ul>

圖 9.1　成長期 -1997 年「5 週年親密相伴，陪她長大活動」

穩定期（1999-2005）

環境變化努力經營，新住民增加多語宣傳。

- 成立「早產兒醫療訓練中心」。
- 推行「早產兒居家照護服務」。
- 首辦「早產兒父母支持團體」。
- 首辦「與國健局局長有約」座談會。
- 成功爭取健保給付「極低出生體重早產心智發展檢查」。
- 捐贈嬰兒呼吸器及早產兒救護車給偏遠地區醫院。
- 發表《天使搖籃曲》MTV。
- 製作「預防早產醫多戰，幸福美滿一度讚」海報及宣導片。
- 製作「年輕要幸福不要包袱」青少年預防早產 TVCF。
- 出版《早產安胎》衛教手冊。
- 製作中越、中印、中泰、中英認識早產單張及居家照護手冊。

轉型期（2006-2011）

生育率下降，加強孕產兒人性化服務方案。

- 實施「早產兒居家訪視補助」方案。
- 首創「給早產兒祝福的圓緣袋」。
- 成立「人性化安胎示範病房」。
- 首辦「諮詢義工媽媽成長營」。
- 成功爭取健保局給付 28 週以下與 35 週以下合併慢性肺疾病早產兒施打 6 個月的 RSV 單株抗體。
- 醫學人文公益舞台劇《幸福的眼淚》全台巡迴。
- 舉辦「幸福的眼淚——見證巴掌仙子生命力」網路徵文活動並集結成冊。
- 製作「完整孕護‧避免早產」TVCF。
- 製作「守護天使～早產兒居家照護」DVD 影片。
- 製作「預防早產醫、多、戰」海報。
- 官方網站榮獲「網際營活獎優質網站二獎」。
- 衛生署衛生財團法人評核獲評為「特優」。

圖 9.2　轉型期 -2006 年「安胎示範病房」

發展期（2012- 迄今）
響應世界早產兒日宣導，積極與政府合作。

- 舉辦「小腳丫有話說！早產兒醫療權維護公聽會」。
- 舉辦「早產兒政策論壇」座談會。
- 舉辦「一個都不能少～台灣新生兒醫療政策三大訴求共識會議」。
- 首創安胎關懷包給住院安胎媽媽。
- 推行 1117 世界早產兒日宣導活動。
- 承接國健署「極低出生體重早產兒追蹤關懷先驅計畫」及「早產兒健康照護數位教材製作暨宣導案」。
- 承接新北市政府衛生局「2019-2022 年度新北市早產兒個案管理計畫案」。
- 「孕媽咪早產防治」行動網站啟用。
- 與新生兒科醫學會共同推動「台灣新生兒醫療照護網絡系統」。
- 《早落的果實》影片於校園映演。
- 首演「巴掌小袋鼠──早產衛教故事屋」。
- 「預防早產・全民守護」畫報徵稿活動。
- 「母親節安胎媽媽桔梗花傳愛」活動。

圖 9.3　發展期 -2012 年「小腳丫加油攝影展在中央健康保健局開跑巡展」

- 《好孕旅程》早產防治動畫影片臉書宣傳。
- 製作《安霓日記》衛教宣導短片。
- 製作「孕婦產前檢查自我檢核紀錄」海報宣傳。
- 製作《小腳ㄚ記者‧立院大冒險》短片宣導早產防治。
- 製作《小花與醬醬》早產兒成長紀錄片。
- 《給早產兒──第二次機會》紀錄片發表。
- 製作「高危險妊娠 App」。
- 製作早產防治及早產兒追蹤衛教宣導動畫影片。
- 榮獲 2014 非營利組織公關獎。

（二）重要活動成果

　　早產兒基金會從初始推動早產防治，一路以來為提升醫療照護品質、出院後社區照顧服務到出院後追蹤檢查服務，建立全方位的早產兒健康保護網而努力；除此之外，基金會也從督責及合作的角度，期待政府能在醫療政策及制度上以宏觀的角度全盤評估與改善，期盼民眾可以提升對於早產問題的重視，齊心守護小腳ㄚ跨出大人生。

1. 遊說倡議社會大眾，重視早產防與治需求

　　回顧我們過去，倡議、遊說的過程及政府所作回應的痕跡。特別感謝周產期醫學會、新生兒科醫學會、兒科醫學會等夥伴團體攜手一起努力。

　　2004 年 3 月 11 日舉辦「與國健局局長有約」座談會，邀請當年國健局局長林秀娟及新生兒科醫學會、周產期醫學會等專家學者，共同攜手為早產兒進行一場座談。與會的政府及民間團體出席人員均熱烈提出建議，如：早產兒出院後居家及追蹤檢查工作能建立常態性服務，成為醫療體系的一部分，且能納入健保體系範疇，以服務全台灣的早產兒等等。也同時一起關注安胎婦女的權益如：安胎假、安胎環境、產後婦女工作權益及保障等等問題。對於新住民日益增多的需求，國健局也將相關手冊及文宣翻譯成多國語言，提供新住民使用。

2012 年 2 月 8 日二度舉辦「與國健局局長有約」座談會，對早產兒之預防、治療、追蹤、居家照護等與政府合作之議題進行討論，持續致力於早產預防及提升早產兒醫療照護品質，讓高危險妊娠孕婦及早產兒家庭能獲得適當及完善的照護。

2012 年 10 月 11 日在立法院舉辦「小腳丫加油」記者會及攝影展。出席者除了多位立委之外，王金平院長及國健局、健保局局長，大家舉手宣誓：「我願意為早產兒奉獻得一份心力，包括三大訴求，(1) 我將促成施辦國家級追蹤計畫、(2) 我將促成改善療育環境、(3) 我將促成兒科配套給付措施。」同時在 2012 年 12 月 20 日於中央健保局舉辦「小腳丫加油攝影展」，邀請吳三桂局長參與揭幕儀式，讓健保局人員及民眾一起重視早產兒議題。

2013 年 1 月 4 日「與國健局有約」座談會，特別與國健局研商「早產兒防治與提升其預後相關措施」，並說明台灣早產現況與預防策略及台灣極低出生體重早產兒 10 年間短期預後之變化。

2013 年 4 月 16 日，「小腳丫有話說！早產兒醫療權維護公聽會」，研討題綱有：(1) 孩子都是國家的寶，我國是否應建構國家級的早產兒整合照顧計畫？(2) 早產兒照護為確保整體性及照護效益，衛政單位與教育單位應如何橫向建構完善醫療網？(3) 早產兒入學後其原先的早療教育與現行的特殊教育體制，應如何作良善銜接？(4) 新生兒納入 DRG（疾病診斷關聯群）後，是否將影響早產兒醫療權益？(5) 如何有效進行全國孕產婦管理？

2015 年 9 月 2 日舉行早產兒政策論壇，邀請多位立委及各醫學會代表出席，討論重點為 2015 年 2 月《兒童及少年福利與權益保障法》條文修法通過後，中央與地方如何共同推動早產防治及落實早產兒追蹤，研議如何在現有的 7 次兒童預防保健服務中，增加對早產兒進行檢查、評估及轉介等。

2016 年，製作《小腳丫立院大冒險》影片。由長大早產兒扮小記者到立法院採訪立院媽媽，訪問林靜儀、陳曼麗及黃秀芳委員分別就早產兒的相關就醫權、生存權以及呼籲並提醒懷孕媽咪預防早產重要，也以早產

兒媽媽身分分享早產兒追蹤及居家的重要[1]。

2016 年 4 月 14 日，給早產兒《第二次機會》紀錄片首映會[2]。為呼籲政府、早產兒家屬及社會大眾重視極低出生體重早產兒追蹤檢查的重要性，本會特別製作 20 分鐘紀錄片宣導，並於首映會特別邀請 6 位環衛立委及政府官員到場關切早產兒相關議題。

2017 年承接「極低出生體重早產兒追蹤關懷先驅計畫」，並在 11 月 17 日與國健署一起舉辦記者會，除了響應世界早產兒日，台灣不缺席，也讓社會各界一起重視早產兒相關議題。

2018 年承接「早產兒健康照護數位教材製作暨宣導案」，製作 4 小時數位教材及《早產兒居家照顧》電子書，並在 11 月 16 日與國健署一同舉辦響應世界早產兒日記者會，並播放《小花與醬醬》早產兒紀錄片[3]。

2018 年 12 月 26 日，「一個都不能少～台灣新生兒醫療政策三大訴求共識會議」，期待衛福部成立專責單位與新生兒醫療專屬預算，讓早產兒能得到適切的照護。經過各界不斷努力，衛生福利部於 2020 年成立「兒童困難取得的臨床必要藥品及醫材調度中心」，平台上路後，讓醫院更容易取得需要的藥品及衛材。

2. 1117 世界早產兒日——與世界同步，齊亮紫燈關注巴掌仙子

每年的 11 月 17 日是「世界早產兒日」，早產兒基金會自 2012 年開始加入響應行列，除與各縣市政府合作之外，也和許多知名企業及民間單位持續奔走推廣，讓台灣各城市地標點亮起紫色燈海，用行動喚起社會各界對高危險妊娠關懷及早產兒照護議題的重視。基金會第一次點燈在 101 大樓——寫著台灣加油，信義商圈十幾個企業一起合作點燈形成一片紫海。之後除台北之外，新北、新竹、台中、台南、高雄、恆春、台東、花

1　上篇影片：https://www.youtube.com/watch?v=bU8mPDZosMs；
　　下篇影片：https://www.youtube.com/watch?v=sIzBS_aWAZQ
2　給早產兒《第二次機會》紀錄片 https://www.youtube.com/watch?v=FCKTzK_LZv0
3　《小花與醬醬》早產兒紀錄片：https://www.youtube.com/watch?v=2R4plhmT4gs

蓮等繞台灣 1 圈。每年也都將照片寄至歐洲世界早產兒日總部，增加台灣國際能見度。

3. 長期耕耘社會宣導，扎根早產正確觀念

　　基金會 30 年來致力於早產「社會宣導」，目的是希望早產兒獲得適當的醫療照顧，並減少社會成本的浪費。為了提供產兒科醫療團隊、孕期婦女、早產兒家庭及社會大眾認識早產兒及共同努力來預防早產，從成立至今，不間斷的製作「會訊」、「出版刊物」、「海報」、「影片」等，以提供各樣詳盡的資訊，透過新素材運用，持續扎根早產正確觀念，促使大眾關心早產兒與其家庭，全民共同努力預防早產。例如給早產兒父母的一本書《他很小，他是我寶貝》，對於剛誕下早產兒的父母，能給予許多疑問的解答，也對未來可能面臨的問題預先瞭解，以減緩他們的恐懼，陪伴他們快速掌握醫療照護與社會資源，度過生命中非常時刻。其他又如早產安胎衛教手冊《優質孕育，避免早產～給準媽媽的叮嚀》、早產兒居家照護手冊、早產兒追蹤檢查手冊，都是對早產兒父母很有助益的出版品。也有一系列預防早產之宣導影片，特別是針對青少年，期待他們「年輕要幸福，不要包袱」。

4. 推動「好孕、好產、好寶貝」之三好守護行動

　　孕婦本身對於懷孕狀況主動關心、積極投入並培養正確的認知，是降低早產發生的重要關鍵。從適齡適孕、幸福好孕、初為人母、愛的旅途、化身為愛，基金會每個階段都積極投入。

(1) 系統性支持身心健康，實現預防早產大目標。

　　晚婚、晚生似乎成為不可逆轉的社會現象，依據內政部統計，2021年婦女生育第一胎年齡已提高至 31.23 歲，其中 35 歲以上的新手媽媽更是超過 30%。未成年懷孕與高齡產婦，都是早產的風險因子。從計畫生育開始，除了關照母體的健康，心理健康需要持續延續到養育階段。政府陸續祭出的孕、產、養、育政策，也大幅提高大環境對婦女的友善度，也

唯有整體系統性的支持，才能讓婦女們安心的生育。把握適齡、適孕的黃金期，從孕前到產後重視每一階段的照護，是本會極力宣導的重點。

(2) 身心靈全方位照護，達成「好孕、好產、好寶貝」之守護行動。

　　安胎是許多高危險性妊娠媽媽的必經歷程，孕期的照顧需要各專業團隊一起努力，才能確保安胎媽媽的身心靈健康。本會除了補助安胎示範病房的建置，亦大力宣導如何透過傾聽與同理瞭解安胎孕婦各方面的需求，以及給予適當的回應和問題解決，提倡人性化的照護模式。例如安胎病房之護理師均需經過專業的心理關懷課程及高危險妊娠照護的教育訓練，本會開辦各類研討會及成長營，促使其交流、學習而能落實於臨床照護。對於安胎的媽媽也提供「關懷包」，貼心的讓臨時住院安胎的孕婦及家屬不用費心思準備盥洗等用品。

　　除此之外，針對高危險性妊娠媽媽本會更呼籲慎選出生機構，以擁有齊備新生兒緊急處理能力為首選。至於未能即時轉診而出生於基層醫療院所者，2006 年亦配合政府推動周產期轉診制度，2009 年規劃與試辦高危妊娠緊急醫療，2011 年併入緊急醫療網管理且定期評鑑以維護醫療品質。

(3) 以家庭為中心的早產兒醫療，圓滿孩子與家的照護。

　　「早產兒不只要活的好，還要健康的成長！」秉持這樣的理念，基金會在 1998 年起與馬偕、台大、林口長庚、中國附醫、成大等 5 家醫院攜手合作，成立早產兒醫療訓練中心，整合跨院際、跨領域專業團隊，提供早產兒從個人到家庭完整且全方位的照護，協助其他中小型區域醫院進行臨床學習觀摩及教育訓練，讓全台灣早產兒存活率、罹病率、後遺症都帶來顯著改善。本會同時也辦理國外醫療訪問研習，借鏡國外催化國內醫療品質的提升。目前台灣最小的早產兒出生體重僅 339 公克，存活率超過 9成，顯示台灣的早產兒照護水準已能與先進國家並駕齊驅。

(4) 親子生命共舞，攜手在療育路上前行。

　　依本會追蹤資料庫研究顯示，近 3 成極低體重早產兒在矯正年齡 2 歲時有神經發展異常的狀況，因此從住院期間對發展遲緩風險的評估，到提

供發展支持性照護，並加入早期療育措施。出院後父母仍要面臨艱辛的療育路，但也唯有堅持不放棄才能享有最大進步空間。其實若能透過早期療育的介入，包括：各種醫療復健、特殊教育、家庭支持、福利服務等，可能使兒童的發展遲緩現象減輕，甚至一部分的孩子可以經過早期療育而趕上，減少對家庭及社會的負擔。28 週出生的小 To 就是一例，其母親黃女士在療育路上堅持了 7 年，終盼得其兒發展追上足月兒的程度，甚至學習跆拳道，獲得多次全國性比賽的金、銀牌。對黃女士來說，一切辛苦都值得。

(5) 社區照護與追蹤檢查，成為孩子與父母的堅強後盾。

　　對早產兒家庭來說，往往出院後才是另一個戰場的開始。為了延續出院照顧者的需求，本會推動早產兒居家照護服務，讓早產兒媽媽感受到「育兒不孤單」。此外，有鑑於給早產兒更好的發展機會，本會自 1995 年開始推展「極低出生體重早產兒門診追蹤檢查」服務方案，在北、中、南台灣結合全國 26 家合約醫院共同推展，迄今已邁入 27 年頭。配合新生兒醫師、兒童發展心理師及早產兒個案管理師等專業人員，於矯正年齡 6、12 及 24 個月時返診進行多面向的發展評估。透過定期的追蹤，掌握孩子最佳發展療育之黃金期。相關資料的整理與研究，亦是提供醫療人員瞭解本土早產兒之全貌，用以精進醫療與照顧。

(6) 轉化生命經驗為力量，牽著妳走過早產大小事

　　專業人員再多的安慰話語都比不過一個家有早產兒的母親現身說法。早產兒義工媽媽在自己經歷過自責、傷心與無助後，於苦盡甘來的同時，也以實際行動化小愛為大愛，除了提供私人時間，更將照顧早產兒的心路歷程與需要的家庭共享，陪伴他們調適與成長。基金會也依據早產兒父母的需求，辦理專題演講、座談會、團體衛教，以及父母育嬰經驗分享，運用團體動力，讓早產兒家庭藉此獲得喘息及放鬆的機會。

(7) 運用募集之善款，進行早產之防治

　　基金會成立之初的首要任務，主要是提供早產兒住院中醫療補助及出

院後醫療儀器租借費用補助。結合社會資源籌募基金，作早產兒最堅強的後盾，聯合基金會合約醫院進行申請、審查與核發。基金會成立至今30年，服務之早產兒近11萬人次，提供極低出生體重早產兒追蹤檢查超過6萬人，住院醫療補助超過9,000萬元，出院後醫療器材補助近4,000萬元，出院後居家訪視服務補助400多萬元，合約醫院早產兒病房醫療儀器捐助高達3,000萬元。落實只要對早產兒及其家庭有幫助的，我們都願意全力以赴。

5. 協助建立台灣新生兒醫療照護網絡系統（Taiwan Neonatal Network, 簡稱 TNN）

新生兒科醫學會也是基金會長期工作夥伴。一起為提升早產兒生命品質把關，攜手至立法院倡議，致力醫療團隊國內、外教育，基金會協助其成立 TNN，每年和日本、韓國會議交流分享。現任理事長林鴻志說：「早產兒基金會和新生兒科醫學會攜手努力，造就台灣新生兒醫療大幅改善。基金會自健保開辦1995年時，即成立極低體重追蹤小組，評估早產兒2歲甚至5歲時的心智發展和生長發育，真實反映早產兒醫療的療效，醫護團隊才能反省如何進一步改善早產兒的醫療。30年了，我見證了台灣早產兒醫療的進步，早產兒基金會功不可沒。」

6. NPO/NGO 國民外交

政府一直大力提倡「全民外交」、「非營利、非政府外交」，基金會除了盡力本土服務之外，也將十幾年來累積的「Know how」經驗，與友邦分享。2002年曾與馬偕醫院醫療訪問團，送30部保溫箱及物資給友邦宏都拉斯。賴惠珍執行長也獲婦女權益促進發展基金會補助，代表國家到聯合國參加周邊會議2次，報告台灣早產兒基金會及早產兒媽媽志工之經驗分享；參加世界志工大會，遠赴巴拿馬報告早產兒媽媽志工實施狀況；參加非營利組織國際會議，到匈牙利作報告。藉由台灣早產兒基金會所作的事情讓其他國家認識台灣，是個自由、和平、重視生命、人權的國家。也將台灣醫療團隊組團至日本、澳洲、英國、法國、德國、荷蘭、美國、

加拿大等國家計 24 個機構觀摩學習，皆透過該國家台灣辦事處與當地重點醫院接洽，因早產兒照護不分國界，遂能與其他國家透過議題分享交流。並自北、中、南、東及各層級醫療機構遴選醫護人員至日本短期代訓，共計 13 個梯次，79 人參與。參訪心得撰文於會訊及網站，並於研討會、成長營分享，以共同提升早產兒醫療品質而努力。此外我們也邀請了國外專家前來實務指導，例如美國 Susan Blackburn、荷蘭 H. Nike L. Conneman 及澳洲 David I Tudehope 3 位兒科專家，是為本國早產兒發展性療護重要的導師。

7. 基金會當成教育平台

基金會除了對一般民眾、孕產婦、早產兒家庭成員、專業醫療人員進行教育宣導，同時也提供國內外在職人員與學生實（見）習。例如國際合作發展基金會（國合會）及大專院校安排外籍醫事人員及學生前來上課、參訪；大專院校社工相關系所學生實習及參訪。讓來參訪者認識非營利組織，認識基金會，並針對實務運作多所交流。隨著機構成長，人也需要跟著成長，員工若跟不上社會進步腳步也會被淘汰，機構會停滯不前。是以鼓勵並協助員工在職進修，學習的範圍包含早期療育、社會工作、非營利組織管理、特殊教育，成為專業助人者，提升服務品質。

8. 揚善於公堂

表揚對基金會有貢獻的人，不但對他們是一種肯定，更是藉由表揚的機會獲得社會大眾關注。歷年來基金會書寫推薦信，協助董事、委員、志工、員工與基金會有貢獻的人，接受表揚。例如蘇會計師協助本會帳目稽核，榮獲財政部 2012 年績優稅務代理人表揚；馮勝賢職棒教練以自身早產經歷奮發向上，並協助本會募資，榮獲 2010 年台北市績優市民。賴執行長長期扎根在基金會工作，能隨時具有敏感度，將資訊資源連結轉介，成就改變是為了更好，在 2010 年時，榮獲內政部頒發社會工作專業人員特殊貢獻類獎。

六、成立以來的未竟之志及原因

（一）降低早產兒發生率於 8% 以下，不輸在起跑點上

　　基金會對新生兒重視，少子化是全球議題，台灣尤甚。刺激生育、鼓勵生育非基金會所能著力，我們只能對願意懷孕生產者，提供服務，避免早產。萬一生下早產兒，極力救治守護，保障早產兒生命、生活的品質。過去的努力，早產兒發生率曾降至 8.5% 以下，2019 年以來又突破 10%。根據國健署統計，2021 年活產出生通報中妊娠週數低於 37 週佔 10.68%，而約 9 成 5 之新生兒死亡個案是妊娠週數低於 37 週；同齡層產婦中死產人數未滿 20 歲產婦最高，為 4.20%，其次為 40 歲以上，占 2.15%。再則，本會資料庫研究顯示，院外出生較院內出生有較高比例的嚴重腦室出血，且矯正年齡 6 個月有較高比例的神經學發展遲緩，是以早產的議題仍然相當重要。良好的子宮環境是胎兒最佳的保溫箱，出生體重低於 1,000 公克以下的胎兒，若能多待在母體子宮 5 天，存活率將可增加 10%。這也是本會持續要努力的目標，也期待能與政府更多的結合，將早產兒發生率降於 8% 以下。

（二）提高極低體重早產兒追蹤比率，並提升早療的效能

　　本會每年募資進行極低出生體重早產兒追蹤，與全國 26 家合約醫院共同推展追蹤門診檢查，服務至今已邁向 27 年，有逾 8 成的極低出生體重早產兒獲得追蹤檢查，但仍有近 2 成的早產兒無法獲得追蹤照顧，需要結合政府、醫療院所及社區公衛體系共同合作以達到全面性追蹤照顧。百分百的追蹤是我們針對這群高危險早產兒照護的期待，盡早給予適切的環境刺激及訓練機會是提升早療效能的契機。

（三）提供早產兒媽媽及照顧者的喘息服務，重視照顧者的全人需求

　　隨著長照的發展，近年來照顧者的負荷與壓力更被重視。喘息服務最主要的功能在照顧不中斷的情況下，減輕照顧者之照顧壓力。對於出院後

早產兒的照顧，的確要花更多的心力，然而現今提供的照顧不像長期照護給付一般除了可以獲得專業及照顧服務，還可以獲得喘息服務。本會目前提供居家護理服務及早產兒家庭支持團體活動，以指導早產兒家庭照顧技巧學習與心理支持為主，尚未能提供照顧者一個暫時脫離情境、透透氣的機會。未來期待能規劃合宜的早產兒照顧者喘息服務計畫，在適當時機、適當地點提供早產兒照顧者一個重新獲得力量的時間與空間，協助家庭度過照顧適應期或危機期，以預防早產兒照顧者因不堪負荷而出現不當對待之情事。

（四）提升基層醫護人員專業知識與技術，縮短城鄉醫療差距

早產兒可能出生在各種不同的城鄉與醫療院所層級，因此提升中小型醫院醫護人員對照護早產兒的知能，相形重要。本會目前雖然成立五大早產兒醫療訓練中心，過去也辦理許多研討會與國內、外短期進修的機會，但在新興傳染性疾病不停的肆掠，醫護人力吃緊及過度負荷，實體課程逐漸被網路課程取代，而創新的網路教學模式只要運用得宜，也能獲得不受時間、空間限制且極佳的學習效果。未來期待能結合 AR、VR 之技術，讓學習者在有臨場感的情境下學習，以提升學習的效能。除此之外，本土2010 年出版唯一一本《早產兒護理實務》因未能重新修訂而停止出版，雖然目前的期刊資料庫能獲得許多即時的知識，但對於初學者或是臨床教師指導初學者來說，一本架構完整的書籍幫忙性更大。期待本會能結合專業且實務之護理人員，重新編纂一本給照顧早產兒之護理人員重要的參考書。

（五）宣導從小開始，期許早產知識能編入課綱

避免早產非孕婦一人的責任，需要包括家人、親友、公司、同事一起來協助孕產婦度過整個過程。更多的民眾認識早產兒議題的重要性，有助下一代從在媽媽肚子裡就受到良好的照顧，可以減少因為早產所耗費的醫療資源與人力、財力，也可以降低合併症的發生，獲得較佳的生活品質。本會為此製作了許多宣導短片、衛教資訊、活動講座，我們更期待將早產相關知識放到學校基礎教育的教材裡，從小建立正確觀念，會比費盡心思呼籲宣導更有效果。

（六）政府民間攜手，為每一個新生兒的生命努力

　　雖然在基金會的努力下，早產兒的醫療暨福利系統已日趨完善，但畢竟民間力量有限，近年來本會透過與政府的對話，藉由政府的力量來主導介入，使早產兒的醫療品質更具體的提升，前述「兒童困難取得的臨床必要藥品及醫材調度中心」的成立即為成功的一例。第三部門一直扮演監督政府的角色，也期待能促進兩者在協力合作中去異求同、截長補短，共同參與公共事務，使效力發揮最大化。政策的完善與法令修正的立法技術，都是一專門的學問。我們也期待更多有志之士能夠加入，共同針對婦幼政策作進一步的研究與統整，促使政府能夠祭出更多具體而友善的措施。

（七）與其他資料庫之串流研究，強化本土早產領域之實證

　　基金會會持續精進早產兒追蹤體系，不漏掉是我們期待的目標，同時也自我要求資料登錄的詳實與正確。每年都有運用本會資料庫之研究計畫提出申請，研究成果發表於國內外各期刊，不僅在學術上，在實務上也有很大的意義。然而資料庫的研究有其變項的限制，若能與其他資料庫（如健保資料庫、台灣新生兒醫療照護網絡系統）進行串流研究，相信能獲得更多未曾發現的結果，例如不同程度、不同種類的發展遲緩其耗用醫療資源的樣貌與數額。因此除了早產兒照護的專業人員外，期待具有高端統計能力的學者加入，讓潛藏的知識浮現，相信可以帶給學界、社會與政府單位更豐富的參考資料，共同思考未來早產兒的醫療需求與規劃。

（八）爭取企業合作，獲得穩定的資源挹注

　　對基金會而言，遠大的理想都將透過計畫的執行而實現，而實務執行過程中，募集所得的資金乃重要的助力。目前本會持續擴展募款平台，以提升本會之能見度。但檢視募款資料即發現，現行捐款以個人小額為主，雖長久以來，如此的募資型態讓本會之運作並無困難，但考量讓會務運作順暢，單靠小額捐款易受經濟景氣或重大事變之影響，未來期待能獲得企業夥伴定期贊助之資源挹注，使早產兒防治的宣導、倡議與贊助都能夠永續。

（九）推動資訊科技的整合發展與運用，提升業務管理效能

電腦科技日新月異，有了網路的加持，運用的範圍與方式更是多元而創新，無論是個人領域，在辦公室的管理、教育宣導模式，乃至與各類型外部顧客之互動，都可以介入而提升效能。中小型基金會的特色是人力少、彈性佳，依專業分工，各司其職，組織扁平化，訊息傳遞快。但也因此對E化沒急迫性，如簽收公文、請款、發票、補助等大多數採人工完成。就長遠來看，導入資訊科技可減少人工作業的耗時，也可增加精準度，管理階層亦能隨時稽核，不受空間與時間之限制，而節省下來的人力成本可轉而推動更有助於早產兒防治之活動。再則，現代人接受資訊的方式偏好電子媒體為主之圖像學習，本會目前雖有運用影片、電子文宣，未來期待能加入互動式影音，強化視覺與聽覺的感受，讓宣導更具活潑性以吸引民眾之關注。甚至居家照護諮詢都可以透過視訊的方式，增加彼此的互動，給予更有溫度的關懷與照護。

（十）兼顧社會責任與永續發展，成為情理法共融的友善職場

企業永續經營的關鍵誠信為首要，透過企業社會責任履行，以使品牌增值。而品牌除了能夠獲得客戶的青睞，進而轉化成競爭的優勢，結合企業核心策略發展，將可發揮極大效果。第三部門組織雖以公益性質為主體，長期以來採微資本之經營模式，往往透過理念結社而志願服務與奉獻付出。事實上，第三部門之所以能夠團結且蓬勃發展，勞資雙方關係的緊密結合極為重要，從員工關懷、培育幹部、文化傳承、健康職場、員工福利等，都是經營者在永續發展下需要兼具的社會責任。本會提供教育經費及時數，鼓勵員工在職進修，藉此提升自己專業知識及技術，提升更好的服務品質。然而對於薪資福利，因收入以善款為主，調整時需要顧及社會觀感。依據《社團法人法》第53條，薪資支給基準之訂定應參考民間薪資水準及專業人才市場供需等因素，受主管機關審查確認其合適性而執行。期待能繼續朝向營造一個合乎情理法的友善職場，讓員工更安心投入工作，未來也能吸引優秀之專業人員加入。

▌七、結論

　　本會承襲馬偕博士「愛人如己，關懷弱勢」之使命，在早產兒量最多、耗用醫療及社會資源最龐大、醫療品質尚待進步的年代而創立。創辦之宗旨是讓每個早產兒接受適當的醫療，並提升早產兒醫療照顧品質，同時致力於早產兒的預防與教育，鼓勵社會大眾一起來關懷並重視早產的問題。過去、現在、未來，我們都秉持著這重要的理念繼續前進。我們也非常幸運的見證了在新生兒照顧的重要事件，包括 1991 年新生兒科醫學會成立，建立了新生兒專科醫師制度；1995 年全民健保實施，解除了早產兒就醫龐大醫療費用。早產兒基金會和醫學充分合作，使醫療水準更上層樓。

　　創會三十餘載，結合社會資源，籌募基金，謀求於早產兒防治相關事務上實質之幫助與執行。提供早產兒醫療費用、居家儀器租借及醫療院所設備、設施、儀器的補助，迄今近 2 億元。結合各類軟、硬體資源製作及辦理多元化的社會教育文宣品和宣導活動，不僅實質提供早產父母在知能上的協助，更是成為社會大眾關注之焦點。建立早產兒健康保護網，推動三好守護行動，從孕前、孕期、生產、療養、追蹤復健，每個階段都積極投入；長期投入「極低出生體重早產兒追蹤檢查工作方案」，已有 85%以上的達成率，此乃對阻斷發展遲緩的最佳利器。對醫療團隊教育訓練之投入更是不遺餘力，除了每年辦理相關研討會、成長營，更設置了五大早產兒醫療訓練中心，提供跨團隊的早產兒全方面醫療服務；學術研究是發現問題及證明努力成果的最佳方式，研究方向除了在於發掘科學真相外，更著重於將工作心得及對未知世界的探索準確的回應及呼應國家發展政策、社會需求。相關成果莫不對於早產兒及其家庭、以及醫療團隊有很大助益，對於政府醫療給付及社會資源之耗用，更有著重要的參考價值。

　　人或組織總存在於網絡中，不能隔絕於社會單獨存在，第三部門更需與其他組織維持互惠互利的良性互動，如政府、企業、捐款者、國際組織等以提升經營績效，維護立場與利益。以早產兒基金會為例，創立時得到馬偕醫院許多的助捨，即便基金會成長茁壯，仍不吝伸出援手；和新生兒科醫學會的關係更是脈脈相通，共同為提升早產兒醫療照護品質而有很多

的互動，也同時為高風險早產兒全面的追蹤莫不竭盡全力；積極透過各樣活動，和政府保持密切關係，以謀求對早產兒防治關注，例如到立法院、健保署辦理早產兒攝影展，長大早產兒扮演小記者到立法院拜訪立委媽媽，與國健局、地方主管機關一起舉辦世界早產兒日記者會。社會大眾與義工之參與，更是最堅強而不可或缺的後盾。基金會雖是中小型組織，但也總是能持以開放態度，勇於對外連結，一起為台灣守護台灣新生兒。

聯合國兒童基金會（United Nation Children's Fund，簡稱 UNICEF）於 2017 年提出，健康是兒童的基本權利，其中「增加並強化兒童時期的健康投資」為政策研擬主要方向之一。而政府提出的「110-113 年度優化兒童醫療照護計畫」即提出從生命歷程的基礎架構，增加兒童醫療及健康資源之挹注，改善周產期與急重症醫療照護，而本會之推動理念亦若是。接下來首波將以降低早產兒發生率於 8% 以下，讓孩子不輸在起跑點上為目標。不論在臨床實務面上極低體重早產兒追蹤比率的提高、早產兒媽媽及照顧者喘息服務的推動、基層醫護人員專業知識與技術的精進、早產防治宣導的效能最大化，或者在組織管理面上與政府民間攜手合作，強化本土早產領域之實證、獲得穩定的資源挹注、資訊科技的整合開發、友善職場的營造，在在體現向下扎根是為向上開花而努力。

近三十幾年來，台灣非營利組織蓬勃發展，角色也日益重要，社會期待也越來越高。早產兒基金會一直追隨經營有成的前輩們前進，不敢怠惰，步步為營，累積不少經驗，也建立台灣本土化之資料。我們有幸在其中參與經營，是受託付，絲毫不敢居功。未來該如何往前邁進，更是基金會全體董事以及員工念茲在茲，考驗智慧的時刻。誠摯期待大家仍秉持一貫支持，與我們一起接受挑戰，邁向下一個旅程碑。

CHAPTER **10**

走過三十載培力陪伴之路：
至善社會福利基金會

顏瓊玉

一、成立背景

至善的成立，要從一位外國人講起：善山師父。

善山師父是一位德國籍越南裔的出家人，年幼時，為了躲避越戰，他隨家人逃亡到德國，因此有了德國籍身分。1994 年，善山師父來到台灣學習中文，並借道台灣返回越南，他到了中部廣治省，在一個小村落裡遇到了一位懷抱稚子、滿臉憂愁的母親，原來孩子生病發高燒但沒有錢醫治。善山師父見狀立刻伸出援手，和同行同學前往隔壁城鎮買藥，奔波了幾小時路程，他們終於買到藥品，但是再回到村落時，孩子已經在母親懷裡沒有了呼吸。

（一）緣起於偶然與真摯的善意

母親悲傷的哭聲、小孩瘦弱的身軀、廣治省小路上的黃土塵煙，一幕幕烙印在善山師父的腦海裡，他當下發願，無論如何，他都要竭盡所能募更多藥品到越南來，幫助需要的人們，不讓貧窮奪走孩子的小小生命。

那是 90 年代了，台灣人均 GDP 已突破 1 萬美元，正式名列世界前二十大經濟體；而距離台灣 1,709 公里遠的越南，因過去 1 世紀有長達 75 年處在戰爭中，人均 GDP 約是 250 美元左右，兩者相差了 40 倍。善山師父所遇見的悲涼之地——廣治省，位於越南中部，是越戰主戰場，大量的橘劑（戴奧辛）摧毀了土地，數以萬計的孩子一出生就是畸形兒，加上年年氾濫的洪水沖走了人們的作物，不留一丁點生命的氣息。

在這樣的土地上，還有什麼是希望呢？答案就是孩子。善山師父的心願只有一個，希望家鄉每一個孩子都能活下來。

他返回台灣後，開始將心念化為行動，他就讀的國立台灣師範大學中文班，儼然一個小小聯合國，來自美、德、法等國的同學們在他的號召下，一起展開行動對外募款、募藥品、募物資。他們的行動獲得台灣社會各界友善的回應，慢慢地、漸漸地，一滴滴水珠，串聯成一股涓涓細流，流水不大，但卻不間斷。

1995 年，一群來自各國、各界的至善創會成員設立了「中華至善社會服務協會」， 展開行動向國內民眾募款，透過與越南當地佛教寺院合作，排除萬難，跨海捐助藥品、物資給越南的孤兒院、收容機構。至善因而成為台灣第一個以援助越南兒童為主的慈善團體。

特別的是，至善的創會成員雖是「聯合國」，但命名卻非常儒家，出自《大學》首篇：「大學之道，在明明德，在親民，在止於至善。」至善宗旨是「尊重多元文化與愛心無國界之理念，匯集民間力量，協助弱勢地區之發展，以達到世界大同之至善境界。」

（二）初嚐爆紅暴落的滋味

草創時期，至善將募集到的少少資源用於「救命」為主的捐助，受助對象是越南和台灣貧病弱的孩童。1998 年，對回顧至善歷史來說，是重大關鍵轉折年，因為在偶然之下，至善引介廣治顧顏嚴重變形的孩童「阿福」來台灣接受免費矯治手術，成為台灣進行跨海醫療援助首例。此事當年獲得媒體大篇幅報導，激發台灣社會的愛心捐款，短時間內，多達新台幣 2,000 萬元的善款湧進至善。

1999 年 7 月，阿福二度來台接受手術，手術順利，他帶著眾人的祝福返回越南，媒體熱度也退燒了。但是，至善協會卻因這筆鉅額捐款分裂了，主因是內部對 2,000 萬善款運用分歧，有人主張全數「專款專用」於阿福，有人認為可以去其他有需要的國家幫助更多孩子，理事會與理事長、祕書處之間嚴重衝突，不僅服務停擺，指控內部有人濫用善款的黑函滿天飛，甚至飛到越南。

原本一件功德美事，卻演變成一場危機，一是更加讓越南政府視協會為暗中資助佛教組織意圖顛覆政府的國外組織，二是協會流失台灣捐款人的信任。最後，內政部在理事會邀請下介入處理，至善協會進行理監事改選，原本慈善色彩濃厚的志工團隊全部退場，由社工與管理背景的專業人士接手。

1999 年夏天，王增勇（現為政治大學社工所教授）接任理事長，引介阿福來台手術的醫療顧問袁立德加入理事行列，執行長洪智杰則於 2000 年在王與袁的邀請下到職，但他面對的處境是台北祕書處員工——

求去，僅剩下一位比他早 2 個月來的行政人員。

用「困得只剩下錢」形容當時的至善協會，應該是再適合不過了，而新理事會和祕書處首要處理的挑戰，便是重拾越南政府和台灣社會對至善的信心。

（三）危機、轉機、沉潛、重生

越南方面，在當時候的時空背景，國際援助組織要在社會主義國家提供人道關懷服務，往往備受質疑，更何況至善是一個台灣民間社會自發性的組織，雙方互信基礎很薄弱。因此，新團隊採取「直球溝通」的應對方式，1 年飛往越南 3、4 趟，拜會中央的外交事務單位、地方政府人委會、外事單位，到民間的兒童保護協會溝通。

另一方面，台灣民間觀念普遍還沒有「國際援助」的觀念，而台灣也非越南邦交國，至善行善越南，國內外都要說服，看在許多人眼裡，根本自找苦吃。

為了讓幫助貧童的初衷持續，至善將工作區域由胡志明市轉往更加需要協助的越南中部，逐步在中越建立工作團隊，所有工作人員一律聘用會說中文的在地人，讓溝通無礙。從取得工作許可、設立工作站、成立永久工作站，就花了 10 年；並在 2016 年在當地成立至善越南兒童福利基金會，相當於企業在外的分公司，培力其自行募款、獨立作業的能力。

至於阿福，則設立「阿福基金」，每個月固定提供阿福生活費和營養費，及其家中照顧者生活支持費用。至善對阿福的照顧，持續了 24 年直到阿福於 2021 年年初逝世。

台灣方面，至善暫停募款活動，強化 1998 年便展開的偏鄉原住民服務。至善早在 1998 年便進入台灣當時最偏遠的鄉鎮——新竹縣尖石鄉後山地區提供服務，包括贊助貧窮家庭棺木、為老弱婦孺義剪、補助弱勢家庭孩童學校營養午餐。

同樣是提供以兒童為核心對象的社會服務，台灣做得很好的已有世界展望會和家扶基金會兩大國際型組織。於是，至善決定從文化面切入，做「最難」與「做深」的事情，深耕尖石鄉，並擴及屏東、宜蘭、台中、高雄等縣市偏遠的原住民鄉鎮。2007 年成立新竹工作站，同樣以聘用當地

青年做為工作者，透過和當地學校合作，為偏鄉原住民兒童編織一張社會安全網。

　　穩定了越南、深化了台灣兩地的兒少服務，至善積累了更多能量，一群人定期回頭檢視草創時的起心動念與宗旨，2009 年在雲南麗江成立工作站，2016 年和享譽國際的海外大型兒少機構攜手進入緬甸，為有需要的少數民族孩童提供照顧與教育資源。

（四）願至善史啟發人心

　　行文的此時（2022 年），至善 28 歲了，歷經了一段長達二十餘年的「重生之旅」，中間歷經改制為基金會，大小挑戰不少，如今年服務經費大約 1 億元，其中約 8 成收入來自民間小額捐款，海內外四地員工約 80-85 人。整體來講，至善是一個體質健全的中型非營利組織。

　　如果您看到此篇，但願至善的過往歷史，能為您帶來一點啟發；期待身為讀者的您，能給至善批評與指教。

▌二、關鍵人物

　　至善的起點，從善山師父和一群外國友人起的善念，到台灣人接棒，服務輸送、制度建立、組織管理等，歷時近 30 年，逐步建構至善如今的模樣。在這一有限篇幅中，簡述幾位影響至善發展的關鍵人物。唯，在篇幅之外，寫成歷史之後，真正成就至善的人是所有工作者、捐款人與受助孩子們。

（一）創辦人釋善山

　　1967 年出生於越南西貢（現胡志明市），俗家名字陳梅輝江，從小茹素跟著師父修習臨濟宗。越戰爆發後，他跟著寺院人士遷居德國漢諾威；1991-1992 年間，他輾轉來台灣師大語文中心學習中文；1994 年，因一趟返鄉之旅而開啟了至善的歷史，時年僅 27、8 歲。

　　年輕的善山師父行動力十足，他和同學拜會德商藥廠拜耳（Bayer）

募集藥品，每半年就到越南一趟送物資，滿腔熱血的他牽動身旁的人一個拉一個投入行動，善心人士提供台北信義路一處空間充當行政工作空間，志工們便在此地工作，台灣人邱英美在協會義務擔任祕書長，祕書處有高秋香、李淑敏負責行政庶務讓草創的至善運作上軌道。

善山師父雖在黑函事件後急流勇退，但與至善的緣仍牽著，繼任理事長王增勇便是他邀請、推薦而來，當年跟著他學習禪修的志工柯欣儀後出任基金會董事長；另一位同樣於草創時加入志工陣營的徐昱女士則把當醫生的丈夫袁立德找來一起當志工，夫妻在街頭發傳單，袁立德前後當過志工、醫療顧問，也曾任基金會董事長，如今仍是董事。而當年的外國友人之一的德裔美籍人士紀雅雲 (Pia Giammasi)，至今仍參與至善，並在 2022 年出任第六屆董事長。（表 10.1：至善基金會第六屆董監事名單）

善山師父如今長居德國，典型在夙昔，史書留一頁。

表 10.1：至善基金會第六屆董監事名單

職稱	姓名	現在職務
董事長	紀雅雲	文化工作者
董事	柯欣儀	退休人士
董事	袁立德	執業醫師
董事	鄭安	台達電子工業股份有限公司 資深副總裁暨總經理
董事	吳咨杏	朝邦文教基金會 執行長暨核心引導師
董事	李明政	玄奘大學社會工作學系 客座教授兼任系主任
董事	王亞維	國立政治大學傳播學院 副教授兼在職專班執行長
董事	汪明輝	台灣師範大學地理學系 副教授兼原住民族研究發展中心主任
董事	林雍智	教育工作者（幼教／特教）
常務監察人	楊逸弘	益利航運公司業務部 經理
監察人	吳俊昇	執業醫師
監察人	羅德城	法鼓文理學院 社會企業與創新碩士學位學程兼任助理教授

（二）小菩薩阿福

　　阿福本名杜德緣，卒於 2021 年 1 月 3 日，得年 23 歲。終其一生臥床，他看不見、聽不到，但因為他的苦難，讓至善有使命、有能力持續在中越推展「越南醫療矯治計畫」和「貧童助學計畫」，近 30 年共有三千多位孩子因免費醫療手術重生，有數以萬計貧困孩子可以上學，至善內部暱稱他為「小菩薩」。

（三）最資深員工

　　至善最資深員工不是台灣人，而是越南人黃仲始（Hoang Trong Thuy），現為越南工作站主任。1998 年，越南順化師範大學中文系畢業的他成為至善在越南唯一員工，但到職不久，至善便因黑函事件被越南政府列為黑名單，工作處境艱辛。當同學一一加入台商企業，中文聽說讀寫順暢的他也不乏挖角機會，但出身寒苦的他一心想幫助家鄉孩子，從此沒有離去。他是至善與越南政府的溝通橋梁，偕同台灣代表韓世寧創設了越南順化工作站，把台灣人愛心輸送給最需要的孩子，因為他，至善成為中越最接地氣的外國非營利組織，屢獲越南政府獎項。

（四）同窗共事三人行

　　袁立德、王增勇，以及洪智杰是中學同學，大學各有志向，專業各有擅長，卻在至善交會。袁立德最早因妻子徐昱之故幫忙至善到街頭發傳單，醫生背景的他居中協調阿福來長庚醫院手術事宜；王增勇是黑函事件後新任理事長，面對百廢待舉但只剩下「錢」的至善，他和袁立德找上具有法律、藝術管理背景的洪智杰出任當時協會的祕書長。

　　兩位同學的「邀請」，洪智杰深感前景「未卜」，給自己卜了易經卦，結果竟是「大凶」。理事會告訴他，「你要嘛把它（協會）再做起來，要嘛就好好把 2,000 萬花掉，結束它（協會）！」洪智杰聽後轉念，「事情還能糟到哪裡呢？這不就是一個助人的工作嗎？」他於是坦然接受了。

　　三人深厚的同窗情誼，共事中有磨合，但仍默契十足。他們 1 年走訪越南數趟修補信任關係，台灣原住民服務在九二一大地震後投入中部大安

溪沿岸部落的災後重建,慢慢地,在這些社會服務工作中,重建了至善,找到適合至善的工作方法、組織發展方向。最重要的是,他們奠下了助人工作的原則:善意與善行建立在平等、尊重之上,永遠要顧慮對方真正的需要。

三、治理模式

(一)從一群草根臭皮匠開始

1995 年中華至善社會服務協會立案成立,因為法令規定外國人不得擔任人民團體理事長,所以善山師父未出任理事長,而是另外邀請佛教界極具聲望的今能法師擔任掛名理事長,但實質往來台灣、越南,以及和理事們共同工作的仍是善山師父。在成立後的 3 年間,一群人共同奮鬥的目標是建立起幫助越南貧童上學的計畫案和開展台灣原住民服務,以及確立捐款人的認養制度。

草創時期的至善是很草根的,人人憑藉著一股熱血,幾乎所有人都是無給職的志工,用自己業餘的時間投入,一個拉一個,十分符合「協會」這一社團法人強調「人」聚集共事的特性。

黑函事件爆發後,理事會改組,理事長改選。新任理事長王增勇的出線,就並非偶然了。前篇提及,王增勇與草創「志工」袁立德醫師是中學同窗,他也是至善的「志工」,協助提供助人工作的建議,對至善不陌生。

(二)一支籤讓至善走向專業治理

面對至善的危機,善山師父充分理解,非營利組織需要管理,熱情是必須,但至善若要長久走下去,是時候需要導入專業、有系統的處理組織運行所面對的問題。於是,在善山師父的邀請下,王增勇和另一位候選人一起角逐新任理事長職務,沒想到,理事會投票結果下,兩人獲得等票,最後抽籤決定,中籤的是王增勇。

改組後的至善協會開始走向專業服務與管理，台灣與越南政府部門的信任關係重建，循正常的拜訪管道走訪各級相關單位「拜碼頭」；服務計畫開展之前先做需求評估、實驗再推動年度計畫；組織運作透過預算管控，量入為出。

何謂助人工作回歸專業與理性？因小菩薩阿福而來的越南醫療矯治計畫，可以做很好的詮釋與說明。阿福來台手術後，至善重新評估越南醫療計畫，發現以至善的能力，無法持續負擔重症畸形的孩子來台手術，資源有限之下，決定將服務轉向連結越南當地醫療資源幫助肢體畸形孩子免費矯治手術，讓孩子重拾健康身體，對貧困家庭來說，這比什麼都重要。

這個決定就是專業與理性而來的，背後是一連串專業的評估與調查，包括派研究專員到中越調查孩童需求與醫療資源量能，評估後發現可以和中越當地醫院合作，接著展開實驗計畫，假設通過驗證，才展開正式服務計畫。「如果能讓孩子在自己熟悉的環境，被熟悉的人和語言包圍，術後就近復健，這樣的助人才會真正持續、有效益。」袁立德曾在 2021 年回首醫療計畫時如此說道，身為醫生，他看「效益」是指孩童在治療中是有安全感的，身體和心理獲得照顧，術後因為持續復健而真正恢復健康。

從此以後，越南醫療矯治計畫最為人稱讚，是一個「自己人幫助自己人」的計畫，至善所貢獻的是，連結資源與提供專業判斷。

（三）撥亂反正後重回正軌

2000 年到 2003 年，至善新團隊致力「撥亂反正」，這 3 年暫停對外募款，漸漸地，越南和台灣原住民地區服務慢慢重回正軌，並且擴大服務內容，工作團隊成形。2006 年，至善前往中國雲南麗江山區幫助少數民族女童上學。

世界的需求這麼多，專業和理性讓至善取捨判斷，因為要付出的除了愛、資源，還有時間，願意長時間停留、等待。

對至善來說，長期的做，是多久？「做到不需要我們為止。」洪智杰曾經這麼說，助人工作最難能可貴的就是「穩定且長期的提供服務對象所需要的陪伴」，助人工作不能快閃，不能蘸醬油，如何才能確保組織能做到這件事呢？

　　至善決定再一次改變治理模式。經過內部理事會討論取得共識，2007年，從累積餘絀中拿出 3,000 萬元做為設立基金，將「社團法人中華至善社會服務協會」改制為「財團法人至善社會福利基金會」。至善認為，因為社會改變與兒少發展工作需要長期投入，成立基金會一方面可以獲得更高的社會信任，也讓治理決策方向保持一致性與穩定度，透過成立基金會去建構組織的資源連結與決策功能。

（四）改制基金會，走向董事會治理

　　觀察各個非營利組織的運作經驗，採會員全體投票制的社團法人因為理事長異動而使祕書處整體人事大變動，甚或波及服務計畫的推動時有所聞。這讓至善的理事會決定改制，成員間也有高度共識，順利在 2007 年改制為基金會。此外，有感董事成員的多元專業背景有助會務推動與治理，至善董事會也建立慣例，即 9 席董事每一次改選要換血 2 席，3 席監事換血 1 席，整體換血達 3 成。

　　這項慣例，其實也是至善警惕於非營利組織的實務運作，他們發現，不少大型的組織的董事會名單可說是「萬年不變」，雖可說是有助會務穩定，但基金會是仰賴董事會運作，長年不換血，並不利組織因應多變的外在環境。事實上，2018 年通過的《財團法人法》明文規定，期滿連任的董事，不得逾改選董事總人數的五分之四。

　　至善在組織治理上小心翼翼，力求穩定與多元觀點，這一點非常仰賴董監事成員的共識與共同理念。檢視至善歷年的理事會與董事會成員名單，可以發現，不少人是從至善草創時期便已參與的，譬如徐昱（曾任理事、理事長、監事）、袁立德（曾任祕書長、副理事長、理事長、董事長，現為董事）、柯欣儀（曾任理事、董事、董事長，現為董事）、紀雅雲（曾任祕書長、理事、董事，現為董事長）。

　　過程中，也邀請各界專業人士參與董事會，譬如玩具圖書館創辦人、幼教資深教師蔡延治出任董事貢獻幼教專業、淡江大學前財務長陳叡智出任監察人貢獻財務專業、朝邦文教基金會執行長吳咨杏貢獻溝通引導專長等。而執行長洪智杰則從 2000 年加入擔任祕書長至今仍任執行長，他的下一階段任務便是培養新血交棒。

　　不過，新舊要如何融合呢？組織目標與行動要如何凝聚共識呢？至善的領導看重參與式決策，不是一言堂的獨斷，在董事會改選後，固定舉辦「共識營」，邀請董事會和工作站主管、同仁一起參與討論組織發展方向；討論方法藉重吳咨杏的專業，透過各種「對話」方法來進行集體討論。善用對話工具刺激團體討論，是至善領導特色，至善也因此獲得「第一屆對話影響力獎」。

　　做為一個服務型的非營利組織，服務擴及亞洲四地（台灣、越南、雲南，以及緬甸），海內外員工截至 2022 年 7 月有 83 人，這樣的規模在台灣的非營利組織來說，算是中型組織，但至善的挑戰是，服務所在地具有文化多元特性，因此，在第一線的工作人員，其專業、穩定，服務熱情等，便顯得非常重要，攸關服務能否順利輸送到需要的孩子與家庭手上。

（五）在地化團隊輸送長期而穩定的服務

　　面對這個挑戰，至善用「在地化團隊」來因應。除了緬甸與在地化組織合作，沒有直接建立至善的工作團隊，在越南、台灣，以及雲南，至善在服務現場都設有工作站，越南有順化工作站；台灣有新竹工作站、南部工作站（階段性任務完成目前已關閉），以及北區工作站；雲南麗江工作站則在 2019 年因獲得境外 NGO 設立許可改為雲南代表處。

　　不分地區，工作站設有主任，工作人員的聘用來自「在地」，譬如越南工作站的工作人員從主任到專員，十幾人全為越南人，且九成的中文能力佳，與台灣的線上會議全程用中文溝通，工作計畫與報告，均用中文書寫，並協助台灣認養人與越南認養孩童之間往來書信的翻譯。越南工作站的在地化加上中文能力，讓至善台北總會與他們溝通無礙。語言是文化的一環，當語言通了，至善就更接近當地，更瞭解孩子與社區的需求，做出的服務計畫更能貼近在地需求，把有限的資源用在刀口上。

　　同樣的，設在竹東鎮的新竹工作站，主要以服務尖石鄉、五峰鄉的泰雅族的孩童為主，工作站的員工 33 人，其中 27 位是當地族人，或是因工作或是婚姻而落腳當地的原住民朋友。新竹尖石鄉後山地區位於道路蜿蜒的山裡，距離台北車程 3 個半小時，即使開車到最近城鎮竹東也要耗時 90 分鐘到 2 小時，遠距離讓很多工作者卻步。因此，單靠個人力量，服

務無法穩定，至善在此與當地人、部落、學校建立緊密合作關係與網絡，是服務能長期且穩定落地的主因。

「錢多錢少不是問題，問題是，你們會來多久？」從當年進入新竹原鄉部落有耆老如此發問，如今至善的工作人員依舊常常遇到孩子問：「老師，你還會來嗎？」老人家的語重心長和孩子的童言童語，都深深烙印在至善人的心上。長期且穩定的陪伴孩子長大，這個服務理念並不是組織宗旨白紙黑字寫下來，員工就會有感，真正讓大家有感的是來自服務現場的聲音，這也是凝聚眾人的桶箍（tháng-khoo），而這是常上山去，待久了，你便會聽到的聲音。

至善年資 10 年以上的員工人數 2022 年有 21 人，不分地區，年資 5 年以上的員工都接近總人數的 4 成。至善的服務包含培力婦女與青年，但同時，也在培力工作人員，因為以至善的「條件」，要讓工作人員在偏遠地區久待、專業、熱忱常在，不是一件容易的事。

（六）在地化帶來永續性，一群人走得遠

培力，是一個希望工程，所需時間就像陪伴孩子成長一樣，至善很有耐心，願意引領工作人員成長進步、獨當一面。員工不只是一顆螺絲釘，人是有機體，會思考、有情緒、會衝突。一個人走得快，一群人走得遠，正因為有一群理念相近的一起走，在地化團隊帶來永續性的經營，工作站和董事會（含祕書處）的相輔相成。如果用人體來形容，兩者是左腦和右腦、左手和右手、左腳和右腳，互相協調、互相扶持，少了誰，就無法造就今日的至善。

▌四、服務對象

2020 年，至善 25 歲，用一句話形容自己：亞洲兒少發展最佳夥伴。

認識自己，清楚知道自己的目標與能耐，並針對目標行動，行動帶來結果／成效。不論個人或是組織，這是普遍的成功方程式。說來容易，但第一步：認識自己，談何容易？至善也是如此，「我是誰？我要做什麼？」

這個「定位」問題，至善並非天縱英明，而是歷經一段「做中學」的過程，從需求中看見服務，從行動中歸納出策略，終於，才得以在 25 年後，肯定了自己的定位。

（一）為什麼要幫助外國人？為什麼要幫助原住民？

　　2000 年至善理事會改選後，阿福善款 2,000 萬元分別用在三處，包括越南醫療支援、擴大越南教育計畫、投入新竹縣尖石鄉原住民計畫。至善雖是從跨國援助越南貧童開始，但早在 1998 年，至善的志工就深入新竹尖石後山，前董事長柯欣儀曾在《至善會訊》89 期提及，「記得我們到新竹尖石鄉與後山四所國小（玉峰、石磊、秀巒、新光）洽談補助學童營養午餐事宜，幾乎所有校長都告訴我們，『要做就要長期的做，因為不希望新學期開始，孩子們卻沒有了下一頓午餐……』校長懇切的表情和聲音，我都還記得……」

　　草創時期的至善，一群人因為善念，沒有多餘的目的，純粹因為機緣，為越南貧童和當時仍未有電線架設的尖石後山部落的孩童，盡一己之力。不過，當面對社會大眾，尤其是募款時，總會面對質疑聲浪：「台灣需要幫助的孩子這麼多，你們為什麼要幫助外國人呢？」「原住民已經領有政府那麼多補助了，為什麼你們要幫助原住民呢？」

　　回到二十多年前台灣的時空，當時台灣幾乎沒有民間自發成立的國際援助組織，台灣社會對於國際公民社會發展陌生，「但是，台灣也曾受美援資助啊！」原來，助人工作還需要一直釋疑。2000 年「銜命」接任祕書長的洪智杰發現，至善一定要好好回答這些質疑，「心頭拿定」，才能把工作做好。最終，他在至善宗旨找到「答案」：本著尊重多元文化與愛心無國界之理念，匯集民間力量，協助弱勢地區之發展，以達到世界大同之至善境界。

　　對至善來說，不分越南、台灣原住民、雲南麗江少數民族，或是緬甸撣邦的孩子，「尊重多元文化」這 6 個字的背後是平等、尊重，要落實的話在執行上還要有創造力和創意。譬如越南醫療矯治計畫善用越南當地醫療資源、部落缺乏穩定師資就培力當地的「媽媽老師」兼顧文化與照顧、雲南幼兒照顧計畫牽線讓台灣幼教專業師生到山區「入園指導」從師訓切

入、緬甸的幼兒社區照顧計畫則把其他三地的經驗積累，和當地民間組織合作無間。

（二）至善：跨文化的助人發展工作

　　回到最初，尊重多元文化、愛無國界，至善在工作現場深刻感受到「跨文化」這件事，不只是助人而已，而是在從事「跨文化的助人發展工作」，「跨文化」讓助人工作變得更難，因為心得更柔軟、纖細，但行動必須堅定。文化元素，讓至善相較其他台灣國際援助組織或是兒少組織，有了差異化。洪智杰很快發現，質疑的人永遠都會在，但只要鼓起勇氣，好好向人們說清楚，就能得到認同的機會。

　　時至今日，至善在台灣與海外三地的服務支出分配約佔總支出的各半，台灣的成本高，同樣的 1 塊錢，台灣若做到 1，海外的效益可以放大到 10，因為中越等三地是兒少需求大的艱困地區，可以讓資源放大，譬如越南的閱讀計畫，一本書、一間閱覽室，至善找到可以複製的模式，有了當地社區的配合，竟可以讓十數萬的孩子受惠。

　　「您的 1 塊錢，可以發揮的影響力是難以想像的大！」當釐清自己在做什麼、用什麼心態與方法做事，很多質疑與挑戰就無所畏懼，很多年後，至善發現，這就是「定位」啊！

　　相較「幫誰」這個外人總是有疑問的定位問題，至善內部長期有另一個定位問題，要解決的難度更高。隨著組織與服務計畫穩定拓展，至善內部開始有了討論聲音，「哪些事要做？哪些事不要做？」尤其在台灣原住民地區的服務，衝突更明顯，至善的工作方法是進入社區／部落和當地人一起工作，社區／部落的工作議題不僅是兒少照顧、就學問題而已，還有青少年就業、產業生計、長者照顧、急難救助等，是整個社區發展的問題。照顧孩子，自然無法自外於孩子家庭、學校、社區／部落之外。

（三）兒少發展是目的，社區發展是方法

　　上一節治理模式提及至善培力在地化團隊來提供長期穩定的服務，儘管幫助兒童是不變的初心（目的），但眼看家鄉族人也有其他需求，如何置之不理呢？於是，至善開始面臨各種「抉擇」：有人失業了，要幫忙找

工作嗎？有人生病了，要幫忙送醫嗎？小農的農產品要幫忙賣嗎？其中，常見「生計」需求，至善會面臨部落族人提出支持發展產業或是經濟的資源需求。但是，至善檢視有限資源後自問：「我們都能幫嗎？還是更應該專注在兒少發展領域呢？」

這樣的「衝突」在至善內部不斷磨合，漸漸地，至善發現，兩者並非無法並存，而是自己的態度與立場為何。終於在近年，至善讓上述看似衝突的兩者和解了──「以兒少發展為目的，社區發展是工作方法」，在此原則下，服務對象包含了個人、家庭與社區／部落，不管需求是什麼，如果回到初心想一想，「兒童是最弱勢的人，大人的聲音就是比小孩大聲，誰來為孩子發聲呢？」。

舉例來說，至善北區工作站在 2016 年展開了一項新的服務方案：快樂大掃，培力都市未就業的原住民婦女從事家事清潔工作，慢慢長出自己的力量。方案招募婦女加入團隊，提供定期培訓、媒合客戶、鼓勵婦女自組合作社、完善就業保險等，目的是讓婦女經濟自立，但最終，或者說最潛在的動機是「幫助媽媽就是幫助孩子」。

以孩子為核心服務對象，參與社區／部落是介入方法，只是，至善用長期蹲點的方式參與社區，用在地的角度蹲下與孩子眼睛齊高，一蹲下，望著孩子與家庭殷切的眼神，就很難離開。因此，至善在亞洲四地的服務時間，動輒十幾、二十年，截至 2021 年，至善一年大約幫助逾 16 萬名孩子吃飽、受教育，獲得照顧。

（四）每一年幫助 16 萬名孩子獲得照顧

在越南方面，如今服務方案有 7 項，包括貧童助學計畫、醫療矯治計畫、幼兒照顧計畫、閱讀計畫等，從 1995 年跨海援助緊急物資如藥品、衣物和奶粉等；1998 年展開「貧童助學計畫」，後依序在中越順化、廣平、何靜、義安、廣治，以及廣義 6 省推展各項方案，提供貧困孩子助學金、上學物品，以及圖書等，幫助他們從國小一直到大學畢業，至今已有超過三千多名孩子因為醫療矯治計畫恢復健康身體，也有三千多名孩子受惠助學計畫已經長大成人、經濟自立。

（五）從救急救窮到做發展的中越

閱讀計畫在中越各省小學廣設閱覽室逾 300 間，協助貧困孩子認識世界，開拓視野，由於設置一間閱覽室，包括教室修建與圖書、師資培訓的軟、硬體費用，只要新台幣 15 萬元，但卻能嘉惠無數孩子，是一項小資源、大效益的服務方案，廣受越南各地支持，至善不斷接到越南地方政府或是學校請命，希望能獲得至善支持。

隨著越南經濟發展，至善在中越的服務重點也慢慢轉移，救急救窮也開始「做發展」。早期，至善在越南有許多「沒有重量的孩子」，同一個孩子，每一年的身高、體重都不一樣，有人還愈量愈輕、愈長愈矮，原來，當地貧困到連秤和尺都很難買到。現在，孩子的身高、體重不會搞錯了，至善可以送給孩子閱讀物，也不用擔心孩子家徒四壁沒有書架，至善在越南，不只是幫助孩子去上學，也和孩子一起「讀書」了。

（六）愈做愈深成為學習借鏡的台灣方案

在台灣方面，1998 年至善已進入新竹縣尖石鄉服務，至今竹東鎮設有工作站。九二一災後重建，至善再到大安溪沿岸協助災後重建，曾設有中部工作站；八八風災後重建，至善的服務觸角深入高屏山區，一度設有南部工作站，直到 2020 年工作站階段性任務完成，最後一位社工員關上燈離開，但與南部部落組織仍維持緊密關係，曾支持過 3-5 個部落在地組織，提供經費等資源。

至善的台灣原住民兒少服務做得很深，2022 年服務方案有 26 項，尤其是新竹尖石、五峰兩鄉，因為地處偏遠，儘管部落孩子數愈來愈少，但至善的服務卻愈來愈全面，從還在媽媽肚子裡的嬰兒、孩子數一隻手指頭就數得完的部落教保中心，到國中畢業四散各地高中、職求學的部落孩子，都在至善編織的社會安全網裡。

因為做得深、做得久，累積的經驗多，至善在新竹的服務場域也是實驗計畫的孵化基地，成效良好的計畫便成為其他三地服務方案的學習借鏡，譬如「雲南陪你長大計畫」便是學習「台灣陪你長大計畫」的精神所設計。

（七）一群人一起改變的雲緬方案

在雲南麗江山區的服務，自 2006 年開始推展「雲南貧童助學計畫」提供家庭貧困孩子上學助學金；另外，「雲南幼兒照顧計畫」則長期培訓當地教師，從最根本的師資培訓開始改變起。近年，中國大陸「脫貧政策」上路，至善在雲南的服務方案歷經幾次轉型，2020 年後，服務量漸漸降載，預計服務資金與人力將漸漸縮小規模，將資源移轉到更需要的地方。

緬甸，因國家財政困難，資源不足，對學齡前幼兒的發展照顧力有未逮，僅 2 成孩童能獲得幼照資源，且 0-5 歲的孩童死亡率是台灣的 9.6 倍之高。有感緬甸孩子的需求，至善在 2016 年正式開展「緬甸社區幼兒照顧計畫」，先後與國際組織 Plan International，以及撣邦當地組織「友善緬甸（Meikswe Myanmar）」合作，在農村建設幼兒園、培訓師資、進行親職教育等。雲南和緬甸兩地的幼兒照顧計畫目標類似，就是改變大人（老師和家長），至善前董事、玩具圖書館創辦人蔡延治老師曾說：「老師進步 1 分，孩子就有機會進步 100 分。」

陪伴孩子，也陪伴老師和家長，一群人一起成長、改變，這是至善對於「陪伴」的堅持與做法。

（八）培力青年、婦女、組織，讓他們照顧自己的老小

最後，儘管至善將服務定位為兒少發展，但「培力」青年與婦女也不遺餘力，至善培力青年與婦女，讓他們經濟自立、或是參與社區／部落公共事務，發展出各自的力量，有朝一日，能自己照顧自己社區的孩子和老人家。

值得一提的是，至善培力的對象還包括「組織」，指的是有共同理念、展開共同行動的一群人，譬如台中市和平區大安溪畔的「社團法人原住民深耕德瑪汶協會」，是至善在九二一協助災後重建即支持的夥伴，從最初是一群部落青年，至善一路相伴相挺到現在青年們成立自己的部落組織，至善即使退場多年，仍舊每年固定提撥經費支持。而從事部落老人長照的「宜蘭縣崗給原住民永續發展協會」已受至善支持 12 年。同樣照顧都市原住民兒少的「新北市樂窩社區服務協會」也曾受至善經費協助。

表 10.2：至善歷年資金支持的外部組織（＊表示 2022 年仍合作）

＊宜蘭縣崗給原住民永續發展協會
＊社團法人原住民深耕德瑪汶協會
＊社團法人台灣社區互助照顧行動協會
＊高雄市立桃源國民中學
＊社團法人中華兒童暨家庭守護者協會
新北市樂窩社區服務協會
新北市伯特利全人關懷協會
社團法人高雄市原住民婦女永續發展協會
屏東縣霧台鄉大武部落就地重建協會
Parirayan 大社原鄉守護小組

（九）回歸初心做最接地氣的助人工作

　　想像一下，至善若是一家營利企業，那它還是一家跨國企業，企業的目標很單純：股東最大利益或是最大獲利。但是，至善是一個非營利組織，每一個地區每一個方案的目標都不一樣，以企業的標準來說，是高度「客製化」。

　　洪智杰曾在受訪時說，跨越國界的服務有太多差異是無法事先想像的，在台北的冷氣房裡認為「好」、「理所當然」的標準，對當地來說遙不可及！如何去除既定標準為服務對象客製化呢？上善若水，對至善來說，不二法則便是回歸初心、回到需求、回到最初的「尊重多元文化，愛心無國界」，好好想一想，許多卡關的事情，也就通了。

▊五、財務

（一）第一桶金建立了責信原則

　　至善的「第一桶金」是小阿福於1998年帶動的近2,000萬新台幣善款，隨後因內部運用捐款歧見帶來危機，儘管如此，從頭到尾，至善成員是自律的，這一筆捐款未遭到濫用、挪用，而是在歧見解決之前暫時「凍結」。組織改組後，至善協會財務解凍，祕書處重新運作，台越兩地的兒童服務方案一個接一個推展。

　　另一個幸運是，至善台灣工作人員比洪智杰早到職2個月的人是財務人員，讓至善自2000年起便有收支紀錄。此後，至善力求財務狀況公開透明，因為深知「責信」得之不易，爾後對於捐款用途，明載於每3個月發行1次的《至善會訊》，歷年的財務簽證報告、捐款人徵信錄，也定期公告於至善官網。

表 10.3：2000-2020 至善決算金額圖表

回顧 2000 年至 2020 年至善的年度決算，可以發現，至善從最初年收入 860 餘萬元，20 年間穩定成長到 1 億 3,000 餘萬元。2007 年至善提出 3,000 萬元做為母基金，從協會改制為基金會，是唯一一年總支出大於總收入，其餘年度至善皆控制年收入有 8 至 9 成的執行率，量入為出的運用於四地服務計畫，不超支，也不「存太多」，有多少錢，做多少事。

怎麼花錢，至善也回應成立宗旨，秉持尊重多元文化、平等之初衷，王增勇曾說，在幫助他人的同時，必須顧慮到對方的尊嚴與真正的需要，而不是一味的將自己的善意強加於別人身上。

（二）助人的八二法則

在此重要觀念之下，至善助人的原則是，創造受助者「自助」的機會，實踐「我出八分，你出兩分」的八二法則，譬如在越南蓋幼兒園，第一步，至善希望當地政府或是社區，允諾提供校園土地，投入校舍營造費用的 20% 左右，分攤學校的設施設備費用，其餘由至善籌款。另外，教師薪資和培訓經費，至善也贊助 2 年，接下來由在地接手。另一個例子，至善補助中越貧困地區幼兒園孩童的營養午餐，也鼓勵家長負擔部分食材，因此，可以見到家長帶著孩子上學時也帶著一袋「米」的畫面。

在台灣，早期在部落蓋幼兒照顧中心，也是部落提供土地，至善再補不足，並培訓師資。在緬甸農村，至善的社區幼兒照顧方案，也鼓勵村民投入學習，學會照顧自己的孩子，因此可以見到一群村民圍坐在村子裡的羅望子樹下，一起製作孩子的教玩具。

讓受助者也是參與者、改變者，透過共同分攤財務的手段，至善不僅減輕財務壓力，也實踐了「授人以魚不如授人以漁」的可貴精神。

（三）小額捐款是穩定基石

不追求擴張，讓至善處於小而美的財務規模，也更有餘裕和捐款人互動，譬如定期舉辦認養人活動、鼓勵認養人與孩童書信往來、帶著認養人到服務計畫當地從事志工體驗旅行等。從 1995 年開始推動民間小額的定期定額認養制度，時至今日，每月固定捐款 600 元的認養人數，從洪智杰接手祕書長時的 300 人，到 2021 年的 8,000 人，成長了 25 倍。

　　民間小額捐款佔至善總收入來源的 8 成，是至善財務穩定的基石，其餘 2 成來源則是企業與政府。草根的民間，是啟動至善的力量，這個力量，也展現在財務上，相較企業捐款與政府補助容易受到外在環境變動（如經濟景氣與施政目標），民間的小額捐款是出自每個認同至善理念的個人自發性的行為，力小卻氣長。

六、重要成果

（一）一個給釣竿教釣魚的組織

　　淡江大學前財務長陳叡智是至善的長期認養人，曾任至善的監事，為草創時期的至善建立財務制度，也為 20 年後的至善監督收支運用。2017 年，她曾寫道：那就是至善從不是一個「給魚」的組織，而是一個「給釣竿」的組織。

　　陳叡智老師的洞見，用至善的話來說就是「我們陪伴孩子長大，培力青年與婦女，讓他們生出自己的力量，可以好好照顧自己的孩子和老人。」這句話在至善官網以及許多內外文件上很常見，如果說至善成立至今最重要的成果，應是它一路走來、始終如一地用民間力量實踐著目標，不以國家經濟發展為優先，而選擇回歸以人為本、由下而上的取向，重視參與、培力、人民福祉、社區以及弱勢兒少的利益，循著「另類發展」的道路砥礪前行。

（二）從黑名單到國家主席的動章

　　回到中越這塊狹長的土地上，至善「給釣竿」的成果證明來自越南政府最高部門──國家主席的肯定。2016 年 1 月 28 日，至善因為對越南兒童保護、照顧和教育做出巨大貢獻，獲得越南國家主席頒發的第三級勞動動章；勞動動章（Huânchương Lao động）是頒發給對越南國家建設有巨大貢獻者的獎勵，在至善之前，從未有外國 NGO 組織獲頒此殊榮。

　　這個動章得來不易，根據越南工作站在地工作人員表示，為了頒給一

個外國組織這項國家級的最高榮譽，越南中央政府從 2014 年年初開始匯集各種資料，並由越南中部各省級勞動廳上呈給地方政府和中央勞動部審核通過，而後由勞動部部長呈給總理批准，再呈給國家主席最後定奪。

這項殊榮善山師父在 1995 年時絕對想像不到，草創的至善因為與寺廟合作，爾後也因為攜帶未申報的捐款入境被列為管制名單，是一個不被越南政府信任的境外組織。1999 年黑函危機後，至善和越南政府的關係更是緊張。2000 年至善改組後，在理事會與祕書處勤於奔走溝通、修復關係，加上服務計畫漸漸上軌道，至善在當地的工作開始被認可，從專案式的發放工作證到核准於 2004 年設立工作站──越南政府第一個核准設立來自台灣的境外 NGO，多年的努力總算沒有白費，最終重拾越南政府的信任。

有些人難以理解，助人還需要受助者的認可與突破重圍？是的，這就是至善在越南的現實狀況：來自台灣，一個在國際外交處境艱難且自身對國際公民社會概念尚在萌芽的國度，內外的情勢如此不利，至善突破重圍的不二法則就是堅守初心。

（三）兒童基金會成立，閱讀計畫將朝全越複製

2016 年，越南工作站設立 12 年後，至善拿出母基金 10 億越南盾成立「至善越南兒童基金會」，授權越南工作站主任黃仲始管理，基金會是越南境內的非營利組織，有專責員工負責行政募款業務。中越近年幾次嚴重水災，越南工作站透過當地的連結募款，當地人將捐款直接捐給兒童基金會，自己人開始學習幫助自己人。越南兒童基金會這根釣竿，由越南人們自己釣魚，至善總會退居背後，持續「培力」，提供諮詢協助和財務把關。

救急救窮仍是越南服務的大部分，但漸漸地至善開始兼顧孩子身心發展，把在台灣地區提倡的「孩子好好玩」精神也帶到越南，陸續和社區合作在幼兒園蓋「玩具圖書館」，並在順化省復健醫院蓋了一間「兒童發展復健治療中心」，協助貧困家庭中 2-15 歲有發展遲緩、腦性麻痺、活動及語言障礙的孩子，能以玩具和遊戲的方式達到復健效果。

隨著越南經濟發展，至善在越南的兒少發展工作，也因地制宜地調整

與轉型，「小資源大效益」的閱讀計畫 2011 年已在 311 所中越小學建設閱覽室，超過 15 萬名孩子浸淫在閱讀世界，閱讀計畫的影響力被越南政府看見，盼與至善合作複製計畫經驗到越南全國的小學。2021 年起，至善因此著手將「閱讀計畫」系統化，並和國內閱讀教育學者陳昭珍老師合作進行計畫的效益調查。

（四）從阿美媽媽變身記看原鄉服務初衷

在台灣，至善二十餘年的成果同樣也無法用三言兩語描述，在此，以「阿美媽媽當老師」和「深耕德瑪汶部落廚房」的兩則故事，或許可以做為至善在台灣成果的濃縮與代表。

阿美，游素美，新竹尖石鄉養老部落泰雅族人，國小畢業的她和其他女性族人一樣，早早結婚生了 4 個小孩，在山上務農養家。2006 年，至善在部落設立「幼兒照顧中心」，相當於山下的幼兒園，但硬體與師資都無法符合法規，可是，山上又有幼兒照顧的需求，至善開始培訓部落的婦女當「老師」，阿美是其中之一。

她對 4 個小孩的教養方式是複製上一代的打罵教育，因此，一開始擔任「老師」，她不知道如何「教」，常常先打自己的孩子殺雞儆猴，嚇得孩子們都乖乖的。在至善培訓之下，她終於發現原來孩子不用打罵也可以聽話，只要她先聆聽孩子。她跟著幼教專家、至善前董事蔡延治老師學習，四處參訪、上課，陸續考取保母證照和族語認證。現在，她已是可以獨當一面的「文化老師」，在尖石後山小學的國幼班為孩子上文化課。

阿美很感謝至善，「他們不會因為我的學歷低而看輕我，反而不停的鼓勵我、給我信心，讓我勇敢的走出來；而我也因為有他們在背後的支持，才能繼續保持衝勁，實現自己的目標！」

阿美素人變老師的故事已經持續 15-16 年，至今「未完待續」，而故事的另一個軸線凸顯至善在山上部落的幼兒照顧，這是至善在原鄉部落的起心動念——山上的孩子，怎麼沒有人照顧？

1998 年，至善遠赴尖石後山的第一件事情，便是和學校合作，為孩子補助吃營養午餐。當時有些部落是沒有電的，晚上一片漆黑。許多孩子

的父母為了生計下山打工，把孩子留給山上的老人家或是親戚照顧，有些孩子最重要的一頓飯就是學校的午餐。

2004 年艾利風災重創尖石，災後，至善進入尖石後山進行災後重建，承接政府的「多元就業方案」，養老部落婦女一天拿到 800 元，做些手工藝如皮雕、編織品下山去賣。

至善新竹工作站主任楊曜誦在媒體投書〈從車庫到車廂，我的深山幼兒園夢〉中提及，「當婦女們在工作，身邊總是圍繞一群孩子，常常迫使她們得停下手邊的工作。我們才發現，養老部落所屬的秀巒國小沒有國幼班，2 至 6 歲學齡前孩子沒有學校可以去，但上小學的第一天，就得與父母分離去住宿，因為秀巒國小距離養老還要 40 分鐘車程。」

從此，至善開始為山上孩子奔走，和部落和公部門交涉，排除硬體（教室建設）、軟體（師資）困難，陸續在養老、泰崗及馬里光部落設立了「幼照中心」，培訓像阿美這樣的部落婦女當老師，帶自己部落的孩子。

這項服務，出乎至善意料的是，當養老部落有了第一所幼照中心後，其他部落也向至善表達需要，「原來，山上的孩子有如此大的照顧需求！」洪智杰頓時明白，他們做的事是部落真正需要的，儘管幼照中心當時遊走在違法邊緣，「但，我相信我們做的是對的事。」

多年後，因為這些經驗，當屏東的「部落互助托育行動聯盟」開始為《幼兒教育及照顧法》修法倡議設立「部落互助式教保中心」，至善得以加入並貢獻在新竹後山的幼照經驗，經大家努力，2012 年《社區互助式及部落互助式教保服務實施辦法》上路，截至 2022 年 7 月，全國共有 11 家開辦設立，包含至善原本在馬里光部落的幼照中心也轉型成教保中心。

（五）深耕自立，至善樂得人財兩失

從新竹南下到苗栗與台中交界的台中市和平區的大安溪畔，至善九二一地震後進入此地區協助泰雅族人重建，當時的泰雅青年林建治和一群族人返鄉救災，與至善相遇於災區，從此一路當夥伴一起照顧部落老弱婦孺。

林建治和族人一起成立「部落廚房」，是一個很小的在地組織，廚房

為部落長者送餐，圍繞著部落廚房，「社團法人深耕德瑪汶協會」因此成立，慢慢茁壯，德瑪汶意即泰雅語「深耕」的意思，協會為部落甜柿開創零售通路、鼓勵農人轉作無毒作物、雇用族人參與廚房工作、組織部落課後班照顧孩子、培訓青年照顧部落老少等。

陳叡智提及至善與深耕德瑪汶的培力：「至善前後至少花了 12 年，協助部落把人才、募款、財務等行政系統建立起來，再交給部落領導人林建治後退場。我曾開玩笑說，至善樂得『人財兩失』呢！」

從災後重建至今，至善與深耕德瑪汶的情誼已經持續 20 年以上，德瑪汶已是個獨立的非營利組織，至善雖退場，但仍每年補助其一筆經費，每逢 10 月向部落訂購甜柿與樹豆糕餅，用微小但穩定的力量繼續支持德瑪汶，把部落自立的故事向外界分享。

給釣竿為什麼很難？陳叡智指出，因為要找到對的人不容易，不管是至善員工還是原鄉社區的人，原鄉部落自立需要一個對社區有向心力的領導人，這跟企業培養接班人一樣，這樣的人不光只有愛心，還要有很多專業才能長久。找到人，培養他，直到他成熟，至善好有耐心。

2019 年，德瑪汶舉辦部落 20 年重建巡禮，洪智杰受邀前去，林建治與他把酒言歡話當年，他笑說：「我已經不是青年，而是一個中年人了！」

（六）做他人的人間四月天

雲南麗江大山和緬甸農村的服務成果，在至善一貫的理念下，成果或許是小，但精神如出一轍。

麗江山區的服務在中國大陸扶貧政策下歷經了轉型，過往每一年發放助學金給約 3,000-4,000 名家庭貧困的孩子，2019 年領助學金的孩子降到 2,000 名左右，2020 年降至 1,500 名左右，2021 年的服務全面轉型，改採支持孩子生活與教育所需的活動，譬如舉辦暑期營隊、返鄉志工服務和師資培訓等，從個案支持轉向計畫支持。隨著中國社會發展，政府各類資助政策的完善，至善在雲南的服務逐漸縮減規模，2021 年 3 月結束與永勝縣的合作，與古城區的合作也在 2022 年 6 月 30 日告終。

不過，師資培訓的能量則加大，以往透過師培幫助其幼兒園和中學師資能力提升的服務，近年連結當地師範學校參與，而非單從台灣組織幼教

專業志工團前進山區，將師訓擴大到區域性，一方面是因應疫情而調整服務，一方面也是順應當地政策環境改變。過往每年因師訓而間接服務的幼兒人數從 600-700 人，2021 年大幅躍升至 1,500 人，數量增加 1 倍。

「我們每個人都是人間的四月天，蔡老師、至善工作人員、資助人、學生都是！我更自許做那人間的四月天，如四月早天裡的雲煙、細雨，潤物細無聲的滋潤著學生、滋潤著我身邊的人。」玉龍縣第三中學李金槐在受訓後寫下這段動人文字，改變老師，就能幫助孩子。

緬甸農村的幼兒計畫 2016 年展開至今，一共在當地建設了 6 間幼兒園，這兩年因為疫情加上緬甸軍政府政變政治情勢不穩，至善以追求服務穩定為目標，2021 年仍將服務推展到 13 個村落，兩處流離失所園區，訓練村落的引導師，集結社區力量，提升家長照顧養育的知識和技能，透過親職教育的方式確保幼兒孩童的教育、遊戲，盡力完成對當地人們的承諾。

至善的釣竿，給了個人、家庭、社區組織，在越南和台灣地區對政策形成影響力，進而影響整體孩子權益，第三部門先行，公部門接力，這也是眾多非營利組織的長期目標。而 2013 年至善與羅慧夫顧顏基金會、伊甸社會福利基金會等組織共同發起「台灣海外援助發展聯盟」，聯盟有 30 個會員，是一個致力促成連結的平台，至善也因此大力倡議國際公民社會概念，盼政府部門與民間組織一起提升國際公民社會意識，哪裡有需要，台灣都能善盡世界公民的責任，伸出援手。

至善的助人工作，從點到面，從台灣到世界，至善看著許多孩子長大，看著阿美從媽媽變身老師，看著建治的頭髮從黑變灰白；看著中國大陸崛起向國際宣稱貧窮不再，看著緬甸軍政府一夕武裝奪權改變整個國家。

（七）贏得的不只是獎牌，而是真摯敬意

至善的付出如流水點點滴滴，澆灌小小樹苗長大、開花、結果，也見過花謝、葉枯，至善在亞洲四地的「深耕」，如同自然的榮枯，順應自然，該出力時盡力，該離去時退去，贏得的不只是一面獎牌，而是一份真摯的敬意。

▌七、展望

（一）行動之後

「世界的需求這麼多，我們的力量這麼微薄，我們還能多做什麼呢？」2007 年，至善執行長洪智杰在倫敦政經學院短期進修後得到啟發，成立研發組，希望可以透過經驗整理、政策和理論探究等有別「直接服務」的方式，譬如書寫、出版、倡議等，產生更多社會影響力。

2007 年，至善年收入約新台幣 5,000 萬元，設立研發部門，在當時的非營利組織界裡尚屬少數，「大家『生吃』都不夠了，怎有餘裕『曬乾』？」洪智杰曾生動比喻。2013 年，至善再強化研發的能量，成立執行長室，讓研究發展直接隸屬執行長室督導；2021 年，組織再次改組，研發從執行長室獨立，設立研發部，專責研究發展、計畫管理、組織交流、政策倡議、知識管理等。

二十多年來，至善一直是個行動力至上的組織，「做了再說，或，做了也不一定要說」。草創時期的教訓，造就至善低調、沉穩的組織文化。面對未來展望，至善認為，兒少發展的服務是一貫的「持續、長期的做就是了」，更多的是賦予研發部門期許與任務，期許未來能做到：

1. **以實證研究為基礎的政策倡議：**為《兒童權利公約》相關政策及社會改革倡議，體現 SDGs 第十六個目標精神，為服務個案所遭受之不公義、不平等發聲。至善是「台灣兒童權利公約聯盟」一員，每年都會就國家報告提出針對原住民兒童權利之意見與評論，為台灣原住民兒童發聲。例如：從 2019 年起至善投入原住民兒童「歧視」相關研究。至善在多年的服務現場觀察到，尤其是原住民孩子到都市就學，校園與社區內存在著族群歧視問題。至善與台大、政大的老師合作展開研究，透過論壇、訪談、校園宣導、舉辦獎項等，希望能讓大眾更瞭解，無心但強烈或是微隱的歧視，都是傷人的刀劍，可能戕害少數族群兒童的自信與生命，去呼應

《兒童權利公約》禁止歧視原則，並透過此行動還給原住民孩子應有的權利。

2. **用數位轉型迎接未來：** 面對「後疫情」時代，國際局勢複雜混沌，從事跨域工作，雲端、遠端的數位工作能力已成組織營運不可或缺的一環，疫情時至善海內外員工無法面對面溝通，組織導入了各種數位工具，建置了雲端協作平台與機制。數位環境與能力的提升將一直往前進，至善也開始思考數位時代的組織定位，學習成為數位公民與社會互動。

3. **原住民社工養成與培力：** 至善自 2012 年承接尖石鄉原住民家庭服務中心，截至目前已承接 3 家原家中心（尖石、五峰及關西暨竹東），加上至善本身的原住民身分工作者不少，深感員工培力的重要。偏鄉的社會服務工作，人才從招聘到訓練都不容易，至善過往策略是「以用代訓」，從做中學、做中訓，但隨著組織成長與服務深化，至善將培養人力資本訂為重要目標，著手建立培訓與養成體系與方法。

4. **淬鍊組織文化打造管理辦法：** 至善即將邁入「而立之年」，它的價值觀、做事的態度、方法、原則等「組織文化」，過往透過各種活動「手把手」或是「口耳相傳」或是「示範」在傳遞，不過，這樣是不夠的。當組織擴張了，至善有感上述的組織文化要內化到每位工作者的心中，就需要借重其他管理工具了，譬如更有系統的知識管理，但必須兼顧既有的溫度，這項組織文化營造工作正在展開。

5. **倡議公民社會之主體性與世界觀：** 改善台灣非政府組織從事海外援助發展工作之政策環境。做為台灣海外援助發展聯盟一員，至善將持續向行政與立法單位倡議修訂援外政策白皮書、《國際合作發展法》修訂，讓台灣公民社會成為國際合作的夥伴，Taiwan Can Help（台灣為世界貢獻）不是一時的口號與形而上的精神意義，而是可長可久的並可受公評與檢驗之具體行動與作為。

八、結語：愛與善，愛別人，愛自己

　　2021 年的農曆新年前，至善收到 Sen 的來信，他是部落的孩子，青少年時期曾受至善與至善認養人的資助，大學畢業進入職場就業。Sen 回顧讀書與就業初期，他個人也遭遇挫折，但都順利度過，他認為支撐他的動力就是「愛」，「我想對你們說：『曾經的我，清貧困苦，甚至連吃一頓飯都有困難，但現在的我，感恩一切，因為我知道我是富足的！』」

　　2017 年，25 歲的團文勇在至善的安排下，第一次來到台灣，他是「NET CO DO 一成員有限公司」負責人，旗下三十多名員工。他小學三年級時被父親遺棄，只能利用課餘時間去拾荒貼補家用，照顧精神失常的媽媽和哥哥。在至善及台灣愛心 13 年的支持下完成大學學業，並憑藉著自己的努力創業，且成為越南兒童基金會的捐款人。他到台灣為的就是向台灣愛心社會說聲謝謝。

　　2019 年卸下董事長的袁立德在當年度的至善年報寫著：「我要特別感謝受到至善幫助的貧困家庭和孩子們，因為你們，我看到人間的另一種風景：越南中部海邊的村落裡，家徒四壁，只有屋樑上架著一艘獨木舟，那是發洪水時一家人求生的依靠；雲南麗江城外的山村裡，女孩的蘋果臉被寒風吹得紅通通，好不可愛！和掛在牆上破舊不堪的書包，形成強烈的對比。」

　　至善捐款人吳石峰在 2020 年至善 25 週年寫下這段文字：「最深刻的就是其中一位小女孩，從小學到大學畢業我都全程參與（認養），真是不簡單的一位小女孩。我告訴她我們是經過無數的因緣際會，才能有現在的結果，我們應該更珍惜活著的每一天，用一顆感恩的心去熱愛生活。」

　　從成立至今，至善留下了許多信函、文件，最令人感動的往往是孩子與捐款人的隻字片語，有時候只有短短一句、一段，但卻是社會影響力最強而有力的證據了，因為字裡行間，不是偉大的歌功頌德，而是反思與愛。

　　至善是由小人物組成的，匯聚的愛心多數來自民間個人，市場賣菜的阿嬤、工地釘板模的工人，聽聞過有人失業了仍不忍終止對孩子的資助，

直到至善工作人員勸其量力而為，照顧別人之前先把自己照顧好。

「我的夢想就是，所有孩子都被照顧，也照顧這些大人心裡的小孩。」2019 年，洪智杰接受《今周刊》記者專訪時如此說道。2022 年寫下本文的時候，他再次問自己，他的心願仍是如此嗎？有改變嗎？答案是沒有改變，這個心願對他為何如此重要，他說：「大學之道、在明明德、在親民、在止於至善，自助助人是個由內而外的過程，至善是從事兒少發展的機構，自然希望在行動中所接觸到的同仁、捐款人與所有接受服務的孩子，都獲得適當照顧，是健康、快樂，天賦獲得充分的發展，人，就有機會獲得真正的自由。」

每個大人心中住著一個孩子，他見過爭論「怎樣做對孩子最好」的兩位社工，兩人吵得臉紅脖子粗，不只沒有結論，還雙雙憤而提出辭呈。但轉身的他也轉念，「助人工作就是這樣悲喜交加，只要歡笑遠勝眼淚，喜悅多過悲苦就好了。」

至善是一個小而美的 NGO，走向國際、走回台灣更走進人心，發展學習的歷程有起有伏，願它的故事能與所有非營利組織、第三部門從業人員、關心者、讀者共享、共勉、共鳴。

CHAPTER **11**

柬埔寨戰火孤雛的守護者：
知風草文教服務協會

楊蔚齡

　　知風草協會秉持「教育扶貧、文化播種」信念，自 1993 年於柬埔寨
展開華裔助學方案。並長期於泰柬邊境的荒涼村落，協助貧童就學、偏鄉
興學、急難救助、開鑿水井，環保並維護生命尊嚴等人道救助項目，服務
地區涵蓋了柬埔寨的 17 個省分。

| 圖 11.1　知風草協會扶貧服務工作地圖

　　從歷史脈絡而言，20 世紀中、下半葉，中南半島的 4 個國家（越南、
柬埔寨、寮國、緬甸），經歷赤禍戰亂，戰火瀰漫二十餘年，終於 1993 年，
在國際力量協調支援下和平。柬埔寨位於東南亞的中心位置，因受戰火蹂
躪而滿目瘡痍，急需重建。知風草協會於柬國內戰後，協同收容於泰國邊
境的難民返鄉、踏上柬埔寨土地，面對戰後地雷遍佈，人民生活艱困的窘
況，立下「以救助行動代替無奈嘆息」的信念，1993 年啟動協助境內華
裔族群興學，並於台灣籌備成立人民團體、1996 年立案完備。同時，

1998 年起分別與柬埔寨王國社福部、外交部、教育部，簽訂每 3 年更新一次的國際 INGO 合作 MOU 至今，陸續推展各項服務方案。

　　長年駐點耕耘，知風草團隊的服務足跡，踏遍柬埔寨境內十多個省分，除了貧困華裔助學項目、改善學校硬體建設、師資培訓、成立中文圖書館等，1999 年於泰柬邊境設立「流浪兒童之家」，前後收容了一百多名失怙兒童；2001 年於泰柬邊境的波貝（Poipet）開辦「職業訓練中心」，每年提供 120 個名額，為貧困家庭婦女培訓一技之長以謀生。自 2005 年起，深入除過地雷的村落，興建 6 所小學、催生 3 所中學，期望為戰地成長的村民孩童，增加接受高等教育的機會。

　　柬埔寨戰後重建歷程，知風草團隊實際進入社區生活，初期因無法理解異文化的思考邏輯而備受考驗。憑藉著社工專業的服務理念，不斷自我修正，融入當地文化，進而順利推展救助。工作中，由於天候炎熱、語言不同、路途遙遠、道路顛簸、水土不服、蚊蟲叮咬、環境髒亂等因素，服務團隊長期處於奔波挫折、衝擊與危險中，然而這些艱難的實戰經驗，也讓工作夥伴體會了不同區域的服務況味，更練就處理各種疑難雜症的救助方法。

　　為了協助偏遠地區的貧困者，知風草團隊的服務方式是披星戴月、上山下海、長途跋涉地，輸送出教育與醫療資源。我們為戰後餘生者提供基本生活照護與教育機會，路途中的酸甜苦辣一應俱全。秉持堅定的意志力，經過多年刻苦經營，從個案生活改變後所展現的笑臉，夥伴們終於感受到「教育扶貧」理念的實際成效，雖然這些小小的成果，還不足以成林成蔭，卻鼓舞著服務團隊繼續迎向艱難環境。

　　知風草協會成立至今已經將近 30 年了。這些年，有感於救助工作持續的必要性，一批批工作夥伴走遍柬埔寨的窮鄉僻壤。服務過程裡，我們察覺出痛苦折磨有時雖然比死亡更可怕，但是愛的力量卻可以融解痛苦。回顧服務歷程，期間所發生的震撼人心、感人肺腑的生命故事，太多太多了，那些都是無法被輕易量化的珍貴生活體驗。以下，將透過實際服務經驗與紀錄，細訴那些年的滾滾風塵，逐步引領讀者，進入知風草服務團隊的工作核心。

┃一、傳愛工程：數千里奔波的扶貧教育

　　知風草協會於柬埔寨執行的「教育與扶貧」方案，整合了台灣之愛的賑濟行動，為 18 所華裔華文學校的 9,976 名學生，提供助學金、教師薪資。為了籌募地雷村的建校、教科書經費，2004 年舉辦「幫幫他：每天只要 2 塊錢！」勸募活動，成功為一萬多位戰地的貧困孩童，創造了不一樣的未來。為了協助茶膠省收容愛滋病童的「茶膠小學」重建，2006 年規劃以每單位新台幣 5,000 元的認養方式，完成教室重建。此外，舉辦「吳哥之翼——暑期青少年國際志工服務」活動，自 2006 至 2010 年，實際帶領數十位台灣青少年學子，一起體驗貧窮、親手服務。2014 年送出的 1,000 盞「太陽能桌燈」，更為貧困家庭和助學孩子照亮著前程。

（一）走過殺戮戰場的華校個案訪視

　　柬埔寨的華裔族群，百年前自大陸閩粵移居中南半島，有些為躲避赤柬戰亂，移居到深山，過著和老虎、蟒蛇博鬥的生活，等待了幾十年終於盼到戰亂平息，但是許多華人村落仍然過著清貧生活。由於赤柬時期的血腥屠殺，華人於戰後不敢明目張膽興辦學校，而是以破舊的舊校舍為開課基地，教師則由老一輩擔綱。知風草為這些村落學校規劃華文教育，和村中長老一起重新整建校園。

　　柬埔寨各省華人的社會結構，是以各人的祖籍分屬 5 個幫會，每一幫會都設有自己的會館、廟宇和學校，維繫著族裔的文化、宗教、教育、福利和互助等功能。根據當地耆老所說，舊王朝時期寄身居留於柬埔寨的華人，得到政府的法律承認，以每年繳納高於當地人民 30 倍的身稅，成為合法的居留僑民。然而生活限制很多，例如：不能參加政府工作、不能擁有土地、不能開辦理髮業及開汽車等。從歷經柬埔寨王朝時期的重稅和赤柬血腥屠殺，到現在的洪森政權，在政權嬗遞中，華人調整出一套與當地政府的相處之道。

　　概括 1970 年華文教學被禁止之前，柬埔寨全國共有 212 所華文學校，

學生人數接近 5 萬 [1]。經過二十多年的大動亂，華社結構曾遭到嚴重破壞，但和平之後已迅速恢復組織並發揮原有的功能。1990 年 11 月，金邊「柬華理事會」成立，次年起有幾所會館辦的華校恢復招生，且出現了一些私人經營的華文補習班。種種鬆綁之後，華文教育雖然於 1993 年正式獲得政府認可，華人社會中開始由小班華文補習，逐漸形成華校體制，但華校仍然屬於教育部登記核准的私立學校，僅認定為華裔社群的補習教育。由於經費拮据，以及當權者政治風向的不確定，初期恢復的總數不到 20 所。

　　2005 年之後，各地華校相繼恢復或增設，發展至近百所，分布於金邊（Phnom Penh）、磅遜（Kampong Som）、國公（Koh Kong）、噴吓（Kampot）、實居（Kampong Speu）、茶膠（Takéo）、磅楨（Kampong Cham）、干拉（Prey Veng）、上丁（Stung Treng）、那達拉基里（Ratanakiri）、菩薩（Pursat）、磅清揚（Kampong Chhnang）、馬德望（Battambang）、暹粒（Siem-Reap）、朴迭棉芷（Banteay Meanchey）等省分。自 2007 年，由於柬校中學制度改成全日制，影響華校招生，學生人數一度減少，讓耆老們擔憂。磅楨省培華學校的許會長說：「老一輩希望兒孫學華文，但生活在柬埔寨，柬文教育是主流，現實壓力讓我們現在只能盡力辦學校，未來的發展誰也沒辦法作主。」許多華校的理事會，因而規劃轉型加入柬文課程，爭取教育部文憑認證，不僅延續華文教育，也希望留得住學生。

　　綜合多年華校協助與訪視，知風草團隊與柬埔寨各地的華裔社群之間，彼此產生了親族般的患難情感。例如，台灣九二一大地震發生時，助學訪視團隊也在柬埔寨的華人村落裡，收到數筆來自華校師生的捐款。當時，助學車隊風塵僕僕抵達位在寮國邊境的「雲晒」山區，村民從廣播中聽到消息，立刻發動全村募款，他們掏出口袋裡僅有的柬幣，總共折合美金 75 元，由村長代表村民送到我們的面前，以充滿抱歉的口吻說：「大家只有這麼少錢，怎麼辦？」除了捐款，還有很多心急的孩童寫信，向已經返台的志工老師問候平安，以下摘錄其中一紙：

1　參閱中華民國海外華人研究學會《海外華人研究第三期 1995 年──柬埔寨華文教育之現況與瞻望》pp. 233-246 金榮華著與《社教雙月刊第七十五期 85 年 10 月──柬埔寨的教育改革策略（上）》pp. 51-56 陳滄堯著，2 篇文獻資料。

「敬致：9月21日地震受災同胞，驚聞台灣不幸發生百年
來最大地震，災情嚴重，我們旅居海外華僑暨光華學校學生，
感到無比沉痛。為此，將本縣華僑暨學生們捐款柬幣柒拾萬零
伍仟元另伍美元，請托貴會轉送災區同胞，一點心意，表達我
們對患難同胞的關懷和慰問，祝受傷者早日康復，並向罹難者
致沉痛哀悼。柬埔寨拉達那基里省雲晒縣華僑暨光華學校全體
師生（1999.09.25）。」

當時，握著村民竭盡所能募集而來的濟助款項，聽著村民反饋南投災
民的行動，讓團隊夥伴深受感動。除了雲晒，另2所華校「烏廊市啟華公
校」及「菩薩省培華公校」也發動募捐，其中1所學校甚至只募到25美金，
但這樣的關懷彌足珍貴。

華裔助學工作，是與走過殺戮戰場的華裔倖存者，一起重整華文教
育。自1993年起，工作團隊每半年訪視所資助的華校，實際評估每一個
需要幫助的個案家庭。從最初每年50位助學生，逐年增加至數百人的需
求。由於訪視地區位於偏鄉荒村，大多沒有民宿設備，服務團隊一出發便
需餐風露宿，訪視一圈耗時一個多月，行遍大小村莊。有時，迎著晨曦出
發，奔馳到晚霞消散，走了一整天崎嶇山路，從一個貧瘠的區域，又趕到
另一個荒漠的所在。華裔兒童教育方案，不僅為18所華文學校的9,976
名學生提供助學金、教師薪資，並從台灣招募41位志願教師，培訓當地
教師。籌集67,700冊課外書籍，運送到柬埔寨各個華校，豐富那裡的圖
書館，建築15間教室、5間圖書館、教師辦公室、活動中心、宿舍、籃
球場和廁所等等。

知風草的華裔助學工程，在華校發展的艱困階段，扮演了重要的整合
推手。近年，柬埔寨部分地區的經濟發展快速，實施長達18年之久的「華
裔貧困助學」方案，經過階段性效益評估，決定於2012年圓滿告一段落。

（二）幫幫他——地雷村的孩子想讀書！

柬埔寨戰後百業蕭條、教育制度欲振乏力，要鼓勵貧窮孩子去就學，
並不是一件容易的事，尤其是殘障人口偏高的泰柬邊境。在掃過地雷新建

立的村子裡，聽到孩子說：「我們很想讀書啊！但是這裡沒有學校。」家長則說：「我們連飯都吃不飽，如果不想餓死，就必須要讓孩子一起出去工作賺錢。」

這些「地雷村」，成為本會積極投入救助的區域，其中又以「都巴薩軍頭村」最為優先，主要原因為「軍頭區」（Korpram）的地雷根本還沒完全掃除乾淨，便引進居民成立新村，因此常有村民誤踩地雷受傷。據悉，柬泰邊境沿線的「地雷村」並不只一處，舉凡與泰國相鄰的村莊，到處都是「地雷村」，綿延的邊境有掃不完的地雷。由於土地貧瘠，人民生活貧苦，以「軍頭區」為例，全區居民 3,334 人，根據區長提供資料，區內有 501 戶家庭，但高達 440 戶整年都吃不飽，其中 150 戶長年飲用受除草劑污染的井水。居住在無法耕種的土地上，居民僅能至波貝邊境以勞力搬運貨物維生。長期飲水污染與營養不足，軍頭村 60 歲以上的村民僅有 48 位，加上環境衛生污染各種原因，罹患愛滋、肺結核等傳染病的比例極高。

看見這些悲涼、無望又嚴肅的事實，我們仍舊秉持著：「以實際協助行動，代替無奈嘆息！」積極規劃方案協助，舉辦「每天只要 2 塊錢——讓地雷村的孩子上學！」籌募經費建築學校、印刷教科書，為生長於戰地的一萬多位貧困孩子，建構不一樣的命運機會。上述這項活動，2003 年於台北展開募款，並與柬埔寨教育部商討，開闢荒地建築校舍，以 1 年時間籌備，完成 12 間教室建築，2004 年「都巴薩中學」正式落成啟用。

從荒地開墾，逐步踏實的建校成果，聽到六百多位孩童，實際坐進教室的朗朗書聲，象徵地雷村的孩子正逐步展開追求夢想的新生活。在地雷村整地建校的興學過程，知風草團隊面對環境危機的考驗，以及各種工程障礙阻撓，深刻感受到，助人工程除了懷抱慈愛的勇氣，更需要專業且堅定的意志力！

（三）為茶膠「愛滋病童」：建校並募集文具福袋

2006 年 7 月，看到位於茶膠省（Takéo）的「愛滋病童小學」，即將傾倒的校舍，發現教室修建刻不容緩。經實際勘查評估，與柬埔寨教育部商議重建事宜，並回台灣進行重建募款，以每單位新台幣 5,000 元的方式認養建校，3 個月時間，募足需要的經費並興建完成。

　　茶膠省位於柬埔寨南部，距離首都金邊約 1 個半小時車程，內戰時期遭到嚴重毀損，學區範圍共含 5 個村莊，家庭 585 戶，人口 3,961 人，學生 550 位。茶膠小學的學童中，罹患愛滋病比率高的原因，是因為校區緊連當地最大的愛滋病患收容中心，中心除照顧重症病患外，也收容往生病患的遺孤，中心內有六十幾位愛滋病患與愛滋孤兒，隔壁小學是病童唯一可以就學的地方。

　　除了修築教室，我們還希望為孩子們籌募文具。原本設定募集 3,500 份，贈送茶膠小學的貧困學童，當協會於網站刊登訊息並經媒體報導後，各界的物資陸續湧進，文具數量以倍數激增，遠遠超出我們的預期。募捐活動從 2007 年 9 月下旬開始，2 個月時間總計收到 10,121 件（郵局送達的 5,321 件，宅急便、貨運、快遞、捐物人親自送達約 4,800 件）。其中包含 6,940 位個人，1,223 個團體；團體捐贈以校或班級、或公司、或部門等為捐贈單位，因此估計贊助人數遠超過這個數字。

　　這一次的文具募集成果，讓我們充分感受到台灣善心能量的匯聚，深受鼓舞。活動期間，共有 160 人次的志工協助整理文具，整合出 901 箱，以 3 個貨櫃運抵柬埔寨後，至 2008 年年底共發送偏遠地區 233 所學校，8 所寺院沙彌，貧困學童 67,100 人受惠。

（四）吳哥之翼：讓台灣青少年實際體驗貧窮奉獻所學

　　除了在窮鄉僻壤傳送愛與希望，知風草更願將服務道路上所感受到的熱愛生命精神，傳遞並分享給台灣的青少年，因此於 2006 年籌辦了第一屆「吳哥之翼──暑期青少年國際志工服務」活動，期望青少年朋友有機會和我們一起實際體驗貧窮，親手服務。沒想到報名人數非常踴躍，總計有 16 名高中生及 40 名大學生報名，人數超過招募計畫的 6 倍。其中，高中生大都是父母鼓勵報名。

　　吳哥之翼的志工們，從台灣出發、抵達波貝當天，入住「流浪兒童之家」。晚餐從 1 碗白飯配咖哩雞湯開始，沒有熱水可用、天天洗冷水澡入眠。每天清晨 5 點，和院童一塊兒起床、盥洗、升旗。第三天起，學員們和孩子已經打成一片，語言不通顯然不成問題，笑聲說明了一切。

　　當時，中央社記者馮昭，參與此行活動採訪，她寫下當時感受的震撼：

「儘管物質環境惡劣，學員們的適應力出乎我意料。記得有個晚上正在辦公室大桌旁看書，兒童之家沒有電視也不能上網，生活有點像在深山修行。突然來個大停電，屋裡屋外少說也有 50 人，不僅沒有驚慌聲，當小蠟燭點起，我發現所有學員竟然停電時都像沒事般，繼續手邊工作。黑暗中，知風草總會來支援工作的佳慧，忽然開門從浴室走出來，倒是把大家嚇了一跳，她竟然就在一片漆黑中，不吭一聲就洗完澡了。問了問學員們在兒家的 5 天生活什麼最不習慣？有的說雨會滴到枕頭邊，『不過換一邊睡就好啦』；也有人說飯好硬，『不過吃幾次就習慣了』。聽了他們的感言，我要說，以後真不好意思隨便用『草莓族』形容年輕世代了。[2]」

　　知風草籌劃的「吳哥之翼」服務，加強行前培訓，強調既非遊學團、也非單純提供生活體驗，而是透過親身服務，珍惜幸福，也思考貧窮、飢餓的環境裡，自己可以作些什麼，幫什麼忙。活動內容含服務培訓、教學課程實施、古蹟參訪等一系列規劃。國際志工服務，是開拓青少年朋友國際視野的最佳良機，從服務中去學習、去體會除了歐、美、日國家的進步，在世界的一角，還有另一種生活型態。服務結束後，經由學員們的心得文章，看到這 10 天旅程，帶給他們的深刻意義──是視野裡的認知衝擊，成為他們人生中一段極為珍貴的青春記事。

（五）給一盞燈：照亮前程

　　知風草波貝分會所協助的村莊家庭，大多數沒有電力設備，但我們希望獨居老人，在深夜裡有盞燈而能不孤獨；貧困的孩子，有盞燈可以夜讀；愛滋媽媽，午夜有盞燈方便餵養嬰孩；偏鄉寺院的小沙彌，有盞燈誦讀巴利文經書。帶著這樣的期許，經過多處尋覓，終於在 2014 年找到一種適合的「太陽能掛燈」。募集活動以新台幣 500 元認養 1 盞燈，這項送出光明送出愛的活動，意義深長且獲得許多回響。最終，完成了 1,000 盞燈的募集與採購。

　　知風草的服務團隊，親手將這批比螢火蟲亮上千倍的太陽能燈，送入洞里薩湖的數百戶船屋，以及窮鄉僻壤的矮屋裡，看著它點亮，驅散了黑暗。

2　摘錄自《知風草會訊第 14 期》：〈與知風草的初見面〉。中央社／馮昭。

▋二、患難生活：綠草之家的人與事

　　執行助學訪視的路途中，我們看到柬埔寨戰後百廢待舉的悲涼景況，尤其飢餓的婦女和兒童、穿著舊軍服的傷殘士兵，在渡船頭、市場、街道邊、古蹟裡乞討。1999 年初期，詩士芬的斷山流浪兒童之家設立，收容方圓百里貧病、孤苦無依的孩子，之後又於 2002 年，將收容中心遷至波貝「綠草之家」與職訓中心合併。

　　「綠草之家」初期的服務目標，是為了救助貧童和婦女，但成立之後發現，柬埔寨偏鄉的救助推展大不容易，因為每天總有解決不完的、令人震撼的事情發生。面對這些生命事實，驚覺這是需要強大意志力支撐的服務工作，需要我們處理的，不僅只是協助貧窮個案，以及各項經費籌措，還有當地體制不夠完善的社會維安問題、人口販運、官僚貪污，更有藉著參與慈善以為個人利益跳板的投機者。

　　綠草之家裡，有來自台灣的志工、社工人員與院童，大夥兒每天清晨 4 點半敲鐘起床，一起養豬、餵雞、種菜、犁土，一起晒穀、碾米，真實而具體的過著農家生活。由於經費拮据，伙食一天三餐，都烹煮一大盆米飯，早餐只有一道菜，午餐和晚餐各兩道菜，全院四十多人，整天伙食預算僅有 1,000 泰銖（約新台幣 900 元）。在有限的預算裡，很難講究白米等級，因而會趁稻米收割時期，買足幾頓稻穀存放在倉庫，自己碾米供應每天的米飯。

　　由於波貝地區的家庭，孩子普遍生得多，許多貧民一整天只賺數十泰銖，要供應全家 7、8 口吃飯，因此多數孩子一天只能吃兩餐，甚至一餐。綠草之家的房舍屋頂是以石棉瓦鋪設，一段時間熱漲冷縮而龜裂，當雨季來臨時，外頭下著傾盆大雨，寢室也會很快下起小雨。儘管這樣，大夥兒一樣住得滿足，因為與外圍的貧民茅草屋相比，綠草之家的空心磚牆壁至少是擋風的。

　　「綠草之家」的服務個案，皆來自外圍的貧困家庭，成為數百位急難個案的求援基地。例如，村子住的小惠（以下皆匿名），剛產下男嬰就被宣告罹患愛滋病，我們必須為嬰孩準備奶粉；職訓織布班的一位女孩，不

明原因頭痛、嘔吐，緊急送醫後搶救平安；另一位 12 歲女學生，在村子裡被狗咬，才一天便離世了，她一直是不隨便曠課的好學生。7 歲的歐倫，一出生即確診愛滋帶原，他體弱但沒有受到家人的特別呵護，每天要去市場殺魚打工賺錢，家中才有食物。

　　面對服務需求增加，籌募經費並培訓專業化人力，為知風草的年度大事。統計曾經長期駐站柬埔寨的社工員及分會專職人員，歷年來總計有 230 位，其中本國籍 62 位、柬籍 90 位、兼課教師 78 位。由於各種生活不便及異文化挑戰，加上實際服務時才發現的過度浪漫化想像，或被生活洪流擊退、個人生涯規劃等因素，目前仍然在職的，僅餘本國籍 3 位、分會專任 11 位，以及 38 位知風草中學兼任老師。

表 11.1：知風草歷年工作人員統計表

（自 1996 年 7 月 28 日至 2023 年 1 月 31 日）

序號	工作地點	在職	已離職	小計
1	台北總會	3	59	62
2	柬埔寨分會	11	79	90
3	知風草中學（兼課）	38	40	78
小計				230

　　從上述離職概況，回顧台灣社工人員於服務時所面臨的生活挑戰，以及許多打擊信心的事件，如今想來極為不捨。專案人員的親身經歷，是知風草工作團隊，服務歷程的重要印記。這是一群「在絕望中尋找希望、在悲傷中給出安慰」的優秀工作夥伴，我們帶著所有助人工作者的重要特質和共識，大夥一起在辛勞的服務中，感受著簡單的快樂。以下，摘錄幾段夥伴們於服務時寫下的心得。

　　曾經在協會服務多年的「華裔助學專員」淑菁寫下：「記得有次訪問一個學生家庭，從大馬路走到小泥土路，走到小路盡頭，又走了很長的田埂，訪視工作整整花了 3 個小時。空檔時讓自己稍作休息，才發現不僅汗

流浹背，腳也因為長途跋涉被野草割得傷痕累累，但心中卻沒有一絲不耐，因為知道自己只是訪視時走這一趟，但案主卻是每天都必須走這麼遠的路才能到學校上課，而且從不遲到，成績也在班上前幾名。這樣的求學精神，不只可貴也很值得我們學習，自己工作時的疲憊相較之下也顯得微不足道……。夜幕低垂，公務車奔馳在沒有盡頭的路上，儘管個案訪視疲累，還是要往下一站前進；我們的救助工作，雖然辛苦，但只要確定它的價值性及必要性，還是要堅持下去，讓處在困難角落的人們多一點愛與希望。[3]」

支援個案訪視拍照記錄的「執行祕書」愛珍，第一次到異國服務時，即有著莫名的憧憬，她與淑菁訪視各地華校時說：「我曾經視人道救助工作，為遁逃者的天堂。隨著機構專車跋山涉水 3,000 公里，黃沙遍地、處處蒙塵，彷彿穿越時光隧道回到 3、40 年前的台灣。這時才明白，所有對救助工作的浪漫想像，真是愚不可及。當我們為小事抓狂或懷憂喪志，你能想像在不到 4 小時航程的另一個國度，很多人每天擔憂的只是溫飽問題。就在訪視途中，我們在路邊小攤吃便當，順手把剩飯留在桌上，桌旁三個衣衫不整的小孩，突然一個箭步伸手搶了去，一人一口焦急地吞了下去……。當時頓悟，原來從事救助工作，除了要有與生俱來的菩薩心腸，還要有過人的勇氣和意志力，更要有絕佳的體力和耐力！[4]」

在綠草之家擔任專員的雅琪說：「養兒方知父母恩，我現在是 24 個小孩的媽，單身的我從沒想過可以擁有那麼多孩子，現在每次打電話回台灣跟媽媽說話，都忍不住加上一句，媽媽你真偉大。在這裡每天有發生不完的事，吵架、打架、晚歸、爬牆、受傷、生病……總是處理不完，我的小孩們怎麼總是那麼調皮搗蛋呢？[5]」

接續雅琪職務的「駐站專員」雅美，除了擔任幾十位院童的臨時媽媽，那陣子還須搬著一箱箱文具，至偏遠地區中小學發送，她的紀錄有一樁驚慌事件：「光搬運一箱箱文具上車、路途的顛簸、發送文具時學童凌亂的

3　摘錄自《知風草會訊第 11 期》：〈在沒有盡頭的路上，奔馳〉。專案人員／劉淑菁。
4　摘錄自《知風草會訊第 11 期》：〈門外漢回家！〉。執行祕書／林愛珍。
5　摘錄自《知風草會訊第 16 期》：〈「養兒」方知父母恩〉。兒家專員／陳雅琪。

秩序，就足以讓我累個半死。就在我累得只剩半條命的一天夜裡，曉琪莫名其妙在辦公室被虎頭蜂叮了，起初大夥兒以為沒事，還半開玩笑要她用尿療法，但不久曉琪卻開始全身起疹、劇痛、心跳加速。我和翻譯及司機隨即送她至後方醫院，醫生們上哪去沒人知道，醫院工作人員看著曉琪疼痛苦撐的表情，要我們耐心等待……。許久之後，來了兩位自稱是醫生的人，但只叫曉琪躺著卻沒有任何治療，折騰半天原來根本不是醫生。後來有位號稱醫生的人來了，覺得我們大驚小怪，說只不過是虎頭蜂，痛一下就沒事了。他為曉琪注射了一劑止痛針，約 10 分鐘後漸漸恢復意識。我則大聲對曉琪說：『活下來了就是英雄，妳是我心中的女英雄。』」[6]

　　雅美文章裡，被虎頭蜂螫得痛不欲生的「個案救助專員」曉琪，剛開始準備赴柬埔寨之前也曾經十分掙扎，當她實際深入當地救助工作，經歷一個個動人故事後，心中有了不一樣的體認。她說：「現在回過頭想想，當初幾經掙扎後所下的決定是對的，慶幸自己有這樣的工作機會，雖然服務過程中難免有些挫折，加上一點點辛苦，但因為值得，所以甘之如飴，我深信這些服務經驗將會是我一生的養分。」面對親手處理個案家的各種疑難雜症，曉琪說：「其實他們要的真的都不多，只求溫飽：Soka 要白米，好讓小孩及弟妹知道什麼叫吃飽；Vy 要白米和蚊帳，希望兒孫不要挨餓、晚上好眠；而 Maoren 要的更少，一碗魚湯便能讓她安心離去……。在能力範圍內，我們會儘量完成他們的心願。」[7]

　　專責「急難救助」的社工專員淑綺，在安排院童孟吉莉姐姐就醫的過程，寫下許多感慨：「9 月中旬，孟吉莉的哥哥來到機構，要求帶妹妹回家，因為孟吉莉的姐姐病危。第二天清早，蔚齡姐帶著工作人員，一起探視。經過不斷鼓勵她，並保證機構為她們安排就醫，所有花費機構負擔，毋需擔憂，最後姐姐終於同意就醫。經醫生診斷，她只是得瘧疾，住院 1、2 個星期應該可以復原。但是幾天後，孟吉莉家人再度來機構，帶來令人震撼的消息：『孟吉莉的姐姐過世了！』原來我們離開醫院的隔天，或許是

6　摘錄自《知風草會訊第 18 期》：〈邊境小城的小小故事〉。駐站專員／徐雅美。
7　摘錄自《知風草會訊第 18 期》：〈因為值得，所以甘之如飴〉。個案救助專員／
　　林曉琪。

醫院點滴的針頭未消毒乾淨，或打點滴時未處理好⋯⋯。這次協助，結果令人悲傷，但是急難救助工作仍然要繼續下去，雖然無法救到每個需要幫助的人，但我們將不遺餘力伸出援手，縱使能作的，只有那麼一點點。[8]」

　　總會的「美術編輯」逸婷，數次支援前線到柬埔寨服務，她總是正向鼓勵孩子們──向前走！逸婷寫著：「進入知風草轉眼已快滿 3 年，在柬埔寨、台灣，台灣、柬埔寨之間來去，算一算停留柬埔寨的時間居然有一年，也難怪每回和朋友見面他們總是問：你什麼時候『回』柬埔寨呀？而我那生性膽小愛窮緊張的媽媽，也被我訓練得從一開始的奪命連環叩，到現在連我哪一天回國也不在意了。其實我知道這不是他們放棄我了，而是對我的工作有了信任，有他們不吭聲的放心，我也才能繼續這份工作，把去柬埔寨當作回家，繼續看著院童成長、成就、成為人父人母。[9]」

　　曾在華校擔任「教師志工」的碧蓮，返回台灣後於某次演講會上與我相遇，我盛情邀請她再去服務，她也爽快答應。服務中她記錄和院童們相處的溫馨情景：「再次踏上柬埔寨，心中泛起淡淡的歡喜和篤定，怎料一到兒家，耳邊連續傳來媽媽，媽媽⋯⋯的叫聲，一個男孩欣喜地撲到我懷中，我回神定眼一看，咦！這不是小鬥雞眼羅喜克嗎？又來了兩個女孩指著自己問：『我叫什麼名字？』所謂『沒有三兩三，不敢上梁山』我毫不遲疑地回答：『藍夢』──PASS！另一女孩沒什麼創意，也出相同的考題，為了不讓他們太得意，我搔搔頭，皺著眉，望著天空思考⋯⋯倒數計時，在他們快失望前叫出『鄧玲』──BINGO！三人齊聲歡呼，抱得我換不過氣。[10]」

　　擔任「專案督導」的惠如，偶而也需到柬埔寨支援家訪，她的駐站震撼是：「到兒家的第二天，不知什麼原因，我上吐下瀉了 2 天，勉強吃的一些飯菜全都留不住。到了第四天，身體狀況逐漸好轉，覺得柬式料理引不起食慾，每到吃飯時間，總是去搶碧蓮姐自己煮的素菜吃。幾天後，碧蓮姐看我似乎對飯菜都沒什麼興趣，便提議晚餐吃煎餅，我當然是舉雙手贊成。期待的晚餐時間終於到來，來到兒家這麼多天，第一次吃到合口味

8　摘錄自《知風草會訊第 9 期》：〈院童孟吉莉的姐姐〉。急難救助專員／張淑綺。
9　摘錄自《知風草會訊第 18 期》：〈孩子們，向前走〉。美術編輯／陳逸婷。
10　摘錄自《知風草會訊第 12 期》：〈小子二三事〉。駐站專員／彭碧蓮。

的食物，覺得真是人間美味。過了 2 天，我對那個味道還是念念不忘，拜託碧蓮姐教我作，這才發現，如此的人間美味不過是在麵團裡放了白芝麻，起鍋時加了些胡椒粉，而為什麼如此美味？在柬埔寨短短 12 天，簡單的煎餅卻讓自己大大滿足的經驗，讓我體會到生在台灣，真該知足且更惜福了。[11]」

綠草之家的生活，除了收容的院童，也有遠途來學習職訓的孩子，中午在中心用餐。為了經費考量，一切生活開銷均需節約。2005 年 3 月，我們從台灣各地募集涼被，於 5 月底隨文具貨櫃物資運抵西哈努克港，又經過 7-8 小時路程才送到。經過協會社工員帶領大小孩子齊心整理，於 6 月底統一發給全院的院童使用。院童有秩序排隊，看到美麗圖案的被子，興奮不已雙手合十說謝謝，感謝未曾見面的「台灣爸媽」送來舒服的「被窩」。領著被子，院童迫不及待跑回房間，互相展示屬於自己的美麗被子。看到孩子們調皮、歡喜的神色，我們心中也綻開「溫暖」的喜悅！

知風草職訓中心，每一屆開課，都讓許多鄉民充滿期待。每學期除織布班，還有縫紉、布包、草蓆及電腦，並增設了三種語言（英文班、柬文班及中文班）。其中柬文是特別開設的成人識字課程，讓職訓學員識字以記錄學習內容。職訓項目裡的理髮，曾經造成轟動，因為學成後可以一把剪刀走天下，是簡單技術裡最不簡單的技職項目。綠草之家的院童們，為了練習理髮技術，還分批到波貝鄉下小學實施義剪，平均 1 個月為 12 個小學、830 位學童服務。義剪時，院童們開心帶著便當出遊，當地學校師生則歡喜省下理髮支出。

回憶過往所協助個案的轉變，從 7 歲開始協助的歐倫，當年由於家裡沒有時鐘，常常忘記按時服藥，加上營養不良，腳和背上的爛瘡總是無法癒合。訪視時我們送手錶，提醒按時服藥，而他總是用衣服遮住傷口、害羞地笑著說：「沒關係。」便又開始去工作。經過將近 10 年的資助訪視與鼓勵，歐倫現在已經 18 歲，身體情況穩定，自食其力半工半讀，和其他 5 位哥哥姐姐，努力打拚改善了生活，也於年節時，陪著奶奶一起到廟裡作功德，祭拜亡故的父母。

11　摘錄自《知風草會訊第 12 期》：〈十二天震撼記事〉。專案督導／許惠如。

　　服務歷程裡，有時候看似平凡的一碗魚湯、一盤燙青菜，或一公斤米，都是知風草救助項目裡，能夠完成個案心願的重要內容。當年知風草舉辦「吳哥之翼——暑期青少年國際志工服務」，隨行採訪的《自由時報》記者劉力仁，回到台灣之後成為團隊的好朋友，他說：「不只採訪，是生命之旅！」他在紀錄裡寫著：「左邊聽到一個賣掉女兒當雛妓的故事，右邊聽到一個賣掉兒子當苦力，年幼的兒童上街乞討的情節。剛聽完愛滋女孩無法就醫的悲慘際遇，後面又跟上了一個被地雷炸斷雙腳，需要輪椅的不幸個案。原來這邊死一個人這麼容易，聽得我嘴巴頓時張大……。還有一點可惜，因為版面有限，寫新聞時必須聚焦，無法把那群可愛又可敬的知風草同仁一一列入，心中一直感到抱歉，不是妳們沒有報導價值，真的。幾個充滿愛心的社工、一群可愛的學生志工、兩個肯吃苦的記者，在一個悲慘的國度相遇，學生志工學到人生難得的經驗，記者圓滿完成採訪，應該是此行最佳寫照。我的記者生涯因此留下難忘回憶。[12]」

　　柬埔寨武裝衝突結束後，知風草於 1999 年所成立的「綠草之家」，為 6 至 15 歲的孤兒或貧困兒童提供食宿，照顧過 122 名無家可歸的兒童，平安回歸社區、建立屬於自己的新生活，並協助數百戶社區急難家庭，提供生活及醫療物資贊助。2001 年開辦職業培訓中心，幫助年輕村民學習一技之長，解除經濟上的依賴，改善家庭生活，也為 4,984 名學員提供免費職業課程，共有 684 人成功完成課程，並提供 60 位經濟拮据的畢業生或村民，無息貸款購買創業設備。

　　至 2015 年，綠草之家的孩童長大了，經評估而結案讓他們回歸社區，職訓項目亦隨著社會發展轉型。自 2016 年起，綠草之家改制為「知風草中學」，設立 7-12 年級，每年約有六百多位學生入讀。知風草的教育扶貧工程，仍然持續地協助附近五個村莊的貧困孩童升學！

---

12 摘錄自《知風草會訊第 14 期》：〈不只採訪，是生命之旅〉。自由時報／劉力仁

▌三、多元協助：看見更多需求

　　知風草的救助工作，不斷看見需要關懷的個案，由於因果相連、環環相扣的貧窮複製，協助的個案常會衍生出整個家庭（或家族）問題。面對不斷擴張的需求，僅能以有限的人力和資源，長期處理貧病、就醫、就學、就養問題。且逐漸由最初設定的「助學」項目，發展為多樣化的社區協助與環境、水資源改善等。協會的救助方式，從過去到村莊裡挨家挨戶的訪視捐贈物資，將觸角延伸到學校與寺院的水井開鑿，而且深入賑災、建設化身爐。

　　知風草團隊在各地偏鄉，烙印了無數象徵「台灣之愛」的足跡。由於各項方案的推動，我們結合起不同的團體與個人，帶著他們的熱力和智慧，一起實施著更多元的服務。根據本會統計，曾經參與知風草服務的志工，歷年來總計約有 238 位，其中含括教師志工、醫療義診志工、吳哥之翼大學生志工等，並接待來自全球的 165 位個別認養人，驗收或訪視他們捐款指定用途的建設。這些志工和訪視者，以及所開發增加的方案執行如下：

表 11.2：參與知風草團隊服務的志工人數統計表

序號	時間	活動名稱	服務地點	參與人數
1	1996-2000	• 柬埔寨華校教師志工	覺群、覺民、樹英、光華、光中學校等，總共舉辦 5 屆。	37 位
2	2005/09	• 台灣之愛聯合服務	都巴薩村	30 位
3	2006-2010	• 吳哥之翼大學生志工	磅咋叻、上丁、雲晒、坡傑藤村，總共舉辦 3 屆。	55 位
4	2008-2019	• 勤益學生志工 • 北教大藝術教育志工 • 高中生英文志工 • 淡江大學英文志工	雲晒、都巴薩村、坡傑藤村	37 位

序號	時間	活動名稱	服務地點	參與人數
5	2013-2014	• 馬來西亞 Smile Action Team 牙醫義診團 • 路竹會義診團 • 臺雅義診團	蘇利亞村、烏娘村、農棧村、後備莊村、坡傑藤村、特摩勾村	73 位
6	2016/08	• 知風草中學 • 麵點專案志工團	坡傑藤村	4 位
7	2018/05	• 洞里薩湖淨水專案志工	黑木村	2 位
	總計	----	----	238 位

　　上述志工活動，同時提供 20 名先天唇裂村民接受手術及治療，並為東北部少數民族村製作、發放 625 個水缸儲存乾淨飲用水。邀請醫生和醫療團隊義診，於烏祖縣的 10 個村莊，開展大規模公益醫療活動，有超過5,398 位村民，接受免費醫療諮詢或治療。醫療過程中，為患者提供輪椅、拐杖、助行器和手杖。

（一）為偏鄉旱地開鑿水井，帶出奇妙的生命循環！

　　在偏鄉，我們見到村莊土地貧瘠、無灌溉系統、作物歉收，學校建築老舊、缺乏水資源、廁所髒亂不堪，學生必須從家裡或校外的溪流汲水使用；尤其寺院只有幾個大水缸，村民於雨季儲存雨水，到寺院祭拜時，直接飲用水缸中的濁水，導致疾病叢生。協助挖鑿水井，供應清潔水源以減少環境污染，解決環境衛生，成為知風草自 2016 年以來的當務之急。第一口水井，掘於馬來縣的圓滿婆婆村小學，鑿出水源之後村民歡欣鼓舞，每個家庭每天輪流排隊取水回家使用，甚至學童下課後也會帶一桶水回家，這口井為圓滿婆婆小村帶來生機與便利。

　　水井開鑿工程，在更多捐款人的響應與資助下，至 2023 年 5 月，已為朴逖棉芷、暹粒、馬德望、奧多棉芷等 5 個省、47 個縣市，成功開鑿

出 701 口水井，每一口都是以點點滴成江海的募集方式，都有滿滿來自全球各地的愛心和祝福。有了水井以後，許多本來每天要排隊到池邊汲水的小學生，不但可以節省時間念書，廁所也乾淨了。有些學校的校長，還規劃每個班級一個菜圃，種出有生命的綠蔬。

一口井，不只是一個孩子方便，更讓一個學校活絡了起來，它明顯創造著不思議的循環和改變。這些井，分佈座落於幼兒園有 6 口、小學 439 口、中學 69 口、寺廟 186 口，以及村辦公室 1 口，超過數十萬村民和學童受惠。

（二）為柬埔寨偏遠鄉村興建化身爐與義屋

位於柬埔寨東北邊陲的拉達那基里省雲晒縣，由於地勢較高，河流阻絕，交通不便，那裡的華人多數經商，寮人和少數民族則以耕田或依山維生。經濟弱勢的他們如果生病，不到萬不得已絕不會外出就醫，因此許多被送到醫院的病人已經病況嚴重。雲晒有個特別習俗，亡者遺體不能經過別人的村子，但醫院又無法久放，在等待親人去處理時，就只能放在野地。乾季時遭受烈日曝曬、雨季時暴雨澆淋。該村村長輾轉找到我們，由於理解且不忍心這種傷痛和折磨，因此協會在村子的入口處，捐贈蓋了第一座「義屋」，讓村民方便處理那些遺憾的事。

由於長年奔走各鄉，發現不只拉達那基里省有這個需求，大部分鄉村地區都在稻田裡火化亡者，有些以香蕉枝幹當圍籬，有些選擇地勢較高的田地。寺院緊連小學，火化時常有小孩好奇圍觀。乾季時，可以找一塊空地，就地堆疊木材火化，但雨季時，則必須找到地勢較高的地方，才能避免木材潮濕，無法燃燒。不論雨季或乾季，只要一陣大雨下過，骨灰就會順著雨水，流入居民飲用的水塘之中。

目睹這些實況，我們於心不忍，於是發願為那些貧瘠的地區，建起一套兼具環保與尊嚴的「化身爐」及「義屋」。歷經數年努力，由本會所在的波貝市，擴及吳哥比里、馬來縣、菩薩縣等地，截至 2023 年 5 月，已在柬埔寨偏鄉地區的寺院，建造了 191 座火化爐，協助解決該國火化問題、減少對環境的影響。為了維護亡者的尊嚴，購買捐贈 1,677 個骨灰罐，協助貧困村民妥善保存其家人骨灰。

▌四、募款活動：融合吳哥文化傳承

　　知風草的教育與濟貧服務，以民間的善心資糧，整合來自台灣、美國、日本、香港、新加坡等地捐款，歷年來共有 23,402 位個別資助人、2,162 個團體，總捐款人次超過 10 萬（107,553 人）；總金額約有 3 億 4 千多萬台幣（新臺幣 341,546,416）。

　　這些匯聚來自各方的信賴與支持，成為知風草的服務能量，得以持續地為貧苦孩子創造生活希望。除了一般捐款，知風草每年也以波貝分會職訓中心的「手織布」產品，於台灣舉辦義賣籌款。

（一）手織布傳承

　　柬埔寨傳統手織布，是一項古老傳承的民間文化，於赤柬黑衣時期中斷，內戰之後這項古老手藝幾乎失傳。知風草職訓「織布班」成立初期，走訪各村莊找到一位懂得織布技術的耆老。他憑著記憶，以簡單木條拼湊出第一台織布機、架上梭子，展開了傳統織布課程。每一屆織布班學生，有男孩有女孩，他們渴望學習織布的動機，因為機構會根據他所織成品的長度給付工資，鼓勵學生賺取工資去讀書之外，還可以幫助家庭。手工織布除了製作傳統的結婚禮服，一些重要場合，如婚禮、亡人節、柬新年所穿的服裝，都採用手工織布，價格雖然比機器織布貴，但更顯得莊重。知風草的手織布，除了可以製作服裝，還製作包包、桌巾、圍巾、頭巾、窗簾、玩偶、日誌和筆記書，經過手工織布推廣，讓此項獨特的文化繼續傳承。

　　每年手織布產品義賣活動，不僅將柬埔寨傳統手織布手藝帶到國人面前，更因為織布成品受到喜愛，鼓勵了此項手藝的延續。統計織布學生一整年的成品數量，總計有 34,252 公分（380.58 碼），每 1 公分需要 12 次往返穿梭編織，是 41 萬次（411,024 次）來回才連成的布面。以一年 365 天概算，平均一天僅能織出 1 碼布，而 1 碼布只能做出 6.62 本筆記書。每一年，我們製作 1,000 本日誌或筆記書義賣，雖然金額收入不多，但觸摸著色彩繽紛的手織布成品，欣慰二十多位學員有了生活寄望。

　　帶著孩子學習並傳承古高棉織布文化，串起歲月堆疊的救助情懷，知風草編織的，不僅是一塊沙龍布，而是以吳哥傳承為厚度的一座文化之橋。

（二）美與善的藝術饗宴

　　論及募款，知風草曾於 2007 年引進「柬埔寨皇家宮廷舞團」至台灣舉辦巡迴慈善義演。長期以來，我們在柬埔寨協助了數以萬計的戰火孤雛及貧病鄉民，無涉政治或個人利益，也受到柬埔寨文化部的肯定，以他們最高藝術「柬埔寨皇家宮廷舞團」，共有舞者 27 位、樂師與歌者 9 位，於 2007 年 3 月來到台灣，分別於台北、桃園、台中、台南舉辦巡迴慈善義演。義演募集款項，作為延續教育扶貧服務經費。

　　柬埔寨傳統舞蹈是展現高棉神話故事的重要演繹，更是高棉族群的文化瑰寶。雖然歷經戰火摧殘、爭鬥與迫害，其舞蹈精髓仍由老輩舞者，以刻苦的方式保留傳承下來，透過肢體語言，舞者將民族圖騰、歷史神話，一幕幕生動而完美地呈現在觀眾眼前。此項又名「皇家芭蕾」的舞蹈藝術，於 2003 年獲聯合國教科文組織（UNESCO）列入「口述與非物質的世界遺產」，柬政府除了對吳哥遺跡進行保護與修復，對皇家芭蕾的保護也不遺餘力。

▌五、總結：我們在這裡成家立業！

　　柬埔寨內戰後，百廢待舉的艱困環境中，知風草參與了社會重建的重要歷程。從助學、興學、急難、醫療、職訓、創貸、水資源、文化傳承等項目，長期協助數萬位貧童度過困境。因為有許多支持者的信賴，知風草才能夠著力耕耘，將台灣之愛的地圖，一點一點刻印在柬埔寨人的心中。

　　知風草的每一位服務人員，都像守護火車鐵道的「巡軌員」一般，在柬埔寨偏鄉許多充斥「貧、病」的場域，與遭遇困境或被生活陷阱纏繞的人們，一起迎接黃昏與晨曦。開著樸質、草根的列車，裝戴著希望種子，沿途一點一點將力量啟動。這些年來，柬埔寨當地的工作夥伴，除了一起

推動救助，他們的家庭也跟著協會的發展，逐漸安定下來，有的從單身到成家、為人父母；有的從漂泊到能建立新屋。當地員工，每一位都是在地化服務的重要成員，每一位都無可取代。

例如，生活組長武莎玟，她在機構服務二十多年，以前負責照顧孩子們的日常生活，雖然孩子長大離開機構，有些結婚生子，回到家鄉或到外地工作，莎玟的職務轉為知風草中學行政人員，依然以機構為家。

廚房媽媽林松玉，今年 58 歲，在機構裡負責煮飯做菜 15 年，每天要煮將近 60 人的飯菜，以前覺得做菜是一件不容易的事情，但是她將困難當作學習，改變烹飪技巧，最終學會配合用餐人的口味，獲得大家讚賞。

三位守衛武疊、那努、詹提，在機構裡不管多大的難題都盡心盡力解決。武疊是三位當中任職最久的，已經超過 15 年，他說自己家庭的生活能夠改善，衣、食、住都比以前好多了，因為機構不但救助村裡學生家庭，寺院的化身爐、納骨塔、蓋學校，還提供員工無息貸款。

司機兼工務組長任正提，在知風草分會服務已有 18 年時間，經常開著機構的老舊公務車，載上社工夥伴和救濟物資，到案家家訪。為了協助村民，路況艱難，汽車常在半路卡住或故障，也盡力修補。他說：「貧窮的村民、家庭生活差的學生、無依靠的老人、殘障、過世沒依靠的屍體，機構都幫助。三年前，我家蓋房子，機構借錢給我不收利息，每個月從薪水扣 100 美金，到現在我不但還清借款，也給了妻子和孩子一個安全的家。」

織布班老師閔莎濛，是機構第一期織布班的學生，從學習織布到後來留在機構教學生織布，至今超過 18 年時間。由於工作固定，生活隨之安定，慢慢累積積蓄，也申請機構的無息貸款，終於新建了一間有兩個臥房的房子，雨季時不再擔心淹水、漏雨，可以安居樂業。

知風草之家主任詹倫，家鄉在菩薩省，後來搬到朴迭棉芷省波貝市，在機構服務 16 年，他負責追蹤貧困家庭，每個月固定到案家拜訪，並發給救助物資和助學金，以 2015 年度為例，他執行波貝地區的急難救助和貧困助學，將近 1,000 人次。詹倫剛入機構時單身，後來結婚生子，現在則是四個孩子的父親，一家生活安定和樂。

機構翻譯林金香，今年將近 80 歲，在機構服務超過 20 年。除了翻譯，

有時需陪伴社工員到村子裡家訪。舉凡急難個案的生活狀況，各家庭不同的痛苦，缺乏糧食、產後沒有奶粉、生病缺乏就醫車資等困難，經由話語傳達溝通，資深的林老師，總是使命必達。她說：「機構專門救助貧窮人，只要是貧苦的村民，救助急難不分男女老少。幾年來，我們到各省、縣、村子裡，雨季時遇到大雨淋、吹大風，但每次都能順利完成服務。」

知風草團隊的同仁們，因為一起共事服務，也參與並分享彼此的成家立業喜樂。長年下來，最大的收獲是理念的落實、經驗的印證和生命內涵的提升。知風草沒有經濟後盾，有的只是我們對人道情懷和生命價值理念的堅持。

助人工作好似一朵花的綻放，必須從一粒種子，經過漫長的孕育和培植，始能萌芽、成長、開花、結果，其背後所灌注的心血常不是局外人所可以想像的。知風草執行的，是一種真實、與身處苦痛、折磨的人為伴的服務。有時，最難的不是我們不救助，而是救不

圖 11.2　2007 年的文具募集活動，2 個月總計收到 10,121 件，整合出 901 箱，至 2008 年年底發送偏遠地區 233 所學校，8 所寺院沙彌，貧困學童 67,100 人受惠

了；最苦的不是救多少，而是明知救不了卻還執意要救。雖然，我們從工作中接觸到的，都是貧病、困苦、麻煩、瑣碎的人和事，卻因為彼此相處，更加深刻理解人性美善的珍貴。

知風草的救助歲月和腳步，改變和成全的不只是個案，還有我們團隊的每一位夥伴！

社區型

PART

光復東港溪・禮川運動實踐者：
台灣藍色東港溪保育協會

曾昭雄、周克任、柳詩盈

　　時為 1995 年，台灣各地垃圾掩埋場大多已倒滿，無處去的垃圾，違法堆疊各河川左、右岸，形成壯觀垃圾長城，飄著沼氣及燃燒黑煙，河水缺氧呈現墨黑色，內含垃圾滲出水、畜牧廢水、家庭廢水及工業廢水。

　　位於屏東平原中部的東港溪流域，號稱屏東歷史上的母河，也同樣遭垃圾毒手，左、右岸堆疊約 3 層樓高，從上游萬巒大橋到東港出海口，長達數十公里的垃圾長城，使民眾把其視為大排水溝，並拒絕靠近看母河一眼，東港溪宛如被子孫棄養的獨居老人。流域旁的農、漁、牧業自行鑿井取地下水使用，溪水僅於東港堰被擷取至鳳山水庫，提供前高雄市南區、屏東沿海鄉鎮及離島小琉球作為公共用水。

▌一、成立背景、動機及目標

　　1996 年，來自潮州鎮的一群台灣教師協會成員，在前省議員曹啟鴻服務處鼓舞下，成立了藍色東港溪促進會籌備會，決定以改善東港溪水質恢復清澈為目標。在當時看來，簡直是痴人說夢話，一如唐吉軻德對抗大風車的荒唐故事。

　　當籌備會成員進行診斷東港溪病症，面對垃圾長城，心都冷了一半。在後解嚴時代裡，人民對公共事務尚未有勇氣燃起關注行動，於是只好寄望於政治改革。時逢在野最大政黨成為台灣人民所寄託的新希望，且在台北市市長首度由民進黨陳水扁拿下的振奮年代，鼓舞各縣市吹起爭取民主之風。

　　時高雄縣美濃鎮年輕人返鄉發起「反美濃水庫」運動，為跨高屏溪串聯屏東縣，主動協助屏東縣成立水資源保護團體。而一聽到潮州成立藍色東港溪促進會籌備會，遂派員前來輔助及宣導水資源運動的內容與作法；而 1995-1997 年中央政府準備在屏東規劃穿越大武山脈的「南橫國道」以及在霧台鄉規劃高壩「瑪家水庫」，此形成守護山林水資源的對抗舞台，遂與美濃「反美濃水庫」團體結盟，猶如清朝台灣島上部落連庄軍事聯盟一般。

　　隨著這股運動旋風，關心山林生態、河川及地下水的知識分子逐漸凝聚，1997 年遂決議正式成立「台灣藍色東港溪保育協會」，設社團辦公室於潮州鎮。

▌二、核心價值與定位

　　經過籌備會會員集體討論，認為今日河川水資源遭受嚴重破壞，實與流域周邊鄉鎮的生活及生產方式有極大相關。因此如下之次目標成為協會三大核心價值工作任務：

　　其一、推展環境教育——認識水資源與後代子孫的急迫生存關連。

　　其二、保護山林水資源——森林是水的故鄉，也是野生動物的棲息地，不該殺雞取卵，鑿設公路隧道、建造高壩水庫、開挖石礦等造成環境不可逆之行為。

　　其三、串聯河岸旁城鄉社區形成護河連線——診斷各鄉鎮產業發展與變遷，解決垃圾長城及各類廢水排放問題。

　　由於協會是由前省議員曹啟鴻服務處協助發起組成，且諸多水資源政策係由當時台灣省政府水利處規劃建立，因此協會選擇民進黨作為合作夥伴，運用該黨省議員資源推展協會業務，而同時也協助民進黨各級選舉的輔選事宜，以建立未來城鄉社區護河連線之基礎。換句話說，台灣藍色東港溪保育協會係以如下 3 種組織類型作為成立之定位：

（一）倡議型組織

　　以呼籲政府或人民接受或建構水資源改善或保育相關政策為主，譬如在地下水補注區呼籲推展平地造林、推動地下水補注取代高壩水庫、接受水井納管地下水管理政策等。

　　由於倡議訴求必須仰賴媒體傳播，屏東只能多靠平面媒體；然較為適合發展倡議傳播的地區，以台北及高雄市為主，不在本會易影響之傳播範圍。

（二）社會運動組織

以宣傳、遊說並組織群眾對政府或污染業者產生民意壓力，要求需依法保護或改善水資源之社會行動。譬如反高壩水庫運動、反越域移用農圳提供工業使用、反對在地下水補注區設置污染性工業區、反對砍伐平地森林改種太陽能等。

此一類型亦非屬本會之常態運作項目，因耗費成本高昂且耗時長，易捲入區域政治派系鬥爭漩渦之中；另屏東縣屬農業縣，不易募款。每經一次社會運動參與或主導，導致協會專職人員新陳代謝過快，難以累積運動經驗（包括宣傳、組織、遊說及募款等）。是以若非屬不得已的政策壓迫下，本會並不輕易採發動社會運動模式。

（三）社區服務型組織

自 2000 年屏東縣政府自宜蘭引進社區總體營造方法，本會評估認為有利於擾動社區以行動保護或改善水資源，因此從 2000 年至 2015 年，多以「社區營造」計畫作為本會輔導或帶動鄉鎮村里，參與並打造社區發展各項願景計畫，並因此發現保護河川需對應於流域內鄉鎮市之產業、生活發展現況與變遷。因此決議將「水資源保護、自然農法、觀光發展硬軟體等打造或增能培訓」作為本會參與社區營造主要課題。

而自 2014 年開始，本會開始著重東港溪水質改善深耕行動，特別針對造成 7 成污染之畜牧產業。本會透過民眾參與概念與方法論，研擬出適合東港溪流域發展的「公私協力平台」模式，適當調整設計參與平台之產、官、學及民間社團之分工角色及里程碑成就等設計。終於在 2016 年展開曙光，部分東港溪支流從嚴重污染改善為輕微污染，促使參與平台單位產生高度成就感。

此一「公私協力平台」模式，亦適合發展於產業轉型或行銷、社區觀光發展、文化保存或發揚等領域，搭配以社區營造方法與經驗，成為本會奠定組織基礎、穩定收入財源、培育專職人才、達成保護或改善水資源目標的最佳定位。

▋三、成立時的關鍵人物或團體

（一）發起人物

1. 周克任

　　1994 年從台北隨前國代曹啟鴻南遷屏東，輔選曹啟鴻成功選上省議員一職，遂主動向曹啟鴻提議組織成立「環保團體」，以因應「反對南橫國道」及「反對瑪家水庫」兩大重要環境議題。

　　由於周克任參與過野百合學運、反核四學生工作隊、廢除《刑法》100 條及反水泥東移的組織、宣傳及遊說等學、政、社運經驗，因此積極規劃籌備成立「台灣藍色東港溪保育協會」事宜。

　　之後辦理 1995-1997「親近大武山全國大專學生營隊」，使本會建立全國能見度，並藉此吸收年輕世代加入保護山林水資源陣營。

2. 曹啟鴻

　　時擔任民進黨籍省議員一職，關心環境議題，運用其地方教師人脈及其助理經費，成為協會成立之最強助力及核心影響人物。

　　其後並帶領本會參與反南橫國道、反瑪家水庫以及九二一地震救災等運動，並長期與本會共同推展「社區總體營造」行動，建立諸多社區型地方基層組織。

3. 洪石儒

　　受曹啟鴻之影響，率先於潮州成立進步社會促進會，提供會址作為藍色東港溪保育協會籌備處，並協助遊說台灣教師聯盟成員加入，奠定本會於潮州鎮成為具影響力社團之基礎。

（二）促成團體

1. 潮州進步發展促進會

提供台灣藍色東港溪保育協會籌備及成立之後辦公地點，以及共同參與協會辦理之活動，協助本會於潮州鎮產生能見度及影響力。

2. 美濃愛鄉協進會

由總幹事鍾秀梅為擴大反水庫聯盟，無怨無悔主動協助東港溪協會籌備與成立之事務，並擔任本會籌備及首屆總幹事，銜接水資源理論、運動資源及南台灣社運人脈的關鍵角色。

（三）創會人物

1. 曾昭雄

於「反南橫國道」運動中，為屏東鳥會重要幹部，因受周克任邀請，加入本會，並擔任第二屆理事長。曾昭雄並遊說關心山林生態的好友們加入本會，成為日後理監事重要中堅幹部，亦成為大武山山林生態的堅強守護群。

曾昭雄在周克任扮演省議員助理方便監督林務局的職權下，共同與林務局屏東林管處成功洽談建構全台灣第一批「森林導覽解說志工隊」，藉由此一志工隊，招攬更多願意守護大武山的同好者，一起加入本會。

2. 蔡順柔

1995 年參加第一屆「親近大武山生態營」，愛上屏東大武山，1996年毅然決然離開台北故鄉，南遷潮州並成為本會籌備處首位專職幹事，建構本會基本運轉的行政事務。

其後更成為屏東縣新住民守護組織者，有新住民守護女神之稱。

▌四、組織治理模式

（一）組織運作模式

　　台灣藍色東港溪保育協會係採用理、監事的合議制，用以決策組織發展方向或議題訴求的選擇。由於考慮團隊合作之需求，因此決策多採「共識決」。理、監事之人數隨會員數而變化，最多達 15 名，最少則為 9 名。

　　理、監事係由會員於會員大會普選而出，每 2 年改選 1 次。當選的理事群則互選出 3 位常務理事，再由常務理事互選出 1 位理事長；監事間則互選出 1 位監事主席。

　　理事長則具聘任總幹事之權力。總幹事則依協會的財務狀況及年度計畫，研擬聘任幹事人數與人選，交由理、監事會議審議通過；監事主席則具備審查協會帳務與年度會計之義務。

　　原則上，協會是依照內政部《人團法》之規定設計組織運作模式；但實務上，則授權總幹事研擬各項決策及聘用人員之權力。此一運作模式從 1997 年運作至 2019 年，經歷 3 位總幹事；2019 年之後則改總幹事為祕書長，下設「計畫經理」與助理群。

（二）定位的變化

　　由於本會並不採募款制，且多由政府補助款或勞務採購費用為主要財源，因此大多進行服務社區相關計畫：如文史生態調查、社區營造輔導、農村再生計畫參與、環境教育、水質改善等不同單位委託辦理的相關計畫。因此本會在組織定位上從早期社會運動型逐漸轉變為社區服務型，主要考量在於培育增加以社區為單位之護河盟友。

（三）主要的服務或訴求的對象

　　由於本會定位趨向於社區服務類型，因此以東港溪流域 13 鄉鎮之各村里的社區團體或民間團體，為本會主要服務之對象。從早期培育志工，到近期轉變為培育社區在地產業鏈（如觀光、農業），鼓勵在各產業鏈中創業為主，對象不論老少均可。

　　由於近期為導引流域社區從產業發展進而改善東港溪水質，本會依民眾參與精神研擬出具可操作型之「公私協力平台」，使產、官、學、社得以在平台建立具合作性的行動方案，過程可清楚讓地方產業界或創業者，發現市場方向或轉型方向，並有機會獲得參與之政府單位，提供相關優惠獎勵措施或政策工具之訊息。

　　以本會從 2012 年開展的「東港溪水質改善計畫」為例，透過獨創的「公私協力平台」，除服務參與的公部門基層人員，建立有效的橫向聯繫及分工合作，也透過里程碑之設計，建立參與之公部門人員產生業務成就感；而參與水質改善的兩大主角，就是畜牧戶與農民，從過去與社區民眾對立，到媒合其成為合作夥伴，創造社會溝通力；而社區則輔導建立社區旅遊產業的誘因（因河段水質變好），相對的所帶來的觀光客名單，就成為畜牧業與農業有利可掌握的「宅配名單」及「直銷對象」；在相互結合為社區產業鏈的利多前景下，變成有機會透過「點污染源」及「非點污染源」合作互利而達到聯合改善水質的非預期成果。

▌五、資金來源與財務運作方式

　　在財務來源的變化，除會員每年繳交一次的會費外，初期（1997-2002）則由曹啟鴻擔任省議員到立法委員的部分助理費擔負；中期之後（2003-2022）則由政府活動教育補助款漸漸走向參與競標各級政府相關勞務採購計畫，財務較大支出比例為人事費及業務費，其餘則視計畫推動情形進行專案支出。由於屏東縣為農業縣，經濟活動力遠低於都市地區，因此本會不採募款制。

▎六、重要事蹟及影響力

（一）社會運動議題

1. 反南橫國道（1995-1998）

當行政院宣布為了方便高雄至台東的快速交通，計畫從國 3 潮州交流道，加闢引道並開設穿越大武山脈隧道工程，直達台東之國道高速公路延伸。

此計畫引發屏東縣包括省議員曹啟鴻、台灣藍色東港溪保育協會及屏東鳥會等聯合發起抗爭行動，卻也引發潮州鎮贊成派的相互對抗行為。

後因本會研擬發出包括「造成岩爆及土石流之風險」、「影響大武山自然保留區之珍貴生態」、「潮州成為過路之休息站」等理性訴求，獲得潮州鎮民大多數支持，迫使行政院撤銷此案。

2. 反瑪家水庫（1995-1998）

為解決南台灣（高雄及台南市）日增之公共用水需求，需要於高屏溪流域設置大型儲水設施。由於瑪家水庫淹沒區包括霧台鄉魯凱族發源地及排灣族原住民部落，造成包括好茶及伊拉等部落組成自救會；並透過美濃反水庫聯盟居中媒合，成為本會協力之重大水資源議題及行動。

為擴大議題反抗的全國能見度，在沒有網路的時代，本會將「瑪家水庫」、「南橫國道」及「美濃水庫」等議題，設計成寒、暑假「親近大武山全國大專生態保育營」，每梯 5 天 4 夜，以好茶為主題中心，帶領學員認識魯凱族山林智慧文化，進而產生共同保護大武山之生力軍。每梯次至少 100 人以上參加，並協助日後在各大專院校舉辦專題講座，成為具能見度之全國重大環境議題。

| 圖 12.1　親近大武山營隊照片

3. 反隘寮堰越域引水（1996-1998）

　　前台灣省政府宋楚瑜省長，宣布以農業用水替代瑪家水庫，並以現存提供隘寮溪左岸各鄉鎮之農業用水——隘寮圳，計畫於豐水期提供 20 萬噸／日作為高雄公共給水。內埔鄉前鄉長沈商嶽先生，認為這將使農業用水產生不足之風險，且同時揭露水利會本屬地方農民之祖先建構之共同財產，卻於日治時期到國府時期遭強制移轉成為政府所有之歷史問題。遂聯繫本會協助於內埔鄉 21 村，花 3 個月辦理說明會，最後集結民心動員二千多名農民前往中興新村，包圍台灣省政府。宋楚瑜前省長遂親自出面協商，獲得終止此案之結論。

4. 反美濃水庫（1995-2000）

　　由於高屏溪豐水期豐沛水資源，缺乏大型儲水設施以「蓄豐濟枯」，經濟部前水資源局遂規劃於美濃溪上游建立一離槽型高壩水庫，引用荖濃溪水予以儲存，以供大高雄地區公共給水需求。

　　此事造成諸多美濃在外學子紛紛返鄉組織助陣，並為了擴大反對陣營，由美濃愛鄉協會前總幹事鍾秀梅小姐，以主動協助屏東建立台灣藍色東港溪保育協會以及協力「反瑪家水庫」、「反隘寮堰越域引水」計畫成

功，獲得包括屏東六堆客家地區、魯凱族原住民社群、屏東民間團體等火力支援。

後結合高雄市民間團體如高雄市綠色協會，並在美濃愛鄉基金會董事長鍾鐵民先生指示下，邀請屏東縣政府縣長室祕書周克任先生（時任藍色東港溪保育協會理事）擔任作戰軍師，運用南台灣各處被經濟部前水資源局及台灣省政府水利處所規劃的各種水資源開發計畫，以及台南發起的「反濱南工業區」運動，研擬總體行動論述——濱南七輕石化工業區 40 噸／日為總體奪水之背後真相。此一論述，造成輿情大譁，並促使高、高、屏 3 縣市政府為此組成「水資源幕僚小組」，共同抵制七輕吸水怪獸之政治行動。

1999 年陳水扁以總統候選人身分，參加美濃第一屆黃蝶祭，宣告任內絕不推動美濃水庫乙案。加上美濃總動員農民及返鄉青年，直奔台北立法院門口，跪求立法委員之動人畫面，激起全台反美濃水庫之強烈民意呼聲，並於陳水扁總統當選後，逐步終結此案。

5. 反濱南工業區（1998-2000）

由高雄東帝士集團陳由豪，向經濟部提出於七股潟湖地區設置第七煉油廠（簡稱七輕）。時任立法委員來自台南佳里的蘇煥智，以理光頭苦行台南縣各鄉鎮之方式，呼籲縣民愛惜肺部健康，以及訴求七股潟湖為珍貴黑面琵鷺季節棲地，引發全國鳥會、環保團體及在地居民支持，並造成與當時陳唐山前縣長產生對立關係。

後本會加入反美濃水庫聯盟，為協助擴大反對陣營，遂以「水資源」為抗爭訴求，聯合包括高、高、屏 3 縣市各民間團體，結合反濱南團體，於高雄市成立「護水愛鄉大聯盟」，並於 1998 年協助「反濱南」陣營，共動員約 5,000 人前往總統府遊行及抗議。

為此《中國時報》記者強力批評屏東縣政府及本會的作法是「擁水自重」，並引發與本會於媒體論戰。此一火線並造成高雄縣前縣長余政憲先生與台南縣前縣長陳唐山先生，針對「曾文越域引水」計畫，隔空為了荖濃溪水權對罵交戰！

後因東帝士陳由豪藉「七輕」開發之名，向交通銀行貸 4 億元，而後捲款逃至中國，成為詐欺通緝犯。七輕乙案以「歷史醜聞及笑話」告終。

6. 推動大潮州地下水補注人工湖（1999-2013）

為了南台灣水資源問題，政府與民間在是否興建高壩水庫議題上，不斷相互辯論拔河，形成不可解的政治問題。因本會懷疑東港溪的地面水，可能來自湧泉伏流水，1998 年前省議員曹啟鴻在台灣省文獻會的地下室文物庫存區，發現一張日治時期下淡水溪防洪整治工程計畫圖，顯示隘寮溪原為東港溪右岸的水源頭，經該工程以截流方式迫使隘寮溪改道匯流入荖濃溪，而使東港溪右岸成為斷頭河；後又發現東港溪左岸源頭原為林仔邊溪，也同樣以截流方式，使東港溪左岸也成為斷頭河。失去水源頭的東港溪，卻能提供鳳山水庫及屏東沿海鄉鎮 80 萬噸／日公共給水量，經調查後，發現皆為湧泉伏流水所構成。

為此，協會開始專案研究屏東地下水，並因此透過屏科大丁澈士教授引薦荷蘭的地下水補注工程方法。遂展開遊說屏東縣政府及經濟部水資源局，推動地下水補注。並於 1999 年在理事周克任擔任縣長室祕書之便，協商經濟部水資源局，補助屏東縣政府辦理「萬隆人工補注湖可行性評估」計畫，並依此計畫結論，對屏東各鄉鎮展開地下水環境教育行動。

經過多年透過曹啟鴻前立委與水利署不斷協商之結果，終於水利署同意補助屏東縣政府辦理「大潮州地下水人工補注湖」的設計計畫，並於 2013 年施工完成第一期 30 公頃的試驗池計畫。

7. 平地造林運動（2000-2022）

由於協會研究地下水過程，適逢中央地質調查所提供「屏東地下水補注區」的劃設區域圖，由於國土計畫中對於「地下水補注區」有名卻無保護之方法與規範，且本會發現補注區大多為台糖用地。2000 年恰逢台糖停止種蔗，本會與曹啟鴻立委遂共同發動「種樹救地下水」運動，並促使台糖開始進行「平地造林」計畫。至 2020 年所植之樹林已達 2,000 公頃

以上，除創造周邊旅遊產業崛起，更具體保障地下水補注區透過天然降水補注地下水的強大功能。

（二）重大災難事件救援重建之參與：九二一震災認養埔里及八八風災救援及重建

協會成立至今，全體參與了台灣兩大天然災害及重建課題，一為1999 年九二一埔里大地震；另一為 2009 年莫拉克風災。

由於本會周克任理事，藉由擔任高、高、屏水資源幕僚小組之便，向高、高、屏 3 縣市首長提議「一縣市認養一鄉鎮」的地震救災行動，促使屏東縣政府認養埔里鎮。本會即在前立委曹啟鴻的動員號召下，連同屏東縣救災隊進駐埔里長達 3 個月，徹底鍛鍊出救災及穩定災區民心之經驗，也因該次機會，引進社區總體營造方法進入屏東。

而 2009 年莫拉克風災導致屏東成為重災區之一，協會除參與林邊救災工作，並進一步參與部分鄉鎮重建工作，大量運用社區營造方法，獲得具體重建經驗。

（三）引進社區總體營造

1. 推動成立全國第一代森林解說志工

台灣地區的國家森林是全體國人共同擁有的自然資產，應由國人共同享有。林務局受行政院委託，代管國有森林的管理工作及任務。但隨著時代的轉變，一直有階段性的推移。戰後，為了國家經濟快速復建，曾積極開發山林，拓展高級木材外銷，也創造國、省庫的豐厚收入；一直到工業發展帶動整體的經濟起飛後，即開始限制伐木，提倡森林遊樂，開始重視治山防洪及國土保安。自 1991 年，為因應世界性自然保育風潮，於是進而全面禁止天然林的商業性採伐，將林業經營帶入以保育資源為優先的階段。

同時，林務局希望運用社會資源強化育樂服務，在 1990 年就積極推展森林志工的制度，於 1996 年開始由各林管處自行招募國家森林解說志工。本會在此契機下，與時任屏東林區管理處討論建構志工制度，國家森

林解說志工的設置也在此時應運而生，就在這樣的機會之下成為全國 8 個林管處中最早成立森林志工解說工作的示範團隊。

2. 推動森林志工的示範團隊

屏東林區管理處在 1996 年開始辦理第一期國家森林解說志工招募工作，同時也是全國第一個辦理森林解說志工的林管處。在大家都是第一次的無經驗下，第一期的志工訓練在通過簡單測試後緊接著受訓 2 星期，包括藤枝、雙流、墾丁等森林遊樂區的導覽實習，及格後擔任解說志工。當時參與的志工都笑稱自己是「自學方案」的實驗品。時至今日，第一期的志工還為維持「第一」的形象，常有「自學方案」的課程進行，如小型讀書會、組隊參加研習、研討會、小型家族聚會等。

3. 林邊溪流域魅力四社（2001）

於林邊溪左岸經營 4 個社區，包括林邊河堤花園、新埤建功社區湧泉親水公園、新埤獅頭河堤石頭公園以及來義喜樂發發吾二峰圳親水設施等，並以辦理林邊黑珍珠蓮霧節活動，帶動 4 社區成為林邊溪流域遊程。使社區民眾參與體驗社區總體營造與社區經濟發展的正面關係。

4. 高屏溪左岸河堤花園打造（2000-2001）

協助屏東縣政府運用城鄉風貌計畫，於高屏溪里港堤防推動打造河堤花園及堤頂自行車道，並促使支流隘寮溪的水門堤防加入打造行列。而後再由屏東縣政府進一步規劃水門到九如河堤綠美化，形成河堤自行車道美景。此一行動，促成日後水利署第七河川局發展社區認養河堤之長年制度，也使得高屏溪及東港溪河岸從光禿水泥轉變成綠蔭休閒之後花園。

5. 萬巒客家夥房活化（2021-2022）

協助萬巒鄉公所於泗溝水、五溝水及泉水窟等客家聚落，協助遊說老夥房進行空間活化及招商計畫，已成功媒合一家有機書店及藝術家進駐夥

房，並研發培訓「說故事旅遊」產業鏈，促使東港溪流域運用其多族群及古老文化所構成的特殊性，打造具區隔市場的社區旅遊產業。

（四）公私協力平台的研發與建構

1. 東港溪水質改善

　　東港溪流域橫跨屏東縣中區十多個鄉鎮，近年因經濟發展、人口增加，2、3級產業發展迅速，沿溪流附近生活污水、畜牧廢水及事業廢水未經妥善處理即排入河川，以致溪流受到污染，主要污染源則又以畜牧廢水排放量為大宗。為改善畜牧廢水水質情形，政府長期以稽查、設備改善補助、沼液沼渣政策輔導為主要施政內容。

　　有感於上位政策落實於地方鄉鎮、社區之效益有限，本會開始思考如何以民間團體的角色參與其中，得以有效協助政策落實。因此，本會自2014年起推動「禮川──光復東港溪運動」，前2年以營造護水民氣為主，自2016年開始自我定位為媒合角色，穿針引線媒合地方政府、鄉鎮公所及社區團體共同合作，建構公私協力工作圈。

　　工作圈藉由不定期會議，商討擬定不同階段的行動目標，並為各階段目標依各參與單位可運用之公權力或專業力，由本會協助研擬角色分工與建議執行方式，共同協力執行本會擬定之全台首創之3項行動方案：包含：「社區聯合巡查隊」、「畜牧業遊說輔導團」及「畜牧戶及農戶配對行動」，但此3項行動模組，需依環境及地方民情條件，因地制宜進行變化運用。

　　由於行動方案的執行成功對於各參與單位而言，均可回應於其職責或年度相關計畫，因此在這樣的參與誘因下，各單位人員皆能到場參與，使工作圈互動效率大增並充滿應變情勢之回應能力。由於行動方案並不違背各參與單位之職責或計畫方向，是以各參與者均產生「使命感」的動力，使執行效益倍增。同時亦促使屏東縣潮州鎮、萬巒鄉、竹田鄉及新埤鄉4鄉鎮長，建立跨鄉鎮策略聯盟，以增強民間護水的輿論及政治力，並獲得部分河段水質明顯改善之成果。

| 圖 12.2　畜牧業遊說團行動照片

2. 東港溪流域亮點參與式規劃

　　經濟部水利署第七河川局為在所轄河川推動亮點工程計畫，選擇了東港溪中游潮州舊鐵橋至萬巒大橋間之左岸區域為計畫範圍。本會以「東港溪歷史變遷」為主題，依近 300 年歷史現場，將亮點範圍區分為「繁華河港區」、「穿林尋泉區」及「開埤作圳區」等 3 個故事分區主軸。

　　有鑑於台灣諸多景觀工程施作過程中，未經民眾長時間細部討論及考量後續維護認養議題，經常施作內容與在地連結薄弱或是不符地方期待，又因維護管理間隔過程，易使工程最終成為蚊子館或是荒煙漫草之處。

　　因此，本會自 106 年至 109 年度以民眾參與式規劃的方式，引導社區及公所參與東港溪亮點工程籌備過程，大致區分為下列 5 個階段：

(1) **醞釀期**：和河川局評估推動區位，尋找是否有公有地得以施作、蒐整在地特色及評估範圍區之在地公所、社區動能等內容。

(2) **擾動期**：藉由工作坊探詢民眾對於空間的規劃想像，蒐集地方意見後，與河川局討論民眾意見的可行性及不定時探詢民眾態度及想法。另外，開始逐步誘導公所參與討論行列。

(3) **收斂期**：秉持著「任何設計都是要以維護認養為前提條件」，開始收斂民眾想像，並以亮點工程作為東港溪水質改善的誘因條件，向民眾宣傳「水好，一切都好」的概念。在此階段，仍持續以工作坊

探詢民眾想像及討論景觀工程功能性的內容。

(4) **初步設計構念：**將公私部門之意見，開始探詢生態、景觀及藝術專家學者評估可行性及對環境影響性，並請景觀設計師將多方意見轉換成設計構念圖，開始逐一針對功能、交通及環境條件進行調整，並持續將更新後的版本跟民眾進行討論與確認。

(5) **維護管理探討：**因整個範圍區幅員遼闊，開始與公所、社區確認管理初步共識與方法，獲得社區可局部認養景觀核心區域，其餘部分則持續由河川局委任原有維護廠商進行維護管理。

　　本會藉由東港溪亮點工程機會，重新連結在地居民與過往歷史發展的對話，並藉由七河局景觀工程將歷史脈絡具象化，現已成為潮州鎮入口意象，居民們經常於此散步休憩，公所、社區發展協會亦開始參與維護認養及籌備活化行動，規劃成為全台罕見之民眾參與方式。

（五）社會影響力

　　目前南台灣的水資源政策──由經濟部水利署掌舵，從開發轉向管理方向。除停止各種高壩水庫開發，並運用南台灣民間團體的「南方水學」行動論述[1]，促使行政院推動包括水井納管、工業使用再生水、自來水管降低滲漏率、鄉鎮推動自來水普及化及

| 圖 12.3　繁華河港區廣場照片

1　「南方水學」一詞，係 1998 年反美濃水庫運動時，發現各個水資源開發案之間有政治灰色地帶，甚至與財團工業有不可告人之政商秘密，因此透過調查、揭露及分析過程，將南方護水的行動論述，逐一發表為文獻、宣傳品或媒體文章。南台灣一起參與這些護水運動的組織，在交流論壇上以「南方水學」作為討論範疇。

河川水質改善等上位政策。

　　而屏東也一度興起社區志工群參與社區營造的熱度,成為日後發展屏東社區旅遊、導覽解說志工、有機農業及自然農法、公私協力源頭管理河川污染源、河岸景觀及維護管理的參與式規劃等政策與方法。

　　尤其公私協力平台為本會獨創之跨組織合作制度,成功引導東港溪畜牧業運用環保署「沼液沼渣回歸農田」政策,使畜牧業、農業及社區居民達到生態永續之三贏境地,也創造約 10 公里河道水質從嚴重污染降為輕度污染。此一方法,並於 2021 年成功移轉至彰化縣政府處理東螺溪水污染問題。

▎七、重大組織變革

　　本會在組織治理上有所變革,因早期的組織模式容易出現行政權力膨脹、帳務不清、理監事及會員失去參與感及專職人員新陳代謝過快之情形。為解決長年來組織累積之弊端,本會利用 2019 年前總幹事辭職事件之機會,進行檢討與改組作業:

(一)總幹事改設為祕書長,以競標政府勞務採購計畫為主軸。

(二)以東港溪水質改善為長程目標,流域周邊文化、觀光、農業則為串聯力量及陪伴輔導項目。

(三)理監事加入各計畫團隊之中,擔任計畫主持人或顧問,實際參與各計畫之進度與分工。

(四)仿照顧問公司之盈餘分紅制,計畫經理、計畫主持人等得以分配利潤,如此則除了底薪之外,每多接一個計畫,則可多一份薪資及紅利。在屏東如此薪資受限且低額的地方,這種制度會產生高薪誘因,也較能說服年輕專職員工之家庭支持。

▌八、未竟之志與檢討

（一）河川污染源頭管理推展

屏東的河川污染源以畜牧廢水為大宗，其根本解決之道是以源頭管理取代末端處理；另透過公共污水下水道系統與污水處理廠的建置來處理生活廢水後，再排入主流。上述幾種處理方式必須耗費 10-20 年時間。

但農業縣的屏東，非屬都市計畫區的農村地區，無法連接大型污水處理設施，因此，如何利用農村社區公有地建置小型又自然節能的生活污水處理設施，如人工濕地或大型化糞池等，需要利用公私協力平台及社區營造等方法來推動。

（二）流域護水產業創生

河川水質之維護關鍵在於流域上人們的生活與生產方式，東港溪最大的點污染源為畜牧業，非點污染源則為農業中使用的化肥及農藥。於本會利用獨創之公私協力平台，協助環保署推展「沼液沼渣回歸農田」政策 8 年來，發現畜牧廢水利用為肥料，可成為農業及園藝造景所用之營養劑及培養土。可帶動農畜業相關合作社發展經營槽車隊及培養土，以及友善環境畜牧養殖技術等新產業。

除此之外，可利用結合環境教育、走讀旅遊、文史調查、農特產、手工藝術、表演產業、婚禮產業，以東港溪流域人文及生態變遷歷史，設計具特色的「東港溪故事旅遊」產業鏈，建立「飲水思源，利他利己」作為產業鏈合作的核心價值，以形成獨特之品牌，並利用「公私協力平台」之運作模式，擴大相關民生產業連結進入，使流域上生活的人們，體驗「水好，一切都好」的願景目標。

（三）地下水管理及運用

目前雖已建立地下水補注方式（人工湖及平地森林），等於初步解決地下水大量收入量，但對於地下水抽用支出量卻缺少明確測量及統計。目

前水利署雖已在推展「水井納管」政策，即在各類用水井裝設水錶，以統計屏東平原地下水支出量，除工業用水井或台糖農用水井逐步加入配合，以及推廣各鄉鎮自來水普及化，減少民生自用水井抽用量外，尚有大量農業私用水井尚未到位。

如地下水收入量及支出量得以明確統計，將可獲得不同區域「安全出水量」之規劃，則地下水方可獲得永續利用之安全保證。

本會未來將運用公私協力平台模式，協助遊說推廣農業用井加入「水井納管」行列，如此可大量減緩沿海地層下陷之危機，以及防止旱季局部地區地下水位大量下降之威脅。

▎九、自我評估與前瞻

（一）保護大武山水源區不受國家大型建設破壞

由於協助原住民鄉反對高壩水庫（瑪家水庫與士文水庫）、反對開礦（小鬼湖旁知本主山）及反對南橫國道計畫，再加上引進社區總體營造方法，諸多部落與社區開展以文化生態旅遊作為傳承原住民文化之載體，使得大武山再也沒有大型建設入場破壞。而後續與屏東縣政府合作推動辦理「大武山成年禮」，至今已達 20 年，促成屏東人整體將大武山視為護縣聖山，也等於保護了屏東重要水源區。

（二）協助林務局運用原住民山林智慧共同管理山林

莫拉克風災之後，由霧台鄉發起訪查老獵人的山林獵徑記憶，進而繪製出傳統領域地圖。地圖中的每個地點，所描述者為動植物生態、地質生態、林地樹種、藥用植物、水源地、陰陽地，比林務局的林班地圖生動描繪出昔時山林生態，原住民學界統稱為「山林智慧」。

此一山林智慧傳統領域地圖，每一個部落皆有傳遞，目前原住民委員會已鼓勵台灣各原住民部落參與繪製，使用在部落旅遊導覽解說中。但本會正透過林務局屏東林管處討論是否運用這些傳統領域地圖，作為該局所

管理之山林森林區與原住民部落共管之方式？也就是把林政工作一部分釋放給部落年輕人，以傳統領域地圖作為考選依據，聘用其進入林政體系，用以協助恢復或保護山林生態。

（三）建立台灣獨一無二的地下水補注建設與管理制度

由於發現沖積扇平原此一地理地質特質，為台灣少有的大型地下水庫，適合將汛期之大量河川地面水，於沖積扇扇頂透過礫石層補注為地下水，既減緩扇尾地區地層下陷，也增加扇央地區湧泉增量，更能大量儲存水資源於地下，成為備源救命用水。

本會透過屏東縣政府，引進荷蘭的理論與技術，於林邊溪沖積扇扇頂設置大潮州地下水人工補注湖之試驗池 30 公頃，以瞭解汛期透過人工補注池補注各層深度地下水之成效。

目前，水利署則進一步推動「水井納管」政策，以計算地下水支出量，與地下水天然及人工補注量，進行統合計算，以測定沖積扇各區域之「安全出水量」，使達成完整且先進之地下水管理制度。

（四）建立台灣流域保護及改善之公民參與行動論述及操作方法

台灣的河川流域最需要的不是保護，而是改善水質，特別是西部平原。但政府的水質改善策略多投資於末端處理，雖然法規上有訂定對於污染源頭管理之標準與罰則，但是政治力經常涉入導致各河川水質鮮有改善，致使水資源均以向上游建高壩水庫、或鑿深井取地下水，甚至如現今盲目取伏流水。

為此，本會挑戰政府不敢正面面對的「污染源頭管理」來進行水質改善，以東港溪畜牧廢水為主目標，進行至今 8 年的「禮川——光復東港溪行動」。從最為得罪畜牧戶的「社區聯合巡查」行動開始，到轉化為道德勸說的「畜牧業遊說團」行動，大致獲得一定水質改善成效；而後環保署推動「沼液沼渣回歸農田政策」，本會運用其設計為「畜牧戶沼液沼渣提供給農民」的媒合行動，使得畜牧業成為行動伙伴的一環。而為了加速沼液沼渣運輸給農民之效益，本會更進一步與屏東縣農畜產運輸合作社，合

作推動「建立槽車隊及村落建設槽桶中繼站」計畫，獲得農委會大力支持，並籌備進行試操作及盤點設置需求之計畫。

尤其本行動更於 2018 年獲得水利署公民參與標竿計畫獎之榮耀，且協助該署將此操作型定義及方法，正式移轉至彰化縣，於 2021 年開始針對東螺溪進行水質改善行動。

此獨特之民眾參與行動，不僅造成民眾成為贏家，亦使得畜牧戶及農民同等獲利，創造出三贏的局面，尤其 2022 年面對通貨膨脹的國際經濟壓力下，更能減除畜牧戶面對飼料及農民面對化肥農藥成本高漲之壓力。

（五）獨創「公私協力平台」適地應用之操作方法

本會透過在地社會民情、政治、經濟之不同背景，特別是地方派系混亂，藍綠鬥爭的政治情勢下，土法煉鋼出「公私協力平台」此一跨領域、跨部門之公私部門合作行動組織，使民眾不再以監督公部門之方式，約制污染產業，而是以媒合的手段，依據各公部門合作單位之職權、畜牧業可提供之資源、農戶需求之資源、社區及民間團體可形成遊說動員力、顧問公司之現場專業，由本會設計不同階段之成就里程碑，於平台會議上引導各合作單位同步進行不同行動，以達成階段成就。

本會進一步發現，此一公私協力平台，不僅可以運用於水質改善，亦可以運用在社區參與河岸空間規劃以及社區發展文化生態旅遊的計畫行動上。除可減少公部門不同單位之間或公私部門之間公文往返之耗時耗心，亦可運用現代網路科技，快速達到現場行動決策之效率，有助於落實各政策執行力之問題。

紙教堂是新故鄉基金會社會企業的實踐地，其盈餘支持基金會的公益推動。圖為園區內由藝術家王振瑋所創作的蝴蝶風起裝置藝術。

CHAPTER **13**

青蛙蝴蝶夢：
新故鄉文教基金會

廖嘉展

　　1999 年 2 月 4 日，新故鄉文教基金會（以下簡稱「新故鄉」）誕生於台灣地理中心南投縣埔里鎮，以傳播、推廣社區營造及可持續性發展的觀念與實踐為宗旨，吸引、團結一群資深和年輕的文化工作者。

　　每一個人都有愛故鄉的方法，「新故鄉」提倡經由民眾參與社區工作的過程，凝聚社區力量，經由跨領域的多元合作與社區攜手，開拓新視野，挺立新價值，展現新行動。

　　1999 年九二一大地震以來，「新故鄉」參與南投縣諸多社區重建工作，協助桃米村邁向生態村重建之路；2005 年並成立「社區見學中心」，促成紙教堂園區的建設，透過見學網路的運轉，形成區域型的見學系統，秉持在地的歷史與個性、生活與文化，與訪客進行一場心靈交會，讓社區的蛻變過程與魅力被看見。

　　2010 年起，透過跨領域的多元合作，啟動「再現埔里蝴蝶王國」計畫，希望以新價值、新生活、新轉化找回「蝴蝶王國」的美名，讓生物資源永續利用，透過生態旅遊和文化生活創意產業的落實，讓埔里推向「生態城鎮」之路。2015 年起，致力於大埔里生活生態博物館網路之推動，要透過教育學習及文化交流，形塑地方文化之特色與傳承。

　　有累積才會有動能；有傳承才能持續。
　　虛心學習，讓我們有所成長；謙卑反省，讓我們看見自己。

　　因為理想，我們持續與這塊土地「戰鬥」──為開創安身立命的新故鄉與可持續發展的社區而努力邁進。

▌一、新故鄉文教基金會前傳

　　新故鄉文教基金會創立於 1999 年 2 月 4 日，那是一個風起雲湧的時代，台灣社會轉型的波瀾壯闊時期。

　　1987 年台灣解除戒嚴，在街頭運動稍緩之後，「不能老是將社會改革停留在街頭」，思想長期受到箝制的社會在解嚴之後百花齊放，各種議

題與社會行動不斷，思索台灣定位與未來，反省過去，也找尋台灣的未來，「回到社區」的行動實踐，也蔚為風潮，文史工作、環境保護、史跡搶救等成為找尋台灣符碼與認同的良方。

　　1989 年，《人間雜誌》休刊，作者和顏新珠離開台北移居到埔里，加入早期返鄉青年的行列。我們在媒體工作的期間，瞭解到社會的良性改變無法只單靠政府由上而下的政策施行，因而想在一個地方蹲點扎根，尤其埔里是人類學的寶庫，在這民族的大熔爐中，一定有許多的故事，也有許多的社會問題，值得觀察記錄與寫作。

　　1993 年應新港文教基金會的邀請，我們夫婦倆連 2 位幼子舉家到新港。1994 年，我出任新港文教金會執行長，這一年文建會宣佈施行「社區總體營造」政策，我們策劃舉辦「親近新港」老照片展，在台灣社會造成巨大的轟動，開啟台灣以老照片來說歷史的先河，出版了《打開新港的老相簿》與《老鎮新生》兩書；新港的經驗，是台灣 90 年代的一盞燈。

　　1996 年，接受過新港的啟蒙，我們夫婦倆完成新港任務後回到埔里，成立「展顏文化事業工房」，參與「嘉義風華」嘉義縣老照片收集、展覽與出版的工作；另一方面大量進行埔里地區的天然漆、造紙等產業史的調查與寫作，出版《埔里社區資源調查》；參與搶救埔里大瑪璘遺址；與台灣省政府文化處合作「大家來寫村史」，以埔里鎮愛蘭台地作為民眾寫史運動的試點；在日月潭舉辦首次的「在地的花蕊」──台灣文史工作研討會。

　　這段期間受台灣社區營造學會邀請，在埔里籌劃《新故鄉雜誌》的創刊，期待能將台灣「社區總體營造」的經驗作系列的記錄與傳播，該雜誌因「編輯用心，推動社區總體營造的理念成為永續經營的工作，重燃讀者對這片土地的信心與希望，在強調個人利益競爭的社會潮流中，獨樹一格，編輯內容足以提供台灣社會省思及努力的方向」，而獲選為 2000 年「新雜誌獎」；2001 年得到「最佳人文及社會」雜誌出版金鼎獎（團體獎）及「雜誌編輯」金鼎獎的肯定。在籌備雜誌的同時我們也反省，往後要對公共事務有更多的參與，就需要將個人的工作室提升到法人團體，於是就有了「新故鄉文教基金會」的誕生。

　　這段歷史是「新故鄉」的前世，述說的是 2 位年輕的媒體人、文化工作者的反省與行動，它引領了那個世代的社造風潮。

▋二、九二一社區重建時期

　　1999 年 9 月 21 日淩晨 1 點 47 分，台灣發生芮氏規模 7.3 大地震，造成 2,455 人死亡，其中埔里 205 人死亡，災情十分慘重，我們的住宅也因梁柱斷裂，被判全倒，位於頂樓的「新故鄉」辦公室資料檔案散落一地，面臨流離的歲月。

　　地震後 1 星期內，「新故鄉」董事會即通過設置「埔里家園重建工作站」，進行「生活重建」、「學校重建」、「社區重建」、「重建的記錄與傳播」四大工作項目。

（一）生活重建

　　協助一百多位全倒戶婦女成立婆婆媽媽環保工作隊，掃街維護環境，獲得工作津貼，讓這些婦女們重拾人生的希望。之後並成立「婆婆媽媽之家」，舉辦學習成長、諮商、團體治療的課程；與彭婉如基金會、埔里學校合作，開辦免費的課後安親照顧；與雲門舞集合作，在埔里的幼稚園、小學推出肢體律動課程，希望能讓孩子紓解地震後所引發的情緒壓力；推動「故事媽媽」，到學校、社區陪伴許多孩子與災民的災後時光。以婦女、孩子的需求與觀點出發，讓婆婆媽媽之家成為埔里生活重建的發電機。

（二）學校重建

　　九二一地震震垮了南投縣 148 所學校，地震後，「新故鄉」透過人本教育基金會與專業者都市改革組織的協助，在 TVBS 關懷台灣文教基金會的經費支持下，媒合優秀的建築師，啟動埔里鎮育英國小、南光國小、水尾國小和宏仁國中 4 所學校的參與式校園重建計畫，把建築師、學生、家長、校長、老師共同對新校園的看法，結合未來教與學的需求，共同拋出創意。

　　當中李綠枝、甘銘源建築師所設計的育英國小，榮獲 2000 年「遠東建築獎──九二一校園重建特別獎」的首獎；「象集團」陳永興等建築師所設計的水尾國小、黃建興建築師所設計的宏仁國中，以及李俊仁、王立甫建築師所設計的南光國小，亦先後獲得遠東建築獎的肯定。

　　由埔里所發起的創造性校園重建計畫，後來成為教育部新校園運動的重要模式，讓九二一災後重建的新校園成為亮點。

（三）社造中心

　　2002 年，為了協助九二一地震中的災損社區重建社區新風貌，文建會在重建區甄選出 60 個社造點，60 位社造員，1 個專案管理中心，4 個社造中心，以居民為主體，政府扮演提供資源及監督的角色，給予年度定額計畫經費補助，計畫實施共 2 年，「新故鄉」肩負第二區社區營造中心之責，協助南投縣 15 個社造點社區重建工作。

　　社造中心的培力，是社區營造一個非常重要的操作機制，第二區社造中心透過積極性的功能設計，扮演著社區營造資訊中心、社區營造技術養成與諮詢中心、社區營造人才媒合中心、社區營造問題反應與協調中心、社區營造區域資源策略聯盟中心等角色功能。過程中「新故鄉」幾乎全部人力都投入為期 2 年的社區營造輔導工作。

　　「在地長期專業培力團隊」是「新故鄉」的組織特色，希望透過「在地長期陪伴培力」的過程，累積民眾的認同與觀念轉變。而「新故鄉」參與社區重建最具代表性的案例，即埔里鎮桃米社區。

（四）社區重建：桃米，這個把青蛙叫作老闆的地方

　　桃米是震後「新故鄉」第一個受邀進入社區協助災後重建討論的社區，桃米在那個時候是埔里鎮最窮的社區之一，社區的人對自己沒認同，甚至是否定，不敢承認自己是桃米人，孩子從小就立志要逃離故鄉。如何在地震之後創造一個新興產業，留住年輕人，就成為地震之後的重要挑戰。

　　「如何讓社區資源成為社區永續發展的資本？」這是「新故鄉」當時的想法，所以關鍵性的社區資源釐清與差異化分析，是功課。在「農委會

特有生物研究保育中心」彭國棟老師的協助下，找到生態的元素，當時台灣有 29 種的原生種青蛙，桃米發現 23 種，青蛙是生態指標物種，一個小小的地方竟然擁有全台近 80% 的青蛙，「生態有無可能成為生態產業？」在這思考下，以生態保育為前提，結合生態旅遊與生態社區發展的桃米生態村發展，就成為大家努力的願景。

在此願景及跨域合作下，一同進行產業、社區生活環境、生態環境的營造與重建工作，透過資源引進、整合及教育學習的方式，培養社區居民技能及知識，經由社區居民的學習與參與，引發居民對當前社區轉型與自身生活的考慮，進而採取行動來改變社區及己身的生活和建構社區自主承載的能力，開創社區人力資源，讓生態產業化、產業生態化相結合。

「新故鄉」參與桃米社區重建的主要工作如下：

1. 生態環境的建構

培育台灣原生苗木，推動社區綠美化，迄今已種下近 6 萬棵的台灣原生樹種、營造超過 40 座的大小生態池濕地、修復生態河道，讓生態恢復生機，讓生態之美可親，讓生態成為環境教育及社區發展的資本。

2. 解說培訓與環境監測

策略性的以解說員的認證帶動生態解說的學習，自 2000 年以來開辦社區生態相關課程，超過一千多個小時。2001 年桃米第一梯生態解說員認證完成後展開試營運，開啟桃米生態村的新紀元，現在已有 31 位來自大埔里地區的進階生態解說員與由「新故鄉」、桃米社區發展協會、桃米休閒農業推展協會所組成的「桃米生態村社造協進會」下的桃米生態村旅遊服務單一窗口，簽署合作備忘錄，在各組織分工與合作下，提升海內外旅遊的整合行銷與服務品質。解說員除負責生態導覽之外，也需肩負每月青蛙、蝴蝶、蜻蛉、生態環境監測、環境守護、社會服務等社會責任的付出。

3. 民宿的培訓與經營

　　桃米每年的遊客量超過 40 萬人次，當中每月更有超過上千人次的國際訪客。民宿是生態旅遊的基地，透過與民宿主人的互動，更加深訪客對桃米的認識，讓每個民宿都有特色，讓民宿成為地震之後的社會公共財，秉持著「桃米民宿要作唯一，不爭第一」的經營理念現在有 44 家民宿，已形成良好的合作氛圍。

　　地震之後，桃米從一個老舊沒落、人口外流的社區，轉型為一個結合生態保育、休閒體驗的教育基地，2002 年並獲得全台灣「生態旅遊年特殊事例」優等獎的肯定。桃米新興的產業從民宿、解說、餐廳、學生宿舍、手工藝、工班、攤商、農特產，大約造就近 200 位新的就業人口，在 2011 年年收入已超過 1 億 5 千萬元。不僅是社區生態環境品質提升，增加收入，「這個把青蛙叫作老闆的社區」，成為附近社區稱羨的對象，桃米生態村成為大家的榮耀，桃米的重建是從無到有，從有到地方價值再現的過程。

▌三、紙教堂時期

　　財務困境是非營利組織是否可以持續經營的最大挑戰之一，尤其遭遇經濟景氣不振與台灣民眾捐款模式的限制，非營利組織何去何從？有無可能在現有的社會基礎上進行一種新的經營策略？

　　重新集結社會資源，以讓過去台灣社區營造所累積的社會資本，有效轉化成社會企業的經營，一來讓非營利組織有新的收入來源，也讓非營利組織的社會性價值得以延續並支持其公益之推動。因此，2004 年，「新故鄉」為朝永續發展的方向發展，設立「新故鄉文教基金會附設社區見學中心」，希望這中心有一個園區的營運，能讓組織的自主能力與公益行動提升。

　　2005 年 1 月，作者應邀率團參加阪神地震 10 週年紀念活動，來到在阪神地震之後的重要重建基地──鷹取紙教堂，我無意間知道紙教堂要拆

除，當地要蓋一座永久性的教堂。在晚宴上代表致詞時，我脫口而出，說希望這要拆掉的紙教堂可以移築到台灣來重建，作為台灣與日本在地震之後的社區重建交流平台。這一要求震撼了全場，日方也很爽快在 3 天內決定要將這座陪伴神戶市民眾 10 年的紙教堂送給台灣。2008 年九二一地震 9 週年，紙教堂在台灣重新落成啟用，開啟了「新故鄉」從非營利組織轉型成社會企業的新紀河。

開園到現在已吸引超過 300 萬人次前來參觀，每年舉辦百場左右的各種活動，成為九二一地震之後的亮點，帶動埔里的整體發展。紙教堂是一個基地，以地產經濟的綜合氛圍不斷行銷在地的價值，更加提升了桃米、埔里的能見度，頗具燈塔效應，讓地方被看到，賣的不只是商品，而是地方的價值與品牌。

紙教堂園區同時也是生態、美學、建築的場域，環境優美，在森林綠意中的紙教堂，讓遊客感受到這座傳承人類互助關懷的小小空間所散發的巨大力量。紙教堂原為 2014 年榮獲普立茲克建築獎的坂茂體現建築師的社會責任之作；2011 年，負責紙教堂再生規劃的邱文傑建築師以此設計，獲選為台灣優良建築師獎，評審團認為：「以平民材料 C 型鋼為單元，大量繁殖運用，並採焊接手法展現手工藝精神，為台灣庶民建築發聲，企圖提升平民建築至較精緻之領域。」

2017 年 5 月，根據 Dailyview 網路溫度計運用《KEYPO 大資料關鍵引擎》的調查，紙教堂是台灣的年輕人心目中排名第二，最浪漫嚮往的結婚聖地；更是朝聖全球十大人氣教堂之中，排名第五，該調查如此描述紙教堂：「1995 年時日本發生了嚴重的阪神大地震，讓有近 70 年歷史、當地天主教徒信仰中心的鷹取教會建築遭到震毀。為了讓居民與信徒趕快從被絕望與悲傷包圍的氣氛釋放出來，日本建築師坂茂運用他的想像與設計力，打造了一座紙管為建材的教堂，以最簡易卻不失美感的發想、最快的速度建造起紙教堂，成為一項重建之路的希望指標。」

這座象徵愛與互助的紀念建物，在 2010 年還清興建園區債務之後，將盈餘持續投入環境生態、藝文活動、社會關照、國際震災社區交流等公益事項之推動，透過社會企業運轉的支持，持續鞏固城鎮轉型的力量。

▌四、埔里生態城鎮時期

2010 年下半年開始，埔里地區的 NGO 與 NPO 開始在思考埔里的未來，在低迷的社會情境之中，大家一起發想埔里的願景，「有沒有可能將桃米生態村的經驗擴大到埔里生態城鎮發展？」在半年的跨域討論中，蝴蝶成為引領埔里生態城鎮發展的吉祥物。

2011 年起，「新故鄉」揭舉「再現埔里蝴蝶王國」的文化標竿，進而倡議在大埔里生活圈內（埔里鎮、魚池鄉、國姓鄉、仁愛鄉）展開跨域協同合作的生態城鎮營造。從蝴蝶資源調查到棲地營造；從生態解說員培訓認證到蝴蝶環境教育列車的推動；從蝴蝶資訊庫的建立到蝴蝶生態旅遊軸線的推廣；從蝴蝶藝文活動的辦理到 Butterfly 交響樂團的成立等，皆依循在地域資源有效應用下，以生態環境為本，住民為主體，在互助合作下，共創人與環境的雙贏「再現埔里蝴蝶王國」的生態城鎮行動，12 年來已深深烙印在埔里各社群的工作裡。

近幾年來，從各社團主動參與埔里「生態城鎮園遊會」、一群媽媽們成立「埔里 PM2.5 空污減量自救會」、一心里的「台灣白魚」保護運動、青農們的生態農業、食農教育等各方運動的蓬勃發展，都可看見推動生態城鎮發展的效益。其中最值得一提的是暨南國際大學的轉變。

在推動「再現埔里蝴蝶王國」計畫的過程中，暨大積極參與其中。2013 年國科會推動大學參與地方治理的「人文創新與社會實踐計畫」，受到整個埔里社會力提升的鼓舞，暨大毅然決然地參加提案，以「預約水沙連的春天——宜居城鎮的轉型與治理」獲選。計畫內容：（一）籌組教師社群、（二）連結治理網路、（三）蹲點社區營造、（四）倡議社會創新，實施行動研究模式，作跨領域研究之創新與實踐。執行這個計畫，暨大已成為埔里社區營造與社區發展的領頭羊。後來又通過續提計畫：多層次公共性的跨域創新與實踐研究模式，深化並擴散各項公共議題之創新與實踐影響力，成為台灣各大學參與地方治理革新的榜樣。

▌五、Butterfly 的美麗未來

　　1999 年九二一地震後，音樂人謝東升、劉妙紋夫婦前來埔里，以音樂安頓震後諸多兒少的彷徨心靈，並開啟埔里孩童學習弦樂的風潮。

　　2013 年，作者和一群認同與熱愛這塊土地的地方人士，以推動音樂的社會運動為願景，成立了埔里 Butterfly 交響樂團，是台灣唯一由鄉鎮居民所捐款支援的交響樂團，透過音樂關懷社會，要將交響樂平民化、親切化，要讓更多人可以享受音樂的美好，也在過程中培育在地的音樂人才。

　　2014-2015 年在政府及紙教堂的經費支持下，「新故鄉」與樂團攜手，啟動「音樂共和國」、「向生命智慧學習之旅」活動，將樂音傳遍到偏鄉校園、社福機構與社區，讓音樂走到需要的地方。

　　2016 年 3 月起，「新故鄉」與埔里 Butterfly 交響樂團、暨南國際大學、暨大附屬高中，共同發起的「蛹之聲音樂培力計畫（El Sistema Puli）」，結合大埔里地區 17 所學校、274 位學生的參與，串聯起從小學到大學的音樂教育系統，帶動多元且平權的文化參與，參與的學校中有 60% 屬於偏鄉小校，常因編制結構限制，缺乏音樂社團或無專業音樂師資，「蛹之聲」音樂培力計畫一則支援各校音樂教育的養成，讓音樂在校園扎根；另則透過每月的聯合團練，形塑共同學習與成長。

　　1975 年何塞・愛博魯創立了 El Sistema（委內瑞拉國立青少年管弦樂團系統教育），他說：「只要你將一把小提琴放在一個孩子手上，這個孩子便永遠不會去碰槍枝。」他用音樂影響千千萬萬委內瑞拉兒童的命運，此後引起世界各地效法，埔里「蛹之聲」計畫秉持同樣的理念，這一場音樂社會運動的目的不在於培養音樂家，而是讓弱勢的孩子有機會接觸音樂，希望社會變得更好。

　　在聯合團練時，高中、大學的學生會肩負起教導國中及國小的孩子，大手拉小手相互扶持，擔任指揮的劉妙紋老師觀察：「這樣的音樂傳承是非常有意義的，打破過去各練各的孤芳自賞，音樂把埔里變成一個大家庭了。」

「這顯示他們對蛹之聲的認同，也昭示著埔里的音樂耕耘不再是單打獨鬥，而是以群體的力量在帶動向前行。」劉妙紋老師振奮地說。

而過去是典型偏鄉小校的魚池國中，在蛹之聲協助下成立管樂團後，整個校園氛圍也明顯轉變。魚池國中很大比例是隔代教養、經濟弱勢，加以學校長期無力引進音樂課程，在魚池國中管樂團裡，參與的不只是資優生，還有特教生、甚至是有暴力傾向的孩子；在音樂的世界裡，欺負人的和被欺負的大家融合在一起，非常不可思議。林家如校長感受深刻，「孩子們演奏得好不好是其次，但音樂潛移默化的力量，確實改變了他們，從畏縮到自信，從暴躁到沉穩下來。」她相信，這段歷程會在他們往後的人生發揮正向力量。

從不知量力的心出發，「蛹之聲」走過困頓、令人動容的草創階段，保持丹心，以誠心前行。「我們要培養的是音樂的愛好者、分享者，希望音樂可以成為孩子們人生的養分，終生的伴侶！」這是作者擔任埔里Butterfly 交響樂團長的夢想。

▎六、生活生態博物館網路

在考慮現有的社會基礎下，如何形成民間合作的自主發展，在不倚賴政府的大量計畫資源下，地方如何朝可持續的社會發展轉動，遂成為「新故鄉」的重要推動方向。

在九二一地震之前，作者與雲科大黃世輝教授合寫過一篇〈觀光發展與形象塑造的方法——以埔里的構想提案為例〉，提出埔里觀光發展的 4個理念：（一）所謂觀光，即是觀地方之光；（二）由居民所支持的觀光，以居民為主的觀光發展；（三）以埔里各種生活文化及生活環境為觀光的主要內涵；（四）埔里的美好生活，即為建立埔里魅力與形象的基礎。

在這篇文章裡，還提出埔里形象塑造的 3 項基本原則：（一）以社區營造為形象塑造的方法；（二）孕育誠於中、形於外的可貴形象；（三）以社區為出發點的具體規劃。同時提出具體工作方法：（一）以村或社區為單位，運用社區營造方法，從活化社區資源到埔里形象塑造；（二）基

礎社區資源調查，形成《埔里社區資源調查報告書》。基本上，觀光發展只是手段，真正目的在激發居民之自發、自主、自信的精神根基，以及感動生命內裡的無價文化，謀求生態與心態交融富足的新故鄉，才是終極關懷。

經過九二一地震後的學習與創造，埔里已醞釀出一股可以向上提升的社會力，不管外在的政經環境如何，生活者如何提出具體可行的方案，透過彼此的信任與合作，投入個別的資源，形成可以為區域生態城鎮願景付出的共同平台。

於是團隊有了發展「埔里生活生態博物館網絡」的構想，逐步盤點及建置社區資源節點資訊網，透過節點形塑及推廣埔里在地的好生活，透過文史、生態、產業和藝術4個面向的整合，醞釀文化造鎮的社會變革，發展深度生態文化旅遊，營造生活生態博物館網絡特色，追求一個美好而友善的住居生活環境，激發地方民眾對埔里公共事務的關心與行動參與，提升集體生活素質。進而將埔里的文化造鎮運動，以整合行銷手法，定位為田野見學的經驗學習，透過教育學習及文化交流，形塑地方文化之特色與傳承；以全民造鎮為理念，鼓勵地方追求理想中的生活美學與社會秩序，成為一場全鎮居民參與的社區總體營造。

此計畫獲得暨南大學與大埔里地區觀光發展協會的大力支持，現階段的作法：各組精選10個節點，撰寫基礎資料內容，以網絡概念鋪陳埔里重要據點、培訓解說員、出版及App與網站的設置。期待一場從個人、社區到埔里區域發展的集體社會運動，促使個人學習成長與地方活化進步。綜觀而言，是在追求埔里整體發展——所謂「發展」，著重人們對周遭環境事物的主動關心、學習意願和行動參與，以提升全鎮民生活素質為目標，而關懷自身生活環境。即從節點開始，連結到社區環境和全鎮公共議題，共好共學，相互對話理解和生活關懷的宜居城鎮。

創立23年來，「新故鄉」的工作一方面不斷在扎根深化，另一方面不斷在擴大在地的社群協力共同參與地方治理的影響力，這是從社區總體營造邁向社群跨域治理的重要經驗。

▌七、從 NGO 轉型到社會企業的挑戰

2004 年，團隊開始思考到 NGO 如何可持續發展的挑戰，所以才有附設組織「社區見學中心」，紙教堂因緣際會來到台灣，成為見學中心的主角。也讓「新故鄉」從 NPO 轉型成社會企業。

2005 年「新故鄉」決定要邁向社會企業之路時，這期間內部工作者長期以來投入重建工作，體力、身心皆已透支，但決定紙教堂移地再生之後，只有奮力向前之路。2005 年之前的「新故鄉」歷經九二一地震的風起雲湧時期，地震後內部及支援協力的人力瞬間倍增，以承擔、投入接踵而來的各類重建工作；當邁入重建前期後半階段時，支援的協力人力紛紛回歸原組織，地震前屬義工卻因地震而投入「生活重建」部門的工作人員，也返回原工作或回歸家庭主婦身分，此際「新故鄉」再次作組織調整，以從事社區營造、區域振興的專業工作者為主軸，人員回歸到組織可承載的正常編制約 7 至 10 人。

2008 年 9 月 21 日，九二一地震 9 週年，紙教堂新故鄉見學園區正式落成，開園後至 2009 年 2 月，採取免費入園進行試營運。2009 年九二一地震進入 10 週年，這 1 年中，紙教堂成為媒體報導的焦點，紙教堂也更廣泛為國人所認識。尤其是紙教堂夜景的美麗照片，大量在網路流傳，造成轟動，網路成為最好的行銷與代言者，再進一步鼓動更多類型的電子媒體與平面媒體的深入報導。從全國各地來的參訪團體與遊客不斷增加，有社區、學校、企業的參訪團，從對社區營造、生態旅遊、災後重建、建築美學、生活創意產業、非營利組織的經營與管理等議題，吸引不同的組織與個人的關照。

「新故鄉」隨著見學園區的建構，收入來源也從集中化邁向多角化，為了園區的營運，組織大幅度地增加休閒產業相關工作者。「社會公益」和「社會企業」兩大部門各有專精，如何彼此支援、彼此截長補短、彼此互相信任、彼此交互影響，而社會公益部門的成員得理解、支持轉型的原因與必要，扭轉「向企業學習」的心理抗拒，非營利組織該從企業界學些什麼？而社會企業部門的工作者，更要區分社會企業與一般企業的不同，

強化組織的核心價值與使命，明白其營運利潤支持了公益部門的哪些行動，而他們為何而作？作了什麼？達到了什麼的社會性目的。

Kevin P. Kearns 將策略制定分成分析取向（analytical approach）、願景取向（visioning approach）、漸進取向（incremental approach）3 類，「新故鄉」較屬願景取向，通常是組織領導者形成的目標，然後組織從該目標回過頭去確認需要什麼策略、戰術、行動以及資源，以達成目標；領導者必須不斷地把他的願景推銷給組織內外重要的利害關係人，讓他們產生強烈興趣及切身感，透過行動的支撐，對願景產生信任。從紙教堂的再生到見學園區的運轉，對「新故鄉」是種全新的經驗，正如 Kearns 所言，追求願景的組織不模仿他人的策略，它們自己決定自己的方向和策略。而「新故鄉」也在試圖找出一條適合它的型態。

▌八、社會企業的經營

開園 13 年，至 2021 年年底已經有超過 300 萬人次造訪，茲以商品特色而言，也開始累積一些「地場產業」的效益。舉例而言，以 2010 年見學園區的商品為例，園區內與在地相關的文化產品與農特商品，其合作廠商總數為 49 家，商品品項計有 104 項，全年度商品總營收為 15,560,715 元，佔 2010 年度園區總收入 36% 左右。要之，「見學園區」不論是商品數量或是實際營收，都具備著一定效益。

首先，「見學園區」在營運的商品規劃設置過程中，考量社會企業的營運需求，以及「紙教堂」（Paper Dome）的特性，於是優先設定「文化創意產業」的類型作為「見學園區」的主要商品。文化創意產業的商品類型，除了積極媒合台灣各種「社區型」手創市集，或是「個人化」手工藝創作者的商品進行展售。同時也與南投縣埔里鎮傳統在地特色的造紙產業等進行結合。

旅遊由單純觀光目的轉變為與其他產業鏈結的「媒介平台」，以往這樣的連結是被動且緩慢的過程，現今競爭越趨激烈的商業市場，開始出現主動的創新營運模式，將更多資源結合到旅遊之中，使得旅遊的附加價值

更進一步提升，也使得旅遊的項目更趨多元。加上國人國內旅遊的旅次及消費有提升的趨勢，社區見學如何走出另類的創新商業運轉模式與如何發揮地場經濟的群聚效應，都是在運轉過程中得需考量的。

「新故鄉」見學遊程的設計，在形式上除了強調五感體驗外，希望在見學中以串聯家園的新情感，架構互助的新態度，享受創作的新成就之理念設計。以 2010 年性質上屬深度見學的營隊共有 71 團，3,764 人參與，包括社區學習交流、生態社區研習、企業義工日、學校戶外教學、環境教育、國際交流等。

重新定位、架構願景、建立學習機制，以致於有能力詮釋自己的社區，展現一個全新的社區人文與生態，這也是「新故鄉」九二一地震之後最核心的工作。秉持著「見學社區・寶貝台灣」的想法，結合社區支援系統，諸如解說、民宿、餐飲、農事等，透過「綠色觀光事業」（Green Tourism），讓地域的新魅力被看見，也讓生活在山農村的人民，重新認識自己的地區價值，讓山農村的活化有一個良性改變的可能。

▌九、文化藝術展演的推廣

見學園區的環境美學是靜態的，它默默地與訪客對話，是基本功。展演活動是動態的，它有階段性、有季節性、有主題性、有特殊性。紙教堂是一個多元功能的空間，邱文傑設計的棚架，也是一個多元功能的設計。紙教堂的第一場音樂會是在尚未正式開園前的 2008 年 7 月 5 日，由國立台灣交響樂團的首席音樂家們擔綱，桃米的阿嬤們帶孫子和埔里的民眾一齊坐在紙教堂的大草皮上聆聽《四季》，在一個山雨欲來的夏日夜晚，曼妙的樂音不知感動了多少人；現今棚架區在週六、日固定有小型的音樂會演出，遊客徜徉在輕快的樂音中，遇見幸福；每年在此的桃米長青繪畫班的年度展覽，已成為棚架區的重要印記，在鋼樑上懸掛阿嬤們的作品，阿嬤們看似幾米的作品，頓時跟著現代起來。

德國藝術家波依斯（Joseph Beuys）曾說：「人人都是藝術家！」藝術不只反映社會的物質生活，也展現人們豐富的精神與思想。「新故鄉」

見學園區「藝之地」的理想是希望藉由繪畫、雕塑、文學、音樂、戲劇、電影等形式，豐富生活，積累在地美學，讓見學園區能成為一處「幸福之地・夢想舞台」的地方。自開園以來，結合各式演藝團隊、藝術工作者、埔里地區學童，以音樂、舞蹈、戲劇、偶戲等形式展現。

　　展演是紙教堂的對外溝通媒介，透過策展及表演，呈顯「新故鄉」及見學園區對社會性、文化性及藝術性的展現，其中在 2009 年九二一地震 10 週年，舉辦 13 場系列演唱會，並為八八水災重建及埔里的社福團體募款、2010 年九二一的 11 週年活動，結合埔里的社區醫療群為陳綢少年家園募款等。這些展演有在地特色、有外來的響應、有成名者的演出，也有非專業者的努力，更有庶民的觀點。

▌十、組織轉型的潛在課題與因應策略

（一）內部組織向心力的揉轉過程

　　「新故鄉」規劃成立社區見學中心，是組織很大的變革。尤其要將紙教堂從日本移到台灣來再生利用，在董事會中有董事持保留的態度，認為要花費太多資金，不是「新故鄉」的財務所能負擔。「新故鄉」的工作同仁，也有的擔心財務無法負擔之下，恐為基金會帶來傷害；也有的擔心步向商業化的營運之後，會喪失了原來的理想。的確，作為一個以文史與社區工作為重點的基金會，轉型邁向社會企業要能獲利，這跟原來的理想性工作是截然的兩條路。從某個角度來看，似乎有所衝突，人員無法調適，甚至擔心原來的專長無法連結新型態的需求。在這樣混沌的狀態底下，要如何堅持轉型，決策者的判斷與堅持就很關鍵，如何獲取董事會與工作人員的支持也是很重要。

　　人才是組織可持續發展的關鍵。過去的經驗顯示：不管政府或民間部門，為節省人力成本，人力用派遣或是短期臨時約僱、專案合作等，這些方式都不利人才的養成。更何況，在偏遠地區也少有這種可以臨時合作的人員，如果沒有一個穩定支持的機制，在鄉下地區的組織的營運就相對地

困難了。再者，目前所操作的新故鄉見學園區是一種新的複合式營運經驗，需要高度的人力支援，因此如何有效培力經營與管理人，將是「新故鄉」轉型社會企業能否順利的重要關鍵。

與專職專業人才的長期合作，是「新故鄉」的作法。台灣 1 年有那麼多的人文藝術科系的畢業生，但是可以提供相關就業的職缺太少，以至於學與用之間出現太大的落差。在鄉下的地方，穩定的基金會經營，提供工作者穩定的生活，雖不是高薪，至少可以維持鄉下生活所需。「新故鄉」的工作人員，對組織有著高度的認同感，團隊向心力強。

人能在組織中得到肯定、互相認同，部門跟部門間可以合作，組織形成一個共同體，形成一個人文價值彰顯的組織文化，互相友好、成果共享，人安定了，心就安定了，如此，在偏遠地區的組織，也會有機會站上世界舞台。

（二）非典型的商業經營模式

商業模式是以營利為目的，非典型的商業模式，不是以獲利為目的，它看中的是人的成長、組織的成長和社區的成長，是互生共利的、是可以互助合作的及可持續發展的。

以商業的角度，將一個老建築紙教堂從日本移築至台灣再生利用，冒著極高的風險，一來沒有公部門的補助，二來無法向銀行貸款，三來經濟產值又不大，這些都不利於商業模式的操作。而非營利組織來作營利的事情，本來就是很辛苦，資金的籌湊、成本的分析、營運的管理，這些都不是容易的事，過程裡得負擔經濟的風險，而在心理上得強化賺取利潤是為了達成使命的手段，獲利雖然很重要，但絕非是第一選項，而是為了支撐理想的實踐。而社會企業要能創造利潤，再也不能依靠同情，或是公益贊助的短期支持，而是必須具備：

1. 好的品質

在產業化過程如果沒有好的品質，勢必曇花一現。NPO 要產業化，必須承受更多的挑戰，有內部的、有外部的，這些壓力幾乎同時發生。

以見學園區空間的品質來說，規劃設計的建築師邱文傑，以它為代表作，獲得 2011 年中華民國傑出建築師獎。新故鄉見學園區以平民材料 C 型鋼為單元，大量繁殖運用，並採焊接手法展現手工藝精神為台灣庶民建築發聲，企圖提升平民建築至較精緻之領域；評審委員中國文化大學環境設計學院景觀學系主任兼所長郭瓊瑩說，邱文傑建築師是位相當有個性，不斷自我反省與自我挑戰之「地景建築師」，他願意嘗試大膽地與大自然對話，處理與景觀界面之中介空間，正如同他 enjoy 與偏遠山區社區互動之喜樂。紙教堂與埔里紙產業結合，見學園區與傳統鋼架重組遊戲，可見赤子之心以及對原相原物之親近，而見學園區在建築基地外之開放空間、景觀、綠地、生態池之無縫接軌，亦期有更細膩之「縫補」工法。

東海大學建築學系教授羅時瑋說，桃米紙教堂是真正的邱文傑嘗試轉換軌道的作品，在基地配置上將主位讓給千里迢迢遷來的坂茂設計的紙教堂，邱文傑以 C 型鋼輕鋼構搭造側邊的休憩棚子，對比於坂茂將薄紙作硬作圓以原色（卡其黃）呈現，他的棚子將硬鋼作軟作方以綠色呈現。不僅是和韻與和唱兩相媲美、難分軒輊，更因此創造出單單紙教堂所不可能營造出來的開闊迎人的整體性與層次感。

有好的空間氛圍之外，園區的產品與服務品質如何確保，是另一項挑戰。當中以餐廳的經營是「新故鄉」從未有的經驗，15 年來總算從中摸索到一條平穩的路線，以簡餐形式與社區餐廳所經營的鄉土特色料理作區隔。

2. 持續的參與社會關懷及行動

社會企業要能長期發展，它的社會性工作，是獲取內外部認同的核心價值。以「新故鄉」的宗旨來說，長期從事社區總體營造與關注可持續性的發展，是我們的目標。我們實踐並傳播相關的經驗與推廣的工作。

持續以區域發展的互助網絡發展，提供連結及支援平台，則是往後的工作重點。這是長程的社造工作，也是經歷自九二一地震 12 年來「新故鄉」逐步獲得的社會信任正在發酵，其中以「再現埔里蝴蝶王國」的計畫與大埔里觀光發展協會等諸多團體的合作；與埔里 17 個學校合作「埔里

Butterfly 交響樂團蛹之聲音樂培力計畫」，陪伴大埔里地區的弱勢小孩學習音樂，並參與埔里藝文活動的推展；為弱勢的團體募款、陪伴成長，其中協力幫忙南投縣空手道隊從地震之後的募款及行政會計。

3. 資訊的有效傳播

除了品質之外，要靠更多人的認識、更多人的好奇、更多人的嚮往、更多人的感動、更多人的口碑，如此才能形成基本市場。「新故鄉」投入九二一地震重建到現在，一直受到從平面媒體到廣播電視媒體的關注，諸如《遠見》雜誌、《天下》雜誌、《商業周刊》、《光華雜誌》、《新台灣新聞周刊》、《中國時報》、《自由時報》、《聯合報》等報章雜誌，其中《遠見》雜誌將紙教堂見學園區評為 2009 年度最佳創意園區之一；除了活動的報導外，諸如 Discovery、公共電視、大愛電視、TVBS《一步一腳印》、華視《點燈》等電視台特別製作專輯報導，加上來自網路上部落客、Facebook 等的流傳。

從 2005 年紙教堂獲得日本的捐贈之後，它就一直成為重建區的焦點新聞之一，2008 年 1 月 25 日的立柱典禮及 9 月 21 日的落成典禮，接續的新聞熱度，大幅打開紙教堂的知名度，以至於它形成一個景點，加上活動及人文內涵的搭配，使得媒體願意主動報導。

常有人問，「你們是怎麼作行銷的？花了多少錢？」聽到這些問題，常不知如何回答，尤其在政府部門花經費在作置入性行銷的時代。只要「產品」夠好，就有媒體會關心，也就會有消費者，而不要忘了，在這資訊的時代，每個人都是媒體，只要有口碑，才能可持續。

（三）經營場址租約問題

紙教堂見學園區土地面積總共約 3.5 公頃，分別向 8 位地主承租。2005 年選擇紙教堂落腳處時，因考量「新故鄉」本身缺乏資金無力購地，而朝承租土地的方式進行。其後在桃米綠屋民宿主人邱富添的介紹下，找到位於桃源國小對面的一塊休耕地，土地所有者是住在台北的退休警官塗龍雄。地震以來塗龍雄先生長期觀察「新故鄉」在桃米的工作，並深刻地

體悟家鄉的轉變，在獲悉紙教堂的由來以及「新故鄉」未來的構想後，塗先生慨然允諾長期租賃土地並配合相關法令申請。

由於園區的土地都是租賃關係，如果沒有土地的穩定性，也就相對增加經營的風險。

▌十一、與桃米社區的二元揉轉課題及因應策略

九二一地震後，「新故鄉」是在社區資源差異化的分析底下，透過公共參與的過程，來形塑新的價值與願景。希望以願景的魅力得到社區裡面不同派系、不同世代的人對共同願景的支援，以至於可以打破原來僵化刻板的傳統價值體系。

（一）與社區組織互動關係

桃米的社造組織運作模式，我稱它為「非頭人領導模式」，也叫作「中間骨幹的集體領導模式」，依靠的是參與者的共同價值而建構出的合作能力。自九二一重建邁向生態旅遊的過程以來，主要是靠著解說員、民宿經營者等核心骨幹的合作模式，撐起生態村的大旗。核心骨幹們都有他們自己與其他社區新舊成員的聯繫關係，透過這一層人的系統不僅可以跳脫直接性的組織衝突，亦可形成社區內部集體的鞏固力量、化解紛歧。

（二）與社區整體居民的關係

在紙教堂新故鄉見學園區設立之後，由於社區居民對於「社會企業」的陌生，因此難以理解「新故鄉」組織的轉型，以至於擔心「桃米生態村」的名號會被「紙教堂」所取代，甚至停車問題及攤販問題，在初期都引發一些異議的聲音。所幸，這些認同「新故鄉」發展的中堅分子，他們會針對不同的聲音幫忙去作溝通，加上「新故鄉」也積極努力改善因停車及攤販所導致的環境課題，包括承租社區閒置空地擴大停車空間、聘用工讀生加強交通疏導與違規的勸導，同時聘用社區居民進行周邊垃圾的清潔維護等。致使社區內部因「紙教堂」而生的交通、垃圾問題，獲

得緩衝性的解決。

　　此外，為了擴大參與同時讓桃米的民宿與解說員具備國際化的能力，紙教堂也運用部分盈餘協助社區成立日文會話班，定期進行日文會話教學，業已累積若干的成效。再者，隨著「桃米紙教堂」的傳播效益，相得益彰的提升桃米社區的知名度，增進及穩定相當的遊客量，促進社區產業的發展；「新故鄉」也強化社區公益的捐助，如捐助社區的大廟福同宮、老人會與桃源國小及其他；提供與促進社區的就業等，並突破了紙教堂尚未設立之前在發展上呈現瓶頸的桃米，再次的躍升。

　　整體而言，從初期的有些異議聲，到現在的高支持度，讓紙教堂見學園區的經營，步入與社區共存共榮的夥伴關係，建立良好社區關係，同時促進桃米、「新故鄉」，甚至埔里產業多贏的發展模式。桃米面對的不只是生態議題，而是根本性的文化轉換，是要處理世代之間新舊文化價值體系的糾葛和衝突，當新舊文化開始互動角力，新文化如何在傳統文化的土壤上萌芽、揉合與轉化？讓居民對傳統文化與再發現的生態環境建立自信，讓居民對自己的生活模式產生認同，以至於可以分享生活給外來的朋友，已經有初步的能力與成果。但要有更全面性的質變，需要擴大學習與參與層面，進而產生新的觀念與價值，終至才能付諸行動改變。

　　這是一個自我的調整以及建立對自我認同的過程。當居民有信心跟外來的朋友交流，當新舊文化開始揉合、質變，就是產生新生力量的開始。表象的青蛙和轉型所創造的經濟產值，並不是核心的重點，重要的是在轉化的過程裡，你怎麼去理解地方的或是農村的文化，在過程中，工作者、組織與價值觀如何揉到傳統的體系裡面，並取得一個位置和生存的空間，這才有機會跟社區共同長出一個東西，創造並發展一種新的可能。

　　從桃米社區到桃米生態村，這是一個高度複雜的社會人文轉化與建構的過程，透過它的實踐，讓社區與 NPO 的可持續發展成為可能；一個場域經過文化參與的力量，也讓人看見社區社會公共治理的藍海策略，共創一個多贏的社會。我深知這是一個艱困的過程，但也唯有雙方都能理解這個轉化的背後，才能看清彼此的關係，以至於能更加珍惜，也願意往共同的願景邁進，桃米的一小步，已是台灣社造史的一大步，值得期待。這種社區內部社群間的力量揉轉，有賴於願景效益的加持，也有賴於正面效益

所產生的社區社會力，背後其實是文化行為的象徵，這之間的動態變化永無止境，如何維持這動態的平衡，則是共同的課題

猶記得 2000 年地震後的隔年，有重建要員到桃米來訪，當談到重建的未來效益時，該要員曾說：「桃米的產值太小！」至今回想，如果當初相信因所謂的產值太小就放棄，就也沒有今日的桃米，也沒有今日的「新故鄉」了。

因此看來，內需型的產業，它如果可以揉合與轉化在地價值，它有機會創造出獨特的產業模式，加上非營利組織的協力，地方朝可持續發展的願景，有機會一點一滴的累積。

▋十二、結語

展望未來，如何以一個地方共同發展的願景，來揉合各種不同相關利益者，以此打破既有的利害關係，讓大家一起為共同的願景去打拚，且在有實質的效益後，捲起更大的參與，擴大影響，自然形成地方的質變。而這質變，不完全以經濟的獲利為依歸，它更是生態、生計與生活的共同體現，同時也滿足了參與者的生命價值的實踐，是地方可以持續發展的命門。

有優質的社區，才有機會發展優質的社區產業；有優質的產業，也才有機會帶動社區的發展。從個別角度來說，個別的社區與產業的優質發展是網絡建構的基礎。兩者之間如何揉合，如何引導轉化彼此之間的相關性與互賴性，這都是社區產業的價值能否被看見的要素。社區提供地場產業的綜合氛圍，讓經營者可以提升產業的附加價值，共同成就社區產業發展的可能，有揉轉的效應，也才有社區產業群聚的效應。

不過在常態上，同類型的產業間，往往存在競爭的關係，如果是惡性的競爭久了，這個仇恨可就難解，這也是地方上同類型的產業常見的關係。而異業間因欠缺交流，彼此可以如何合作，增進群聚效益，尚待進一步的觀察與努力。為此，從日本的經驗中可以發現，具備公益與專業的非營利組織往往可以具備多方整合的作用。因此政府與企業應當積極鼓勵這

類型的非營利組織投入推動產業聚集的工作，善用這樣的組織類型作為促進地方異業結盟的轉化劑，對於不同產業間的群聚效益建構將具有積極性功能。

　　台灣存在諸多像新故鄉這樣的 NPO 或 NGO，也有諸多比桃米更優秀的社區，但大都遭遇類似的問題。區域的跨域社群營造或許是一個可行的出路。長期觀察新故鄉工作的日本專家垂水英司指出：我透過和新故鄉文教基金會的交流，來看新故鄉基金會的活動，分析其優點、值得我們學習的地方，簡述如下。

（一）多元化社造主題的展開

　　新故鄉文教基金會不僅以青蛙、蜻蜓等自然環境為主題，推動桃米村社造重建，其後將埔里過往曾經繁殖的蝴蝶作為重建主題，進而設立埔里 Butterfly 交響樂團，提供音樂支援等，持續將活動的範圍擴大。如此，社造主題因應時代而發展，基金會所努力的那股推進的力量，是源源不斷的，是持續提供社區營造穩定運作的重要元素。

（二）與地方連結的地域性展開

　　九二一震災發生稍早之前，在埔里成立的新故鄉文教基金會是以埔里區域、在地活動為目標。大地震後，桃米的經驗成為目標實現的基礎，於桃米、埔里、大埔里等展開活動。儘管活動規模變化，然而以地方為原點之理念卻是一直不變的。現代國家是集權於中央，地方存在感有消失的危機。這也是為什麼日本等許多國家都對新故鄉基金會的活動熱切投以關注的眼光，我想這是其中主要的原因。

（三）對社會企業之追求

　　像新故鄉文教基金會這般的非營利團體，並不是追求利益，而是以尋求社會價值為重；但是它若沒有經營（濟）的基盤，則無法達成目的，這也是事實。桃米社造重建、紙教堂園區之營運、Butterfly 交響樂團等活動，在追求社會價值的同時，都伴隨著一連串辛苦耕耘、經營的歷程。這樣的歷程，不僅提供台灣，同時也提供日本許多非營利團體相當珍貴的參考。

　　面對未來有更多的挑戰，尤其在新冠病毒的肆虐下，實體場域的營運陷入極大的困難，加上《勞基法》對小型企業的壓力與通貨膨脹，都使得營運成本節節升高。而作者身為創辦人也已過了 60 歲，如何傳承亦是馬上得面對的問題。而紙教堂如何提升營運的內容與品質，亦刻不容緩。

　　對「新故鄉」來說，營利不是我們最終的目的，社會與社區的良質化發展，才是我們的使命。我們跨域在組織、社區與社會結構三者，實踐要同時一起轉型的過程，艱辛難以言喻。「新故鄉」在邁向社會企業的過程中，願景一直很清晰，從沒有在「意向性」中迷航，咀嚼品味揉合與轉化的酸甜苦辣，揉合與轉化願景的結果，終致有自己的主體性格的出現，像蝴蝶般，迎向更廣闊的 NPO 參與區域共同治理模式的天空，翱翔！

｜參｜考｜文｜獻｜

廖嘉展，2012，《揉轉效應：新故鄉文教基金會邁向社會企業的經驗研究》。國立暨南國際大學公共行政與政策研究所碩士論文。

CHAPTER **14**

大二結社造的軌跡：
大二結文化基金會

財團法人大二結文化基金會

大二結社區位處蘭陽平原中心點，臨台 9 線與蘭陽溪交會點南岸，居宜蘭市與羅東鎮之間，是宜蘭城鄉發展中軸線上的鄉村型小鎮。其範圍涵蓋五結鄉之二結、鎮安、三興等 3 村；土地約 300 公頃，人口約 8,000 人。聚落以二結王公廟為核心集中分布，沿台 9 線和舊街路兩側向外擴展，漸次連向周邊的田野平原，城鄉地景層次分明。

財團法人大二結文化基金會（以下稱基金會）的前身是宜蘭縣大二結文教促進會（以下稱促進會），促進會是結合一群有共同理想及目標的熱心居民而組成的協會組織，促進會於 1995 年成立，至 2011 年轉型捐助成立基金會，隨後並解散促進會。從促進會到基金會，這一群社區居民用近 30 年的時光，一起營造社區及保存文化資產，訴說著二結圳保存、千人移廟、老穀倉新生命、再生紙文化、傳習傳統藝術、祈冬慶典凝聚、排除政治條款等豐富的社造故事，點點滴滴為保存、承傳及活化地方文化資產而延續社造新生命的行動。

一、從促進會到基金會

1993 年，因為二結王公廟的改建議題，讓大二結社區的在地青年認知到要創造更多社區參與的機會，於是在 1995 年由一群熱心的居民組織成立「大二結文教促進會」，開始現在所謂的「社區營造」工作，因而帶動了二結一連串在地文化、空間、環境等營造工作。多年來，促進會秉持著社區營造工作的核心精神，結合了一群有共同理想及目標的熱心居民一起努力、一起創造居民參與社區事務的機會。

累積多年的能量後，基金會基於社區營造承續概念，為提升組織能量與行動力，於 2011 年將促進會所有財產全額捐助成立「財團法人大二結文化基金會」，延續促進會成立宗旨，繼續推動社區營造工作。

基金會以推展社區總體營造、文化教育工作、文化資產保存、生態環境維護、文化創意產業為宗旨，依有關法令規定辦理下列業務：

（一）開辦社區人文教育。
（二）推動環保生態理念。
（三）打造社區安全環境。
（四）維護社區環境景觀。
（五）促進社區農村再生。
（六）發展社區文創產業。
（七）推展社福醫療業務。
（八）其他符合本會設立宗旨之相關文教事務。

　　基金會近年來主要推展的工作主要包括二結穀倉保存與活化、大二結紙文化的傳承、地方慶典與民俗文化保存、農村文化推廣與環境營造、地方知識建構與走讀、社區營造推展等工作。

▍二、成立時的關鍵人物

（一）保存的不只是一座舊廟，而是生活與記憶的連結

　　1991 年，二結王公廟寺廟管理委員會擬議拆除舊廟、改建大廟。面對「起廟」這件地方大事，一些二結年輕輩更關心信仰文化的承續。1993 年，宜蘭五結二結王公廟的重建，因緣際會成為政府推動社區營造的據點，當時，林奠鴻、簡楊同、陳松根、簡茂振、李裕亮、張顯瑤等人，原本便已在學進國小家長會及王公廟委員會貢獻心力。這些同儕夥伴開始組織起來，並協助廟方成功策辦了「古公三王聖誕暨新廟動土奠基大典」系列活動；不但讓活動充分展現民間與政府、宗教與文化的互動性，更為社區帶來新穎的活力。此外，他們也從這次經驗體會到跨界合作之妙，並萌發社區公共事務的意識，從而自發推動社區工作。1994 年起進一步和地方人士發起籌辦促進會，1995 年「大二結文教促進會」成立，由林奠鴻獲選為創會理事長。

1995 年，當時廟方已委託專業單位設計新廟，而舊廟的去留則仍在討論中。於是，促進會開始投入舊廟保存議題，並以此為開端，逐漸展開一條人文關懷的社區營造之路。

促進會的行動，為台灣地方文化的發展，寫下許多開創性的案例。二結王公廟在蓋新廟的同時，將舊廟平移保存，保存了對地方民眾的重要空間記憶，超越了以發展掛帥的思維，成為台灣平移保存社區重要空間的第一例。之後又進一步將舊廟發展為二結庄生活文化館，讓居民對家鄉的情感透過文化館的設立，轉化為地方文化進一步發展的動力，可謂文化資產活化的先聲。因應二結圳的整修，促進會號召居民參與設計施作，營造出不只是一條連繫過往與今日的生活水圳，也帶動地方居民主動參與生活空間的營造，並促成政府單位與地方社區攜手合作，證明了民眾參與行動具有的政策論述及環境改造潛能。同時，隨著一次次的活動辦理，一個個計畫的推動，逐漸累積出足以成為範例的「二結經驗」。並結合台大城鄉基金會宜蘭分會，持續共同推動二結紙廠轉型為博物館、二結街區改善活化等等工作，都成為對地方文化發展具有重大影響的計畫。

在大家的努力與協調下，促進會試著且確實超越地方派系的糾葛，成為二結地區具有公共意義的文化團體。過程中，促進會還反映社區的實際需要，辦理各項文化活動，對地方文化的傳承、社區青少年成長、社區意識的培育等，均產生了具體而重要的影響。

▌三、大二結的社造模式

基金會的營運主要以大二結社區為場域，近年來透過專業服務的過程，逐步拓展到宜蘭縣各地，並與全國之社區組織，如：台灣社造聯盟等進行全國社造議題的串聯與合作。

依照基金會章程，本基金會設董事會管理之，董事會由董事 11 至 21 人組成，目前為第四屆，由 15 位董事、3 位監察人組成，並設有以下單位：（一）核心工作小組：負責平時業務之決策與執行，包括：穀倉營運、祈冬文化祭、社區規劃以及環境教育等小組；（二）祕書處：負責綜整各項

業務之推動，包括二結穀倉稻農文化館、王公藝術研究所、祈冬文化祭、環境教育和其他等業務；（三）志工團：協助各項業務推動之志工，包括：紙文化館志工、穀倉志工及環保志工等。

　　營運策略上，則是將社區文化與生活透過多元的社區行動，來連結社區內外的居民、社群、團體、學校、廟宇、文化館等，透過目前營運的二結穀倉稻農文化館、大二結紙文化館等基地，以「民間文化中心」的核心概念，連接社區內外的資源，持續推動社區營造、傳統藝術、文化資產、節慶文化、農村文化等各項傳習與活化工作。

（一）千人移廟開啟社造之路

　　二結之名源自漢民拓墾之「結首制」，並依清領至日治的行政區劃更迭，而於 1852 年（清咸豐 2 年）將噶瑪蘭改制十二堡，其中頂二結下之四庄則於 1920 年（日大正 9 年）改為「大字」二結，隸屬羅東郡、五結庄；亦即今人所稱的「二結」地區。

　　二結地區早期的拓墾與王公信仰息息相關，其祭祀圈覆蓋整個二結地區，而清領時期萬長春圳與日治時期之鐵、公路建設，則是後期聚落發展規模化的關鍵。萬長春圳支流二結圳貫穿全區，以優質、豐沛的水資源孕育大二結 200 年產業與生活，居民皆稱「母親之河」。日治時期因水利與交通優勢而強化為米、糖、紙業的生產重鎮，深刻影響本地家計生活與地方經濟；這樣的興盛時期則隨著 1980 年代起台灣傳統產業全面衰退而漸趨遲緩，僅留大量設施遺產與供人緬懷的歷史與記憶，社區逐漸回歸到生活為主的聚落型態。

　　根據記載，台灣的王公信仰始於二結，古公三王傳為宋朝義結金蘭、立志扶宋的三位抗元烈士；大王柳信、二王葉誠、三王英勇各執所長，以醫術、勘輿與法術護持合境平安。相傳清領時期二結先民廖地自福建漳浦縣湖西坑渡台拓墾時迎來古公三王，後因庇護墾荒有成而廣受崇祀，並於 1789 年（清乾隆 51 年）為之立廟，其後幾經增修，至 1932 年（日昭和 7 年）改建為現信眾口中的二結王公廟。

　　而每當病痛、乖舛、憂惑時，二結人便屈身進廟，向王公虔心傾訴，以求取心靈平靜，獲得開惑、解憂和除病、消災。這份深刻信賴與情感依

託，和坊間廣為流傳的「王公神蹟」，以及每年一度的捉童乩、跳過火、王公出巡遶境祭典儀式，至今仍是地方集體生活的重心。

經年累月，王公信仰動員起家家戶戶、在地組織，展演四季流轉的儀式場景，表現底蘊深厚的人文生活，此一集體生命經驗，促成促進會的成立，是後來在地文化保存行動的基礎，也是基金會的原點。

二結王公廟是一座漳州傳統樣式的寺廟建築，坐北朝南立於二結的中心位置。建築本體屬單殿式格局。使用上則以正殿為主要祭祀空間，三川門前有几案供奉祭品的小型拜殿，信徒在此與王公近身相望，空間尺度極為親切。其內外形式皆依傳統古制構築，並匯集當時噶瑪蘭第二代匠師的精心之作，尤其陳銀生匠師的細雕作品風骨特立，是蘭陽藝術的典藏、傳統文化之瑰寶。

然而，當時有一派人士卻認為其年代、形式、規模在台灣並無特別突出之處，因而引發拆除重建爭議。對此，當時促進會的夥伴提出了自己的主張：

> 「對社區多數人來說，『廟宇』和他們的日常生活關聯密切，是生命記憶的百寶箱。當居民想為守護神換新家的時候，對於原來的廟宇，有人主張要拆除，有人認為要保留，這些不同意見，說明二結人不希望『王公廟』如同其他廟宇一樣，被輕率地拆除掉。而那些看得見的，剝落的彩繪、泛黑的雕梁、廟埕的老樹、過火的空地，以及，每當要遠行、服役或是遇到禍事、病痛，習慣上就要到廟裡上個香祈求平安，這些日常生活的點點滴滴，都足以觸動村民的記憶，而把這塊土地和人緊緊的繫在一起。對促進會成員而言，保留王公廟，是為了尊重祖先的遺物，也是為了延續共同記憶、傳揚二結精神。」

這種反其道而行的保存倡議，在那個以「除舊立新」為理所當然的年代即刻引發各界的矚目。隨後，當時文建會（現文化部）的王公廟保存計畫提供了一個機會，讓促進會得以更直接主動的介入，一方面扮演社區窗口與對話平台的角色，二方面與規劃團隊並肩共同行動，合力進行研究調

查、動員社區居民參與，透過綿密的參與來整合民意，此外，更穿梭調節新、舊廟的方案競合，以及修繕工程的日常監督。

　　有別於一般側重建築本體及其材料、構造與工藝、美學的保存觀，促進會以「真實生活」為出發的理念，對王公廟保存影響重大。於規劃期間，協助專業規劃團隊動員居民，透過居民參與而來的大量生活故事、耆老口述與兒童彩繪等，呈現一幅幅廟埕生活圖像，生動傳達趨近一致的保存意向，包含：「有兩翼護背、尺度親切的廟埕，與廟埕共構一體的大樹空間，湛藍夜空下的美麗翹脊等等。」凡此，最後皆盡數納入保存方案，並以當年首創的「平移」和「吊脊」技術，完整保留正殿和後期增建的護室與過水門，以及整座的原始屋脊。

　　而當整建工程漸入尾聲，促進會已經開始思考舊廟的經營。首先自發提報、促成二結王公廟登錄歷史建築，爾後積極承擔起管理維護的任務。2000 年，舊廟保存後的「二結庄生活文化館」正式營運，透過組訓志工、策辦活動，讓這座既經平移、轉向而與原址對望的舊廟，以地方文化中心的嶄新功能與社區生活再度連結，成為「社區ㄟ埕」。

（二）積極推動文化保存，帶動社區能量

　　「文化資產的保存活用，能重新連結起人與人的關係，重新建構人與土地的情感。」王公廟的保存超越了有形的空間實體，讓二結居民從單純的懷舊情感，轉變為地方文化資產的保存意識，從保存社區記憶邁向往後20 年的人文環境經營。其中，促進會扮演著引領思潮、策進行動的關鍵性角色。回溯 1991 年以來，由促進會主導或參與的具體貢獻包含：二結王公廟重建計畫（1991 年）、倡議保存舊廟（1994 年）、二結圳生活步道（1996 年）、舉辦千人移廟活動（1997 年）、二結王公廟登錄歷史建築（1998 年）、二結穀倉指定縣定古蹟（1998 年）、蘭陽溪舊鐵路橋登錄歷史建築（2006 年）、二結圳登錄文化景觀（2006 年）、二結王公廟「捉童乩、跳過火」登錄重要民俗（2009 年）。此外更於 2000 年至 2008 年間經營「二結庄生活文化館」。基金會成立後，依然延續這樣的工作，自2011 年及 2013 年起分別經營「二結穀倉稻農文化館」與「大二結紙文化館」至今。

　　重新盤點這一系列事例，可以發現它們並非一個個獨立事件，而是對社區生活的整體關照與長時間醞釀、持續性努力的結果；其內涵表現基金會一貫的價值主張，和不斷自我超越的成長軌跡。基金會認為，居民自發、積極的日常關照與行動，是維護社區生活環境的關鍵。更主張，文化資產是一種生活脈絡而非形式化的物件；因而，文化保存須能超越空間實體與據點概念，回歸整體社會脈絡來引動在地能量，開創根植地方的人文生活。透過經營「二結穀倉稻農文化館」與「大二結紙文化館」，基金會進一步將理念轉化成多樣態的社區工作，內容包括：資源調查、研習課程，以及具歷史淵源的造紙文化、稻農文化、王公信仰之研究與策展；讓在地故事繼續流傳，讓歷史情懷融合現代生活意趣，讓文化與藝術體現於人人可親身參與的獨特創造。

　　歷經多年探索實踐，基金會逐漸對傳統與文化有了自己的解讀，傳統既然是積累自過去至今的生活文化，那麼，從現在開始，我們是否也能創造一個當代的傳統給下一代？

　　這個思維，讓大二結的傳統走上不斷演繹的創新路途，將二結王公廟的過火儀式，轉變成社區成年禮的重頭大戲；開辦傳統藝術研究所，讓在地傳統文化延續，並尋求新的可能；透過祈冬活動，讓社區各庄頭的廟宇串聯起來，在儀式、活動、展演中表現大二結傳統的當代詮釋。正是這種不斷創新的再現，讓大二結的過去與未來有了連結，也讓家鄉情感與地方認同獲得滋長和延續。

　　探究大二結的文化創生經驗，避免了經濟目的凌駕文化價值的困境。而此一成就，實奠基於基金會之「從日常生活出發，以社區居民為主體」信念與落實。在非以營利為目的的前提下，這個運作近30年的社區組織，長期是以最精簡的支薪人力，結合良好組訓的志工網絡，來推展包含館舍營運在內的所有業務。

　　其中，展現在地造紙產業與故事的紙文化館，更是志工自主經營的成果；舉凡調研與文物收集，策展、導覽和活動與紀念品開發經營，都是志工的心血結晶。基金會的董監事們，大半是盡其半生身體力行、持續奉獻大二結的草根文化工作者；他們既是組織運轉的引擎，也是身先士卒的第一線志工；共享歲月積累的扎實經驗，擁有相同信念和高度信任感。而創

會初期為維護文化與社區自主性而訂立的「政治排除條款」，至今仍被嚴格遵守。這個杜絕政治干預的先見與決心，對基金會與社區的正向發展影響深遠。

大二結的社區營造具有文化主導的特質，以人及當代生活為核心，捲動多元社群參與並發揮所長，一起為社區自主的理想而努力。在這裡，一件簡單的事會變得相對複雜，有時也會「故意」讓一些事作不出來，這種化簡為繁、順應形勢的作法，讓居民不斷的「被設計」而不自覺地投入其間，在大二結這場社造大戲中扮演起關鍵的角色。

把簡單的事情複雜化、不斷創造參與機會的工作模式，讓居民成為社區工作的主角，並累積豐沛的在地能量。這種看不見的實踐精神與內涵，如今已內化並成為大二結的文化特徵。董事長林奠鴻曾說：

> 「是否我們願意用 20 年來實現心中的願望？走過漫長的路，那個『找回過去人與人、人與環境相處的熟悉感和那慢慢走遠的聲音』的夢想，似乎已形成自發生長的力量，並以豐采的當代篇章，孕育著屬於這個世代的傳統。」

今日的大二結，仍可以從古公三王的新廟、舊廟解讀大二結文化創生的緣起，細賞舊廟樸素優雅的身影，與佇立廟埕一角、疏枝散葉的大榕樹；沿著居民參拜路徑，走在當年群力整修的二結圳通學廊道，可以跟著學童一同玩耍；再來到以二結穀倉為主體的稻農文化館和紙文化館，在這裡，會遇見忙裡偷閒的二結居民和遠道而來的造訪遊客，還有親切的導覽和多樣化活動。當夜幕低垂、四野寂靜，這裡卻開始人員聚集、鼓樂聲響的熱鬧時間；牽著乖孫的阿公，手臂刺青的青年或剛才下課的老師，一起在這裡操練步儀、試畫臉譜、合頌工尺譜。陣陣打拳、擊鼓的聲音，伴隨著火車轟隆和四圍蟲鳴，在穀倉醞黃燈光的掩映下，彷彿在吟唱二結心聲，給人一種持恆信任與希望的感覺。

為了凝聚團結與跨代承傳，從促進會到基金會，一直到今日，依然持續策辦籃球賽、成年禮、文化節、童玩親善接待等活動，以孕養青年人才、鼓勵青少年參與社區事務。近 10 年來，更以 2 座文化館為基地，

進一步網結跨域專家與民間達人，在這裡一起推展多項扎根行動；於2012年開辦「大二結傳統藝術研究所」、2013年創辦「祈冬」文化祭傳統藝術節慶。一直以來，大二結是以人及當代的生活為核心推展各項社區營造工作，我們深刻瞭解文化是居民集體生活的一種展現，是與居民生活的多元連結。因此身處當代的我們，持續試著引入在地的能量，透過多元且豐富的活動，在社區的日常生活裡，從歷史、產業、人物、祭儀、景觀、生態、故事中去探尋前人的足跡，去重新發現、珍視身邊的所有，並且付諸行動，藉此來連結我們的過去與未來，將上一個世代交給我們的，加入當代的觀點繼續往下一個世代交棒下去，使得世世代代都能認同土地，安身立命。

▌四、營運經費與財務發展

基金會於2011年由促進會捐助設立基金成立，推展各項工作之財務規劃，首先是基金會的收入部分，近年來主要包括民間捐款、自主財源收入、申請政府經費補助等三大面向。民間捐款主要來自於基金會成員、民間企業、一般民眾等，約佔收入之10%；自主財源收入主要包括參與政府委託辦理之專業服務計畫，投入二結穀倉稻農文化館營運與相關社區產業活動，約佔收入之50%；申請政府經費補助，以推動辦理各項社區、文化活動，約佔收入之40%。在支出部分，主要投入專業服務、二結穀倉營運等工作約佔支出之50%；投入祈冬文化祭、傳統藝術研究所、地方知識建構、地方走讀、農村體驗活動、王公盃籃球賽等各項社區工作與文化活動之辦理，約佔支出之50%。整體財務規劃與運作，主要是以透過政府補助作為基礎整備與能量累積，並以捐款、基金會專業服務及二結穀倉營運之收入，作為長期推展社區工作的資源。

▍五、大二結的地方行動

（一）從千人移廟二結埕開始

　　對於很多人來說：「廟宇」與他們日常生活密切關連，是生命記憶的百寶箱。1993 年大二結社區居民們正想為心中的守護神「二結王公廟」換新家，對於現有的廟宇，有人主張要拆除，有人認為要妥善保留，不管意見如何，二結人不想讓「王公廟」與其他廟宇一樣被輕率地拆除。因為，除了小廟剝落的彩繪、泛黑的雕梁、廟埕的老樹、過火的空地。以及遇到出外遠行、當兵服役、行車、病痛等事情，均會到廟裡上個香祈求平安，這些日常的生活點點滴滴都足以觸動村落子民的記憶，緊緊地把這裡的土地和人民繫在一起，在這裡成長的二結人大概一生中都不會忘記在這個空間的共同生活記憶。

　　正如王公廟與廟埕承載了二結人共同的記憶，為了尊重祖先留下這麼珍貴的傳統建築，保存王公廟也就成為促進會主要的行動目標，起初居民並不瞭解保存舊廟的重要及意義，並懷疑保存可能會給廟方帶來龐大的財務負擔，所幸在促進會的大力奔走之下，獲得了文建會共 2,000 萬元的補助，協助舊廟的平移及保存修復工程。

　　1994 年起，開始進行二結鎮安廟整體規劃，以爭取王公廟遷建、維修及美化經費。透過傳統文化空間的調查，深度探勘二結的風土文化與歷史，藉由環境的美化，激發居民對社區事務的關心，進而發生社區意識。而後文建會通過將五結鄉鎮安社區列為「輔導美化地方傳統文化建築空間」計畫全國 4 個試點之一。

　　在這個過程中，社區透過多場次的座談與居民參與活動，提出以保存社區集體記憶、形成新公共領域為方向的社區規劃，在實質空間方面，舊廟將由保留正殿改為整棟保存，同時在遷移之後仍於廟前保留空間作為「廟埕」，與新廟間共同形成社區廣場；在使用管理方面，「社區文化工作館」的設置計畫，將舊廟在原規劃中的紀念物性質，改為工作場所的性質，同時設計「社區文化節」，為遷移後的舊廟展開新的生命。

居民從單純對舊廟的那份難以割捨的情感到對地方文化資產保存的觀念，從社區歷史記憶的保存到社區公共空間的營造，大家雖有爭執，但在互相包容及尊重下，大致上均能取得共識。在文化資產活用的概念下，我們在這裡重新連結社區人跟人之間的關係，也重新建構人與土地的情感。日後舊廟也以「社區ㄟ埕」地方文化中心的角色，重新與社區居民見面。

「千人移廟」活動結束後，促進會及二結王公廟管理委員會順利完成王公廟舊廟評議，隨後與鎮安、二結、三興等村長，社區發展協會理事長、學進國小校長、二結王公廟董事長等 9 人，成立籌備小組，推動舊廟轉型為「二結庄生活文化館」，將舊廟空間提供社區使用。2001 年 12 月「二結庄生活文化館」正式開館啟用。不僅提供文物展示，附近居民也會來這休憩、交流，是大二結的「社區客廳」，地方組織更以此作為社區發展基地。

此也是大二結社區營造的重要起點之一，舊廟轉型營運為二結庄生活文化館，並辦理社區文化節活動，時至今日，生活館與文化節（後為王公文化節）活動，依然持續在社區中開放與辦理。

（二）守護庄頭的水圳：二結人對環境的態度與主張

1996 年年初，在促進會某次會議上，有成員提到：「水利會為了維護與疏浚，最近陸陸續續地對境內灌溉水圳進行全面『整治』，改為 U 型水泥溝壁……」大家當時非常驚訝，擔心流經大二結地區已近 200 年的二結圳，也會面臨同樣的命運——原有洗衣場的親水空間改為高大水泥壁面，原來的護堤石縫不再有魚蝦蹤影。想不到，過沒幾天，工程已轟隆隆展開，一鏟鏟地將水圳兩側圓石砌成的護堤挖掉大半，保留舊水圳的希望隨之幻滅。

這對當時的促進會來講是個警惕，促進會成員認為，社區生活環境的維護，必須靠居民自發性及積極的行動來完成，等到發現公部門或私人單位在社區到處開挖，已為時太晚。因此對社區生活環境的事先構想與規劃，成了促進會關注的重要課題。

因此，同年 3 月，促進會邀請台大城鄉基金會宜蘭工作室王惠民主任

與陳育貞老師等人，展開一連串的踏勘與討論，並以「社區歷史記憶的呈現」、「連結人與水圳的親水空間」、「社區原生植物的復育」，及「以人為本的人行步道」等四大主張進行規劃，向相關單位提出報告。但各單位均因種種原因（表示礙於預算、業務主管權限等等）而未明確表示協助之意願。所幸，公路局剛好要在水圳旁辦理道路排水系統改善工程，讓促進會抓住機會，開始與公路局、水利會、五結鄉公所展開為期長達 3 年的溝通與討論。

　　過程中雖然有開不完的協調會和繁瑣的公文行政程序要解決，同時也要處理居民不同的聲音和工程設計上的問題。但是很幸運地，二結遇上熱心的公務員和規劃單位，在他們的協助下，讓二結人的美夢得以成真。

　　二結圳第一期的改造工程於 1998 年完工，達成重建及回復原有生活互動的親水空間的初衷。不只保留了傳統水文景觀，也成為居民休閒的空間。這是促進會繼「千人移廟」之後另一項傲人成就，二結圳也於 2006 年 12 月 15 日，經公告正式登錄為文化景觀，讓這條大二結社區的水圳，更具意義也能繼續流傳。

（三）與大家一起長大的王公盃籃球賽

　　居民參與是社區營造工作的重要精神，如果社區營造工作缺少了居民的參與，不過是另一種政府機關或地方派系力量的動員，促進會在籌備初期便選擇在暑假為青少年辦理活動，作為推動社區營造的切入點。

　　暑假開始前，林奠鴻等促進會籌備會的成員因學校家長委員的身分，主動和社區的學進國小接觸，希望校方取消暑期校園門禁，開放社區青少年活動。起初學校有所猶豫，但經不起促進會成員懇切的保證與拜託，也就勉強答應。學校起初決定在開學前暫不修復損壞的籃球架等校園設施器材，以免暑假期間再度損壞。然而，為了讓青少年進入校園能盡情活動，促進會成員便積極徵詢學進國小校方的同意，主動先行協助修復損壞的籃球框等設施，讓青少年可以有更多的活動。

　　在爭取到空間後，促進會利用機會來教育將「進駐」校園的孩子們有正確的休閒觀念，於是在 1995 年 7 月間開始舉辦社區「三對三籃球鬥牛比賽」。這場籃球賽的籌備過程，讓孩子們自主規劃，大人的角色主要是

提供資源及必要協助等。結果在學進國小籃球場舉行的「王公盃」社區球賽，幾乎把社區青少年全吸引來了，而透過參與，他們建立了榮譽感，開始相信這個社區也是自己的，不再被大人獨霸。

　　當時，由促進會的夥伴主動修復不堪使用的籃球架，在暑假期間為這群青少年辦了第一場的「王公盃」三對三籃球賽，一直延續了28個年頭，現已擴大成全場的球賽了。當初第一屆參與籃球賽的青少年，現在早已成了孩子的父親，每年到了舉辦籃球賽的時節，還是會看見這些熟悉的身影，在球場上奔跑。這些青年夥伴也逐漸成為社區工作的重要伙伴之一。

（四）搶救老穀倉賦予新生命

　　二結穀倉保存議題的發起，可以推溯至1994年頭城穀倉之拆除事件。該次穀倉拆除所引發之民間搶救行動雖以失敗告終，但卻突顯了宜蘭傳統穀倉建築的歷史與人文價值，以及必要加速指定保存之迫切性。此一氛圍，促使促進會對穀倉保存議題之特別關切，因此促進會於1998年年初獲知，五結鄉農會有意將二結穀倉拆除興建倉庫後，隨即展開一系列搶救行動。有鑑於頭城穀倉搶救失敗的經驗，會議與資料蒐集均低調進行，當資料準備與行政程序完備後，促進會立即向宜蘭縣政府文化局提報，訴請古蹟指定，並於同年經宜蘭縣政府指定為縣定古蹟，隨後在本會爭取下，展開一系列調查研究與建築修復相關工作。

　　「二結農會穀倉」建於1928年，分為「農會辦事處」、「碾米工場」及「穀倉」3個空間，外牆皆為磚造牆面，而倉庫內的木造設備採上等檜木，通風防潮，造型古典雅致，是當時地方上最新式的建築之一。修復後二結穀倉邁入新的階段，空間經營活化引入在地文化能量，2011年，基金會以「二結穀倉稻農文化館」再次打開二結穀倉，以一個不同的面貌推動一系列文化運動，透過開放參觀，讓遊客認識穀倉如何透過建築手法降低自然環境的影響；透過導覽解說，帶領遊客認識穀倉的文化資產保存行動與地方故事；透過各式課程、活動，讓穀倉成為教育與文化傳習的場域等；以多元的策略，讓二結穀倉成為展現社區在地環境特色與生活方式的平台。而二結穀倉也是社區的文化中心，基金會在穀倉打造一個民間傳統藝術傳習平台，辦理傳統藝術研究所等各項文化活動，成為二結人的文化

中心。

　　此外，基金會也在穀倉策劃各種主題特展，逐年建構地方知識內容，除了是在地文化展現與在地知識建構外，更可藉此關心地方與社會議題之發展。包括「節慶與米食」、「存續——大二結文化資產保存」、「回到1935——搶救二結穀倉」等十幾檔次，陸續將穀倉相關議題、社區相關議題與本會所關注的議題等透過特展進行不同的呈現。

（五）保存與延續大二結紙文化與生命

　　曾經是全台製紙工業重鎮的大二結社區，見證了百年紙業的興盛與式微，對「造紙」有著無可言喻的濃厚情感，因此在 1999 年推動玩紙工廠活動，開始大二結與紙之間一個新生命的故事，並開始進行紙廠故事、紙藝創作、體驗活動的推廣工作。

　　2010 年起，在紙廠退休員工及紙藝術家的指導之下，基金會租下五結鄉農會 11 號倉庫，成立大二結紙文化館。將中興紙廠結束生產後搶救回來的文物及文獻，透過重新整理規劃為紙廠辦公區、生產區、宿舍及員工福利設施區等展示，傳遞這份情感。

　　而紙文化館的志工們，更利用紙廠所提供的工業紙漿、再生環保紙漿、農業廢棄物造紙，運用社區採集植物紙漿等各式原料，帶領民眾認識植物纖維、紙漿、紙之間的關係，透過手工造紙的過程，製作一張張自己的紙；而傳統祭神的供品，與地方信仰二結王公息息相關的糕仔，志工們也將這樣的生活習俗結合紙漿，變成創意十足的「紙糕仔」創意作品；從大二結的人文、建築、環境、生活故事取材，結合版畫、拓印等創意加工，也讓每張紙都有自己的內涵與故事，讓每張紙都成為唯一的作品。

　　在紙文化館，紙廠的故事被繼續流傳，透過參觀、體驗的方式，重新以展示、手工紙藝創作、紙藝體驗的方式，讓更多人認識在地的紙文化，延續大二結紙文化與生命。

（六）一個民間自主策辦，融合於常民生活的傳統藝術研究所

有鑑於地方傳統藝術逐漸佚失，自 2012 年起，基金會以大二結傳統藝術研究所建構傳統藝術學習平台，陸續開辦北管、鼓藝、官將首、台灣拳、跳鼓、大神尪、跑旱船、布馬陣等傳統藝術陣頭課程，成為蘭陽平原傳統藝術學習的核心場域。

大二結傳統藝術研究所是一個社區參與的行動，是以大二結社區為基地之開放學園概念，提供各界體驗學習農村生活與藝術傳習。有別於學術殿堂之菁英式教育，這是一個以社區居民為主體的學習環境，家人、鄰居、朋友，甚至遠道而來的民眾都是學習的伙伴，而廟埕、穀倉和社區每個生活角落，都是學習的場域；讓人人都能在生活中體會到藝術的樂趣，進而達到文化保存、延續的目標。而另一方面，這也是一個藝術交流的平台，讓宜蘭在地藝師在此交流，依循四時節慶而與居民一起共願共作、同歡齊舞。

基金會認為，持續營造這種質地豐厚的愉悅氛圍與共作場景，可以保存傳統節慶、發揚農村文化，進而提升常民藝術生活，也在現代化的社會與藝陣文化中，以基金會成為一種新的媒介角色，藉此連結社區生活與傳統藝術。

（七）祈冬：一個凝聚地方情感的慶典

「立冬」為冬天之始，是需要進補的日子，每年的立冬前，基金會舉辦祈冬文化祭，基金會邀請社區內外的廟宇、學校、團體、陣頭與社區居民共同策辦一場社區節慶活動，透過創新的活動來保存傳統的地方節慶精神與特色。除了邀居民一同吃燒酒雞補身外，也請大家一起來欣賞「藝陣」表演療癒心靈。基金會藉由節慶活動的舉辦，找回傳統藝術文化的根，找回已經走遠的鑼鼓聲，找回人與人的那份記憶及人與土地的那份情感，更藉由節慶籌劃重新凝聚地方意識。

2013 年開始辦理的祈冬文化祭活動，是大二結傳統藝術研究所的深化與延伸。這個一年一度的盛大節慶，表現大二結傳統與現代的交疊創

新。其內容，轉化了傳統「立冬」時節的親友齊聚、進補風俗、祈福儀式；在冬天來臨的第一天，以老少咸宜的嶄新形式，把居民聚集起來，一起共享美食滋補身體、欣賞藝陣展演療癒心靈。

祈冬文化祭從籌備開始就是一場社區的共成行動，透過居民參與，形成一個不斷擴散、參與的歷程，再一次網結社區團體、學校師生和大小廟宇；透過陣頭展演的分工合作，找回自己的社區角色，和彼此的信任與團結。基金會相信，這種慶典籌備與儀式性過程，能孕育深厚的社區軟實力，強化在地的認同感。

透過邀請社區內各廟宇、各社團、大二結王公藝術研究所各傳統藝陣組織，及縣內傳統民俗與陣頭表演團隊，並邀請縣內社區演藝團隊參加，包括踩街、繞境、展演等，從 2013 年的 200 人參與，到近幾年來，每年參與活動人數已逾 700 人之規模。

透過居民組織的踩街隊伍，包括傳統的開路鑼、武轎，加上各式的演出陣頭、傳統藝術研究所團隊、大旗、彩旗等共同參與，大家一起在立冬節氣之際，透過食物補冬，更是透過藝術補冬。

（八）搶救興中國中：為孩子留下大家的學校

興中國中是二、三、四結社區的國中學校，因此許多的社區居民都是興中的學生、校友與家長，而興中國中也是社區內共同推動社區營造工作的重要夥伴，從帶領學生走入田園進行食農教育、參與祈冬文化祭到參加王公盃籃球賽等活動，都為社區增添不少風采。

而在 2018 年，宜蘭縣政府在未與地方充分溝通的情況下，以一紙公文表示要停辦興中國中，頓時引起地方譁然。興中國中雖然規模不大，卻是社區孩子重要的成長場所，也是地方的驕傲之一。

二、三、四結社區的每一位家長，日出而作、日落而息，莫不希望能提供孩子一個好的學習環境與機會而努力工作。但是社會的現實，以農、工職業為主的社區家長，他們因為工作可能沒辦法提供每天的接送、參與學校教學計畫陪孩子共學或是負擔學費之外的校外教學或社團活動費用，因此社區內的興中國中是他們唯一的選擇。因此，當時旋即由基金會、家

長會、村長、社區理事長等人士共同籌組自救會，透過陳情、抗議、苦行等行動，努力希望為孩子們留下這所大家的學校。

當時，自救會呼籲縣府應注重教育的本質是以提供每一位孩子，不分貧富貴賤均能擁有一個優質友善的學習環境，及一個多元價值與多元學習的機會。同時提出教育的目的在於讓每個孩子得到適性的發展機會，全力為協助每一位學習者充分發展潛能而努力，讓教育真的回歸到教育的本質等主張。並提出在未與地方達成共識前，暫緩興中國中停辦乙事；校長遴選乙事，仍須依既定程序與日程進行辦理；在未與地方達成共識前，興中國中一切事務與教務及新生入學等，均須照常辦理；請縣政府公開評估過程所有參與委員名單與會議紀錄等訴求。

最後，在社區共同努力下，終於成功說服縣府收回停辦的成命，讓孩子們可以持續在大家的學校——興中國中——繼續就學。

興中國中事件，對基金會而言，是多年推動社區營造、落實政治排除條款的具體驗證，以學校、家長會、居民、村長、社區協會、民間團體共同行動，並推舉由不具政治色彩、沒有政治包袱的基金會協助，最終在社區共同努力下而獲得預期的成果。

（九）社區營造經驗的擴散

近年來，基金會將長期投入社區營造的推動經驗，透過參與宜蘭縣內外的社區輔導工作，協助更多社區夥伴共同加入社區營造的行列，一起推動社區發展、環境教育、文化保存活化等工作。

二十多年來，基金會社區營造工作的成果有目共睹，近年來也透過宜蘭縣社區營造中心等計畫，將社造經驗與能量拓展到其他社區，協助、培力宜蘭縣內外之社區推展、社區營造相關工作。透過宜蘭縣社區營造中心協助宜蘭縣內之社區進行文化保存與活化、社區參與等推廣工作，並進行社區能量調查、協助建構社區營造工作平台、協助鄉鎮公所推動社區營造工作、協助學校投入社區參與工作等事務，並將成果彙編出版成果專輯等。期間邀請宜蘭縣內的社區、公部門共同參與，過程中與社區進行社區資源、環境特色盤點工作，並協助社區策劃各式文化活動，透過社區營造策略，陪伴社區善用環境資源與文化特色等推動地方發展

工作，藉此凝聚居民共識，將社區營造，以作中學的方式，持續落實在社區居民的社區行動之中。

透過參與花蓮縣社區福利永續扎根計畫，協助社區盤點社福資源、挖掘議題，瞭解民眾的需求，透過輔導老師與計畫執行，找出解決議題的行動方案，建構永續社區經營的機制，持續關注地方事務，營造永續扎根的社區生活，實踐社區福利化永續的遠景。

而社區規劃師駐地輔導主要是協助社區透過居民參與進行環境改善，將環境友善、居民需求、地方特色等概念融入空間環境規劃與改善之中，透過參與式規劃設計，發掘社區的環境議題、需求，以多元的參與方式，促進社區居民共同參與討論，尋求因應策略、參與執行，共同進行環境改善工作，透過社區自主，建構政府與社區、居民間重要的介面。由基金會協助參與城鄉潮間帶團隊之駐地輔導計畫，實地陪伴社區，培育社區工作者具備社區空間營造的知能，以在社區環境經營與空間議題上，有更清楚的概念，並成為統合帶動的角色，提升社區營造內涵的廣度和深度。協助社區透過居民共同規劃、自主營造的方式，進行社區空間規劃與改善，處理社區空間問題，將社區特色融入環境設計、或改善社區內之窳陋空間、或環境美化、綠化等。

除了協助社區推動社造工作之外，基金會從長期社區營造輔導工作經驗觀察，過去社區提案大多數是以社區發展協會或民間團體為補助對象。不過社區內有許多對社造工作有夢想的青年及民眾，也希望能透過社區行動為地方帶來不同的影響。因此為了鼓勵這樣的青年世代、居民與學校單位，能投入社區營造工作及擴大民眾參與公共事務的機會及管道，特別與宜蘭縣政府文化局透過甄選的方式，邀請對社區議題、地方文史、文學藝術、傳統藝術、環境空間等社區公共事務具有熱忱及夢想之民眾組隊一起參與社區營造工作，並在執行過程中由基金會提供適當的輔導與協助，協助參與的夥伴進行社區行動，進行社區營造理念的推廣。

六、未來的期待

（一）找回人與人相處的熟悉感與那慢慢走遠的聲音

一株稻穗可以承載多少辛勞？

一畝田可以寄託多少希望？

一間穀倉訴說多少往事？

大二結的社造因為一群有共同理想及目標的熱心居民，用二十幾年一起營造社區及保存文化資產，訴說著二結圳保存、千人移廟、老穀倉新生命、再生紙文化、傳習王公藝術、祈冬慶典凝聚、政治排除條款等豐富的社造故事，點點滴滴的累積，也嶄露了基金會對於社區未來的想像與期待。

（二）透過社區行動，展現大二結的主張與態度

社區是與我們共存共榮的資產，人們生活的畫面逐一累積起社區的樣貌，一直以來基金會透過各種社區行動，不論是千人移廟、二結圳步道營造、二結穀倉保存活化、各種文化資產保存行動、搶救興中國中等等，透過深入在社區生活之中，以親近地方的方式，逐步建立大二結社區面對社區公共事務的主張、態度與想法，並以積極創新活化的方式面對社區的議題與未來發展，並得以透過各種社區行動來具體展現大二結面對公共事務的態度。

（三）慢慢找回我們的社會連結

一直以來，農村裡透過大大小小的農事、工事、祭儀、慶典、宗親家族等活動，串聯起村子裡不同的族群、居民，期間大家有默契地執行起各自的任務，共同的目標很單純，就是完成村子大家的事情，透過參與的過程，居民們彼此產生了連結，形成一個緊密互動的社會網絡，也更有共同感。

　　而基金會推動一年一度的祈冬文化祭，便是試著串起村子裡的社會連結，由社區內外的居民、學生、團體，透過不同的方式參與，不管是踩街或是參與藝陣的練習及演出等，我們設計居民參與的機會，促進各庄頭廟宇、社區、學校共同加入；設計參與者的角色與任務，促進團隊、志工與節慶的對話。在踩街過程中，融入繞境常見的換香，來促進社區民眾一起參與。透過這樣的累積，祈冬文化祭從二、三結逐年擴散到四結地區，參與人員也越來越多，成為地方重要的活動之一。這也是我們期待透過文化祭帶動社區聚落與居民的參與，以一種社會連結的過程，得以逐年累積的社區共同感。

（四）為地方打造一個新的傳統

　　對於近年來大二結推動社區營造的歷程，身處當代的我們，透過不同的社區行動，來連結我們的過去與未來。在這個過程中，我們逐步強化了地方認同，從二結庄生活文化館開始營運，二結穀倉保存與活化、大二結紙文化館成立等，到接續的傳統藝術研究所、地方知識與特展、祈冬文化祭等社區行動，基金會試著讓過去的社區與未來有了連結，將上一代交給我們的，加上我們當代的觀點，試著往下一代交棒而去，希望讓地方的文化與認同延續。我們相信，未來在大二結還會有許多故事繼續流傳著，我們從這個世代開始的行動，也將慢慢形成新的傳統。

（五）前瞻與想像

　　大二結社區營造的初始，透過「千人移廟二結埕」讓社區居民共同參與王公廟的舊廟保存，之後積極推動修復，並將舊廟轉型成二結庄生活文化館，許多活動、課程、會議也在生活館展開，逐漸演變成社區文化生活中心，讓王公信仰透過不同的方式傳遞。二結圳的改建在那個大建設的時代，社區積極與公路總局及相關單位協調，並邀請專業團隊協力，除了促成二結圳生活步道，更重要的是，讓居民發現到透過社區居民參與，是能夠與公部門進行對話，能夠對公共事務提出社區的主張，並且對公共事務產生影響。

　　此後，大二結社區展開更多社區基礎工作，推展研習課程、資源調查、地方文化館、造紙文化、稻農文化等培力活動，策進居民參與；積極保存王公廟、二結圳、蘭陽溪舊鐵橋、中興紙業、二結穀倉、王公生過火等在地文化資產，讓在地故事繼續流傳；策辦籃球賽、跨年活動、成年禮、青年壯遊、童玩親善接待等活動鼓勵青少年參與社區事務；推動生活步道、環境改善等工作，改善社區生活環境。近年來以傳統藝術切入，培植更豐厚的社區軟實力，持續強化在地的認同。

　　綜觀大二結的社造工作，簡單的事情常常變得很複雜，很多事情會「故意」讓社區居民一個一個被設計，變成大二結這場社造大戲的角色之一，也透過這樣的參與，居民成為社區工作的主角，志工更成為重要的夥伴。因此，大二結許多的工作都是由志工共同推動，館舍的營運也都有志工共同參與其中。其中展現在地造紙產業與故事的紙文化館，更是由志工自主經營，收集資料、文物進行展示，並開發許多紙藝產品與體驗活動等。透過把簡單的事情複雜化，以不斷創造參與的機會模式，累積了大二結社造的豐沛的能量。

| 圖 14.1　創辦祈冬文化祭，打造凝聚地方情感的慶典

圖 14.2　從千人移廟開始，大二結保存的不只是一座舊廟，而是生活與記憶的連結

　　傳統是什麼？對於傳統，大二結有不一樣的企圖，傳統既然是過去至今的生活文化積累而來，那從現在開始，我們能否創造一個當代的傳統給下一代？長期以來，大二結在傳統之中尋求創新，將二結王公廟的過火儀式變成社區成年禮的重頭大戲；開辦傳統藝術研究所，讓在地傳統文化延續，並尋求新的可能；透過祈冬活動，讓社區各庄頭的廟宇串聯起來，透過儀式、活動、展演，讓大二結當代的傳統具體展現，也是這樣的展現，讓過去與未來有了連結，也讓這樣的地方認同延續。

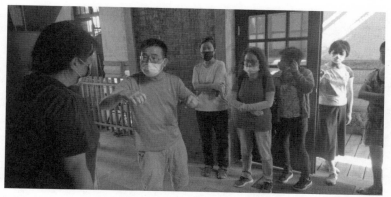

圖 14.3　搶救二結穀倉，投入穀倉活化營運，賦予老穀倉新生命

　　大二結的社區營造以人及當代的生活為核心，在這片土地上，串起一則又一則動人的在地故事。許多過去起了頭的事，依然持續著，孩子依然在暑假一起打球，一起踩過炭火迎接成年的喜悅。大二結透過居民參與的策略不斷凝聚居民的認同，努力找回過去人與人、環境相處的熟悉感與那慢慢走遠的聲音，延續地方認同，打造我們的當代觀點。未來，在大二結這片豐厚的土地上，也將會發展出更多的可能性。

當初車站回來後因為爭議不斷，我們舉辦的草地論壇，一起研討車站的未來！非常有前瞻性，也很有為了地方更好，無論過程如何，都努力樂觀的朝未來前進！

CHAPTER **15**

開創社區志業的元宇宙：
台北市八頭里仁協會

吳哲生

　　台北市八頭里仁協會（Peitou Association）於 1995 年 9 月成立，當初是國小學童爭取保留「北投公共浴場」，屢遭挫折仍不放棄的堅持，感動了北投朋友對鄉里的內在深情，因而成立本會，共同促成市定古蹟「北投溫泉博物館」的重生。這是一個源自於孩子愛鄉土、珍惜文化的心所啟動的志業組織，觸發並召喚了大人們內在的靈魂，所譜寫的生命樂章。這是一連串從一封陳情書出發，為了圓孩子的夢，希望保護這塊土地，而進一步發揚「以人為核心」為理想精神的「社區志業」，體現了寶島台灣平凡的百姓自覺，與志同道合的夥伴共同努力，發揮「大人者不失其赤子之心」的精誠力量的生命故事。

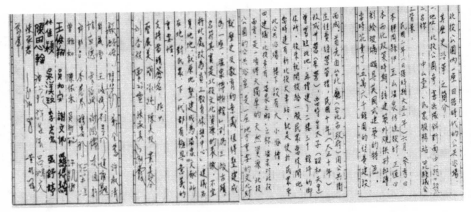

| 圖 15.1　一份陳情書催生八頭里仁協會

▌一、八頭里仁的發軔

（一）「里仁為美」的社區志業

　　台北市八頭里仁協會的「八頭」取自平埔族語「PATAUW」的譯音，「里仁」源自《論語》，志在建立「里仁為美」的社區。依照孔子「吾道一以貫之」的理念，他在完成「刪詩書，訂禮樂，贊周易，修春秋」的志業後，將我們人類努力的總源頭歸結到「元」，而「仁」可以說是「元」

的實踐，是「元」的用，將「元」的精神落實在日常生活當中的具體行動。孔子在《易經・乾卦・文言》說：「元者，善之長也；亨者，嘉之會也；利者，義之和也；貞者，事之幹也。君子體仁足以長人，嘉會足以合禮，利物足以和義，貞固足以幹事。」「乾始能以美利利天下，不言所利，大矣哉！」而在《易經・坤卦・文言》則說：「君子黃中通理，正位居體，美在其中。而暢於四支，發於事業，美之至也。」孔子在乾坤兩卦的闡釋，進一步說明了八頭里仁協會建立「里仁為美」的社區志業這個理想，是人們亙古以來的珍貴傳承。愛新覺羅毓鋆老師印證分享說：「君子體仁足以長人，體用之道也。元者，善之長。乾元者萬物資始，乾元者太極之謂也，此其體。仁心仁政仁行仁德，此其用也。」（愛新覺羅毓鋆札記，2021：130-131）

八頭里仁協會的「視覺系統」（Corporate Identity System, CIS）是在1999年公開徵選，由雲林科技大學江民良同學所設計，以八頭里仁協會的「八」為創意的出發點，將八字以人性化的筆觸擬人化，為一個向前大步邁進的足，步行在青翠的綠地與開闊的藍天，象徵著北投的明媚風光與千禧的光明未來，是走向正面光明健康與藝文的生活園地。

圖 15.2　八頭里仁協會的 Logo

《易經・乾卦》開頭：「元亨利貞。」《春秋》開頭：「元年春，王正月。」《易經》與《春秋》都以「元」開頭，到了 21 世紀因緣際會所開展出源遠流長的「元宇宙」（meme universe），或許正是我們邁入一個新時代的開端。「元宇宙」是一個具有自主元神（meme），能夠生生不息地永續發展（sustainable）的多元（diverse）多維（multi-dimension）平行互通互動（interactive connecting）的綜合整體（holistic whole），涵蓋了時間、空間、人間與靈間（spiritual sphere）的天下。綜觀八頭里仁協會近30 年的發展，正是一個具體而微的「志業元宇宙」，伴隨著各項志業的深入與發展，對社區、社會帶來多元的貢獻（吳哲生，2022：57-71）。

對於諸多先進的深心獨詣，《書寫台灣第三部門史》，上紹司馬遷的《史記》，為天下人作傳，相當值得敬佩！而司馬遷的《史記》繼承了孔子作《春秋》之志，為後世的修史提供了珍貴的典範。《史記‧太史公自序》記載：「幽厲之後，王道缺，禮樂衰，孔子修舊起廢，論詩書，作春秋，則學者至今則之。」「孔子知言之不用，道之不行也，是非二百四十二年之中，以為天下儀表，貶天子，退諸侯，討大夫，以達王事而已矣。」「夫春秋，上明三王之道，下辨人事之紀，別嫌疑，明是非，定猶豫，善善惡惡，賢賢賤不肖，存亡國，繼絕世，補敝起廢，王道之大者也。」孔子依據魯國的歷史，改寫為《春秋》，為我們留下治理的珍貴智慧。

司馬遷認為：「易以道化，春秋以道義。撥亂世反之正，莫近於春秋。」而《春秋公羊傳‧魯隱公元年》記載：「元年春，王正月。元年者何？君（群）之始年也。」「王者孰謂？謂文王也。」「公何以不言即位？成公意也。何成乎公之意？公將平國而反之桓。」《春秋公羊經傳解詁‧隱公第一》「《春秋》托新王受命於魯，故因以錄即位，明王者當繼天奉元，養成萬物。」「法其生，不法其死，與後王共之，人道之始也。」「一國之始，政莫大於正始，故《春秋》以元之深（氣），正天之端；以天之端，正王之政；以王之政，正諸侯之即位；以諸侯之即位，正竟內之治。」《春秋繁露‧重政》「惟聖人能屬萬物於一而繫之元也……是以《春秋》變一謂之元。」以上從《易經》與《春秋》的體用合一，歸結於「元」，恰可為八頭里仁協會的社區志業提供了完整的「志業理論」（theory of syndicate），將八頭里仁協會的宗旨、使命、核心價值等等，與社區夥伴的需要緊密結合。

八頭里仁協會的會員多為北投地區鄉親，以「提倡社區關懷、發揚社區倫理、推動社區服務」為宗旨，關懷在地人文歷史、自然生態的發展、推動 EQ 教育、鄉土教育、社區安全家庭整合、設置「植穗營」關愛弱勢學童、「女巫劇團」啟動流轉生命故事、發行《北投社》雜誌，記錄志工愛鄉行動的歷史。從創會的初衷出發，八頭里仁協會的會員也進一步成立如「北投文化基金會」、「台灣芯福里情緒教育推廣協會」、「北投社區大學」、「北投說書人」、「北投育囡仔協會」等組織，形成一個志業的合作網絡。這一個合作網絡與八頭里仁協會形成「多元平行志業的元宇

宙」（meme universe with diversified parallel syndicates），各自努力但適時合作地共同演化（co-evolution）。如同《易經・乾卦・文言》所說：「乾道變化，各正性命，保合太和，乃利貞。首出庶物，萬國咸寧。」合作網絡中的成員組織除了專精耕耘選定的領域外，對於為社區好、能增進社區福利的事情志同道合地連結起來，一起努力。

（二）核心價值

1. 正直誠信為社區

八頭里仁協會經過近 30 年的實踐行動，夥伴們也從實際的體驗中領略到社區志業不但需要日益精進的「良知」（professional knowledge）、「良能」（proficient competency）的重要之外，「良心」（ethics; conscience）或「正直」（integrity; honesty）更是從事社區志業核心價值。社區志業雖然免不了會面臨資源有限、心力極限等的考驗，但是越是艱難的情境常常可以激發我們的想像力、創造力、連結力，超越限制，感動貴人伸出援手。越是大公無私、超脫自我、至誠至性、矢此靡他地付出奉獻，常常會獲得如「日本經營之聖」稻盛和夫所說的「宇宙祂力」的扶持，而獲得峰迴路轉、柳暗花明的意外驚喜。八頭里仁協會的夥伴從「北投溫泉博物館」的夢想成真、「北投纜車」的宣布終止、「新北投火車站」的喜歸故鄉，都深刻體會「正直」這一核心價值的無限力量，並且烙印在我們的生命深處，成為八頭里仁協會最核心的價值與 DNA！

2. 融化冰山的熱情

其次，八頭里仁協會的夥伴，不論是家庭主婦、專業人士如醫師、律師、會計師、建築師、單位或組織主管、老師或教授、企業家或創辦人，甚至是民意代表或政治首長等等，對於八頭里仁協會這個團體的志業無不充滿著「熱情」（passion），不論面對再大的難題與困境，或是勢力再龐大的利益集團，只要「自反而縮」，「雖千萬人吾往矣」！「熱情」成為八頭里仁協會夥伴的另一個核心價值與 DNA，是經過許多磨難與挑戰，

夥伴們不斷地在絕望中堅持,在不可能中尋找方法與可能,最終絕處逢生,化解危機。「北投纜車」從既定方案翻轉、「北投溫泉博物館」從廢墟中重生、「新北投火車站」從破落的角落再覓新機、「EQ 教育」從無到有等等,都是可以印證持續的「熱情」能夠融化冰山的事例!

3. 源源不絕的關懷能量

再者,「關懷」(empathy; solicitude)是八頭里仁協會的夥伴一張共用的名片,對自己、對家庭、對社區、對生態環境、對鄉土、對文化等等出自內心真切的關懷,成為每一位八頭里仁夥伴源源不絕的能量源頭。孩子們對於鄉土、對於社區、對於歷史文化、對於生態大地的「關懷」,直接而深刻的感情召喚了八頭里仁夥伴靈魂深處的覺醒,如火山爆發般沛然而莫之能禦。「關懷」激發了每一位八頭里仁夥伴內在生命的能量,開啟了性靈的智慧之眼;因為關懷,八頭里仁夥伴的生命之窗更加多元而全面,八頭里仁夥伴因此更懂得以「全局」的眼光,站在更高的立場盱衡大勢,找到對全體成員最佳的方案。八頭里仁協會的「社區安全家庭整合方案」如此,「植穗營」關愛弱勢學童的推進也是如此,「EQ 教育」從北投出發推廣到更多的地方更是「關懷」這一核心價值與 DNA 展現與落實的明證。

(三)定位

1. 以人為中心的造人志業

從八頭里仁協會的開創之初,對於社區志業的定位即有一個階段性的演化構想,也就是從早期以關注硬體的「造街」、「造境」等的社團為主,轉化成為一個「以人為主體」的「社團法人」;接著要從接受孩子的感召進一步關注群體的「造人」,對「兒童教育」、「家庭教育」、「社區連結」的相關主題深入耕耘,將社區夥伴的需要與八頭里仁協會相結合。因此,八頭里仁協會的經營不應與教育脫鉤,八頭里仁協會的努力將會更進一步朝向打造一個「以人為中心」的「永續生態系統」(sustainable ecosystem）邁進。

2.「倡議（導）」→「實踐」→「分享」

　　在這樣的定位之下，八頭里仁協會將從每一個中心主題的「倡議（導）」→「實踐」→「分享」來完成自己的使命。例如針對「北投溫泉博物館」八頭里仁協會「倡議（導）」珍惜歷史文化古蹟，結合社區、文史工作者、學術界、民意代表、政府官員的力量，逐一克服法規、產權、經營管理模式等等的挑戰，除了硬體工程、軟體規劃設計、以及營運的「韌體」（firmware）制度外，還將社區志工、「在地化公民合營」的經營管理委員等群體（people-ware）內建在如「北投溫泉博物館」與「新北投車站」等的生態系統中。

3. 打造永續生態系統

　　這一個集硬體、軟體、韌體、群體而成的「生態體」（eco-ware）即成為八頭里仁協會分享給其他志業團體一個完整的案例，如果能持續推進這種案例的經驗，包括「新北投車站」在內的「生活環境博物園區」（eco-museum）或「無圍牆博物館」將可以為北投、台北市、寶島台灣等等開創出令人驚豔的文化、歷史、生態、生活的新天地。八頭里仁協會「以人為主體」「以人為中心」的「永續生態系統」理想願景，將可以步步為營，逐一落實。

▋二、成立時的關鍵人物

（一）洪德仁醫師

　　八頭里仁協會的成立，熱愛鄉土且堅持不懈的北投國小同學是重要的關鍵人物，是他們感動了如洪德仁醫師、陳慧慈教授、楊俐容老師等等居住於北投當地的公民們，促成這一個社區志業的誕生與創會理想的接續傳

承。洪德仁醫師是八頭里仁協會第一、二屆的理事長，受到孩子們熱情的感召，洪醫師勤於奔走，結合眾力讓「北投溫泉博物館」得以重生。

（二）陳慧慈教授

陳慧慈教授擔任八頭里仁協會第一、二屆的總幹事，並成為八頭里仁協會第三屆、第四屆的理事長，揭櫫「為孩子圓夢」及「造人」的精神理想，至今內化成為八頭里仁協會的重要基因。他卸任後對八頭里仁協會的各項活動與理念、策略的發展依然不遺餘力地奉獻付出，深受八頭里仁夥伴的愛戴。

（三）楊俐容老師

楊俐容老師自始即為八頭里仁協會的理事，也是八頭里仁協會及我國「EQ 教育」的開創先鋒，對「生命教育」的理論與實務發展都著力甚深。她接棒擔任八頭里仁協會第五屆的理事長，卸任後仍然深受八頭里仁協會的倚重，始終如一地關照著八頭里仁協會的志業推進，並且成立「台灣芯福里情緒教育推廣協會」，將「EQ 教育」及「生命教育」推廣至全國各地。

此外，許陽明先生在「北投溫泉博物館」重生期間的折衝樽俎及《北投社》雜誌的創辦付出許多心血；謝明海先生擔任《北投社》雜誌的總編輯期間發揮了思想傳播及文化蘊蓄的功能，都令人感念。

▌三、組織運作與治理模式、服務對象與財務

（一）治理模式

八頭里仁協會的組織運作與治理模式一向以理事長及其核心團隊為重心，會員大會為最高權力機構，理監事聯席會為平時重要計畫的集思廣益與決策平台。現行組織的運作有每週定期的「工作會報」負責八頭里仁協會整體活動的推進與協調，理事長以下設立「社區議題委員會」、「鄉土

人文委員會」、「親職教育委員會」、以及「編輯委員會」，各委員會並有定期的工作會議。理事長、副理事長、總幹事及其核心團隊成員平時即依其社會網絡分享社區志業的相關訊息與動態，必要時還可機動聚首研商，有效地推進協會的相關工作。

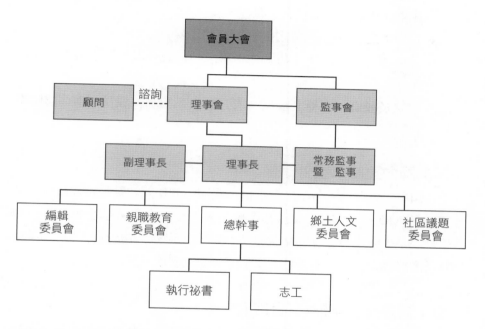

圖 15.3　社團法人台北市八頭里仁協會組織架構圖

（二）在地化公民合營

八頭里仁協會目前是「北投溫泉博物館」及「新北投車站」的「在地化公民合營」的經營管理委員，並且也是台北市文化基金會「北投無圍牆博物館」整合行銷委員會的成員，對於「北投水道」倡議其納入《文化資產保護法》，並且結合志同道合的團體持續推廣「北投水道」的新時代文化價值。對於深具國際知名度與價值的「北投石」將結合「唭哩岸石」、「大屯火山安山岩」等高度生活連結的石材，成為一個「三石合一」的專案，作為八頭里仁協會進一步的「倡議」主題。

（三）服務對象

八頭里仁協會的服務對象包含以下 5 個群體：

1. **兒童及青少年**：主要為提供情緒及生命教育之推廣及關懷。
2. **家庭**：提供家庭成長教育課程。
3. **長者**：提供身心靈健康相關的課程及服務。
4. **社區居民**：曾經辦理藝術嘉年華活動，如今辦理鄉土教育推廣活動。
5. **醫院及校園**：女巫劇團以一人一故事系統訓練成員、進到醫院與校園服務。

（四）國內連結或國外網絡

八頭里仁協會透過各項志業項目，跟國內的相關非營利及非政府機構（NPO、NGO）如「新港文教基金會」、「紀守常文教基金會」、「台灣蠻野心足生態協會」等等交流連結；同時也跟國外的機構如「日本星宿海練馬童軍團」、「日本千葉大學」等等建立交流及連結平台。

（五）資金來源與財務運作方式

八頭里仁協會為保持在地主體性，並且能客觀、超然、公正地站在社區夥伴整體利益的立場，不卑不亢地創造社區整體的利益，自創會以來即依活動及專案別籌措經費：包括認同八頭里仁協會宗旨及志業的個人及企業捐款、會費、八頭里仁協會既定活動邀請政府相關單位的參與及補助。近年來強化主動提案來邀請政府相關單位的參與及補助。近 30 年來，感謝諸多懷抱相同理念的個人、企業及政府相關單位的支持，八頭里仁協會方能堅持理想，貫徹完成相關的志業活動。

█ 四、八頭里仁協會的志業

（一）完成的志業

　　八頭里仁協會自成立至今，主要完成的志業項目有三，包括北投溫泉博物館的重生與再利用、北投纜車的社會正義、以及新北投火車站回歸故鄉等。這些志業活動的詳細紀錄，《北投社》雜誌都有盡其可能的報導，本文略陳其要以供參考（八頭里仁協會，《北投社》雜誌，1996-2014）。

1. 溫泉博物館

　　台北市八頭里仁協會的成立是受到北投國小師生一封陳情書的感動，因為北投國小的師生在校外教學中，無意中發現了位於北投公園後方，於1913年由「湯瀧浴場」改建而成的「北投公共浴場」。由於浴場年久失修，隨時有倒塌的危機，因此台北市政府準備將它拆除。

　　這群師生為了讓這一個代表北投發展的歷史建物可以保存下來，於是用十行紙寫了陳情書，希望台北市政府能將浴場保留，並加以整修，定為古蹟。這樣的行動讓一群包括大學教授、企業家、律師、醫師、民意代表、家庭主婦的北投居民成立八頭里仁協會，開始舉辦研習營、認識溫泉文化等等的相關活動，幫助孩子們一圓心中的夢。終於，在大家的努力下，台北市政府同意將「北投公共浴場」定為市定古蹟，並重新整修成為「北投溫泉博物館」。

　　「北投溫泉博物館」的重生，八頭里仁協會陳慧慈前理事長認為是天時、地利、人和三合一的結果。天時是陳水扁執政當台北市市長，重視鄉土教育。地利，溫泉博物館的土地是公家的，台北縣政府的，但也是天時，因為台北縣縣長是尤清；北投原來是台北縣的，後來因為台北市要變院轄市，把北投劃為台北市之後，溫泉博物館（當時的中山堂）的產權還是台北縣政府的，較好談，而社區孩子的夢想更獲得了北投父老鄉親們的支

持。所以北投溫泉博物館是在一個天時地利人和因緣俱足下誕生，並為北
投寫下新的歷史篇章。

| 圖 15.4　1998 溫泉博物館上樑　與當初發現溫博館的小朋友共同祈福

　　八頭里仁協會對於「北投溫泉博物館」的經營管理，提出「公民合營」
的建議，並且充分跟相關單位說明，既可活用志工的資源，又能將在地的
資源引入「北投溫泉博物館」，可說是一舉數得。這個經營管理模式的創
新不但避免了委外經營的困境，又能贏得在地居民的認同與向心力，展現
了「北投溫泉博物館」的獨特魅力。

2. 北投纜車

　　八頭里仁協會另外一個重要的志業行動便是反對破壞「北投公園」關
鍵生態的北投纜車案，堅持生態正義與社會正義的實際行動。對比於「北
投溫泉博物館」的「一群小朋友的故事」，針對北投纜車的志業行動則是
「一群媽媽的故事」。一群辛苦的、勇敢的、努力不懈的媽媽，為了捍衛
國家公園、北投公園以及北投交通及居住環境，共同出力，共同關懷，力
阻不當纜車的興建。

圖 15.5　20121220 破除纜車末日　捍衛北投家園

　　為了北投纜車，政府要解編 3.5 公頃的保安林地，作為大賣場，設置餐廳、休閒館、商業區。為了北投纜車，相關區域要付出超乎想像的社會成本。為了避免錯誤的決策帶來無法彌補的破壞與損失，八頭里仁協會發起反北纜活動、舉行守護北投公園活動、發動媒體採訪報導，並在台灣蠻野心足生態協會全力協助下，緊盯環境影響評估，多管齊下守護家園。終於 2015 年 5 月 10 日，台北市市長柯文哲宣布，北市府決議不興建北投纜車。從 1995 年到 2015 年整整 20 年，八頭里仁協會的堅持以及志同道合的專業人士的協助，北投纜車的志業行動終能告一段落。由於阻止北投纜車保護文化古蹟與生態環境的寶貴經驗，我國高山纜車的計畫都將善用北投纜車一案的經驗，對生態環境的保育將提升到更高的境界。

3. 新北投火車站

　　新北投火車站於 1916 年興建，1988 年鐵路淡水線因興建捷運停駛，由捷運局同意移交至彰化縣台灣民俗村，1992 年在台灣民俗村原貌重現。八頭里仁協會自 1996 年起就積極推動新北投車站返鄉，並成立公益信託基金，號召大家同心協力促成老車站落葉歸根。2007 年台灣民俗村因債務面臨法拍，2012 年由日榮資產管理公司承接，彰化縣文化局 2014 年列

為暫定古蹟。在八頭里仁協會、民意代表及地方人士與台北市文化局力爭下，日榮公司同意無償捐贈給台北市，八頭里仁協會從倡議、行動參與到最後迎回新北投火車站，畫下了再一個志業行動的句點，也為其他文化古蹟的返鄉重生提供了具體的印證。

| 圖 15.6　20120909 新北投車站風華重現運動

　　新北投火車站為現存台鐵北淡線僅存的車站，也是台北市目前碩果僅存的百年車站，站體採木造結構，屋頂簷架下的雕花托座，1937 年因站體擴建而產生的 3 ＋ 1 組合老虎窗，為車站建築一大特色。2014 年 2 月 2 日，八頭里仁協會的夥伴會同郝龍斌市長、吳思瑤議員等同赴彰化，迎回了新北投火車站。2016 年 4 月 1-3 日，八頭里仁協會的夥伴為新北投火車站在新北投捷運站舉行了百歲的慶生活動，除了有珍貴照片的展出外，還展出孩子們期待新北投火車站返鄉的珍貴畫作。在 2016 年 4 月 1 日新北投火車站恰滿 100 歲的晚上，八頭里仁協會的夥伴為新北投火車站舉行了百歲慶生晚會，邀請了在北投成長的張琪、張琴名歌星姊妹登台獻壽，並請《心愛的老車站》作詞作曲原唱的陳明章老師獻上他百齡嵩壽的祝福。以一個獨立的社區志業，八頭里仁協會的夥伴完成了協助新北投火車站歸鄉的心願。

花轎南下迎接》新北投車站 今天回娘家

自由時報 自由時報 – 2014年2月22日 上午6:11

相關內容

〔自由時報記者施致如／台北報導〕移居彰化二十多年的新北投車站終於要回家了！台北市文化局長劉維公與地方人士今晨組團南下彰化，準備在舞獅鑼鼓聲中，以大紅花轎風光迎接車站瓦片、招牌等零件，象徵老車站重返故鄉。

返回台北後，一行人將搭乘舊時專車前往北投捷運站，護送零件回到預定重建地七星公園，現場將舉辦踩街、返鄉音樂會等慶祝活動。

花轎南下迎接》新北投車站 今天回娘家

新北投車站一九一六年啟用，有近百年歷史，一九八八年淡水線改為捷運，不少火車站遭到拆除，彰化「台灣民俗村」經營者施金山以象徵性的一元買下新北投車站，拆解至彰化重組，北投地方人士奔走多年，車站產權所有者「日榮公司」去年同意將車站無償捐給北市府，由文化局與地方團體合資重建，最快今年底可亮相。

圖 15.7　20140222 新北投車站　今天回娘家

　　如今，新北投火車站也有了月台及藍皮車廂為伴，成為「北投無圍牆博物館」的一分子，八頭里仁協會也成為新北投火車站「公民合營」經營管理委員會的委員，共同迎接屬於新北投火車站嶄新的未來。將來八頭里仁協會也會繼續參與北投更多歷史文化古蹟的新生與活用，並且把八頭里仁協會所建議的「公民合營」經營管理模式分享給更多「公私合作」計畫下的新成員，將八頭里仁協會的「志業元宇宙」繼續發揚光大，效法《易經‧離卦‧大象》所說的「繼明以照於天下」！

（二）生生不息的志業活動

　　除了完成上述 3 項志業活動外，八頭里仁協會自始至今有 3 項生生不息的志業活動，一則是「EQ 教育」及「生命教育」，二則是「女巫劇團」，三則是「鄉土教育」，目前亦與東吳大學人社院共同推動「USR 五色鳥計畫」。

1. EQ 教育及生命教育

八頭里仁協會在和社區居民的互動中發現，比起周遭的硬體環境，「家庭關係」是大家更關切的課題；也從社區學校的回饋中，得知學童的情緒困擾越來越多、成長困境越來越大。八頭里仁協會的成員共同認為，一個理想而深富人性的社區，除了硬體環境好之外，更應該為社區成員——尤其是正在發展中的兒童與青少年——提供有助於其邁向情緒成熟、性格健全的成長環境。

於是，八頭里仁協會提出「為孩子構築高 EQ 的成長鷹架」方案，由「春風少年自信營」的團隊夥伴一起規劃 EQ 教育課程，開啟了一條由心理學專家研發教材、培訓社區志工家長，以協同教學模式進入小學校園，親師攜手和孩子們分享生命智慧的志業道路。

由於在北投區推動成效備受肯定，EQ 教育的服務範圍開始跨越社區，向台北市其他區域擴展。2004 年起受到勇源教育基金會的支持與贊助，EQ 教育服務的區域逐漸擴及新北以及桃園、新竹等中南部縣市，寒暑假期間，也特別為偏鄉以及有特殊需求的孩子提供服務。十幾年的推動工作一路走來，EQ 教育引發許多教育界夥伴與關切下一代福祉的家長們共鳴。

如今，八頭里仁協會依然持續在北投地區，推動涵蓋情緒管理、自信自尊、人際溝通與問題解決等能力的「EQ 武功祕笈」系列教案，以及為防治校園霸凌而設計的《EQ 學園——好人氣養成班》得以陸續出版發行，讓更多關懷孩子 EQ 發展的家長、老師以及特教、臨床工作者，可以運用這套活潑生動的教材，幫助即將邁入青春期的孩子認識自我、管理情緒，希望透過課程幫助孩子在遊戲中提升自信、學習合作、發展自我，作好進入人生關鍵階段的準備工作，進而實踐「珍愛自己，尊重他人」的生命態度，為社會培育高 EQ 的未來公民。

2. 女巫劇團

八頭里仁協會於 2001 年成立社區劇團，2003 年 8 月協會接觸到要在社區推動戲劇教育的高仔貞老師，仔貞老師建議協會可以推一人一故事劇場，這種劇場的模式和協會希望社區的志工朋友將社區的故事，以戲劇的

方式呈現，並帶動社區活力相輔相成，且不用編劇也不用作道具找配樂，在 2003 年 10 月開始了培訓課程。

在全球的 Playback 劇團都是專業劇團，唯獨北投社區劇團雖非專業劇團，但卻能日益精進，甚至承辦全球性 Playback 劇團的會議活動。協會的培訓課程補助為 3 學期，當課程結束前學員討論結果就以北投的凱達格蘭族語原意命名為女巫劇團，因團員皆為女性且在聆聽完故事後，馬上演出說故事者的感受，感動敘述者的心靈，如同女巫般會施法咒。

3. 鄉土教育

八頭里仁協會的鄉土教育主要工作為北投歷史、文物及生態之教育推廣，例如鄉土導覽志工培訓、收集與調查鄉土資料（限時專送機車服務、新北投車站回鄉等等）、生態教育推廣等等。八頭里仁協會從早期「認識北投研習營」開始，進而將北投人發掘、整理、研究的鄉土人文、自然生態素材，定期出版《北投社》季刊，定期分贈給北投地區國民小學老師，作為鄉土教學的輔助教材。對於來到北投執教的老師們，提供了一個珍貴的在地連結。再者，八頭里仁協會辦理老照片說故事巡迴展，推動指定古蹟、保存歷史性建築，以規劃整體的北投文化。八頭里仁協會的鄉土教育更重要的是如何活用這些文史素材，以生活的、活潑的、歡樂的方式，和現代居民結合，從過往的歷史經驗，豐富當代和未來的生活。

例如對於北投水道的導覽，八頭里仁協會的鄉土教育會說明：1911 年落成啟用的北投水道，有別於台北都會區的自來水系統，即使時空改變，仍不斷服務北投的居民。在北投水道 111 週年生日的當天，講師與學員一起從北投十八份的水源地開始，從通水至今的點點滴滴談起，也一起給北投水道更多的百年祝福。

4. USR 五色鳥計畫

八頭里仁協會與東吳大學人社院共同推動「USR 五色鳥計畫」是一個促進銀髮族群身心靈發展的努力。東吳大學「大學社會責任（University Social Responsibility, USR）」整體發展藍圖，以「人才扎根養成、場域永

續發展」為願景，善用人文關懷與科技導入等專業特色資源，與在地場域協同合作，協助場域有效發展，並創新擴散成功經驗至鄰近地區，建立該校與社區共同營造之協力生態體系。這個建構東吳 USR 基盤，育成種子型 USR 計畫，協助教師開展初期之規劃、課程推動與學生參與所需之經費，依「東吳大學教師社會責任實踐計畫補助辦法」，補助教師以跨領域合作的方式，提出人文關懷及協助解決區域問題之計畫，帶領學生走入社區，實踐大學社會責任的真實意涵。

由於寶島台灣（以及全球）面對人口快速老化的問題，社會資源不足以因應，如果只依循醫療照護的思維試圖解決此一社會議題，資源需求極高長久恐力有未逮。五色鳥計畫借用各處築巢而居的台灣特有種五色鳥為名，說明本計畫對象為並非在從小成長但在社區終老的都會熟齡族，而是逐漸進入初老，對老化感受具高度不確定性，擔心自己不足以因應老化帶來的生理與心理衰弱。雖然都會熟齡族能力強也追求回饋社會，但與居住社區的連結與融入不深，也難實踐在地老化理想。該計畫希望培力北投社區熟齡族，提升熟齡族面對老化導致的生理與心理衰弱所需的自主管理能力，並強化他們與社區的連結。

5. 感人肺腑的生命故事

八頭里仁協會在近 30 年的實踐中，也有許多感人肺腑的生命故事。例如曾麗娟教授等所領導的「植穗營」活動、葛書倫教授等所領導的「安家方案」等等，為社區中的弱勢青少年及家庭提供關懷及具體的扶助，在八頭里仁協會所能動員的社會網絡中，盡心盡力地展現愛心與智慧，為人間的缺憾盡量供輸溫暖。例如雖然「植穗營」活動贏得教育部的認同，轉化成為「夜光天使」的專案關懷，八頭里仁夥伴至今仍然與曾經共同奮鬥的孩子們保持聯繫，持續給予鼓勵與支持。

（三）以良心造人

1. 以人感召人，以生命感動生命

　　八頭里仁協會在陳慧慈教授與楊俐容老師擔任理事長期間，將這個社區志業的重心從硬體的「造街」轉化為軟體與群體的「造人」，回歸到八頭里仁協會創辦時期的初心，以人感召人，以生命感動生命，以愛心激發愛心與熱情。雖然社區志業需要經費，但更需以誠信、愛心與熱情來超越金錢所帶來的誘惑、衝突、競爭與各種人性黑暗面的挑戰。

　　「人」也是一個「元宇宙」，擁有「人性」的光輝，也可以經過努力來「誠意」、「正心」、「修身」，並且深刻體會《易經·乾卦·文言》所說的「元者，善之長也；亨者，嘉之會也；利者，義之和也；貞者，事之幹也」的精神，發揚人性光明面的力量，將美好注入這個社區志業，必要時還要以「浩然正氣」來「撥亂反正」，將《易經·大有卦·大象》所標舉的「君子以遏惡揚善，順天休命」的「社會正義」展露無遺。

2. 以「浩然正氣」來「撥亂反正」

　　例如「北投溫泉博物館」曾經被規劃轉為「委外經營」且成為與北投在地性毫無關係的博物館，背離了當初孩子們努力愛護鄉土的原意。八頭里仁協會及時發動社區夥伴及專家力挽狂瀾，幸好能讓「北投溫泉博物館」的定位及經營管理都「復正」就是以「浩然正氣」來「撥亂反正」的一個例子。針對「北投纜車」的長期努力，八頭里仁協會結合各方貴人，終於能阻止破壞生態及文化資產的行為，也是發揮「春秋精神」讓「亂臣賊子懼」的一個彰顯「斧鉞嚴威」例子，印證了社區志業雖然條件有限，但是這份微小的心火還是有可能「遏惡揚善，順天休命」。

3. 能捨而後有得

　　八頭里仁協會在近 30 年的實踐中，也曾面臨許多攸關「誠信」、「公義」的艱難考驗，雖然會失去一定的資源與人才，但是為求張顯《易經·

繫辭》所說的：「理財正辭，禁民為非曰義。」八頭里仁協會的長遠發展，以及協會宗旨的貫徹落實，關鍵時刻八頭里仁協會有責任，而且也必須毅然決然地「能捨而後有得」。《易經·損卦》《易經·益卦》「損下益上，其道上行。損而有孚，元吉」「弗損益之，大得志也」「損上益下，民說無疆」「有孚惠心，勿問元吉。有孚惠我德」「惠我德，大得志也」等等的智慧，引導八頭里仁夥伴作出正確的決定，發揮「利者，義之和」的「大利公義」，讓八頭里仁協會永遠走在《易經·乾卦·文言》所說的：「能以美利利天下，不言所利，大矣哉！」的大道上。

4. 作人作事的根本原則

《孟子·滕文公下》所說的「居天下之廣居，立天下之正位，行天下之大道。得志與民由之，不得志獨行其道。富貴不能淫，貧賤不能移，威武不能屈。此之謂大丈夫」令人心有戚戚焉，也讓八頭里仁夥伴心寬體胖，優游在社區志業的浩瀚宇宙之中。社區志業在堅持理想、回歸初衷、貫徹宗旨的路上沒有模糊地帶，必須「知所選擇」，即使在面對掌握公權力或深握資源的人或組織時，也要有《易經·乾卦》所說的：「不易乎世，不成乎名，遯世無悶，不見是而無悶。樂則行之，憂則違之，確乎其不可拔」的精神，回歸「作人作事的根本原則」，才能讓「元宇宙」的「人間正義」得到落實與發揮。

5. 超越組成謬誤的考驗

經濟學上常有組成謬誤（fallacy of composition）的考驗，在社區志業的實際活動中八頭里仁協會也常須努力以通過並超越組成謬誤的考驗。對部分最好的決策未必是對整體最好的決策，正因為如此，八頭里仁協會最好的決策必須關照到真正社區的需求，而不為個人或少數利益團體。當然，八頭里仁協會這樣的立場有時也未必能獲得部分個人或少數利益團體的支持，而面臨失去一定的資源與人才的難題。八頭里仁協會在各項志業活動的推進中，偶而也須認真在這種關鍵決策集思廣益，例如針對「北投溫泉博物館」、「北投纜車」、「新北投車站」時，哪些事情作與不作之

間常需考量大局，從最大多數人的整體利益出發，才能讓社區志業的整個生態系統得到長治久安，八頭里仁協會必須為此忍痛犧牲。

▋五、悠揚一曲歌未央

（一）「北投無圍牆博物館」

　　八頭里仁協會十分幸運，從「生活環境博物園區」理念的提出，到形成如今「北投無圍牆博物館」生態系統的雛型，一直以來在不同階段都有貴人的適時相助。八頭里仁協會很高興看到台北市的第一個無圍牆博物館是從北投開始，由於北投所蘊含，而且經由自主意識覺醒後共同恢復與營造的濃厚文化及歷史氣息，以及珍貴的、經由用生命來爭取守護的自然生態環境等等，正好成為無圍牆博物館最佳條件的地區，八頭里仁協會很感恩許多志同道合的北投夥伴、朋友、組織，及政府管理單位等，在將近30年的時間中建立平台、整合場館與組織，慢慢地將北投的特色展現出來。

（二）北投的三個「寶島台灣」

　　八頭里仁協會也很感恩北投擁有全台灣最早發展具有百年歷史的溫泉區及豐富的在地文史寶藏，加上如重建的懷舊新北投車站、全台灣最環保的綠建築北投圖書館、禪園裡日本神風特攻隊及東北少帥張學良的故事、北投溫泉博物館、梅庭及地熱谷等等，這些「生活環境博物園區」的元素逐步豐富了「北投無圍牆博物館」的生態系統。而生活在北投這個大生態系統中的人們，包括居民與朋友、遊客，或許有人也已經發現北投有三個「寶島台灣」的元素，除了我們「福爾摩莎」之外，超過百年歷史的「北投公園」，以及「北投溫泉博物館」附近的荷花池也都是不同尺度的「寶島台灣」。而「寶島台灣」是八頭里仁協會這個社區志業的「元宇宙」，蘊含著人們對未來理想社區與社會的想像與期待。

（三）「全人教育」或「博雅教育」的雛型

八頭里仁協會在文建會指導下，於 1999 年出版了《北投！我的家》，並且進一步提出了以「造人」為主軸的志業方向。「人」是八頭里仁協會這個社區志業的「關鍵元素」，也是八頭里仁協會生生不息的原動力。八頭里仁夥伴以志工的角色在各項社區志業的活動中學習、服務，正是一個終身「服務學習」的好機會，不論直接從事服務，或是扮演主任委員、理監事等等領導人的角色，甚至自行創辦志業組織，擔任最高負責人，八頭里仁協會「造人」的志業方向，都有一定的進展。至於像兒童、青少年、青年、壯年或銀髮朋友等等，由於八頭里仁協會社區志業的活動中帶來有關情緒教育、生命教育、家庭教育、鄉土教育、人文教育、生態教育或「五色鳥計畫」等等，都有機會領略到跨領域、跨生命階段的學習及成長與發展。這是一種「全人教育」或「博雅教育」的雛型，也是 21 世紀新時代的終身「服務學習」。

（四）滾雪球的社區志業

至於像「北投水道」、「北投石」復育計畫暨「三石合一」等等其他正努力中的理想志業活動，八頭里仁協會也會繼續秉持創會「圓孩子的夢」的初衷，將北投這個「米其林三星級綠色小鎮」的努力繼續發揚光大。雖然八頭里仁協會人才、資源有限，讓八頭里仁夥伴常感受到「學然後知不足」、「書到用時方恨少」；但是從志業活動的實踐中，也可以不斷地淬鍊志業節操，開闊志業的視野與胸襟，提升從事志業活動所需的專精知識、智慧、與能力，逐步擴大完成志業所需的社會連結網絡，形成一個具有「滾雪球效應」的、完整的社區志業的「元宇宙」。

▌六、前瞻與展望

（一）開創「社區志業」的典範

如果溯及更早的社會發展史，「社區志業」在寶島台灣其實也有悠久

的發展歷程。例如從連雅堂修纂的《臺灣通史》中，寶島台灣的「社區志業」也有傳承自孔子《春秋》和太史公《史記》的精神和原則。章太炎在其為《臺灣通史》所作的序文中曾提及：「豪傑之士無文王而興者，鄭氏也。後之豪傑，今不可知。雖然，披荊棘，立城邑於三百年之上，使後世猶能興起而誦說之者，其烈蓋可忽乎哉？雅堂之書，亦於是為台灣重也。」以近代來說，寶島台灣的「社區志業」在鄭成功時期已有其基因的雛形，而連雅堂在其《臺灣通史》自序也深謝：「洪維我祖宗渡大海，入荒陬，以拓殖斯土，為子孫萬年之業者，其功偉矣。追懷先德，眷顧前途，若涉深淵，彌自儆惕。」

（二）志業經營理論

　　八頭里仁協會從圓北投國小孩子的夢出發，一步一腳印地逐步打造社區志業的「元宇宙」。幾乎在同時，被尊成為「現代管理學之父」的彼得杜魯克（Peter Drucker）在《哈佛商業評論》（*Harvard Business Review, HBR*）也發表了一篇有關「企業經營理論」（theory of business）的文章，名為〈The Theory of the Business〉（Drucker Peter, 1994: 95-107）。在該文中彼得杜魯克指出一個企業要能與時俱進，持續成功，對於顧客、競爭者、價值與行為活動的假設必須符合實際的現況。因此，八頭里仁協會打造社區志業的「元宇宙」也必須實事求是地認清在 21 世紀的今天，確認社區真正的需要是什麼？將來八頭里仁協會所面對的生態系統是什麼樣的生態系統？哪些事情需要有人作但事實上沒人作？八頭里仁協會可以作哪些事但不要作哪些事？八頭里仁協會想完成未來的願景需要哪些核心能力與條件？如何鍛鍊出或得到這些能力與條件？等等。

　　這些都是八頭里仁協會打造社區志業的「元宇宙」所必須先釐清的課題，一旦確認好了，八頭里仁協會自己的「志業經營理論」（theory of syndicate）初步完成，未來八頭里仁協會的「頂層設計」（master design; top design）及「經營模式」（business model）即可穩紮穩打的推進，創新符合新時代需要的「社區志業」的典範。

（三）兼具倡議、服務、及社區型的第三部門

　　從八頭里仁協會近 30 年的實踐軌跡，以及從《書寫台灣第三部門史 Ⅰ》、《書寫台灣第三部門史 Ⅱ》報導的台灣第三部門案例來看，八頭里仁協會似乎兼具倡議型、服務型、及社區型的第三部門的性質。在盱衡北投社區的未來發展趨勢後，八頭里仁協會如何有效回應北投社區的需求，滿足各方利害關係人的期望，正是八頭里仁協會重要而核心的議題。

（四）發揮國際影響力實現「北投！我的家」的願景

　　八頭里仁協會自從在文建會指導下，於 1999 年出版了《北投！我的家》之後，從「北投溫泉博物館」、「北投纜車」、「新北投車站」等等「社區志業」的具體行動中，期望能凝聚社區居民共識，將北投營造成一個「生活品質藝文化、學習成長終生化、家庭社區和樂化、服務奉獻志願化、生命思考多樣化」安居樂利、美滿快樂的生活家園。近 30 年來，八頭里仁協會在實現這樣的願景的路上略有初步的成果，祝福現在與未來的服務團隊能夠持續創新，再創新局！將來有適當的機會還可以將八頭里仁協會的成果跟更多國內及海外的朋友分享，發揮國際影響力，共同打造 21 世紀的桃花源！

｜參｜考｜文｜獻｜

八頭里仁協會，《北投社》雜誌。台北：八頭里仁協會。

八頭里仁協會，1999，《北投！我的家》。台北：八頭里仁協會。

八頭里仁協會，2000，〈北投纜車時光隧道〉，《北投社》17: 6。

八頭里仁協會編輯小組，2002，〈救北投救自己〉，《北投社》26: 13-15。

八頭里仁協會編輯小組，2004，〈北投溫泉博物館浴火重生〉，《北投社》32: 5-16。

八頭里仁協會編輯小組，2006，〈北投纜車爆發弊案大事記〉，《北投社》41: 27。

八頭里仁協會編輯小組，2012，〈反北投纜車專題〉，《北投社》65: 4-11。

北投區公所，2011，《北投區志》。台北：北投區公所。

吳哲生，2002，〈做社會的中流砥柱〉，《北投社》26: 28-29。

吳哲生，2003a，〈期待新世紀的社會企業家〉，《北投社》29: 7-9。

吳哲生，2003b，〈開創社區志業新典範〉，《北投社》30: 7-9。

吳哲生，2004，〈且看群龍志業新天下〉，《北投社》34: 16-17。

吳哲生，2006a，〈21 世紀的彼得杜拉克〉，《北投社》39: 6-7。

吳哲生，2006b，〈21 世紀的志業大國〉，《北投社》42: 5-6。

吳哲生，2008，〈開創八頭志業的獨特基因〉，《北投社》50: 25-26。

吳哲生，2012a，〈萊布尼茲的神聖單子〉，《北投社》63: 15-16。

吳哲生，2012b，〈志業的科際整合與異業合作〉，《北投社》66: 16-18。

吳哲生，2013，〈志業領導人的六脈神劍〉，《北投社》70: 14-16。

吳哲生，2014，〈曼妙踏實的志業共和國〉，《北投社》72: 3。

吳哲生，2016，《21 世紀董事會的高階經略治理之研究》。台北：中華企業研究院。

吳哲生，2017，〈21 世紀公司治理中的「奉元典範」〉，《夏學論集》（壹）：154-165。台北：奉元學會

吳哲生，2018，〈超新星時代的合作智慧生態系統〉，《策略評論》30:

21-29。

吳哲生，2019，〈走下神壇邁入群龍時代的賽先生〉，台北：奉元學會，
　　《夏學論集》（貳）：47-59。

吳哲生，2020，〈超新星時代的新帝王與總裁〉，《策略評論》33: 19-
　　32。

吳哲生，2021，〈心懷天下而妙萬物——最高團隊的企業經學智慧〉，《策
　　略評論》35: 79-92。

吳哲生，2022，〈充滿無限可能的「企業元宇宙」〉，《策略評論》37:
　　57-71。

南懷瑾講述，1976，《論語別裁（上）（下）》。台北：老古文化。

南懷瑾講述，1987，《易經雜說——易經哲學之研究》。台北：老古文化。

南懷瑾講述，1991，《易經繫傳別講》。台北：老古文化。

南懷瑾，2009，《周易今注今譯》。台北：台灣商務。

陳慧慈，1996，〈寧有一千人來享溫泉不要一千人來搭纜車〉，《北投社》
　　1: 18-19。

陳慧慈，1998，〈纜車！北投居民之所欲嗎？〉，《北投社》10: 7。

陳慧慈，2000a，〈一個社區學習的新契機〉，《北投社》16: 3-4。

陳慧慈，2000b，〈北投精神〉，《北投社》17: 3。

陳慧慈，2002a，〈總統，請留步〉，《北投社》24: 3。

陳慧慈，2002b，〈北投溫泉博物館移花接木〉，《北投社》25: 13-14。

陳慧慈，2003，〈北投精神〉，《北投社》29: 5。

陳慧慈，2004a，〈不再踽踽獨行〉，《北投社》32: 3。

陳慧慈，2004b，〈期待新北投火車站回家〉，《北投社》34: 3。

愛新覺羅毓鋆講述，陳絅筆記，2015，《毓老師講論語》。台北：中華奉
　　元學會。

愛新覺羅毓鋆講述，林士奇筆記，2016，《毓老師講易經卷一》。台北：
　　中華奉元學會。

愛新覺羅毓鋆講述，顏銓穎、范暘沐整理，2020，《毓老師講春秋繁露》。
　　台南：奉元出版事業。

愛新覺羅毓鋆札記，張景興圖文，顏銓穎范暘沐整理，2021，《愛新覺羅

毓鋆先生札記選集》。台北：中華奉元學會。

愛新覺羅毓鋆講述，蔡宏恩筆錄，許晉溢整理，2022，《毓老師講春秋公羊傳魯隱公》。台南：奉元出版事業。

楊俐容，1996，〈青春不留白——談社區與青少年的成長〉，《北投社》1: 20-21。

楊俐容，1998，〈親子 EQ 嬉遊〉，《北投社》10: 21-22。

楊俐容，2000，〈共築里仁為美的社區願景〉，《北投社》10: 21-22。

楊俐容，2002a，〈中止纜車興建落實社區建設〉，《北投社》16: 4。

楊俐容，2002b，〈攜手共築桃花源〉，《北投社》25: 7。

楊俐容，2003，〈創造社區自主的典範〉，《北投社》27: 7。

楊俐容，2007，〈建構以道德勇氣為依歸的公益社群〉，《北投社》44: 3。

楊俐容，2013，〈在分合之間看見豐富〉，《北投社》68: 33。

蕭新煌主編，2014，《書寫台灣第三部門史 I》。台北：巨流圖書。

蕭新煌主編，2015，《書寫台灣第三部門史 II》。台北：巨流圖書。

戴秀芬等，2014，〈火車站專文〉，《北投社》71: 10-18。

趙淑妙（譯），2001。《自私的基因》（The Selfish Gene）。台北：天下文化。

Drucker Peter, 1994, *The Theory of the Business*. Harvard Business Review, September-October 1994: 95-107.